Diakonie neu vermessen –
biblisch, ethisch, praktisch

Veröffentlichungen der
Wissenschaftlichen Gesellschaft für Theologie
(VWGTh)

Band 76

Die Reihe wird verantwortet vom Erweiterten Vorstand
der Wissenschaftlichen Gesellschaft für Theologie:

Claudia Jahnel (*Vorsitzende*), Markus Öhler (*Stellvertretender Vorsitzender*), Judith Gärtner (*Schatzmeisterin*), Andreas Müller (*Schriftführer*)

in Verbindung mit den Fachgruppenvorsitzenden

Jakob Wöhrle (*Altes Testament*), Eve-Marie Becker (*Neues Testament*), Martin Kessler (*Kirchengeschichte*), Anne Käfer (*Systematische Theologie*), Ruth Conrad (*Praktische Theologie*) sowie Daniel Cyranka (*Religionswissenschaft und Interkulturelle Theologie*)

Manfred Oeming | Klaus Scholtissek (Hrsg.)

Diakonie neu vermessen – biblisch, ethisch, praktisch

Band 1

EVANGELISCHE VERLAGSANSTALT
Leipzig

Die Deutsche Nationalbibliothek verzeichnet diese Publikation in
der Deutschen Nationalbibliographie; detaillierte bibliographische
Daten sind im Internet über http://dnb.dnb.de abrufbar.

© 2025 by Evangelische Verlagsanstalt GmbH · Blumenstraße 76 · 04155 Leipzig
Printed in Germany

Der Verlag behält sich die Verwertung des urheberrechtlich geschützten Inhalts dieses Werkes
für Zwecke des Text- und Data-Minings nach § 44 b UrhG ausdrücklich vor. Jegliche unbefugte
Nutzung ist hiermit ausgeschlossen.

Das Buch wurde auf alterungsbeständigem Papier gedruckt.

Bei Fragen zur Produktsicherheit wenden Sie sich bitte an info@eva-leipzig.de.

Cover: Kai-Michael Gustmann, Leipzig
Satz: 3w+p, Rimpar
Druck und Binden: BELTZ Grafische Betriebe GmbH, Bad Langensalza

ISBN 978-3-374-07658-1 // eISBN (PDF) 978-3-374-07659-8
www.eva-leipzig.de

Vorwort

Moderne Gesellschaften haben einen stetig wachsenden Bedarf an Sozialleistungen. Historisch betrachtet ist mit Judentum und Christentum ein wesentlicher Schub in Richtung Begründung, Motivation und Praxis diakonischen Handelns eingetreten. Das alttestamentliche Gebot »Du sollst deinen Nächsten lieben wie dich selbst« (Lev 19,18) wurde durch Jesus und die frühe Kirche umfänglich aufgenommen und gedeutet – einschließlich der Feindesliebe (Mt 5,44). Maßgeblich für das diakonische Selbstverständnis der frühen Christen ist zudem der Leitsatz des Paulus aus dem Galaterbrief: »Einer trage des andern Last, so werdet ihr das Gesetz Christi erfüllen« (Gal 6,2). In der jüdisch-christlichen Tradition finden sich umfangreiche Impulse, motivierende Ideen, normative Kriterien und Leitbilder für diakonisches Handeln in sozialer Verantwortung in der Gegenwart.

Im Laufe der Kirchengeschichte haben sich Wohlfahrtskonzepte entwickelt, die das gesellschaftliche Zusammenleben und die sozialstaatliche Gesetzgebung bis in die Gegenwart hinein tiefgreifend mitprägen. In gegenwärtigen ethischen bzw. sozialethischen Diskursen treten die biblischen Zeugnisse mitunter in den Hintergrund oder werden ausschließlich plakativ bzw. illustrierend aufgerufen.

Welchen positiven Beitrag kann die theologische Wissenschaft leisten? Die theologischen Disziplinen spezialisieren sich immer weiter und arbeiten oft isoliert nebeneinander. Biblische und antike Zeugnisse, kirchengeschichtliche und konfessionelle Entwicklungen, aktuelle ethische Diskurse, diakoniewissenschaftliche bzw. praktisch-theologische Herausforderungen im Kontext der säkularen Postmoderne verlieren sich wechselseitig aus den Augen. Hier sind dringend neue interdisziplinäre Impulse und wechselseitige Befruchtungen gefragt. Dieser Aufgabe stellt sich die Projektgruppe »Diakonie – biblisch, ethisch, praktisch« der Wissenschaftlichen Gesellschaft für Theologie.

Der vorliegende Band dokumentiert die Beiträge der ersten Tagung der Projektgruppe »Diakonie – biblisch, ethisch, praktisch« vom 1. bis 3. September 2023 in der LEUCOREA in Wittenberg. Zwei weitere Tagungen sind 2024 in Loccum und 2025 in Heidelberg geplant.

Gemeinsam mit den Referentinnen und Referenten aus den verschiedenen Fachgebieten und Arbeitsfeldern sowie gemeinsam mit den Teilnehmerinnen und Teilnehmern der ersten Tagung wünschen sich die Herausgeber, dass es gelingen möge, das Gespräch in und zwischen den Disziplinen zu bereichern und neue Impulse zu geben für die Reflexionen in der Wissenschaft und für die Praxis in den Kirchen, in der ehrenamtlichen und in der verbandlichen Diakonie bzw. Caritas.

Jena und Heidelberg, im Juli 2024
Manfred Oeming
Klaus Scholtissek

Inhalt

Vorwort 5

Klaus Scholtissek
Diakonie – biblisch, ethisch, praktisch 9
Eine Einführung

Jörg Lanckau
»Der eine wird sich des anderen erbarmen« 59
Konzeptionen diakonischen Handelns in altorientalischen, ägyptischen
und biblischen Texten

Manfred Oeming
Die sieben Säulen der alttestamentlichen Ethik 89
Zur Bedeutung der hebräischen Bibel für die Neuvermessung der
Diakonie heute

Manfred Oeming
»Du sollst deinen Nächsten lieben, sofern er ist wie du« (Lev 19,18)? 105
Der Streit um die »Nächsten«liebe bei der Neuvermessung von Diakonie
heute

Hannah Susanne Wirbatz
Aspekte der Diakonie im Frühjudentum am Beispiel des Testaments
Hiobs 127

Jan Quenstedt
Diakonisches Handeln und Kirche 161
Überlegungen zu ihrer wechselseitigen Attraktivität im Spiegel antiker
Vereinigungen

Thomas Popp
»So geh hin und tu desgleichen!« (Lk 10,37) 175
Diakonie – auch als Lebenskunst

Johannes Haeffner
Von der Inter- zur Transdisziplinarität als Attribut der Diakoniewissenschaft? 215
Skizzen zu einem transdisziplinären Verständnis von Diakoniewissenschaft

Sigurd Rink
Lebensschutz und Selbstbestimmung klug ausbalancieren 237
Fallbeispiel Suizidassistenz

Thorsten Moos
Was habe ich mit dir zu schaffen? 253
Das schwierige Verhältnis systematisch-theologischer Ethik zur Exegese

Autorenverzeichnis 277

Diakonie – biblisch, ethisch, praktisch
Eine Einführung

Klaus Scholtissek

Im Kontrast zu den beiden großen christlichen Kirchen in Deutschland verzeichnen Diakonie und Caritas seit Jahren ein stetiges Wachstum hinsichtlich der Klienten und Klientinnen, der Mitarbeiterinnen und Mitarbeiter, der Umsätze. Diese Wachstumsprozesse sind wesentlich durch das System der Wohlfahrtspflege in der Bundesrepublik Deutschland mitgeprägt. Diakonie und Caritas agieren weithin erfolgreich in der Sozialwirtschaft mit den dafür maßgeblichen staatlichen Gesetzen (Sozialgesetzbücher, Gemeinnützigkeitsrecht) und den Kontrollinstanzen (Finanzämter, Wirtschaftsprüfungen, Zertifizierungen, Audits etc.).

Diakoniewissenschaft, Praktische Theologie und die Kirchen führen zahlreiche Grundlagendiskurse, die das Profil bzw. Proprium diakonischer Arbeit kritisch reflektieren. In den letzten zwei Jahren sind hierzu gleich fünf aktuelle Themenhefte erschienen:
- Anders helfen, Diaconia 53 (2/2022)
- Ethik der Nächsten- und Fremdenliebe, JEAC 3 (2021)
- Delegierte Nächstenliebe. Die Kirche und ihre Caritas, HerKor spezial 2022
- Diakonische Kirche werden, EvTh 82 (2022), 83–160
- Nächstenliebe, evangelische aspekte 33 (2/2023).

Dabei rückt auch die *Grundlagenforschung* neu in den Blick. Leider arbeiten die Disziplinen weithin voneinander getrennt. Aktuelle Dienstleister haben die biblischen Grundlagen oftmals zu wenig im Blick. Und umgekehrt: Die wissenschaftliche Arbeit zu biblischen und antiken Zeugnissen, zu kirchengeschichtlichen und konfessionellen Entwicklungen hat oftmals die aktuellen diakoniewissenschaftlichen bzw. praktischen Herausforderungen im Kontext der säkularen Postmoderne zu wenig im Bewusstsein. Hier braucht es neue interdisziplinäre Impulse und Befruchtungen.

Zum einen sind die *kulturellen Rahmenbedingungen* für die Entwicklung eines ›diakonischen‹ Bewusstseins von Religion nicht hinreichend geklärt: Wie wurde ›diakonisches‹ Handeln im Alten Ägypten, Mesopotamien, Griechenland und Fernen Osten begründet und praktiziert? Welche Faktoren führten dazu, dass gerade im Judentum eine entsprechende *diakoniesensible Theologie* entstand? Welche Beiträge, Impulse und Positionen lassen sich dem Alten Testament, dem Frühjudentum, rabbinischen Zeugnissen, dem Neuen Testament und weiteren frühchristlichen Zeugnissen entnehmen?

Der Spannungsbogen zwischen biblischen Zeugnissen, ethischen Diskursen in der Antike, systematischer Ethik, Diakoniewissenschaft, Praktischer Theologie und der Unternehmensdiakonie im 21. Jahrhundert ist groß.[1] Die akademischen Disziplinen sind jeweils für sich und in sich ausdifferenziert und in spezifischen Diskursen unterwegs. Dabei fällt auf, dass gerade die Schnittstellen zwischen den Disziplinen in Teilen unterbeleuchtet sind bzw. sehr kontrovers diskutiert werden.

Noch weiter gefasst stellt sich die Frage an alle theologischen Diskurse und Disziplinen: Braucht es eine umfassende diakoniesensible Relektüre der theologischen Forschung und der kirchlichen Praxis?

1. Diakonie definieren und neu vermessen

Der *Bundesverband Diakonie Deutschland* versteht Diakonie wie folgt: Unter der Überschrift »Wer wir sind« stehen die folgenden Sätze:

> »Die Diakonie ist der soziale Dienst der evangelischen Kirchen. Wir verstehen unseren Auftrag als gelebte Nächstenliebe und setzen uns für Menschen ein, die am Rande der Gesellschaft stehen, die auf Hilfe angewiesen oder benachteiligt sind. Neben dieser Hilfe verstehen wir uns als Anwältin der Schwachen und benennen öffentlich die Ursachen von sozialer Not gegenüber Politik und Gesellschaft. [...] Dieses Selbstverständnis spiegelt sich auch in dem Wort ›Diakonie‹ wider: Im Altgriechischen versteht man unter *diakonia* alle Aspekte des Dienstes am Nächsten.«[2]

Schauen wir auf der Suche nach einer Definition von »Diakonie« als pars pro toto in die 4. Auflage von »Religion in Geschichte und Gegenwart« (= RGG): Dort finden sich im Artikel »Diakonie« selbst keine biblischen Ausführungen. Diese finden sich jedoch teilweise in aller Knappheit im Artikel »Diakon/Diakonisse/

---

[1] Vgl. hierzu einführend: ANDREAS LOB-HÜDEPOHL/GERHARD K. SCHÄFER (Hg.), Ökumenisches Kompendium Caritas und Diakonie, Göttingen 2022. Vgl. auch: MICHAELA COLLINET (Hg.), Caritas, Barmherzigkeit, Diakonie. Studien zu Begriffen und Konzepten des Helfens in der Geschichte des Christentums vom Neuen Testament bis ins späte 20. Jahrhundert (Religion – Kultur – Gesellschaft 2), Münster 2014.

[2] Vgl. https://www.diakonie.de/informieren/die-diakonie/das-ist-die-diakonie (Stand: 01.03.2024).

Diakonat«.³ Dieser kurze Artikel kommt dabei gänzlich ohne jeden Bezug zum Alten Testament und Frühjudentum aus. Konkret hält *Carolyn Osiek* zum neutestamentlichen Befund fest: »Das Vorkommen der Terminologie im NT kann wie folgt differenziert werden: 1. ein allg. Gebrauch zur Bez. eines Dieners oder Sklaven, eines bevollmächtigten Agenten oder Repräsentanten; 2. ein übertragener Gebrauch für eine bestimmte Art des christl. Dienstes; 3. ein spezialisierter Gebrauch für eine Aufgabe in der Gemeinde.«⁴

In *sozialethischer* Perspektive lautet die allgemeine Definition: »D. ist sowohl das Handeln jedes Christen im sozialen Bereich wie das Werk der Kirche als Partner und Bestandteil des Gesundheits- und Sozialwesens des Staates.«⁵ *Praktisch-theologisch* lautet eine Bestimmung von »Diakonie«:

> »D. wird praktisch-theol. verstanden als eine überindividuell organisierte oder institutionalisierte Form des Helfens, eine Praxis, die sich im Namen des Christentums oder im Auftrag von Kirche und D. einem einzelnen Menschen oder Personengruppe zuwendet, die sich in einer Notlage oder in besonderer Bedürftigkeit befinden. [...] Als eine theol. Wiss. bedarf sie des Gesprächs mit den Humanwiss. und Sozialwiss., um deren Wirklichkeitsbezug und ihre soziale Praxis krit. verantworten zu können. Als wiss. Theorie der diakonischen Praxis hat sie ihren festen Platz in der Praktischen Theol.«⁶

In seinem RGG-Artikel aus dem Jahre 1999 führt *Michael Schibilsky* dann weiter aus:

> »D. wird theol. als Dienst von Menschen an Menschen abgeleitet vom Versöhnungsdienst Christi (2Kor 5,18). Als Urbild dient die Tischgemeinschaft des Abendmahls. D. gründet im Doppelgebot der Gottes- und Nächstenliebe, einer gemeinsamen christl.-jüd. Wurzel. Christl. Leben versteht sich als Dienst, als voraussetzungslose Hingabe. Der Zusammenhang von Gotteserkenntnis, Erbarmen und Recht (Welker) findet in der D. adäquaten Ausdruck. ... Da die Entfremdung von Gott die tiefste Not des Menschen ist, und sein Heil und Wohl untrennbar zusammenhängen, vollzieht sich D. als ganzheitlicher Dienst am Menschen. Diakonische Praxis als soziale Arbeit findet in der Partizipation an der helfenden Beziehung Gottes zur Welt in Jesus Christus ihren Ausdruck (Hollweg).«⁷

---

[3] Vgl. CAROLYN OSIEK, Art. Diakon/Diakonisse/Diakonat I. Neues Testament, in: RGG⁴ 2 (1999), 783 f.
[4] A.a.O., 783.
[5] REINHARD TURRE, Art. Diakonie IV. Sozialethisch, in: RGG⁴ 2 (1999), 797.
[6] MICHAEL SCHIBILSKY, Art. Diakonie VI. Praktisch-theologisch, in: RGG⁴ 2 (1999), 798–801, 798.
[7] A.a.O., 799.

Theodor Strohm definiert aus *diakoniewissenschaftlicher* Perspektive: »D.[iakonik] bez. die Erforschung und syst. Darstellung des sozialen Seins und Handelns der Kirche sowohl in universalgesch. als auch ökum. Hinsicht.«[8]

Dieser kurze Überblick zum Verständnis von Diakonie aus der Sicht des Bundesverbandes Diakonie Deutschland und der theologisch-fachwissenschaftlichen Disziplinen in den jeweiligen RGG⁴-Artikeln wirft ein allererstes Schlaglicht auf das Selbstverständnis sowie die inner- und interdisziplinären Diskurse, die mit dem Leitwort bzw. -thema Diakonie verbunden sind.

Zum Thema »Diakonie definieren und neu vermessen« seien noch vier Impulse für die weitere Diskussion genannt:

(1) Im Rückblick auf seine Monographie »Diakonie zwischen Vereinslokal und Herrenmahl. Das Konzept diakonischen Handelns im Licht antiker Vereinigungen und früher christlicher Gemeinden« definiert *Jan Quenstedt* Diakonie wie folgt:

»›Diakonie‹ ist als Konzept diakonischen Handelns als ein zwischenmenschliches Geschehen zu verstehen, das im besten Falle eine wechselseitige Anteilgabe und -nahme an der Nächsten bzw. an dem Nächsten beinhaltet. ›Diakonie‹ ist demnach primär ein Konzept, das ein sozial-fürsorgliches Handeln beschreibt, dessen Movens nicht in der Erlangung eines finanziellen Vorteils besteht, der über Kompensation der aufgewendeten Mittel hinausgeht. Es ist daher im weitesten Sinne als altruistisch in Bezug auf materielle Güter bzw. finanziellen Vorteil zu bezeichnen. Diakonisches Handeln vollzieht sich jeweils im Rahmen persönlicher Möglichkeiten und ist zunächst auf kein bestimmtes Handlungsfeld begrenzt. Damit ist es unterschieden von sozialen Dienstleistungen, die auf die Erlangung eines materiellen Gewinns abzielen oder durch bestimmte Gesetzmäßigkeiten motiviert oder geboten sind.«[9]

(2) Kirchengeschichtlich ist die Entstehung der verbandlichen Diakonie sehr eng mit einem missionarischen Impetus verbunden.[10] Dieses Movens tritt heute auch in der Sekundärliteratur sehr weitgehend in den Hintergrund. *Markus Schmidt* argumentiert in seinem Beitrag »Diakonie und Mission« für den originären Zusammenhalt beider Aufgaben.[11]

---

[8] THEODOR STROHM, Art. Diakoniewissenschaft, in: RGG⁴ 2 (1999), 801–803, hier 801.

[9] JAN QUENSTEDT, Diakonie zwischen Vereinslokal und Herrenmahl. Das Konzept diakonischen Handelns im Licht antiker Vereinigungen und früher christlicher Gemeinden (NET 31), Tübingen 2020, 550 f.

[10] Vgl. einführend: GEORG-HINRICH HAMMER, Geschichte der Diakonie in Deutschland, Stuttgart 2013, 127–206 (»Diakonie im Jahrhundert der Inneren Mission«).

[11] MARKUS SCHMIDT, Diakonie und Mission. Ansätze für eine Verhältnisbestimmung, in: Theologische Beiträge 52 (2021), 354–368.

(3) Mit einer Vielzahl von exegetischen, diakoniewissenschaftlichen, philosophischen und disziplinübergreifenden Argumenten plädiert *Thomas Popp* dafür, Diakonie *auch* als Lebenskunst zu verstehen und sie damit aus einer möglichen Engführung auf die wohlfahrtsstaatlich organisierte Soziale Arbeit zu befreien.[12]

(4) *Johannes Haeffner* fordert einen neuen *transdisziplinären* Diakoniediskurs ein, in dem sich die verschiedenen Fachdisziplinen nicht nur begegnen, um sich ihrer Schnittstellen gegenseitig zu vergewissern: Der transdisziplinäre Diakoniediskurs hat aus seiner Sicht auch die Qualität, die Disziplinen selbst mit ihren Inhalten, Methoden und Fragestellungen zu verändern.[13]

In den folgenden Ausführungen werden die unabgeschlossenen Diakoniediskurse mit den ihnen eigenen Herausforderungen exemplarisch vorgestellt und in unterschiedlicher Gewichtung angesprochen.

2. Diakonie in alttestamentlichen, frühjüdischen, rabbinischen, neutestamentlichen und weiteren frühchristlichen Schriften

Die alttestamentlichen, frühjüdischen, rabbinischen, neutestamentlichen und weiteren frühchristlichen Schriften sind keineswegs durchgängig oder gar vollständig auf ihren Beitrag zur Theorie und Praxis diakonischen Handelns erforscht. Hier sind erhebliche Lücken in der Forschung zu konstatieren.

2.1 Altes Testament

Für die Umwelt des Alten Testaments[14] und das Alte Testament selbst gibt es einige überblicksartige und themenbezogene Aufsätze[15]. Ausführliche bzw. monogra-

---

[12] THOMAS POPP, »So geh hin und tu desgleichen!« (Lk 10,37). Diakonie – auch als Lebenskunst, in diesem Band: 175–214.

[13] JOHANNES HAEFFNER, Von der Inter- zur Transdisziplinarität als Attribut der Diakoniewissenschaft? Skizzen zu einem transdisziplinären Verständnis von Diakoniewissenschaft, in diesem Band: 215–236.

[14] Vgl. EMMA BRUNNER-TRAUT, Wohltätigkeit und Armenfürsorge im Alten Ägypten, in: Diakonie – biblische Grundlagen und Orientierungen. Ein Arbeitsbuch (VDI 2), hg. v. G. K. SCHÄFER/TH. STROHM (Hg.), Heidelberg ³1998, 23–43; DETLEF FRANKE, Arme und Geringe im Alten Reich Altägyptens. »Ich gab Speise den Hungernden, Kleider den Nackten [...]«, in: Zeitschrift für Ägyptische Sprache und Altertumskunde 133 (2006), 104–120; JÖRG LANCKAU, »Der eine wird sich des anderen erbarmen«. Konzeptionen

phische Abhandlungen fehlen. Für das Frühjudentum fällt die akademische Forschung nahezu komplett aus.[16] Auch die *Kontextualisierung* alttestamentlicher und frühjüdischer Zeugnisse *zu diakonischem Handeln* im Blick auf Inspirationen und

---

diakonischen Handelns in altorientalischen, ägyptischen und biblischen Texten, in diesem Band: 59-87.

[15] Vgl. FRANK CRÜSEMANN, Das Alte Testament als Grundlage der Diakonie, in: GERHARD K. SCHÄFER/THEODOR STROHM (Hg.), Diakonie – biblische Grundlagen und Orientierungen (VDI 23), Heidelberg ³1998 (neu aufgelegt 2014), 67-93; MANFRED OEMING, Armut zwischen Verherrlichung und Widerstand – Theologische und diakonische Pauperologie im Alten Testament, in: STEFAN HEINEMANN/JULIA KALBHENN (Hg.), Being in Ecumenical Discourse on Concepts of Diakonia (DWI-Info S 4), Heidelberg 2004, 62-89; DERS., »Auge wurde ich dem Blinden, und Fuß dem Lahmen war ich!« (Hi 29,15). Zum theologischen Umgang mit Behinderung im Alten Testament, in: JOHANNES EURICH/ANDREAS LOB-HÜDEPOHL (Hg.), Inklusive Kirche (Behinderung – Theologie – Kirche 1), Stuttgart 2011, 81-100; DERS., Behinderung als Strafe? Zum biblisch fundierten seelsorglichen Umgang mit dem Tun-Ergehen-Zusammenhang, in: JOHANNES EURICH/ANDREAS LOB-HÜDEPOHL (Hg.), Behinderung – Profile inklusiver Theologie, Kirche und Diakonie (Behinderung – Theologie – Kirche 7), Stuttgart 2014, 98-126; DERS., Selig ist, wer sich um den Armen kümmert (Psalm 41,2). Das Alte Testament als Grundlage des diakonischen Handelns der Kirche, in: JOHANNES EURICH/HEINZ SCHMIDT (Hg.), Handbuch der Diakonik, Göttingen 2016, 11-38; RENATE KIRCHHOFF, Biblische Grundlagen diakonischen Handelns, in: JOHANNES EURICH/HEINZ SCHMIDT (Hg.), Diakonik. Grundlagen und Perspektiven, Göttingen 2016, 39-75; ANNA MARIA RIEDL, Fluchen, Klagen und Hoffen. Die Wiederentdeckung der Psalmen für eine Theologie der Diakonie, in: MARIANNE HEIMBACH-STEINS/GEORG STEINS (Hg.), Bibelhermeneutik und christliche Sozialethik, Stuttgart 2012, 217-225; DÖRTE BESTER, »Wenn du aus deiner Mitte das Joch entfernst, das Zeigen mit dem Finger und die unrechte Rede [...]« (Jes 58,9). Diakonische Traditionen im Alten Testament, in: BERNHARD MUTSCHLER/THOMAS HÖRNIG (Hg.), Was ist Diakoniewissenschaft? Wahrnehmungen zwischen Dienst, Dialog und Diversität, Leipzig 2018, 21-41; JOHANNES EURICH, Das AT als Basis der Liebestätigkeit der Kirche. Schwierigkeiten und Zugänge zu heutigem diakonischen Engagement, in: MANFRED OEMING (Hg.), Ahavah. Die Liebe Gottes im Alten Testament (ABG 55), Leipzig 2018, 445-458; ULRIKE BECHMANN, Alttestamentliche Grundzüge diakonischen Handelns, in: Ökumenisches Kompendium Caritas und Diakonie (s. Anm. 1), 23-34.
Vgl. jetzt auch MANFRED OEMING, »Du sollst deinen Nächsten lieben, sofern er ist wie du« (Lev 19,18)? Der Streit um die »Nächsten«liebe bei der Neuvermessung der Diakonie heute, in diesem Band: 105-125; DERS., Die sieben Säulen der alttestamentlichen Ethik, in diesem Band: 89-103; J. LANCKAU, »Der eine wird sich des anderen erbarmen.«, in diesem Band: 59-87.

[16] Vgl. aber: KLAUS BERGER, »Diakonie« im Frühjudentum. Die Armenfürsorge in der jüdischen Diasporagemeinde zur Zeit Jesu, in: Diakonie – biblische Grundlagen und Orientierungen (s. Anm. 15), 94-105; HANNAH WIRBATZ, Aspekte der Diakonie im Frühjudentum am Beispiel des Testaments Hiobs, in diesem Band: 127-159.

Wechselwirkungen zur zeitgenössischen Umwelt ist noch weitgehend ein Desiderat.[17]

Das »Biblische Arbeitsbuch für Soziale Arbeit und Diakonie«[18] stößt in diese Lücke und wirft mit einem breiten thematischen Spektrum Schlaglichter auf soziales bzw. diakonisches Handeln in den biblischen Schriften des Alten und des Neuen Testaments.

Für die Diakonietheologie des Alten Testaments sehr hilfreich ist der programmatische Aufsatz von *Frank Crüsemann:* »Das Alte Testament als Grundlage der Diakonie«[19]:

> »Orientierungsfrage bei der Suche nach dem alttestamentlichen Beitrag zur christlichen Diakonie kann zunächst nur sein, wie menschliches Leid in seinen verschiedenen Ausprägungen und auf dem Hintergrund der jeweiligen gesellschaftlichen Situation gesehen, theologisch verstanden und wie in theologisch reflektierter Praxis damit umgegangen wird. Wenn eine diakonische Dimension nicht nur bestimmten einschlägigen Texten, sondern dem ganzen Neuen Testament inhärent ist, dann gilt das ebenso für das Alte.«[20]

Frank Crüsemann erläutert die Diakonietheologie des Alten Testaments an den Beispielen der *Klage* (z.B. Ps 13) und des *Rechts:* »So wie in der Klage die Gottverlassenheit als ein grundlegender Aspekt des Leides begriffen, aber das Leid gerade nicht darauf reduziert wird, so wird die Wende als von der erneuten Zuwendung Gottes getragen gesehen. Die – diakonische – Ermöglichung von

---

[17] Die komplexen Wechselwirkungen zwischen ethischen bzw. philosophischen Paradigmen und Konzepten der hellenistisch-römischen Antike, frühjüdischen und christlichen Zeugnissen werden exemplarisch veranschaulicht bei KARL-WILHELM NIEBUHR, Tora und Weisheit. Studien zur frühjüdischen Literatur (WUNT 466), Tübingen 2021; DERS., Paulus im Judentum seiner Zeit. Gesammelte Studien (WUNT 489), Tübingen 2022; vgl. exemplarisch a.a.O. 275–295: Menschenbild, Gottesverständnis und Ethik. Zwei paulinische Argumentationen (Röm 1,18–2,29; 9,1–30); vgl. auch SAMUEL VOLLENWEIDER, Mehr als Weltweisheit? Paulus unter den antiken Philosophen, in: ThLZ 148 (2023), 653–665; DERS., Antike und Urchristentum. Studien zur neutestamentlichen Theologie in ihren Kontexten und Rezeptionen (WUNT 436), Tübingen 2020; TROELS ENGBERG-PEDERSEN, Paul and Philosophy. Selected Essays (WUNT 509), Tübingen 2023.

[18] Biblisches Arbeitsbuch für Soziale Arbeit und Diakonie (utb 5672), hg. v. JÖRG LANCKAU/THOMAS POPP/ANNI HENTSCHEL/KLAUS SCHOLTISSEK, Göttingen 2021.

[19] FRANK CRÜSEMANN, Das Alte Testament als Grundlage der Diakonie, in: Diakonie – biblische Grundlagen und Orientierungen (s. Anm. 15), 67–93.

[20] A.a.O. 69.

Klage als Voraussetzung der Erfahrung solcher Zuwendung, durch die der Beter dem Netz der Not, in das er geraten ist, entrissen werden kann.«[21]

Die biblischen Sozialgesetze schützen die Rechte der Schwachen und Unterprivilegierten, sie wirken einer endlosen und wachsenden Verelendung entgegen: Im Blick sind die Alten, die Witwen, die Waisen, die Fremden, Armen[22], Sklaven und Tagelöhner. Genannt seien hier:
- der *Zehnt* (»die erste Sozialsteuer«[23]; vgl. Dtn 14,22-27.28-29; 24,12-13; Tob 1,7-8),
- das *Jubeljahr/Erlassjahr* (vgl. Lev 25,10),
- das *Zinsverbot* (vgl. Ex 22,24; Lev 25,35-38; Dtn 23,20-21),
- das *Pfandrecht* (vgl. Dtn 24,10-13; Ex 22,25-26),
- das *Verbot der Nachlese* (vgl. Lev 19,9),
- die *Freilassung von Sklaven* (vgl. Ex 21,2-11; Lev 25,39-46; Dtn 21,14; 23,16; Amos 2,6; 8,6)
- der *Schuldenerlass* (vgl. Dtn 15,1-18; Ex 23,10-11),
- das *Löserinstitut* (vgl. Lev 25,25-27; Ruth 3,9-15; Hiob 19,25),
- die *Leviratsehe* (vgl. Dtn 25,5-10; Ruth),
- das *Erbrecht der Frauen* (vgl. Num 36,6-9) und
- der *Sabbat* (vgl. Dtn 5,12-15).[24]

Markant sind die Pflichten gegenüber *den Fremden* (vgl. im *Bundesbuch* Ex 20,22-23,33, besonders Ex 22,20; 23,9; vgl. im deuteronomischen Gesetz Dtn 12-25, besonders Dtn 24,17-18.20-22 [vgl. Ps 146,9]; vgl. im *Heiligkeitsgesetz* Lev 17-26, besonders Lev 19,33-34). In der Verkündigung der Propheten wird auch das kommende Heil Gottes zur Begründung für das Handeln nach Recht und Gerechtigkeit (vgl. Jes 56,1-8; 58,6-8). *Frank Crüsemann* betont dann die Verwurzelung und Verankerung des menschlichen Handelns zugunsten der Schwachen, Elenden und Armen in der Gottesbotschaft Israels, genauer in Gottes Gottsein (vgl. Ps 82): »Wer nicht für das Recht der Elenden effektiv eintritt, die Macht der Frevler nicht bricht, kann nicht Gott sein. Die Durchsetzung solchen Rechts wird damit zum Kriterium für das Gottsein Gottes selbst. Im Ringen der Armen und Elenden um ihr Leben und ihr Recht, im Kampf gegen die sie un-

---

[21] A.a.O. 77.
[22] Vgl. hierzu besonders Manfred Oeming, Armut zwischen Verherrlichung und Widerstand (s. Anm. 15).
[23] Frank Crüsemann, Das Alte Testament als Grundlage der Diakonie (s. Anm. 15), 82.
[24] Zur Ethik im Alten Testament insgesamt vgl. einführend: Eckart Otto, Theologische Ethik des Alten Testaments (Theologische Wissenschaft 3,2), Stuttgart 1994; Christian Frevel (Hg.), Mehr als Zehn Worte? Zur Bedeutung des Alten Testaments in ethischen Fragen (QD 273), Freiburg i.Br. 2015; Rainer Kessler, Der Weg zum Leben. Ethik im Alten Testament, Gütersloh (2017) ²2023.

terdrückenden Frevler, geht es um nichts Geringeres als um das Gottsein Gottes.«[25]

Manfred Oeming fasst seine Ergebnisse zur *theologischen und diakonischen Pauperologie im Alten Testament* wie folgt zusammen: »Die ›Hausordnung der Tora‹ sollte im Sinne ihrer Grundintentionen zu einer biblisch fundierten Armendiakonie weitergedacht werden. Dazu ist eine evangelische Diakoniewissenschaft im Dialog mit der alttestamentlich-jüdischen Überlieferung herausgefordert.«[26]

2.2 Frühjudentum

Klaus Berger hat in seinem ebenfalls programmatischen Aufsatz »›Diakonie‹ im Frühjudentum. Die Armenfürsorge in der jüdischen Diasporagemeinde zur Zeit Jesu« aus dem Jahre 1990 insbesondere das *Testament Hiob*, das *slavische Henochbuch* und die *Sybillinen* ausgewertet.[27]

TestHiob 10,1–11,4 sei hier zitiert:

»Es waren aber bei mir auch Tische in meinem Haus aufgestellt – dreißig an der Zahl und ständig zu allen Stunden, allein für Fremde. Ich hatte aber auch andere zwölf Tische für Witwen dastehen. Und wenn ein Fremder herantrat, Almosen zu erbitten, mußte er erst an dem Tisch gespeist werden, bevor er das Benötigte empfing. Und ich gestattete nicht, daß man aus meiner Tür herausging mit leerem Beutel. – Ich hatte 3500 Joch Rinder, und ich suchte daraus 500 Joch heraus und stellte sie zum Pflügen bereit, das einer auf jeglichem Acker machen konnte von denen, die sie nahmen. Und den Ertrag sonderte ich ab für die Armen zu ihrem Tisch. Ich hatte 50 Backöfen, von denen ich (einen Teil) bereitstellte zur Bedienung des Armentisches. (11,1) Es waren aber auch einige Fremde, die meine Bereitschaft sahen und die auch selbst beim

---

[25] FRANK CRÜSEMANN, Das Alte Testament als Grundlage der Diakonie (s. Anm. 15), 93. Vgl. jetzt auch die Beiträge in: KONRAD SCHMID/MICHAEL WELKER (Hg.), Recht und Religion (Jahrbuch für Biblische Theologie 37), Göttingen 2023.

[26] MANFRED OEMING, Armut zwischen Verherrlichung und Widerstand (s. Anm. 15), 89.

[27] KLAUS BERGER, »Diakonie« im Frühjudentum (s. Anm. 16). Zu Philon von Alexandrien vgl. JAN QUENSTEDT, Das Wortfeld *Diakonia* bei Philon von Alexandrien. Priester, Zähne und andere Diakone, in: KLAUS SCHOLTISSEK/KARL-WILHELM NIEBUHR (Hg.), Diakonie biblisch. Neutestamentliche Perspektiven (BThSt 188), Göttingen 2021, 259–288; vgl. auch ANSSI VOITILA, Deacons in the Texts Contemporary with the New Testament (Philo of Alexandria and Josephus), in: Deacons and Diakonia in Early Christianity. The First Two Centuries (WUNT II 479), ed. by B. J. KOET et al., Tübingen 2018, 273–285. Anssi Voitila schlussfolgert: διάκονος werde bei Philo und Josephus für eine Person verwendet, »who acts as an intermediary, that is, a secondary agent, between the primary agent and a beneficiary, a third person or group of persons«(284).

Dienst (*diakonia*) dienen wollten. Und es gab auch bisweilen andere, die nichts hatten und nichts aufwenden konnten. Sie kamen und baten und sagten: Wir bitten dich, können wir auch diesen Dienst (*diakonia*) leisten? Aber wir besitzen nichts. Zeige du Erbarmen mit uns und strecke uns Geld vor, damit wir in die großen Städte gehen und Handel treiben und den Armen Dienst leisten können. Und danach werden wir dein Eigentum wiedererstatten.«[28]

Klaus Berger hält für das hellenistische Frühjudentum fest:

»Die Bedeutung des hellenistischen Judentums für die Geschichte der Diakonie liegt darin, daß
1. über die Sprengung der Volksgrenzen und universale Ausweitung der praktischen Zuwendung zum Nächsten nachgedacht wird,
2. durch den Gerichtsgedanken praktische Nächstenliebe neu motiviert wird (Gedanken vom Schatz und von der Talio),
3. praktische Nächstenliebe zum Inbegriff der Gerechtigkeit wird (Philo v. Alexandrien kann in ›De Decalogo‹ und in ›De Specialibus Legibus‹ alle Gesetze des Pentateuch im Dekalog [vor allem in dessen zweiter Tafel] unterbringen),
4. praktisches Tun am Nächsten als der wahre und Gott angemessene Kult erklärt und der ›Umkehr‹ gleichgesetzt wird,
5. in Test Hiob eine organisierte Diakonie in großem Maßstab entworfen und teilweise auch als praktiziert vorausgesetzt wird.
6. Wo immer Israel in Identitätskrise durch die Gefahr hellenistischer Nivellierung gerät, ist praktische Solidarität mit dem Volksgenossen der nächstliegende angemessene Ausdruck der Treue zur eigenen religiösen und volksgemäßen Identität.«[29]

In ihrem aktuellen Beitrag »Aspekte der Diakonie im Frühjudentum am Beispiel des Testaments Hiobs« zeigt *Hannah Wirbatz*, dass das TestHiob eine etablierte und gut organisierte, umfangreiche Armenspeisung kennt und dieses Engagement in der jüdischen Gemeinde mit dem Begriff διακονία beschrieben und reflektiert wird.[30]

---

[28] Übersetzung nach: KLAUS BERGER/CARSTEN COLPE, Religionsgeschichtliches Textbuch zum Neuen Testament (NTD Textreihe 1), Göttingen 1987, 191.
[29] KLAUS BERGER, »Diakonie« im Frühjudentum (s. Anm. 16), 105.
[30] Vgl. HANNAH WIRBATZ, Aspekte der Diakonie im Frühjudentum am Beispiel des Testaments Hiobs, in diesem Band 127–159. Vgl. auch JENS-CHRISTIAN MASCHMEIER, Neutestamentliche Grundzüge diakonischen Handelns, in: Ökumenisches Kompendium Caritas und Diakonie (s. Anm. 1), 37: In TestHiob zeigt sich »eine Innovation des griechisch sprechenden Judentums, das die mit den Begriffen Recht (*mishpat*), Gerechtigkeit (*tsedakah/dikaiosyne*) und Barmherzigkeit (*chesed/eleemosyne/eleos*) verbundenen sozialethischen Traditionen im Begriff *diakonia* zusammenfasst und auf den Punkt bringt.

2.3 Rabbinische Literatur

Im *jüdisch-christlichen Dialog* fristet das Thema Diakonie über weite Strecken ein Nischendasein. Eine Ausnahme bildet die Monographie von *Klaus Müller* »Diakonie im Dialog mit dem Judentum. Eine Studie zu den Grundlagen sozialer Verantwortung im jüdisch-christlichen Gespräch«[31], die leider kaum eine erkennbare Rezeption erfahren hat. Daher wird seine Studie hier etwas ausführlicher vorgestellt:

Forschungsgeschichtlich diagnostiziert *Klaus Müller* eine weitreichende Abwertung der alttestamentlich-jüdischen Tradition: Neben dem antithetischen Modell (»die Welt vor Christus eine Welt ohne Liebe«[32]) gab und gibt es auch das Denkmodell der Erfüllung und Überbietung des »Alten« durch das »Neue«:[33] »In der alttestamentlich-jüdischen Tradition ist demnach rudimentär, verborgen und vorläufig durchaus schon da, was dann im christlichen Neuen Testament heller und besser und schöner zum Vorschein, zur Offenbarung, kommt. Das Gebot der Nächstenliebe zum Beispiel ist alttestamentlich natürlich bereits präsent (Lev 19,18), aber es kommt eben in seiner reinen und schönen Form erst zur Vollendung im Neuen Testament; es wird ›qualitativ neu‹ im Christentum.«[34] Dann gibt es die Möglichkeit, eklektisch und israelvergessen Israels Tora zu lesen. Hier gilt die Regel: »Die Christen geben die Maxime dafür aus, was an der

---

    Dieser Sprachgebrauch war weder von der Septuaginta noch vom Profangriechischen her vorgegeben.«

[31] Klaus Müller, Diakonie im Dialog mit dem Judentum. Eine Studie zu den Grundlagen sozialer Verantwortung im jüdisch-christlichen Gespräch (VDI 11), Heidelberg 1999; vgl. ders., Grundfragen der Diakonie in der Perspektive gesamtbiblischer Theologie, in: Studienbuch Diakonik, Bd. 1: Biblische, historische und theologische Zugänge zur Diakonie, hg. v. Volker Herrmann et. al., Göttingen 2008, 26–41; ders., Am Sabbat partizipieren. Diakonie als gemeinsame Dimension von Judentum und Christentum, in: Diakonie der Versöhnung. Ethische Reflexion und soziale Arbeit in ökumenischer Verantwortung (FS Th. Strohm), hg. v. Arnd Götzelmann et. al., Stuttgart 1998, 41–59; ders., Grundfragen der Diakonie in der Perspektive gesamtbiblischer Theologie. »Sage mir, mit welcher hermeneutischen Brille du die Bibel liest, und ich sage dir, welches Verständnis von Diakonie du hast«, in: Diakonische Kirche. Anstöße zur Gemeindeentwicklung und Kirchenreform (FS Th. Strohm) (VDI 17), hg. v. Arnd Götzelmann, Heidelberg 2003, 31–43; ders., Diakonik im christlich-jüdischen Horizont. Impulse aus dem Judentum für die christliche Diakonie, in: Praktische Theologie 39 (2004), 265–272.

[32] So die Position von Gerhard Uhlhorn, Die christliche Liebestätigkeit, Stuttgart (1882) ²1895; Nachdruck Darmstadt 1959; vgl. hierzu Klaus Müller, Diakonie im Dialog (s. Anm. 31), 41–49.

[33] Vgl. hierzu Klaus Müller, Diakonie im Dialog (s. Anm. 31), 49–59.

[34] A. a. O., 59.

alttestamentlich-jüdischen Tradition für wertvoll zu erachten sei und was nicht. Und genau darin ist auch dieses dritte Modell ein triumphalistisches.«[35]

Dieser Abwertung und Entwertung des alttestamentlichen Zeugnisses stellt *Klaus Müller* den diakonischen Eigenwert der jüdischen Tradition entgegen.[36] Dazu zitiert er *Rudolph Weth:* »Es gibt also unverzichtbare Voraussetzungen und Paradigmen von Diakonie im Alten Testament, deren Vernachlässigung sich nachteilig auf Theorie und Praxis der Diakonie auswirken muß.«[37] Auch *Frank Crüsemann* betont »die eigenständige Wertigkeit alttestamentlicher Sozialtradition, die nicht erst durch die Instanz des Neuen Testaments und der Kirche begründet und legitimiert wird«[38].

Auf der Basis dieses Eigenwerts des Alten Testaments untersucht *Klaus Müller* als Schwerpunkt seiner Monographie die »kontemporären Zeugnisse des *nachbiblischen* Judentums«[39]: »Synchron mit der Entfaltung des διακονεῖν bei Paulus oder den Evangelisten sind ja – zugespitzt formuliert – nicht Amos oder Jesaja, sondern: die jüdischen Lehrer der Tora im 1. und im beginnenden 2. Jahrhundert, ein Hillel, ein Aqiva und die sogenannte tannaitische und frühamoräische hebräische Literatur, ein Philo und die frühjüdischen Schriften griechischer Sprache.«[40]

»Den im folgenden verwendeten Äquivalenten *Liebesdienst, Liebeshandeln, Wohltätigkeit, soziale Verantwortung* u. ä. liegen in der hebräischen Tradition der Rabbinen zwei Begriffe zugrunde, die wie zwei konzentrische Kreise übereinander liegen:

Erstens meint der sozusagen intimere Begriff *gemilut chassadim* [...] *Erweis von Güte, Gunst, gnädige Zuwendung, Liebeserweis.* Das früheste Diktum, das im Talmud einem Individuum in den Mund gelegt wird, ist die Maxime von Schim'on dem Gerechten (um 300 v. Chr.), der sagt: ›Auf drei Dingen steht die Welt – auf der Tora, auf dem Gottesdienst und auf *gemilut chassadim* (avot 1,2). [...] Zweitens ist *tsedaqa* [...] –

---

[35] A.a.O. 62; vgl. 59–62.
[36] Vgl. a.a.O. 62–66.
[37] RUDOLPH WETH, Der eine Gott der Diakonie. Diakonik als Problem und Aufgabe Biblischer Theologie, in: Der eine Gott der beiden Testamente (JBTh 2), Neukirchen-Vluyn 1987, 151–164, 156. Vgl. auch JOHANNES DEGEN, Diakonie im Widerspruch. Zur Politik der Barmherzigkeit im Sozialstaat, München 1985. Er betont die »genuin alttestamentlich-jüdische Verschränkung von Erbarmen und Recht«.
[38] KLAUS MÜLLER, Diakonie im Dialog (s. Anm. 31), 68. Vgl. FRANK CRÜSEMANN, Tora und christliche Ethik, in: ROLF RENDTORFF/EKKEHARD STEGEMANN (Hg.), Auschwitz – Krise der christlichen Theologie, München 1980, 159–177; DERS., Das Alte Testament als Grundlage der Diakonie, in: GERHARD K. SCHÄFER/THEODOR STROHM (Hg.), Diakonie – biblische Grundlagen und Orientierungen (VDI 2), Heidelberg 1990, 67–93; DERS., Die Tora. Theologie und Sozialgeschichte des alttestamentlichen Gesetzes, München 1992.
[39] KLAUS MÜLLER, Diakonie im Dialog (s. Anm. 31), 67.
[40] A.a.O. 69.

in der Bibel ursprünglich *Gerechtigkeit* – im rabbinischen Verständnis Wechselbegriff zu *Barmherzigkeit* und *Wohltun*, bis hin zum ›Almosen‹. *tsedaqa* ist die erwartbare, allgemein verbindliche, verlässliche, konkrete Liebestat, ja die einzufordernde *Pflicht* zur Zuwendung, bzw. auch das *Recht* auf Zuwendung.«[41]

»Die begriffliche Konturierung von *tsedaqa* als Wohltätigkeit ist noch innerhalb des hebräischen Bibelkanons vorbereitet. In Dan 4,24 stehen ›durch Gerechtigkeit‹ und ›durch Wohltat an den Armen‹ parallel. Diese Parallelität findet sich dann auch in der frühen außerkanonischen Literatur, z. B. in Sir 3,30; 7,10; Tob 4,7; 12,8 f. – und ist damit in neutestamentlicher Zeit längst (!) – präsent.«[42]

»Zur Verhältnisbestimmung zwischen *tsedaqa* und *gemilut chassadim* sagt die Tosefta in *pea* 4,19: ›Wohltätigkeit [...] und Liebeswerke [...] wiegen alle Gebote der Tora auf; nur, daß *tsedaqa* an Lebenden geschieht, *gemilut chassadim* an Lebenden und Toten; *tsedaqa* an Armen, *gemilut chässäd* an Armen und Reichen; *tsedaqa* durch Geld, *gemilut chässäd* mit der eigenen Person und mit Geld.‹«[43]

Ähnlich formuliert auch Talmud, *sukka* 49b: »Die *tsedaqa* findet ihre Wertschätzung bei Gott nur nach dem Maß der Liebe (*chäsäd*), der freien Gnadenzuwendung, die in ihr enthalten ist; denn es heißt in Hos 10,12: ›Säet euch in Gerechtigkeit, so werdet ihr ernten nach Maßgabe der Liebe.‹«[44]

Klaus Müller schlussfolgert: »Das Bild der beiden konzentrischen Kreise erfährt durch dieses talmudische Diktum deutlichere Kontur: *chäsäd* erscheint als Innenseite und Wesensmitte der *tsedaqa*. Was es letztlich um die *tsedaqa* ist, entscheidet sich an *chäsäd*. Die Beziehung beider ist nicht statisch ruhend, sondern dynamisch sich gegenseitig durchdringend. Die Sphäre des *Rechtlichen* zielt zentripetal auf *Erbarmen*; *Erbarmen* seinerseits setzt in zentrifugaler Bewegung Formen des *Rechts* aus sich heraus.«[45]

Ausführlich werden die sechs *chäsäd*-Erweise in der rabbinischen Literatur aufgeführt:

1. das Aufnehmen von Fremden
2. das Großziehen von Waisenkindern
3. das Hineinführen der Braut
4. das Besuchen der Kranken
5. das Bestatten der Toten
6. das Trösten der Trauernden

---

[41] A. a. O. 81.
[42] A. a. O. 81 f.
[43] A. a. O. 82.
[44] Zitiert ebd.
[45] Ebd.

Die elf Taten der *tsedaqa* in der rabbinischen Literatur vorgestellt:

1. Speise für die Armen
2. Kleidung für die Nackten
3. Auslösung der Gefangenen
4. Versorgung für wandernde Arme
5. Aussteuer für mittellose Bräute und Vorsorge für die Witwenschaft
6. Rechtsschutz für die Waisen
7. Sorge um Wohnung
8. Lebensunterhalt für die ältere Generation
9. Lebensgrundlage für die jüngere Generation
10. Versorgung der Kranken und Schwachen
11. Armenbegräbnisse.[46]

Für die *gemilut chassadim* in der rabbinischen Literatur hält *Klaus Müller* fest:

»Das Tun von *chäsäd* ist Frömmigkeit im umfassenden Sinne. Es mag sich handeln um eine Lebenshingabe in der Gottesbeziehung, die auch die Züge des Martyriums annehmen kann. Tiefe erhält *chäsäd* in der Erfahrung des Handelns Gottes zur Rettung und Befreiung aus freier Gnade. *chäsäd* erfahren ist das Hineingenommensein in die von Gott gestiftete Freiheit, in das Geborgensein im Schatten seiner Gegenwart, in seiner Bundesgemeinschaft. [...] Leben eröffnend ist *chäsäd* reines Geschenk, in diesem Sinne ›Gnade‹, in diesem Sinne maß-lose und allen verrechenbaren Kategorien enthobene Zuwendung, in diesem Sinne ganz und gar eine Kategorie der Personalität, die Person – Gottes und des Menschen – unvertretbar und unmittelbar in Beschlag nehmend. Es zeichnet sich als schlichte *Übersetzung* eines reichen Begriffs ab: *gemillut chassidim* ist das *Eröffnen von Lebensmöglichkeiten um ihrer selbst willen.*«[47]

Das rabbinische Verständnis von *tsedaqa* geht über ein ausschließlich juridisches Verständnis von Gerechtigkeit weit hinaus: »Zur *tsedaqa* wird solches Rechttun erst durch die Eröffnung einer Relation auf das personale Gegenüber, die wahrnimmt, was für einen Armen die Pfändung seines Gewandes zur Nacht bedeutet – das Pfand darum vor Sonnenuntergang zurückzugeben, ›dies wird dir zur *tsedaqa* gereichen vor deinem Gott‹ (Dtn 24,13) [...] *tsedaqa* meint das verbindliche und verläßliche In-Kraft-Setzen der Lebensrechte der Mitmenschen.«[48]

In weiteren Ausführungen stellt *Klaus Müller* aus den rabbinischen Zeugnissen das maßgebliche Gottes- und Menschenbild, das die von *chäsäd* und *tse-*

---

[46] Vgl. a.a.O. 83–143.
[47] A.a.O. 179. In diesem Verständnis von *gemillut chassidim* liegt für Klaus Müller auch eine erhebliche Differenz, ja ein »Gegenkonzept« (212) zum antiken Euergetismus; vgl. a.a.O. 177–179.212f.
[48] A.a.O. 221.

daqa geprägte soziale Verantwortung begründet, sowie deren maßgebliche ethische Konsequenzen dar.[49]

Diakonie im Dialog mit dem Judentum – diese Aufgabe harrt der Fortsetzung.

2.4 Neues Testament

In vielen Beiträgen zur Reflexion und Grundlegung diakonischer Arbeit in der Gegenwart sind oft nur die klassischen neutestamentlichen Perikopen bzw. Verse im Blick: Mt 25,31–46: Das Gleichnis vom Weltgericht; Lk 10,25–37: Der barmherzige Samariter; Apg 6,1–7: Die Wahl der sieben ›Diakone‹; 1 Petr 4,10: »Und dienet einander, ein jeder mit der Gabe, die er empfangen hat, als die guten Haushalter der mancherlei Gnade Gottes«. Damit verbunden ist eine problematische bzw. selektive Fixierung auf das Wortvorkommen von διακονία κτλ. zu beobachten. Das neutestamentliche Zeugnis[50] ist gleichwohl wesentlich umfangreicher, vielschichtiger und noch keineswegs ausreichend erschlossen.

Neue Dynamik aufgenommen hat die exegetische Fachdiskussion durch die insbesondere von *John N. Collins*[51] und *Anni Hentschel*[52] vorgetragene These, der neutestamentliche Sprachgebrauch von διακονία κτλ. werde unzutreffend ins Deutsche übersetzt: Die neuzeitlich-moderne Semantik von »dienen« decke sich nicht mit dem neutestamentlichen Sprachgebrauch von διακονία κτλ. Die für den neutestamentlichen Gebrauch maßgebliche Semantik ergebe sich aus der

---

[49] Vgl. a.a.O. 222–363.
[50] Vgl. einführend: Diakonie – biblische Grundlagen und Orientierungen (s. Anm. 14); BERNHARD MUTSCHLER, »Seid vollkommen [...]« und »Werdet barmherzig [...]«. Diakonische Traditionen im Neuen Testament, in: DERS./THOMAS HÖRNING (Hg.), Was ist Diakoniewissenschaft? Wahrnehmungen zwischen Dienst, Dialog und Diversität, Leipzig 2018, 43–74 (Lit.); KLAUS SCHOLTISSEK/KARL-WILHELM NIEBUHR (Hg.), Diakonie biblisch (s. Anm. 27).
[51] Vgl. JOHN N. COLLINS, Diakonia. Re-Interpreting the Ancient Sources, New York 1990; DERS., Diakonia studies: critical issues in ministry, Oxford 2014. Vgl. auch die Diskussionen in: BART J. KOET/EDWINA MURPHY/ESKO RYÖKÄS (Ed.), Deacons and Diakonia in Early Christianity. The First Two Centuries (WUNT II 479), Tübingen 2018.
[52] Vgl. ANNI HENTSCHEL, Diakonia im Neuen Testament. Studien zur Semantik unter besonderer Berücksichtigung der Rolle von Frauen (WUNT II 226), Tübingen 2007; DIES., Art. Dienen/Diener (NT), WiBiLex (2008), https://www.bibelwissenschaft.de/ressourcen/wibilex/neues-testament/dienen-diener-nt (Stand: 01.03.2024); DIES., Diakonie – Sprachverwirrung um einen griechischen Begriff, in: Glaube und Lernen 29 (2014), 17–32; DIES./JOHN N. COLLINS/ESKO RYÖKÄS, Der Gebrauch von »diaconia« in der Bibel, in: Diaconia Christi 52 (2017), 22–31. Vgl. zuvor auch schon DIETER GEORGI, Die Gegner des Paulus im 2. Korintherbrief. Studien zur religiösen Propaganda in der Spätantike (WMANT 11), Neukirchen-Vluyn 1964.

antik-griechischen Verwendung von διακονία κτλ. Dort und – so die Schlussfolgerung – auch im NT werde διακονία κτλ. als »Beauftragung«, »einen Auftrag zuverlässig ausführen« verstanden. Damit sei διακονία κτλ. als *Funktions*begriff zu verstehen und zu übersetzen. Die neutestamentliche Verwendung von διακονία κτλ. enthalte demnach keine *Status*aussagen. Daher sei die Übersetzung mit »dienen«, »Dienst« und »Diener« gerade im gegenwärtigen umgangssprachlichen Verständnis falsch bzw. irreführend. Diese These zur Semantik von διακονία κτλ. wird kontrovers diskutiert.[53] In diese begriffsgeschichtliche Diskussion sind sowohl die antik-griechische Verwendung und auch der alttestamentliche und frühjüdische Sprachgebrauch einzubeziehen und vertieft zu reflektieren. Auch für die Semantik der neutestamentlichen Verwendungen von διακονία κτλ. ist die Diskussion kritisch weiterzuführen und keineswegs abgeschlossen.

Hier sei auf den hilfreichen Beitrag von *Jens-Christian Maschmeier* »Neutestamentliche Grundzüge diakonischen Handelns«[54] hingewiesen. Kritisch gegenüber *John N. Collins* und *Anni Hentschel* hält er fest: »Auch wenn *Diakonie* und *diakonia* nicht deckungsgleich sind, gehe ich davon aus, dass das der Fall ist: Das Wortfeld *diakonia* bezeichnet an einigen Stellen des Neuen Testaments in unterschiedlicher Konturierung Armenfürsorge und schließt durchaus auch die Dimension der Hingabe mit ein.«[55]

Darüber hinaus ist es für das neutestamentliche Zeugnis wichtig, neben den terminologischen Fragestellungen auch nach *expliziten und impliziten Konzepten diakonischen Handelns* in den neutestamentlichen Schriften und ihren theologischen Entwürfen zu fragen.[56] Dringend ergänzt bzw. synchronisiert werden muss diese Fragestellung wiederum durch die Rückfrage nach ›diako-

---

[53] Vgl. die Diskussionen bei: GERT BREED, Diakonia: In Conversation with John N. Collins, in: Ecclesiology 13 (2017), 349–368; PAULA GOODER, »Diakonia« in the New Testament. A dialogue with John N. Collins, in: Ecclesiology 3 (2006), 33–56; HANS-JÜRGEN BENEDICT, Beruht der Anspruch der evangelischen Diakonie auf einer Mißinterpretation der antiken Quellen?: John N. Collins' Untersuchung »Diakonia«, in: Pastoraltheologie 89 (2000), 349–364; VOLKER HERRMANN/HEINZ SCHMIDT (Hg.), Diakonische Konturen im Neuen Testament (DWI-Info Sonderausgabe 9), Heidelberg 2007; KLAUS SCHOLTISSEK/KARL-WILHELM NIEBUHR (Hg.), Diakonie biblisch (s. Anm. 27). Mehrere Beiträge in diesem Band setzen sich kritisch mit der Position von John N. Collins und Anni Hentschel auseinander und weisen die Thesen zur antik-griechischen und neutestamentlichen Semantik von διακονία κτλ. zurück.

[54] MASCHMEIER, Neutestamentliche Grundzüge diakonischen Handelns (s. Anm. 30), 35–45.

[55] A. a. O., 36.

[56] Vgl. hierzu: KLAUS SCHOLTISSEK/KARL-WILHELM NIEBUHR, Diakonie biblisch (s. Anm. 27).

nischem‹ Handeln im zeitgenössischen Umfeld des Neuen Testaments.⁵⁷ Am Beispiel der *antiken Vereine* hat *Jan Quenstedt* hierzu eine hilfreiche und erhellende Monographie vorgelegt.⁵⁸

Ausgehend nicht vom Wortvorkommen von διακονία κτλ., sondern von einem konzeptionellen Verständnis diakonischen Handelns analysiert Quenstedt ausgewählte Inschriften von Vereinigungen in der zeitgenössischen Umwelt der neutestamentlichen Gemeinden. Diese Inschriften werden hinsichtlich ihres »sozial-fürsorglichen Handelns«⁵⁹ analysiert und interpretiert. Dabei versteht *Jan Quenstedt* »›Diakonie‹ nicht als einen Begriff, sondern als ein Konzept [...], dem vielfältige Handlungsbezüge zugehörig sein können.«⁶⁰ Inhaltlich bestimmt er dieses Konzept wie folgt: Es geht um den Verzicht auf einen »Gewinn an Finanz- und Sachmitteln«, ist also »nicht auf materielle Reziprozität ausgelegt«.⁶¹ »Anders ausgedrückt muss die Hilfeempfängerin bzw. der Hilfeempfänger die Helferin bzw. den Helfer Anteil haben lassen an ihrer bzw. seiner Situation unter der Perspektive einer möglichen Veränderung dieser Situation aus der Anteilnahme ihres bzw. seines Helfenden heraus.«⁶² In der Sache geht es also um altruistisches Handeln.⁶³

Jan Quenstedt hält folgende Ergebnisse für die antiken Vereine fest: Nutznießer für ein Verhalten, das dem Konzept sozial-fürsorglichen Verhaltens entspricht, sind mit zwei Ausnahmen (Getreidespende der Atalante; Menschenfreundlichkeit der Oregonen) ausschließlich die Mitglieder einer Vereinigung.

»Dieses fürsorgliche Handeln ist gemeinhin nicht frei von Vorleistungen, insoweit Vereinigungsmitglieder für ihre Mitgliedschaft Gebühren und Beiträge entrichteten und nicht jede Interessentin bzw. jeder Interessent in jeder Verei-

---

⁵⁷ Vgl. einführend: KLAUS THRAEDE, Soziales Verhalten und Wohlfahrtspflege in der griechisch-römischen Antike (späte Republik und frühe Kaiserzeit), in: Diakonie – biblische Grundlagen und Orientierungen (s. Anm. 14), 44–63.

⁵⁸ JAN QUENSTEDT, Diakonie zwischen Vereinslokal und Herrenmahl (s. Anm. 9); vgl. DERS., Immer noch ›Diakonie‹? Antwortversuche aus dem Neuen Testament und seiner Umwelt, in: Pastoraltheologie 109 (2020), 445–464; DERS., Diakonisches Handeln und Kirche. Überlegungen zu ihrer wechselseitigen Attraktivität im Spiegel antiker Vereinigungen, in diesem Band: 161–174; vgl. auch BENJAMIN SCHLIEßER, Ein Verein unter vielen? Die ersten Christusgemeinschaften und antike Vereine, in: Theologische Beiträge 54 (2023), 309–320; MARKUS ÖHLER, Ecclesia und Collegium. Christliche Versammlungen und griechisch-römische Vereinigungen. Gesammelte Aufsätze (WUNT 513), Tübingen 2024.

⁵⁹ JAN QUENSTEDT, Diakonie zwischen Vereinslokal und Herrenmahl (s. Anm. 9), 135.

⁶⁰ A. a. O., 142.

⁶¹ A. a. O., 145.

⁶² Ebd.

⁶³ Vgl. a. a. O., 145–148.299.

nigung Mitglied werden konnte.«[64] Herausgehobene Bedeutung kommt dem Patron bzw. den Patroninnen zu, deren Engagement jedoch deutlich mit einem »Zugewinn an Prestige« korrespondiert. Bei den Würdigungen einzelner Personen (Euergeten) steht ihre Vorbildfunktion im Vordergrund.»Jedoch zeigte sich auch, dass es größtenteils von Menschen an den Tag gelegt wurde, die bereits einen finanziellen Vorteil gegenüber anderen Vereinigungsmitgliedern besaßen, d. h. nicht auf eine Rückvergütung angewiesen waren. Ein ideeller Ausgleich der aufgewendeten Mittel erfolgte durch die epigraphische Würdigung, welche als eine Art Gegenleistung zu verstehen ist, die als Währung Anerkennung und Dankbarkeit offerierte und damit zum Prestige der geehrten Persönlichkeit beitrug.«[65] Abschließend fasst er zusammen: »Aus den Inschriften ergibt sich, dass das Konzept diakonischen Handelns nicht zum strukturellen und ideellen Proprium der Vereinigungen gehört.«[66]

2.5 Frühchristliche Schriften

Über die genannten Fragestellungen hinaus sind auch die nichtkanonisierten christlichen Schriften des 2. und 3. Jahrhunderts auszuwerten. Hier ist ebenfalls ein erhebliches Forschungsdesiderat anzumelden. *Ulrich Volp* hat zuletzt einen instruktiven Forschungsbericht vorgelegt: »Wohltätigkeit im christlichen Leben. Soziale Ethik und diakonische Praxis im antiken Christentum«[67]. Darin stellt er fest, dass die von *Andreas Müller* diagnostizierte Vernachlässigung der christlichen Wohltätigkeit in der patristischen Forschung[68] in der neuesten Forschung gerade überwunden zu werden scheint.

---

[64] A.a.O., 295.
[65] A.a.O., 299.
[66] Ebd.
[67] ULRICH VOLP, Wohltätigkeit im christlichen Leben. Soziale Ethik und diakonische Praxis im antiken Christentum, in: VuF 67 (2022), 102–112 (Lit.). Vgl. auch HARMUT LEPPIN, Euergetismus – antike Wohltätigkeit, in: CHRISTOPH STIEGEMANN (Hg.), Caritas. Nächstenliebe von den frühen Christen bis zur Gegenwart, Petersberg 2015, 100–105; DERS., Euergetismus und christliche Wohltätigkeit. Überlegungen zu ihrem Vergleich, in: ANDREAS MÜLLER (Hg.), Wohltätigkeit im antiken und spätantiken Christentum (Studien der Patristischen Arbeitsgemeinschaft 16), Leuven 2021, 47–65; BART J. KOET, Exegetische Anmerkungen zum semantischen Feld »Wohltätigkeit«, a.a.O., 29–46.
[68] Vgl. ANDREAS MÜLLER, Die Geschichte der »Diakoniegeschichte« der Alten Kirche vom 19. bis zum 21. Jahrhundert, in: DERS. (Hg.), Wohltätigkeit im antiken und spätantiken Christentum (Studien der Patristischen Arbeitsgemeinschaft 16), Leuven 2021, 1–28; DERS., Jerusalem als Zentrum von Wohltätigkeit in der Spätantike, in: KATHARINA HEY-

Eine Quelle für das diakonische Handeln von Christen im 2. Jahrhundert ist der Brief des Aristides von Athen an Kaiser Antonius Pius um ca. 140 n. Chr. Darin heißt es:

> »Sie lieben einander. Die Witwen missachten sie nicht; die Waisen befreien sie von dem, der sie misshandelt. Wer hat, gibt neidlos dem, der nicht hat. Wenn sie einen Fremdling erblicken, führen sie ihn unter ein Dach und freuen sich über ihn wie über einen leiblichen Bruder. Denn sie nennen sich nicht Brüder dem Leibe nach, sondern Brüder im Geiste und in Gott. Wenn aber einer von ihren Armen aus der Welt scheidet und ihn irgendeiner von ihnen sieht, so sorgt er nach Vermögen für sein Begräbnis. Und hören sie, dass einer von ihnen wegen des Namens ihres Christus gefangen oder bedrängt ist, so sorgen sie für seinen Bedarf und befreien ihn, wo möglich. Und ist unter ihnen irgendein Armer oder Dürftiger, und sie haben keinen überflüssigen Bedarf, so fasten sie zwei bis drei Tage, damit sie den Dürftigen ihren Bedarf an Nahrung decken.«[69]

Ein Forschungsfeld im Übergang vom Neuen Testament zu den ersten Jahrhunderten der christlichen Zeitrechnung ist die Frage nach ›amtlichen‹ Rollen von »Diakonen« bzw. »Diakoninnen« in den Gemeinden und ihren »diakonischen« Aufgaben.[70] Einen Einstieg in die Diskussionen gibt der Sammelband: »Deacons and Diakonia in Early Christianity«[71]. Hier werden (nahezu) »all the major references to deacons in the first two centuries«[72] besprochen. Dabei sollen auch neuere philologische Positionen zum Verständnis von *diakonia* im Neuen Testament (vgl. die Thesen von *John N. Collins* und *Anni Hentschel*) Berücksichtigung finden. Der Horizont dieses Sammelbandes ist die weltweite ökumenische Diskussion zur schriftgemäßen Gestalt von diakonischen Ämtern bzw. einer diakonischen Gemeinde. Einzelne Stationen dieses Diskurses seien hier teils mit kritischen Rückfragen vorgestellt:

---

den/Maria Lissek (Ed.), Jerusalem II: Jerusalem in Roman-Byzantine Times (COMES 5), Tübingen 2021, 325–344.

[69] Zitiert nach: Gerhard K. Schäfer/Wolfgang Maaser (Hg.), Geschichte der Diakonie in Quellen. Von den biblischen Ursprüngen bis zum 18. Jahrhundert, Göttingen 2020, 92.

[70] Vgl. einführend das Themenheft »Diakonie, Witwen, Presbyter. Ämter in der frühen Kirche«, in: Welt und Umwelt der Bibel (3/2020).

[71] Deacons and Diakonia in Early Christianity. The First Two Centuries (WUNT II 479), ed. by B. J. Koet et al., Tübingen 2018. Vgl. auch den weiterführenden Sammelband: Bart J. Koet et al. (Ed.), Deacons and Diakonia in Late Antiquity. The Third Century Onwards (WUNT II), Tübingen 2024 (angekündigt).

[72] Deacons and Diakonia in Early Christianity (s. Anm. 71), 13.

Peter-Ben Smit setzt in seinem Beitrag »Exegetical Notes on Mark 10:42–45. Who serves Whom?«[73] »a veritable paradigm shift in the interpretation of ›διακοέω/διακονία‹ in early Christianity, including the New Testament«[74] einfach voraus und wendet sich mit dieser Annahme dem locus classicus Mk 10,42–45 zu. Den angenommenen Paradigmenwechsel versteht *Peter-Ben Smit* als Wechsel vom niedrigen Dienst (humble service) zu servant leadership. Mit *John N. Collins* und *Anni Hentschel* gehe es in Mk 10,42–45 nicht um Statusfragen und/oder Autorität, sondern um die Loyalität Jesu gegenüber seinem Auftrag bzw. Auftraggeber. Gleichzeitig führt er diese Auslegungsrichtung in einem wichtigen Punkt weiter bzw. variiert sie in einem entscheidenden Punkt: διακονία als »acting on behalf of« in Mk 10,42–45 sei nicht so sehr auf die korrekte und konsequente Ausführung des göttlichen Auftrags durch den Auftragnehmer zu beziehen: »›acting on behalf of‹ happens primarily in relation to the community«[75]. Unter Berücksichtigung von Mk 9,35 sieht *Peter-Ben Smit* diakonisches Handeln im Markusevangelium nicht unmittelbar an Gott als Auftraggeber gebunden, sondern an die Gemeinde als Auftraggeberin: »The Gentile model positions the leader over the community; the Markan model positions the community over the leader.«[76] Zusammenfassend betont *Peter-Ben Smit*, der Evangelist Markus »presents leadership in the community as being characterised by exercising authority on behalf of others. This is inherent in the use of διακονία terminology. Second, in the community that Mark imagines, such an ideal-typical leadership consists of acting on behalf of the community and in its service.«[77]

John N. Collins wendet seine bekannte These[78] auf Mt 25,31–46 an: »My studies, [...], have, [...], established not only that activities designed as diakonic in one way or another are all in fact activities carried out according to a mandate and never imply benevolence, but also that any such designated activities are not inherently lowly.«[79] Seine Auslegung von Mt 25,44 zieht aus dieser Vorgabe die Konsequenz: In Vers 44 gehe es ausschließlich um die Beziehung zwischen »royal attendants and the king. They are now learning, that their dedication to the king had blinded them to their responsibilities within the kingdom, namely, to fellow members in need. The modern theological/ethical construct of *diakonia* can

---

[73] Peter-Ben Smit, Exegetical Notes on Mark 10:42–45. Who serves Whom?, in: Deacons and Diakonia in Early Christianity (s. Anm. 71), 17–29.
[74] A. a. O., 17.
[75] A. a. O., 19.
[76] A. a. O., 28.
[77] A. a. O., 29.
[78] Vgl. John N. Collins, Diakonia (s. Anm. 51); ders., Diakonia Studies (s. Anm. 51).
[79] John N. Collins, The Rhetorical Value of Διακον- in Matthew 25:44, in: Deacons and Diakonia in Early Christianity (s. Anm. 71), 31–43, hier 39.

take nothing for its enrichment from the occurrence of the δικαιον- verb at Matt 25:44.«[80]

An die hier vorgetragenen Thesen zum Markus- und Matthäusevangelium sind erhebliche Rückfragen zu stellen: Ist es eine text- und kontextgemäße Alternative, wenn *Peter-Ben Smit* für Mk 10,42-45 zwischen Status bzw. Autorität einerseits und Loyalität gegenüber dem Auftrag Jesu andererseits unterscheidet? Ist es eine text- und kontextgemäße Alternative, wenn er unter Berücksichtigung von Mk 9,35 diakonisches Handeln nicht unmittelbar an Gott als Auftraggeber zurückgebunden sehen möchte, sondern an die Gemeinde als Auftraggeberin? Ist es eine text- und kontextgemäße Alternative, wenn *John N. Collins* mit Blick auf Mt 25 die formale Mandatierung einerseits und den konkreten Handlungsauftrag andererseits in zwei getrennten Welten verortet?[81]

In seiner Auslegung von Lk 10,38-42 und Apg 6,1-7 vertritt *Bart J. Koet* – anders als *John N. Collins* – die These, dass beide lukanischen Erzählungen Wort(-verkündigung) und Handeln gerade nicht voneinander trennen, sondern in der Reihenfolge Hören (und Lernen) und dann Handeln zusammenbinden. Beide Erzählungen betonen »a connection between the ministry of the word and the ministry of deeds«[82].

Margaret Mowczko rekonstruiert die Rolle und Bedeutung der Phoebe in Röm 16,1-2 (»our sister«; »a deacon of the church at Chenchreae«; »a benefactor of many and of myself as well«): »Phoebe had a recognized position and ministry in Cenchrea, and Paul probably used the word διάκονος in Romans 16:1 as he did

---

[80] A. a. O., 42.
[81] Zur markinischen Interpretation von διακονία vgl. KLAUS SCHOLTISSEK, »Denn der Menschensohn ist nicht gekommen, dass er sich dienen lasse, sondern dass er diene und sein Leben gebe als Lösegeld für viele« (Mk 10,45). Die messianische Diakonie des Menschensohnes und seiner Gemeinde im Markusevangelium, in: DERS./KARL-WILHELM NIEBUHR (Hg.), Diakonie biblisch (s. Anm. 27), 93-127; zur matthäischen Interpretation von διακονία vgl. MATTHIAS KONRADT, »Was ihr einem meiner geringsten Brüder getan habt« (Mt 25,40). Überlegungen zur Bedeutung diakonischen Handelns im Matthäusevangelium, a. a. O., 53-90.
[82] BART J. KOET, Luke 10:38-42 and Acts 6:1-7: A Lukan Diptyth on Διακονία, in: Deacons and Diakonia in Early Christianity (s. Anm. 71), 45-63, hier 48. Zur Deutung von Lk 10,25-37.38-42 vgl. KLAUS SCHOLTISSEK, Barmherzige und hörende Liebe (Lk 10,25-42). Das Doppelgebot der Liebe und die Diakonie im Lukasevangelium, in: DERS./KARL-WILHELM NIEBUHR (Hg.), Diakonie biblisch (Anm. 27), 130-160. In den *diakonoi* in Joh 2,5.9 sieht Bart J. Koet keine Hinweise für ein (sich später entwickelndes) Diakonenamt: »[...] indirectly this narrative will show us something about the cultural background within which the ministry of deacons arose« (DERS., Like a Royal Wedding. On the Significance of *Diakonos* in John 2:1-11, in: Deacons and Diakonia in Early Christianity [s. Anm. 71], 65-77, hier 67).

in Philippians 1:1, for ministers with a recognized leadership role.«[83] *Anni Hentschel* vertritt mit Blick auf 2. Kor die These, Paulus verwende die beiden Begriffe ἀπόστολος und διάκονος »to his own role as a messenger mandated to preach the gospel in the name of Christ or God. In the light of the semantics of the Greek term διακονία and its cognates, any interpretation of the διακονία of Paul as a self-abasing and self-sacrificing service for his communities is no longer possible.«[84]

Zur Vorsicht vor Überinterpretationen des Vorkommens von *ministrae* bei *Plinius* (Ep. Tra. 10.96.7 - 8) warnt *John G. Cook:* Belege für *ministrae* in zeitgenössischen Quellen lassen keine präzise Bestimmung zu. Zwischen der Wahrnehmung und Deutung der *ministrae* bei Plinius und der Realität der christlichen Gemeinde liege ein für Historiker nicht zu überwindender Graben.[85]

Bart J. Koet fasst das Zeugnis des *Ignatius von Antiochien* zu den drei Gruppen Bischöfe, Diakone und Presbyter in einem (wenig hilfreichen) Vergleich zusammen: »The bishop resembles the CEO, the deacons are a mix of his personal assistants and his managers, and the presbyterium reflects the position of the board.«[86] Für *Clemens von Alexandrien* resümiert *John N. Collins* ebenfalls sehr vage: »No doubt we now realise that Clement provides an incomplete report on deacons of his day. [...] He expected nothing less than a life lived according to the gospel.«[87] Der *1. Clemensbrief* legitimiere – so *Bart J. Koet* – das zweifach gegliederte Amt (Bischöfe und Diakone verstanden als »leaders and their assistants« [191]) in Rekurs auf Jes 60,17 als göttlichen Ursprungs und als Ausweis der Kontinuität mit Israel.[88] Auch dem *Hirt des Hermas* lassen sich – Mark

---

[83] MARGARET MOWCZKO, What did Phoebe's Position and Ministry as Διάκονος of the church of Chenchrea Involve?, in: Deacons and Diakonia in Early Christianity (s. Anm. 71), 91–102, hier 101.

[84] ANNI HENTSCHEL, Paul's Apostleship and the Concept of Διακονία in 2 Corinthians«, in: Deacons and Diakonia in Early Christianity (s. Anm. 71), 103–115, hier 103 (wörtlich wiederholt 115). Zu 2Kor vgl. den eigenen Beitrag: KLAUS SCHOLTISSEK, Diakonie der Versöhnung. 2Kor 5,14–21 – ein Kleinod paulinischer Theologie, in: DERS./KARL-WILHELM NIEBUHR (Hg.), Diakonie biblisch (s. Anm. 27), 191–224.

[85] JOHN G. COOK, Pliny's Tortured *Ministrae*. Female Deacons in the Ancient Church?, in: Deacons and Diakonia in Early Christianity (s. Anm. 71), 133–148.

[86] BART J. KOET, The Bishop and His Deacons. Ignatius of Antioch's View on Ministry: Twofold or Three-fold?, in: Deacons and Diakonia in Early Christianity (s. Anm. 71), 149–163, hier 163.

[87] JOHN N. COLLINS, Διακον- and Deacons in Clement of Alexandria, in: Deacons and Diakonia in Early Christianity (s. Anm. 71), 165–176, hier 176.

[88] BART J. KOET, Isaiah 60:17 as a Key for Understanding the Two-fold Ministry of Ἐπισκόποι and Διάκονοι according to First Clement (1Clem. 42:5), in: Deacons and Diakonia in Early Christianity (s. Anm. 71), 177–192, hier 191.

Grundeken zufolge – keine präzisen Aussagen entnehmen, »what deacons did in the early church«.[89] *Clayton N. Jefford* betont auch für *Didache* 15,1–2 einen offenen Textbefund, der modernen Fragen wenig Antworten biete.[90] Die Zeugnisse bei *Justin* und *Irenäus* fasst *Paul Foster* zusammen: »Therefore, in the second half of the second century deacons were expected to be individuals who exemplified the moral behaviour expected from Christian leaders, and one of their key functions was in assisting the main leaders of a Christian community in the distribution of the Eucharist.«[91] *Tertullian* kenne ein dreigliedriges sazerdotales Amt (Bischof, Presbyter, Diakon) und betont gleichzeitig das allgemeine Priestertum.[92]

Die angesprochenen Beiträge zeigen: Die Diskussion ist mit hoher Gründlichkeit weiterzuführen. Ein Forschungskonsens ist vielfach nicht zu erkennen.

3. Das Liebesgebot als Metanorm biblischer Ethik und Diakonie

Die biblische Überlieferung konfrontiert die ethische Theoriebildung auch im Blick auf das *Liebesgebot* mit Grundfragen:
- Inwieweit kann das Liebesgebot als Zusammenfassung der biblischen Ethik gelten?
- Was sagen alttestamentliche, frühjüdische, neutestamentliche und rabbinische Zeugnisse dazu?
- Lässt sich Genaueres über die Entstehung des Gebotes der Nächstenliebe sowie für seine rationale oder irrationale Begründung herausfinden?
- Was motiviert Menschen zum Altruismus?
- Lassen sich biblische Begründungen des Altruismus in der Gegenwart inmitten einer metaphysischen Heimatlosigkeit plausibilisieren?
- Kann Altruismus als Brücke bzw. Bindeglied verstanden werden zwischen Anforderungen an eine Ethik in der Moderne und der biblischen Ethik?
- Ist Altruismus überhaupt ein Wesensmerkmal der biblischen Ethik?

---

[89] MARK GRUNDEKEN, What Do »Deacons« Do in the Shepherd of Hermas?, in: Deacons and Diakonia in Early Christianity (s. Anm. 71), 193–202, hier 202.

[90] CLAYTON N. JEFFORD, Understanding the Concept of Deacon in the *Didache*, in: Deacons and Diakonia in Early Christianity (s. Anm. 71), 203–213.

[91] PAUL FOSTER, Deacons (Διάκονοι) and Διακονία in the Writings of Justin and Irenaeus, in: Deacons and Diakonia in Early Christianity (s. Anm. 71), 215–226, hier 226.

[92] Vgl. ANNI MARIA LAATO, Tertullian and the Deacons, in: Deacons and Diakonia in Early Christianity (s. Anm. 71), 245–253.

Auf die Diskussion in der jüngeren Altruismusforschung sei hier hingewiesen.[93] In diesem Zusammenhang hat *Gerd Theißen* seinen programmatischen Aufsatz geschrieben: »Die Bibel diakonisch lesen: Die Legitimitätskrise des Helfens und der barmherzige Samariter«[94]. Seine Ausführungen schließt er mit folgendem Plädoyer ab:

> »Hilfe und Hilfsmotivation sind allgemeine menschliche Phänomene. In ihnen leuchtet ebenso die Ebenbildlichkeit des Menschen immer wieder auf wie seine Endlichkeit. Dies Aufleuchten der Ebenbildlichkeit geschieht in einer Welt, in der sich die besten Hilfsabsichten in Widersprüche verstricken müssen: Moderne Kritik an der Hilfe als kaschierter Herrschaft, als dysfunktionaler Gegenselektion und psychischer Selbstausbeutung deckt diese Verstrickung auf. Aber diese Welt ist nach christlichem Glauben nicht auf ihre Unerlöstheit festgelegt. Mitten in ihr beginnt die neue Schöpfung. Im Lichte dieser neuen Schöpfung kann Hilfe zur Herrschaftsreduktion, zur rettenden Gegenselektion, zum Zeugnis für eine souveräne Liebe werden, durch die Helfer und Hilfsadressaten sich selbst finden.«[95]

---

[93] Vgl. den Beitrag bei Wikipedia https://de.wikipedia.org/wiki/Altruismus (Stand: 01.03.2024); H. MEISINGER, Liebesgebot und Altruismusforschung. Ein exegetischer Beitrag zum Dialog zwischen Theologie und Naturwissenschaft (NTOA 33), Göttingen 1996; PETER LAMPE, Altruismus und Agape. Streiflichter zum Gespräch zwischen Naturwissenschaft und Theologie vor dem Hintergrund des johanniterlichen Doppelauftrags (2011): https://archiv.ub.uni-heidelberg.de/volltextserver/25588/ (Stand: 01.03.2024); vgl. auch: KLAUS BAUMANN, Die Ambivalenz des »Helfens«: zwischen Assistentialismus und generativem Altruismus, in: Diakonia 53 (2022), 82–90; ISOLDE KARLE, Nächstenliebe und Selbstliebe. Gegenwärtige Diskurse, biblische Narrative und die Motive des Helfens, in: EvTh 81 (2021), 414–422; DOMINIC ROSER et. al. (Hg.), Effective altruism and religion: synergies, tensions, dialogue (Religion – Wirtschaft – Politik 23), Baden-Baden 2022; ANIKA CHR. ALBERT, Helfen als Gabe und Gegenseitigkeit. Perspektiven einer Theologie des Helfens im interdisziplinären Diskurs (VDI 42), Heidelberg 2010, 15–26.27–241; DIES., Anthropologie prosozialen Verhaltens, in: ANDREAS LOB-HÜDEPOHL/ GERHARD K. SCHÄFER (Hg.), Ökumenisches Kompendium Caritas und Diakonie, Göttingen 2021, 11–22; vgl. jetzt auch die Beiträge in dem Sammelband: HARTMUT VON SASS (Hg.), Glaube und (De-)Motivation (Perspektiven der Ethik 21), Tübingen 2024; vgl. u. a. a. a. O., 209–220 den Beitrag von SARAH JÄGER, »was ihr getan habt einem von diesen geringsten Brüdern [...]«. Zu Motivationslagen in der Diakonie.

[94] GERD THEIßEN, Die Bibel diakonisch lesen: Die Legitimitätskrise des Helfens und der barmherzige Samariter, in: GERHARD K. SCHÄFER/THEODOR STROHM (Hg.), Diakonie – biblische Grundlagen und Orientierungen (VDI 23), Heidelberg ³1998, neu aufgelegt 2014, 376–401.

[95] A. a. O., 401. Zur Ambivalenz des Helfens vgl. auch HERBERT HASLINGER, Diakonie jenseits des Assistentialismus. Das brüchige Ideal des Helfens, in: Diaconia 53 (2022), 74–81; KLAUS BAUMANN, Die Ambivalenz des »Helfens«. Zwischen Assistentialismus und generativem Altruismus, a. a. O., 82–90. Vgl. auch TOBIAS KÜNKLER, »Wenn Hilfe verletzt...«.

Für das *biblische Liebesgebot* in seinen Entfaltungen als Liebe zu den »Nächsten«, zu den »Fremden«, zu Gott und zu den »Feinden« stellen sich eine Fülle exegetischer Aufgaben, die – und darauf kommt es hier in besonderer Weise an – *die interdisziplinären und modernen Fragestellungen gleichsam bereits in sich tragen:*

(a) Dies gilt zunächst einmal für die Übersetzung und die Auslegung des Liebesgebotes in Lev 19,18 (›Nächsten‹-liebe) und 19,33–34 (›Fremden‹-liebe) selbst[96] sowie für alle weiteren alttestamentlichen Aussagen zur geforderten Liebe[97].

(b) Das gilt sodann für die Rezeption des Liebesgebotes in frühjüdischen[98], christlichen und rabbinischen Schriften. Das Nächstenliebegebot bzw. das Doppelgebot der Liebe wird in den theologischen Konzeptionen der neutestamentlichen Schriften jeweils mit eigenen Akzentuierungen rezipiert und ausgelegt (vgl. Mk 12,28–34; Mt 22,34–40; Lk 10,25–28.29–35; Joh 13,34–35[99];

Anerkennungstheoretische Überlegungen zu ungewollten Effekten helfenden Handelns, in: THOMAS KRÖCK/GISELA SCHNEIDER (Hg.), Partnerschaft. Gerechtigkeit. Transformation. Christliche Perspektiven der Entwicklungszusammenarbeit, Marburg 2015, 220–229, hier: 223: »So kann Hilfe als eine fremde Bemächtigung erlebt werden, die den Hilfeempfänger in einen Objektstatus versetzt und so das Autonomiebedürfnis von Personen verletzt.«

[96] Vgl. zum Liebesgebot im AT: HANS-PETER MATHYS, Du sollst deinen Nächsten lieben wie dich selbst (OBO 71), Göttingen (1986) ²1990. Für Hans-Peter Mathys bilden das Gebot der Gottesliebe in Dtn 6,5 und der Nächstenliebe in Lev 19,18 allein nicht die Mitte der alttestamentlichen Ethik. Hinzutreten müsse die Forderung nach Gerechtigkeit; vgl. a.a.O., 146–173. Vgl. weiterführend MANFRED OEMING, »Du sollst deinen Nächsten lieben, sofern er ist wie du« (Lev 19,18), in diesem Band: 105–125.

[97] Vgl. MANFRED OEMING (Hg.), Ahavah. Die Liebe Gottes im Alten Testament (ABG 55), Leipzig 2018; DAVID BINDRIM, Die Flamme des Herrn? Eine philologische und theologische Untersuchung der Wurzel אהב im Alten Testament (VTOA 1), Göttingen 2023; a.a.O., 294–324. zum Nächstenliebegebot in Lev 19,1–37; vgl. auch: ANDRÉ ZEMPELBURG, Relationale Liebe. Über das Vorkommen und die Verwendung von 'hb in der hebräischen Bibel, in: JÜRGEN BOOMGARDEN (Hg.), Konfigurationen der Liebe. Liebesvorstellungen in Religion, Philosophie und Literatur, Leipzig 2023, 14–34; ANSGAR MOENIKES, Gottesliebe und Menschenliebe als Forderung des Alten Testaments, a.a.O., 35–51.

[98] Vgl. besonders Tob 4,13; Sir 7,21; 31,15; TestGad 4,1–7; 6,3–7; TestDan 5,3; TestIss 5,1–2; 7,6; TestSeb 5,1–8,3; TestBen 3,3f.; vgl. MATTHIAS KONRADT, Menschen- und Bruderliebe? Beobachtungen zum Liebesgebot in den Testamenten der Zwölf Patriarchen, in: ZNW 88 (1997), 296–310; DERS., Ethik im Neuen Testament (NTD.E4), Göttingen 2022, 37f.

[99] Zu Joh 13,34–35 vgl. PETER G. KIRCHSCHLÄGER, Solidarität – die »Nächstenliebe von heute«? Biblisches Gebot und philosophische Ethik, in: evangelische aspekte 33 (2/2023), 15–16: »Aufgrund der Weisung und des Lebensbeispiels Jesu bedeutet Nächs-

Röm 13,8–9; Gal 5,13–14; Jak 2,8).[100] *Matthias Konradt* hält zusammenfassend fest:

> »Stellt die Hervorhebung der Liebe ein einheitsstiftendes Moment frühchristlicher Ethik dar, so dokumentiert sich zugleich und gerade in der Explikation der Agapeethik die Vielfalt neutestamentlicher ethischer Ansätze, denn es zeigen sich hier klar unterscheidbare Entfaltungen des Liebesgebotes [...]. Die Agapeethik ist mithin ein Musterbeispiel für das Miteinander von Einheit und Vielfalt neutestamentlicher Ethik.«[101]

Für die rabbinischen Schriften hat *Klaus Müller* herausgearbeitet, dass im Ringen um die Auslegung des Liebesgebotes auch für Rabbinen das Liebesgebot die Mitte und das Kriterium der Toraauslegung bzw. des ethischen gebotenen Handelns ist.[102]

(c) Dies gilt zudem auch für die Einbindung des Liebesgebotes in theologische Konzepte wie den Tun-Ergehens-Zusammenhang, die Schöpfungstheologie, die Imitatio Dei, die Liebe Gottes[103], die Liebe und Lebenshingabe Jesu Christi sowie die Spitzenaussage in 1Joh 4,8.16: »Gott ist Liebe«.

---

tenliebe nicht nur die gleiche Liebe für den Nächsten wie für sich selbst. Sie stellt eine Liebe dar, die sich am Maß der Liebe Jesu orientiert. Gerade darin steckt der Paradigmenwechsel, denn erstmals wird ein personaler Bezugspunkt zum Kriterium erhoben, nämlich die Person Jesus Christus. Ethische Einsicht im Neuen Testament kann einem Verdichtungsprozess (von der schriftbezogenen Normativität zur personenorientierten Norm) unterworfen sein.«

[100] Für das Liebesgebot im Neuen Testament vgl. u. a.: THOMAS SÖDING, Das Liebesgebot bei Paulus. Die Mahnung zur Agape im Rahmen der paulinischen Ethik (NTA.NF 26), Münster 1995; DERS., Nächstenliebe. Gottes Gebot als Verheißung und Anspruch, Freiburg i. Br. 2015; DERS., Initiative ergreifen und Prioritäten setzen. Die biblische Hoffnung der Nächstenliebe, in: evangelische aspekte 33 (2023), 5–7; ODA WISCHMEYER, Liebe als Agape. Das frühchristliche Konzept und der moderne Diskurs, Tübingen 2015 (DIES., Love as Agape. The Early Christian Concept and Modern Discourse, Waco 2021); ANGELIKA STROTMANN, Die Offenheit des Nächstenliebegebotes in Lev 19,18. Mit einem Blick auf die Jesusüberlieferung, in: DIES. et al. (Hg.), »Edler Ölbaum und wilde Zweige« (Röm 11,16–24). Christlich-jüdischer Dialog auf neutestamentlicher Grundlage (zur Erinnerung an Maria Neubrand MC) (SBB 84), Stuttgart 2023, 19–42; MATTHIAS KONRADT, Ethik (s. Anm. 98) (jeweils zu den neutestamentlichen Schriften); vgl. auch PETER G. KIRCHSCHLÄGER, Solidarität – die »Nächstenliebe von heute«? (s. Anm. 99).

[101] MATTHIAS KONRADT, Ethik (s. Anm. 98), 488.

[102] Vgl. die Ausführungen in 2.3.

[103] Vgl. hierzu: Ahavah. Die Liebe Gottes im Alten Testament (s. Anm. 97); vgl. D. BINDRIM, Viele Formen der Liebe: verwandte Begriffe zu Ahavah, a. a. O., 57–75; DERS., Die Flamme des Herrn? (s. Anm. 97).

In den biblischen Disziplinen wird *die Schöpfungstheologie mit ihrem ethischen Potential* in den letzten Jahren wieder entdeckt: Hinzuweisen ist hier exemplarisch auf die Monographie von *Bernd Janowski* zum Alten Testament[104] sowie neueste Beiträge zum Neuen Testament[105]. Im Abschnitt »Ethik der Mitgeschöpflichkeit« betont *Bernd Janowski* das »Bewusstsein der Geschöpflichkeit des Menschen« verbunden mit dem Bewusstsein der »Ambivalenzen des Lebens« als Ausgangspunkt einer alttestamentlichen Ethik. Biblische Zeugnisse können eine »Grundorientierung für den Umgang mit der Natur und allem Lebendigen«[106] geben.

(d) Dies gilt ebenso für die Fragen nach der *Universalität des Liebesgebotes*[107], der Auslegung der *Goldenen Regel* als Zusammenfassung von Gesetz und Propheten bei Matthäus (vgl. Mt 7,12) und bei Lukas (vgl. Lk 6,31)[108] und zugespitzt für die Frage nach der geforderten *Feindesliebe* (Mt 5,43–48)[109].

Das biblische Liebesgebot – dies kann hier nur thetisch angedeutet werden – darf nicht kurzschlüssig vereinnahmt werden: Das biblische Liebesgebot ist – gerade in seinen vielfältigen Auslegungen (!) – *nicht ohne normativen Inhalt* auszulegen. Es hat ein klares Profil. Das Liebesgebot ist als verbindliche Verpflichtung zu interpretieren. Es gibt den Anspruch und das Recht des Armen, des Hilfebedürftigen auf Unterstützung und auf uneigennützige Zuwendung. Neutestamentlich ist das Liebesgebot *auch bei Paulus nicht vom Bruch mit dem »Gesetz« her auszulegen* (auch wenn eine starke, wirkmächtige Auslegungstradition es so will).[110] Neutestamentlich darf die Auslegung des Liebesgebotes im Leben

---

[104] Vgl. BERND JANOWSKI, Biblischer Schöpfungsglaube. Religionsgeschichte – Theologie – Ethik, Tübingen 2023; DERS., Anthropologie des Alten Testaments. Grundfragen – Kontexte – Themenfelder, 2. durchgesehene u. ergänzte Auflage, Tübingen 2023; vgl. auch: Natur und Schöpfung (JBTh 34), Göttingen 2019; Handbuch Alttestamentliche Anthropologie, hg. v. JAN DIETRICH et al., Tübingen 2023.

[105] Vgl. MIRJAM JEKEL/ZACHARIAS SHOUKRY/RUBEN ZIMMERMANN, Was kann die Bibel zur aktuellen Schöpfungsethik beitragen? Das Neue Testament im Kontext neuerer öko-hermeneutischer Ansätze der Schriftinterpretation, in: Evangelische Theologie 83 (2023), 194–210.

[106] BERND JANOWSKI, Biblischer Schöpfungsglaube (s. Anm. 104), 480.

[107] Vgl. hierzu GERD THEIßEN, Universales Hilfsethos im Neuen Testament? Mt 25,31–46 und Lk 10,25–37 und das christliche Verständnis des Helfens, in: Glaube und Lernen 15 (2000), 22–37.

[108] Vgl. hierzu den Überblick bei MATTHIAS KONRADT, Ethik (s. Anm. 98), 295f.

[109] Vgl. hierzu a.a.O., 275–280.

[110] Vgl. grundlegend KARL-WILHELM NIEBUHR, Paulus im Judentum seiner Zeit (s. Anm. 17).

und in der Passion Jesu Christi nicht übersehen werden – genauso wenig wie das Verständnis der Liebe als »Frucht des Geistes« (Gal 5,22).[111]

Am Beispiel der innerbiblischen Rezeptions- bzw. Fortschreibungsprozesse des Liebesgebotes lässt sich zeigen, dass und wie biblische Zeugnisse *auf der Höhe ihrer Zeit* kultur- und sozialgeschichtliche Dialoge, philosophisch-ethische Diskurse und Konflikte aufnehmen und sich darin positionieren. Gerade dadurch zeigt sich, dass die wahrzunehmende Komplexität der wohlfahrtsstaatlich in den Sozialgesetzbüchern organisierten sozialen Arbeit in der Gegenwart[112] durchaus *gewisse strukturelle Analogien* aufweist zu dem sich in den biblischen Zeugnissen niederschlagenden Ringen um die ›richtige‹ ethische Praxis.

4. Biblische Begründungsmodelle für Ethik und Diakonie

In der Literatur lassen sich idealtypische Begründungsmodelle für eine biblische Ethik bzw. biblisch begründete Diakonie unterscheiden:

Schöpfungstheologie

Heinz Rüegger und *Christoph Sigrist* argumentieren in mehreren Monographien und Beiträgen für eine schöpfungstheologische bzw. anthropologische Begründung des helfenden Handelns.[113] Dieser Ansatz kommt auch in den Forschungsbeiträgen von *Anni Hentschel* zum Zug: »Wer Liebe übt, erfüllt den Willen Gottes. Das barmherzige und auf gerechte Lebensverhältnisse ausgerichtete Handeln der Menschen wird als Erfüllung des göttlichen Willens angesehen. Eine besondere Motivation oder ein explizit christusgemäßes Verhalten werden da-

---

[111] Vgl. die Ausführungen von TORSTEN MEIREIS, »Die Frucht aber des Geistes ist die Liebe«, in: MARCO HOFHEINZ et al. (Hg.), Wie kommt die Bibel in die Ethik? Beiträge zu einer Grundfrage theologischer Ethik (FSW. Lienemann), Zürich 2011, 59–75.

[112] Vgl. hierzu KLAUS SCHOLTISSEK, Wenn Theologie auf Praxis trifft. Erfahrungen in der diakonischen Geschäftsführung, in: MICHAEL DOMSGEN/TOBIAS FOß (Hg.), Diakonie im Miteinander. Zur Gestaltung eines diakonischen› Profils in einer mehrheitlich konfessionslosen Gesellschaft, Leipzig 2021, 155–172; DERS., Diakonie in unsicheren Zeiten: Diskurse und Chancen, in: R. SELIGER/K. SCHOLTISSEK (Hg.), Diakonie auf der Höhe der Zeit. Erfahrungen und Perspektiven, Leipzig 2022, 123–166.

[113] HEINZ RÜEGGER/CHRISTOPH SIGRIST, Diakonie – eine Einführung. Zur theologischen Begründung helfenden Handelns, Zürich 2011; DERS./DERS. (Hg.), Helfendes Handeln im Spannungsfeld theologischer Begründungsansätze, Zürich 2014; CHRISTOPH SIGRIST, Diakoniewissenschaft, Stuttgart 2020.

bei nicht grundsätzlich gefordert.«[114] »Die Liebe, die Gott als Schöpfer allen Menschen schenkt, ist Grundlage und Ausgangspunkt des helfenden Handelns der Menschen.«[115]

Theo-logie

In vielen biblischen Zeugnissen wird die ethische Forderung unmittelbar auf Gott bzw. Gottes eigenes Handeln zurückgeführt: Das gilt grundlegend für den Dekalog (Ex 20,1-21; Dtn 5,1-22) und beispielsweise für das Heiligkeitsgesetz in Lev 17-26, hier 25,35-38:

> 35 Wenn dein Bruder neben dir verarmt und sich nicht mehr halten kann, so sollst du dich seiner annehmen wie eines Fremdlings oder Beisassen, dass er neben dir leben könne;
> 36 und du sollst nicht Zinsen von ihm nehmen noch Aufschlag, sondern sollst dich vor deinem Gott fürchten, dass dein Bruder neben dir leben könne.
> 37 Denn du sollst ihm dein Geld nicht auf Zinsen leihen noch Speise geben gegen Aufschlag.
> 38 Ich bin der Herr, euer Gott, der euch aus Ägyptenland geführt hat, um euch das Land Kanaan zu geben und euer Gott zu sein.

Charakteristisch für das Heiligkeitsgesetz ist »die enge Analogisierung des Tuns Gottes zum Tun der Menschen. Ethik ist *imitatio dei*. Die Begründung für das Verhalten der Israeliten ist die Einsicht in die Grundprinzipien, die Gott selbst befolgt.«[116] Darin zeigt sich: »Im Heiligkeitsgesetz ist das Recht sehr weitgehend theologisiert. Das Zinsverbot im Blick auf die Menschen in Not stellt nichts weniger dar als *in die Form des Rechts gegossene Theologie*.«[117]

---

[114] ANNI HENTSCHEL, Begründungsansätze helfenden Handelns, in: Biblisches Arbeitsbuch für Soziale Arbeit und Diakonie (s. Anm. 18), 91-96, 93.

[115] A.a.O., 95; vgl. DIES., Theologische Begründungsansätze sozialen Handelns im Neuen Testament, in: CHRISTOPH SIGRIST/HEINZ RÜEGGER (Hg.), Helfendes Handeln im Spannungsfeld theologischer Begründungsansätze (s. Anm. 113), 15-42.

[116] MANFRED OEMING, Armut zwischen Verherrlichung und Widerstand (s. Anm. 15), 82.

[117] A.a.O., 83. Vgl. auch RAINER ALBERTZ, Die Theologisierung des Rechts im Alten Israel (1997), in: DERS., Geschichte und Theologie. Studien zur Exegese des Alten Testaments und zur Religionsgeschichte Israels (BZAW 326), hg. v. INGO KOTTSIEPER/JAKOB WÖHRLE, Berlin 2003, 187-205; SIMONE PAGANINI, Recht, Moral und ihre Begründung: Beobachtungen zu den Theologisierungsprozessen der Moral im Alten Testament, in: CHRISTOF BREITSAMETER/STEPHAN GOERTZ (Hg.), Bibel und Moral - ethische und exegetische Zugänge (Jahrbuch für Moraltheologie 2), Freiburg 2018, 153-175.

Christologie

Matthias Konradt interpretiert insbesondere die paulinische Ethik dezidiert als christonome Ethik:

»Für den Ansatz der paulinischen Ethik entscheidend ist, dass Paulus das für den Glaubenden gnadenhaft zugeeignete Heil nicht nur darin sieht, dass sie durch Christus einen neuen Stand vor Gott gewonnen haben – sie haben, mit Röm 5,1 gesprochen, Frieden mit Gott. Das Ergebnis des Gnadenhandelns Gottes besteht vielmehr zugleich auch in der Eingliederung in einen neuen Seinszusammenhang, den Paulus durch die vielfach als Lokativ verwendete Wendung ›in Christus‹ bezeichnet und durch das Motiv der Christuszugehörigkeit und Christusteilhabe entfaltet.«[118]

»Die christologische Begründung der Ethik bezieht sich zudem nicht nur auf den Aspekt der Ermöglichung des Handelns, sondern es geht zugleich auch um dessen inhaltliche Bestimmtheit. [...] So werden mit der Liebe [...] und der Demut [...] beide Leitperspektiven christlichen Lebenswandels bei Paulus christologisch fundiert und profiliert. Die Christusteilhabe bedeutet ein Hineingenommensein in einen umfassenden Lebenszusammenhang, der durch Christi Heilstat begründet ist und in dem die sich in seiner Lebenshingabe manifestierende Pro-Existenz (Gal 2,20) und seine Selbsterniedrigung (Phil 2,8) das Modell der Begegnung mit anderen abgeben [...]. [...] Gemeinschaft mit Christus bedeutet daher Hineingestelltsein in einen Lebensraum, in dem die Christus-Mimesis als Leitkategorie, als Meta-Norm, fungiert.«[119]

Für *Matthias Konradt* steht die christologische Begründung der paulinischen Ethik nicht allein – ihr korrespondieren vier weitere Grundlagen der paulinischen Ethik:
- die pneumatologische Dimension christlichen Lebens: Der Wandel im Geist und das Verhältnis von Gottes Wirken und menschlichem Handeln;
- der ekklesiologische Horizont christlichen Lebens: Die Gemeinschaft in Christus und die Neubestimmung sozialer Rollen;
- die eschatologische Motivierung christlichen Lebens: Das Gericht und die Teilhabe am endzeitlichen Heil;
- das Heilshandeln Gottes und die Hingabe an Gott. Der theologische Rahmen der Ethik und ihre Stellung in der paulinischen Theologie.[120]

---

[118] KONRADT, Ethik (s. Anm. 98), 63 f.; vgl. ebd. weiterführend die Hinweise zu Röm 6–8; Gal 2,19 f. und die Zusammenfassung: »Mit dem Sein in Christus verbinden sich für Paulus real veränderte Existenzbedingungen.«

[119] A. a. O., 64 f.

[120] Vgl. a. a. O., 63–83. Vgl. auch: GERD HÄFNER, »Das Reich Gottes ist nahe, kehrt um und glaubt an das Evangelium« (Mk 1,15). Das Evangelium als handlungsermöglichende Kraft aus neutestamentlicher Sicht, in: MThZ 6 (2015), 208–219, hier 219: »Das vom Menschen geforderte Handeln hat eine Vorgabe im Handeln Gottes, die den Menschen

Rechtfertigungstheologie

Für die rechtfertigungstheologische Begründung christlicher Ethik steht die Position von *Anika Christina Albert*.[121] Sie betont, dass die Rechtfertigungslehre

> »zur Emanzipation von falschen Autoritäten führt, Realitätsgewinn ermöglicht, Entlastung schafft, zu Authentizität führt und somit handlungsfähig macht. Ich denke, genau dies kann ein theologisches Verständnis von Helfen als Gabe und Gegenseitigkeit leisten. Auch wenn es sich in den Handlungsvollzügen nicht von einem allgemein menschlich motivierten Helfen unterscheidet, gelingt es ihm, Hilfegeben und Hilfeempfangen im Horizont der Liebe Gottes in ein neues Verhältnis zu setzen.«[122]

Auf die lutherische Rechtfertigungstheologie beruft sich *Bertram Salzmann*, der zuspitzend formulieren kann:

> »Ohne den Wert solchen sozialen Bemühens in irgendeiner Weise in Frage zu stellen, muss man gerade aus protestantischer Sicht daran erinnern, dass im Zentrum der christlichen Verkündigung nicht das Gebot der Nächstenliebe, sondern die Zusage der Rechtfertigung für den gottlosen Menschen steht. Nicht, was wir zu tun haben, macht den Kern der christlichen Botschaft aus, sondern was Gott für uns getan hat und tut! Martin Luther hat das dem Protestantismus mit allem Nachdruck und für alle Zeit ins Stammbuch geschrieben: ›Wenn man fromm oder böse wird, fängt es nicht bei den Werken an, sondern beim Glauben‹ heißt es in seiner Programmschrift *Von der Freiheit eines Christenmenschen* aus dem Jahr 1520. Die erste Frage, vor die sich ein Christ oder eine Christin gestellt sieht, ist also nicht die nach geübter Nächstenliebe, sondern die nach gelebtem Gottvertrauen. Ohne das Vertrauen auf die Gnade Gottes führt die Forderung der Nächstenliebe zwangsläufig zu Resignation und Verzweiflung – ist es doch gar nicht möglich, ihr wirklich gerecht zu werden. [...] ›Gute Werke machen nimmermehr einen guten, frommen Mann, sondern ein guter Mann macht gute, fromme Werke‹, fasst Luther sein Credo in der Freiheitsschrift (völlig genderunsensibel) zusammen. Soziales Engagement aus Nächstenliebe, ob bei Greenpeace

---

zum rechten Tun befähigt. Dies kann im Einzelnen unterschiedlich ausgeformt sein. In der Verkündigung Jesu ist die Zusage der Vergebung entscheidend; Matthäus setzt einen eigenen Akzent auf die durch die Zeiten bleibende Verbindung der Glaubenden mit dem erhöhten Herrn und so auch mit Gott. Paulus denkt von der in Christus geschenkten neuen Existenz her, die von den Glaubenden im Handeln nicht bewährt, sondern gezeigt werden muss.«
BERNHARD BLEYER reflektiert darüber hinaus auch auf eine sakramententheologische Ethikbegründung; vgl. DERS., Die Armen als Sakrament Christi. Die Predigt Pauls VI. in San José de Mosquera (1968), in: StdZ 226 (2008), 734–746.

[121] ANIKA CHRISTINA ALBERT, Helfen als Gabe und Gegenseitigkeit (s. Anm. 93), bes. 265–280 (»Rechtfertigung als göttliche Gabe und menschliche Antwort«).
[122] A.a.O., 372.

und Amnesty oder bei Diakonie und Caritas sind gut und wichtig, könnte man heute sagen; dort und anderswo geübte Nächstenliebe macht sicher viele froh. Aber eines macht eben nicht sie, sondern nur der Glaube: frei!«[123]

Trinitarische Theologie
Für *Johann Hinrich Wichern* gründet diakonisches Handeln in Gott selbst: Diakonie ist »das Abbild der urbildlichen Liebe und Gemeinschaft [...], die in dem dreieinigen Gott selber als ewiges Leben lebt«[124].

5. Biblische Ethik und Sozialethik

Welchen Beitrag können Zeugnisse biblischer Ethik in den sozialethischen Herausforderungen und Debatten der global vernetzten Weltgesellschaft des 21. Jahrhunderts leisten? Wo liegen Chancen, wo sind Grenzen gesetzt? Diese Diskurse – *Marco Hofheinz* spricht 2011 von »gegenwärtig fünf prominenten Lösungsansätzen bzw. -strategien«[125] – werden einerseits auf einer hermeneutisch konzeptionellen Ebene[126] geführt. Diese Debatten können hier nicht nachgezeichnet zu werden.

---

[123] Ebd. In diesen Zuspitzungen besteht die Gefahr einer kurzschlüssigen Engführung.

[124] JOHANN HINRICH WICHERN, Gutachten über die Diakonie und den Diakonat (1856), in: DERS., Sämtliche Werke III/I, hg. von PETER MEINHOLD, Berlin 1968, 130–184, hier 133; vgl. weiterführend: ANDREAS LOB-HÜDEPOHL/GERHARD K. SCHÄFER, Theologie der Diakonie – Konzeptionen und Profile, in: Ökumenisches Kompendium Caritas und Diakonie (s. Anm. 1), 111–127; vgl. auch: RALF HOBURG, Theologische Begründungen der Diakonie, in: JOHANNES EURICH/HEINZ SCHMIDT (Hg.), Diakonik. Grundlagen – Konzeptionen – Diskurse, Göttingen 2016, 111–144.

[125] MARCO HOFHEINZ, Einleitung: Wie kommt die Bibel in die Ethik? – Wie kommt die Ethik in die Bibel?, in: Wie kommt die Bibel in die Ethik?, 9–22, hier 19.

[126] Vgl. im Überblick: RENATE KIRCHHOFF, Ethik in der Bibel – Bibel in der Ethik. Über die Verwendung biblischer Texte im ethischen Kontext, in: ZNT 6 (2003), 25–32; MARIANNE HEIMBACH-STEINS, Biblische Hermeneutik und christliche Sozialethik, in: Christliche Sozialethik. Ein Lehrbuch. Band 1: Grundlagen, Regensburg 2004, 83–111; MARCO HOFHEINZ et al. (Hg.), Wie kommt die Bibel in die Ethik? (s. Anm. 111); MARIANNE HEIMBACH-STEINS (Hg.), Bibel und Ethik im Gespräch, Münster 2011; MARIANNE HEIMBACH-STEINS/GEORG STEINS (Hg.), Bibelhermeneutik und christliche Sozialethik, Stuttgart 2012; MARKUS VOGT/INGEBORG GABRIEL (Hg.), Theologie der Sozialethik (QD 255), Freiburg i. Br. 2013, hier besonders: THOMAS SÖDING, Biblische Sozialethik und christliche Hermeneutik. Neutestamentliche Anfragen, 146–188; MARIANNE HEIMBACH-STEINS, Biblische Hermeneutik und christliche Sozialethik, 129–145; CHRISTOF BREITSAMETER/STEPHAN GOERTZ (Hg.), Bibel und Moral – ethische und exegetische Zugänge (Jahrbuch für Moraltheologie 2), Freiburg i. Br. 2018; vgl. a.a.O., 11–30 den

Als ein Beispiel sei hier die Position von *Marianne Heimbach-Steins* zitiert:

»Der Versuch, die Bibel als Quelle der Ethik zu erschließen, bzw. die Frage nach Vermittlungsgestalten zwischen biblischer Botschaft, sittlichem Subjekt und der ethischen Reflexion gerechter Praxis führt in jedem Fall zu einem Verständnis theologischer Ethik, das nicht auf die Ebene der Normenbegründung zu reduzieren ist. Ethik als Normtheorie muss eingebunden sein in den systematisch vorgängigen Zusammenhang der Selbstreflexion sittlicher Subjekte in ihren konstitutiven Bezügen; auch für eine christliche (Sozial-)Ethik kann das ein zielführender Weg sein; Ansätze einer auf die Kategorie der Erfahrung und die Reflexion der Kontextualität bauenden Ethik bestätigen dies [...]. Solche theologische Ethik trifft sich mit philosophischen Ansätzen, die einen formal gedachten Universalismus und ein rationalistisches Verständnis der praktischen Vernunft kontextsensibel aufbrechen.«[127]

Andererseits wird die Relevanz biblischer Ethik auch für die konkreten sozialethischen Handlungsfelder und Herausforderungen diskutiert:[128] Menschenrechte (und Geschlechtergerechtigkeit)[129], Gerechtigkeit[130], Nachhaltigkeit[131], Versöh-

---

Beitrag von Johannes Schnocks, Ethische Bibellektüre als Gratwanderung. Auf der Suche nach der theologischen Autorität des Alten Testaments. Zur sozialethischen Relevanz des Alten Testaments; MARKUS VOGT, Theologie der Sozialethik im Blick auf die Praxis gelebter Freiheit, in: JCSW63 (2022), 129–148.
Vgl. auch: ECKHART OTTO, Staat - Gemeinde - Sekte. Sozialehren des antiken Judentums (im Anschluss an Max Weber und Ernst Troeltsch), in: Zeitschrift für Altorientalische und Biblische Rechtsgeschichte 12 (2006), 312–343; DERS., Wer wenig im Leben hat, soll viel im Recht haben. Die kulturhistorische Bedeutung der Hebräischen Bibel für eine moderne Sozialethik, in: DERS., Altorientalische und Biblische Rechtsgeschichte. Gesammelte Studien, Wiesbaden 2008, 637–644; VOLKER RABENS et al. (Ed.), Key Approaches to Biblical Ethics. An Interdisciplinary Dialogue (BIS 189), Leiden 2021; Evangelische Sozialethik. Traditionen und Perspektiven (Jahrbuch Sozialer Protestantismus 15), Leipzig 2024 (angekündigt).

[127] MARIANNE HEIMBACH-STEINS, Christliche Sozialethik - im Gespräch mit der Bibel, in: Bibelhermeneutik und christliche Sozialethik (s. Anm. 15), 11–36, hier 32. Vgl. DIES., Begründen und/oder Verstehen - Vermittlungsgestalten zwischen biblischer Botschaft, sittlichem Subjekt und gerechter Praxis, in: Wie kommt die Bibel in die Ethik? (s. Anm. 111), 243–261.

[128] Vgl. hierzu auch THEODOR STROHM, Diakonie und Sozialethik. Beiträge zur sozialen Verantwortung der Kirche (VDI 6), Heidelberg 1993.

[129] Vgl. einführend: GEORG PLASGER, Zum Ebenbild Gottes geschaffen und berufen, in: Wie kommt die Bibel in die Ethik? (s. Anm. 111), 25–39; RAINER KESSLER, Tora und Menschenrechte (2012), in: DERS., Leben und Handeln in der Gesellschaft. Studien zur Sozialgeschichte Israels und Ethik des Alten Testaments (SBAB 73), Stuttgart 2021, 274–

nung[132], Armut[133], Staat, Wirtschaft[134], Diversität[135], Inklusion[136], Bildung[137], Arbeit[138], Soziale Arbeit[139], Alter[140], Behinderung[141], Digitalisierung[142], Migration[143],

---

287; vgl. CHRISTIAN OELSCHLÄGEL, Diakonie und Menschenrechte. Menschenrechtsorientierung als Herausforderung für diakonisches Handeln (VDI 44), Heidelberg 2013; vgl. auch: MICHAEL HASPEL, Theologische Konzepte zur Kritik der Sklaverei und Begründung von Gleichheit und Menschenrechten im anglo-amerikanischen Abolitionismus. Eine theologiegeschichtliche Untersuchung in systematischer Absicht, in: Kerygma u. Dogma 69 (2023), 149–175; DERS., The Image of God and Immediate Emancipation: David Walker's Theological Foundation of Equality and the Rejection of White Supremacy, in: Harvard Theological Review 117 (2024), 138–160; JOSEF M. KÖNNING, Theologische Menschenrechtsethik angesichts der globalen Flüchtlingssituation. Eine Neuorientierung in der Diskussion um das Recht, Rechte zu haben (Gesellschaft – Ethik – Religion 23), Paderborn 2024.

[130] Vgl. einführend: TRAUGOTT JÄHNICHEN, Gerechtigkeit als Solidarität – Eine biblische Erinnerung, in: Wie kommt die Bibel in die Ethik? (s. Anm. 111), 41–58; vgl. 58: Zwischen Caritas, Solidarität und Gerechtigkeit besteht ein Verhältnis der Komplementarität. Die gelebte Solidarität ist die lebensweltliche Basis, die einerseits die wechselseitigen Verpflichtungen zur Unterstützung erfahrbar macht und darüber hinaus im Sinne der Caritas weitergehende Herausforderungen für soziales Hilfehandeln entdecken und dazu motivieren kann. Andererseits gibt Gerechtigkeit als Solidarität Impulse für eine kreative Neufassung von Kriterien der Gerechtigkeit, um die Entsprechungslogiken der Gerechtigkeit als Fairness im Sinn der Großzügigkeit zu reinterpretieren und daraus neue rechtliche Kodifizierungen zu entwickeln.«

[131] Vgl. FRANK-LOTHAR HOSSFELD, Überlegungen zur biblischen Begründung des sozialethischen Prinzips der »Nachhaltigkeit«, in: URSULA NOTHELLE-WILDFEUER/NORBERT GLATZEL (Hg.), Christliche Sozialethik im Dialog, Bad Neuenahr-Ahrweiler 2000, 521–528; ANDREAS LIENKAMP, Herrschaftsauftrag und Nachhaltigkeit. Exemplarische Überlegungen zum Umgang mit der Bibel im Kontext theologischer Ethik, in: Bibelhermeneutik und christliche Sozialethik (s. Anm. 15), 187–216; ULRICH LILIE, Nachhaltigkeit und Teilhabe, in: Diakonie auf der Höhe der Zeit (s. Anm. 112), 58–67.

[132] Vgl. einführend RALF K. WÜSTENBERG, Versöhnung – ein biblisches Motiv mit politischen Dimensionen, erörtert am Beispiel der südafrikanischen Wahrheitskommission, in: Wie kommt die Bibel in die Ethik? (s. Anm. 111), 77–97; vgl. Jena Center for Reconciliation Studies (JCRS) www.uni-jena.de/forschung/forschungsprofil/profillinien/wissenschaftliche-zentren/jena-zentrum-fuer-versoehnungsforschung-jcrs (Stand: 02.04.2024).

[133] Vgl. RAINER KESSLER, Armenfürsorge als Aufgabe der Gemeinde. Die Anfänge in Tempel und Synagoge (2004), in: DERS., Studien zur Sozialgeschichte Israels (SBAB 46), Stuttgart 2009, 207–218; JOHANNES EURICH/CHRISTIAN OELSCHLÄGEL, Geschichte der »Armenfürsorge«. Vom Alten Testament zum Bundessozialhilfegesetz, in: Theorie und Praxis der Sozialpädagogik 10 (2011), 34–37; RAINER KESSLER, »Es sollte überhaupt kein Armer unter euch sein« (Dtn 15,4). Alttestamentliche Grundlagen zum Umgang mit Armut und Armen (2011), in: DERS., Leben und Handeln in der Gesellschaft (s. Anm. 129), 24–47.

¹³⁴ Vgl. RAINER KESSLER, Das Wirtschaftsrecht der Tora (1995), in: DERS., Studien zur Sozialgeschichte Israels (s. Anm. 133), 11-30; DERS., Vom Umgang mit Geld in der Bibel (2010), in: DERS., Leben und Handeln in der Gesellschaft (s. Anm. 129), 48-62; DERS., Das Alte Testament und gegenwärtige ethische Herausforderungen. Das Beispiel der Wirtschaftsethik (2015), a.a.O., 254-273.

¹³⁵ Vgl. BERNHARD MUTSCHLER, Die Bibel als Ausgangspunkt, Grundlage und Anleitung für den Umgang mit Diversität. Begriffliche Annäherungen, literarische und historische Beobachtungen, theologische Überlegungen zu einem neueren Diskurs, in: BELL, D. et al. (Hg.), Lebenswelten - Textwelten - Diversität. Altes und Neues Testament an Hochschulen für Angewandte Wissenschaften (NETh 20), Tübingen 2014, 249-319; KATJA BAUR/DIRK OESSELMANN, Religiöse Diversität und Pluralitätskompetenz. Eine Herausforderung für das Lernen, Lehren und Forschen an Hochschulen und Bildungseinrichtungen (Interreligiöses Lernen an Hochschulen 5), Berlin 2017.

¹³⁶ Vgl. ULF LIEDKE et al. (Hg.), Inklusion. Lehr- und Arbeitsbuch für professionelles Handeln in Kirche und Gesellschaft, Stuttgart 2016; MICHAELA GEIGER et al. (Hg.), Inklusion denken. Theologisch, biblisch, ökumenisch, praktisch (Behinderung - Theologie - Kirche 10), Stuttgart 2017.

¹³⁷ Vgl. HELMUT BECK/HEINZ SCHMIDT (Hg.), Bildung als diakonische Aufgabe. Befähigung - Teilhabe - Gerechtigkeit (Diakonie 6), Stuttgart 2008; JOHANNES EURICH/CHRISTIAN OELSCHLÄGEL (Hg.), Diakonie und Bildung. Heinz Schmidt zum 65. Geburtstag, Stuttgart 2008; KLAUS KIEßLING/HEINZ SCHMIDT (Hg.), Diakonisch Menschen bilden. Motivationen - Grundierungen - Impulse (DIAKONIE 13), Stuttgart 2014.

¹³⁸ Vgl. RAINER KESSLER, Bibel und Zukunft der Arbeit. Von Nutzen und Grenzen biblischer Texte bei sozialethischen Fragen (2006), in: DERS., Studien zur Sozialgeschichte Israels (SBAB 46), Stuttgart 2009, 279-294; RENATE KIRCHHOFF, Biblische Theologie als Bezugswissenschaft der Sozialen Arbeit. Zu den Bedingungen disziplinären Lehrens und Lernens an einer Hochschule für Soziale Arbeit, in: DIES. et al. (Hg.), Lebenswelten - Textwelten - Diversität (s. Anm. 135), 3-24; THOMAS SÖDING/PETER WICK (Hg.), Würde und Last der Arbeit. Beiträge zur neutestamentlichen Sozialethik (BWANT 209), Stuttgart 2016.

¹³⁹ Vgl. RENATE KIRCHHOFF, Biblische Theologie als Bezugswissenschaft der Sozialen Arbeit. Zu den Bedingungen disziplinären Lehrens und Lernens an einer Hochschule für Soziale Arbeit, in: Lebenswelten - Textwelten - Diversität (s. Anm. 135), 3-23.

¹⁴⁰ Vgl. RAINER KESSLER, Das Alter - ethische Aspekte, in: ANDREAS WAGNER/JÜRGEN VAN OORSCHOT (Hg.), Biografie und Lebensalter. Zur materialen, soziologischen und theologischen Verfasstheit biografischer Bezüge (VWGTh 73), Leipzig 2023, 79-89.

¹⁴¹ Vgl. JOHANNES EURICH/ANDREAS LOB-HÜDEPOHL (Hg.), Behinderung - Profile inklusiver Theologie, Kirche und Diakonie (s. Anm. 15).

¹⁴² Vgl. NADIA KUTSCHER et al. (Hg.), Handbuch Soziale Arbeit und Digitalisierung, Weinheim 2020; ANNETTE NOLLER, Homo Sapiens: Anthropologische und sozialethische Aspekte Sozialer Arbeit im Kontext von Digitalisierung und KI, in: Neue Praxis 50 (2020), 426-

Frieden[144]. Darüber hinaus werden biblische Zeugnisse wie »Weisheit«[145] und »Prophetie«[146] auf ihre sozialethische Relevanz befragt.

6. Biblische und systematische Ethik, oder: Bibel und Vernunft

Welche Relevanz hat eine biblische Ethik[147] für heutige ethische bzw. diakoniewissenschaftliche Fragestellungen und Herausforderungen – sei es in systematischer Perspektive, sei es in konkreten Handlungsfeldern sozialer Arbeit? Hat biblische Ethik eine normative Relevanz oder scheidet sie z. B. wegen ihrer theologischen Normenbegründung[148] aus? Ist die biblische Ethik wegen des

---

441; WOLFGANG HUBER, Der Ort des Menschen im digitalen Zeitalter, in: ZEE 68 (2024), 10–19.

[143] Vgl. den Sammelband: BENEDIKT HENSEL/CHRISTIAN WETZ (Hg.), Migration und Theologie. Historische Reflexionen, theologische Grundelemente und hermeneutische Perspektiven aus der alt- und neutestamentlichen Wissenschaft (ABG 74), Leipzig 2023, vgl. hier 219–248: RAINER KESSLER, Migration und Fremdsein in doppelter Perspektive. Eine phänomenologische, sozialgeschichtliche und sozialethische Spurensuche.

[144] Vgl. einführend: REINHOLD MOKROSCH, Krieg und Frieden, in: https://bibelwissenschaft.de/stichwort/100169/ (Stand: 02.04.2024).

[145] Vgl. KERSTIN RÜDIGER, Weisheit – eine sozialethische Kategorie in den biblischen Schriften?, in: Wie kommt die Bibel in die Ethik (s. Anm. 111),, 101–125.

[146] MARCO HOFHEINZ, »Dreinreden« – Explorationen zur ethischen Relevanz prophetischer Rede, in: Wie kommt die Bibel in die Ethik? (s. Anm. 111), 127–184.

[147] Zur Ethik im Alten Testament vgl. die Anm. 15; zur neutestamentlichen Ethik vgl. zuletzt MATTHIAS KONRADT, Ethik im Neuen Testament (s. Anm. 98); s. auch: Mainzer Forschungsbereich »Ethik in Antike und Christentum« (https://eac.uni-mainz.de); vgl. auch: LUKAS OHLY, Ethische Begriffe in biblischer Perspektive (utb 5809), Tübingen 2022.

[148] *Matthias Konradt* betont in seiner »Ethik im Neuen Testament« (2022) durchgehend die Theonomie bzw. Christonomie der neutestamentlichen Ethik. Vgl. exemplarisch seine Ausführung zu Paulus: »Die christologische Begründung der Ethik bezieht sich zudem nicht nur auf den Aspekt der Ermöglichung des Handelns, sondern es geht zugleich auch um dessen inhaltliche Bestimmtheit. [...] So werden mit der Liebe [...] und der Demut [...] beide Leitperspektiven christlichen Lebenswandels bei Paulus christologisch fundiert und profiliert. Die Christusteilhabe bedeutet ein Hineingenommensein in einen umfassenden Lebenszusammenhang, der durch Christi Heilstat begründet ist und in dem die sich in seiner Lebenshingabe manifestierende Pro-Existenz (Gal 2,20) und seine Selbsterniedrigung (Phil 2,8) das Modell der Begegnung mit anderen abgeben [...]. [...] Gemeinschaft mit Christus bedeutet daher Hineingestelltsein in einen Lebensraum, in dem die Christus-Mimesis als Leitkategorie, als Meta-Norm, fungiert« (a. a. O., 64 f.).

Gottes- bzw. Glaubensbezugs gerade nicht anschlussfähig und damit als Partikularethik aus dem modernen Diskurs auf der Höhe der Zeit auszuschließen?[149]

Noch einmal anders gefragt: Gibt es eine »Rationalität der Sorge« (*Thorsten Moos*)?[150] *Thorsten Moos* hält fest:

> »Auf den Feldern des Helfens erweist sich Religion also in dreierlei Hinsicht als rational: formal in Reflexion und Kommunikation, material als angemessene Artikulation der Transzendierungsmomente des Helfens, und praktisch als Kultivierungsmedium eines klugen Umgangs mit den beständig überschießenden Erwartungen an Hilfe und Helfen. So ist Religion (viel mehr als, aber eben auch) eine rationale Kulturtechnik der Pflege und des In-Schach-Haltens von Erwartungsüberschüssen.«[151]

Dieser Grundlagendiskurs wird ausführlich im Heft 1 des *Journal of Ethics in Antiquity and Christianity* mit Pro- und Contra-Beiträgen geführt.[152] Die Herausgeber reflektieren in ihrem Editorial die doppelte Diskurssituation. *Im Rückblick:* Wie verhalten sich ethische Positionen der Antike zu denen, die in alttestamentlichen, frühjüdischen und christlichen Schriften vertreten werden? *Im Blick auf die Gegenwart:* Was trägt die Erforschung antiker Quellen für die epochalen ethischen Herausforderungen der Gegenwart bei?

Hier seien einige Schlaglichter der Diskussion kurz vorgestellt: *John J. Collins* stellt in seinem Beitrag: »The Relevance of the Old Testament for Contempor-

---

[149] Vgl. hierzu auch den Sammelband: Biblical Ethics and Application. Purview, Validity, and Relevance of Biblical Texts in Ethical Discourse (WUNT 384), ed. by R. ZIMMERMANN/ ST. JOUBERT, Tübingen 2017; vgl. hier u. a. 75–90: T. NICKLAS, »Let the Dead Bury their Own Dead« (Matt 8:22 par. Luke 9:60). A Commandment without Impact for Christian Ethics?.
Zum Verhältnis zwischen Exegese und systematischer Ethik vgl. den Beitrag in diesem Band: THORSTEN MOOS, Was habe ich mit dir zu schaffen? Das schwierige Verhältnis von systematisch-theologischer Ethik zur Exegese, in diesem Band: 253–276.

[150] Vgl. den Titel und den Beitrag von THORSTEN MOOS, Rationalität der Sorge. Von den Chancen und Risiken theologischer Ethik angesichts des Klimawandels, in: GERALD HARTUNG/THOMAS KIRCHHOFF (Hg.), Welche Natur brauchen wir? Analyse einer anthropologischen Grundproblematik des 21. Jahrhunderts (Physis 3), Freiburg i. Br. 2014, 461–492; vgl. DERS., Religiöse Rationalität des Helfens. Systematisch-theologische Beiträge zu einer Theorie diakonischer Praxis (2019), in: DERS., Diakonische Ethik. Systematisch-theologische Beiträge (DIAKONIE 26), Stuttgart 2023, 21–36; DERS., Was ist rational, wenn vieles rational ist? Perspektiven einer künftigen Theorie der Multirationalität, in: Multirationalität in der Diakonie. Dokumentation eines Symposions am 04. Mai 2018, hg. v. Institut für Diakoniewissenschaft und DiakonieManagement, Bielefeld 2018, 83–94.

[151] THORSTEN MOOS, Religiöse Rationalität des Helfens (s. Anm. 150), 33.

[152] JEAC 1 (2019), 1–107 (Lit.).

ary Ethics« heraus: Das Alte Testament bezeuge »a passion for justice that is unparalleled in world literature«[153]. *Robert L. Brawley* schließt seinen Beitrag »Correlating Bible and Ethics: Tensions and Complexity« zusammenfassend ab: »Especially if ethics is taken to be temporally und contextually dependant, and if ethics involves motivation and empowerment from external sources, such as in the Johannine and Pauline encounter with God, then it is constrained to be an ongoing, dynamic enterprise.«[154] *Adela Y. Collins* stellt am Beispiel der paulinischen Tauftheologie in Gal 3,28 und Gen 1,27 die grundlegende, in die Gegenwart reichende und noch immer nicht vollständig eingelöste Gleichstellung der Geschlechter heraus.[155]

Christoph Jedan schaut aus religionswissenschaftlicher Perspektive auf das Verhältnis von antiken und frühchristlichen ethischen Zeugnissen: In der These, die Autoren der formativen Phase des Christentums seien aktive Teilnehmer an zeitgenössischen philosophischen Diskursen gewesen, sieht er eine Übertreibung. Gleichwohl lasse sich aber positiv aufweisen, »dass antike philosophische Texte und ihre Autoren ganz vergleichbare intellektuelle Interessen und Ambitionen hatten wie die christlichen Autoren«[156]. *Udo Schnelle* – auf ihn bezieht sich *Christoph Jedan* – weist (an anderer Stelle) überzeugend darauf hin, dass die schnelle Verbreitung des frühen Christentums mit den beiden Theologen Paulus und Johannes und allen neutestamentlichen Schriften nicht möglich gewesen ist ohne die denkerische Auseinandersetzung mit den maßgeblichen Bildungstraditionen ihrer Umwelt: »Ein Vergleich mit philosophisch-theologischen Denkern des 1./2. Jahrhunderts n. Chr. wie Seneca, Plutarch, Dio von Prusa oder Epiktet zeigt, dass insbesondere Paulus und Johannes ihnen gegenüber auch in denkerischer Hinsicht in nichts zurückstehen. Zwar waren neutestamentliche Autoren wie Paulus oder Johannes zweifellos nach antiken Kategorien keine Philosophen, aber ihre Theologie weist eine denkerische Kraft auf. Sie zeigt sich vor allem in der Umsetzung von religiösen Erfahrungen und Überzeugungen, die Systemqualität gewinnen mussten, bevor sie eine solche Wirkungsgeschichte

---

[153] Vgl. JOHN J. COLLINS, The Relevance of the Old Testament für Contemporary Ethics, a.a.O., 10–16, 10.

[154] ROBERT L. BRAWLEY, Correlating Bible and Ethics: Tensions and Complexity, a.a.O., 17–26, 25.

[155] ADELA Y. COLLINS, No longer »Male and Female« (Gal 3,28), a.a.O., 27–39.

[156] CHRISTOPH JEDAN, Antike Philosophie als Gegenstand religionswissenschaftlicher Analyse: Plädoyer für eine neue Historiographie, a.a.O., 55–69, 66. Mit Hinweis auf UDO SCHNELLE, Philosophische Interpretation des Johannesevangeliums: Voraussetzungen, Methoden und Perspektiven, in: JAN G. VAN DER WATT et. al. (Hg.), The prologue of the Gospel of John. Its Literary, Theological, and Philosophical Contexts. Papers read at the Colloquium Ioanneum 2013 (WUNT 359), Tübingen 2016, 159–187.

entwickeln konnten.«[157] *Udo Schnelle* belegt diese These für die johanneischen Schriften an den Themen: Logos, Wahrheit und den Gottesdefinitionen (Licht, Liebe, Geist). Seine Schlussfolgerung ist konsequent: »Die philosophische Interpretation des Johannesevangeliums ist nicht nur eine Ergänzung der bisherigen Methoden und Fragestellungen, sondern sie verändert unsere Wahrnehmung der Texte: Sie sind nicht nur religiöse, sondern auch denkerische Leistungen, die Menschen damals wie heute unmittelbar ansprechen.«[158]

Der katholische Moraltheologe *Stephan Goertz* vertritt konsequent den »Primat der Autonomie«, wenn er kategorisch formuliert: »Aussagen über den in Bibel oder Tradition offenbar gewordenen Willen Gottes sind in der Begründung des sittlich Gebotenen nicht konstitutiv. Ethik nach dem ›Primat der Autonomie‹ ist sich jedoch im Klaren, dass Religion ethische *Begründungen* vertiefen, zur *Genese* von Ethos beitragen und eigene *Motive* zum richtigen Handeln bereitstellen kann.«[159] Zur Begründung verweist er auf Immanuel Kant: »Mit Kant und dem transzendentalphilosophischen Denken wird Freiheit zum Moralprinzip und als die Fähigkeit vernünftiger Selbstgesetzgebung (Autonomie) zum Grund der menschlichen Würde.«[160] Dieser vernunftidealistischen Position widerspricht *Marco Hofheinz* in seiner Replik: »Es gehört [...] zu den postmetaphysischen Einsichten, dass die Vernunft (als Singularetantum) plural geworden und ihre (transzendente) Einheit allein in der Vielfalt ihrer Rationalitäten zugänglich ist, was für die Offenlegung der eigenen Standortgebundenheiten und Perspektivität spricht. Es gibt offenbar keinen neutralen ›point of view‹, keinen unabhängigen Standpunkt eines rein der Rationalität verpflichteten, vernünftigen Moralbeurteilers.«[161]

---

[157] UDO SCHNELLE, Philosophische Interpretation des Johannesevangeliums (s. Anm. 156), 173.

[158] A. a. O., 187.

[159] STEPHAN GOERTZ, Biblische Ethik nach dem Primat der Autonomie, in: JECA 1 (2019), 71–73, 73; vgl. DERS., Legt die Bibel die Moral aus oder die Moral die Bibel?, in: Bibel und Moral – ethische und exegetische Zugänge (s. Anm. 117), 67–81. Ähnlich in der Argumentation MAGNUS STRIET, Was macht die Bibel zu einer »heiligen Schrift«? Oder: Über den Verlust von Selbstverständlichkeit als Gewinn, in: Bibel und Moral – ethische und exegetische Zugänge (s. Anm. 117), 31–44.

[160] STEPHAN GOERTZ, Biblische Ethik nach dem Primat der Autonomie (s. Anm. 159), 72.

[161] MARCO HOFHEINZ, Das Selbst-Verständliche, oder: »Whose Autonomy? Which Rationality?«, in: JEAC 1 (2019), 74–76; vgl. auch ROLAND M. LEHMANN, Ist die Bibel nach der Moral oder die Moral nach der Bibel auszulegen? Die Bibelhermeneutik Immanuel Kants, in: KONRAD SCHMIDT (Hg.), Heilige Schriften in der Kritik. XVII. Europäischer Kongress für Theologie (5. bis 8. September 2021) (VWGTh 68), Leipzig 2023, 351–366; FRIEDHELM HARTENSTEIN, Orientierung und Irritation. Zur ethischen Relevanz des Alten Testaments im Licht der Exegese und Hermeneutik, a. a. O., 547–562.

Ruben Zimmermann überschreibt seine »12 Thesen zur bleibenden Relevanz der Bibel für eine theologische Ethik« mit seiner Hauptthese: »Eine theologische Ethik ohne Schriftbezug ist keine theologische Ethik!«[162]: »Eine theologische Ethik, jedenfalls evangelischer Prägung, kann weder Vernunft und Erfahrung, noch Bekenntnisschriften oder Lehramt gleichbedeutend mit der Bibel als Basis und Quelle der Ethik-Reflexion anerkennen.«[163] *Ruben Zimmermann* hält dann für den Gegenwartsbezug der biblischen Ethik fest:

> »Die Bibel kann *materialiter* Inspirationen für den aktuellen ethischen Diskurs geben (z. B. Gemeinschaftstreue, Gnade, Verzicht), die auch in Wertehierarchien eingebunden sind (z. B. Liebe statt Freiheit/Glück als höchste Norm). [...] Die biblische Ethik gibt *formaliter* Anregungen für den gegenwärtigen ethischen Diskurs, indem z. B. nicht-rationale Begründungsweisen (narrative, metaphorische, doxologische Ethik-Reflexion), die Rolle der Emotionen in der Handlungsreflexion, die literarisch inszenierte Vielfalt und Konkurrenz abweichender Normen aufgenommen werden.«[164]

In der *zeitgenössischen systematischen Ethik* werden insbesondere drei Kriterien für die Generierung eines Geltungsanspruchs bzw. von Normativität gefordert: die Universalisierbarkeit einer ethischen Norm,[165] ihre Herleitung aus bzw. die Nachvollziehbarkeit allein mit den Mitteln der menschlichen Vernunft und ihre Anschlussfähigkeit an die epochalen Herausforderungen der Gegenwart.

In diesem Zusammenhang ist die Grundsatzfrage nach der Autonomie des Menschen in philosophischen, theologischen, ethischen und diakonischen Perspektiven zu reflektieren. Das Fallbeispiel der vieldiskutierten Suizidassistenz zeigt die existenzielle Relevanz dieser Grundsatzfrage.[166] Wie weit reicht die

---

[162] RUBEN ZIMMERMANN, Eine theologische Ethik ohne Schriftbezug ist keine theologische Ethik! 12 Thesen zur bleibenden Relevanz der Bibel für eine theologische Ethik, in: JEAC 1 (2019), 90–91; vgl. DERS., Ansätze biblischer Ethik, in: Biblisches Arbeitsbuch für Soziale Arbeit und Diakonie (s. Anm. 18), 86–90.

[163] R. ZIMMERMANN, Eine theologische Ethik ohne Schriftbezug ist keine theologische Ethik! (s. Anm. 162), 90.

[164] A. a. O., 91.

[165] Vgl. hierzu insbesondere die Ausführungen von EBERHARD SCHOCKENHOFF, Das Verhältnis von Partikularität und Universalität des biblischen Ethos, in: Bibel und Moral – ethische und exegetische Zugänge (s. Anm. 117), 123–149.

[166] Vgl. hierzu aus der Fülle der Veröffentlichungen u. a.: HEINZ RÜEGGER, Zum Stellenwert von Selbstbestimmung am Lebensende. Autonomie im Blick auf pflegebedürftige Hochbetagte und Sterbende, in: CHRISTIANE BURBACH (Hg.), [...] bis an die Grenze. Hospizarbeit und Palliative Care (Edition Wege zum Menschen 2), Göttingen 2010, 59–92; DERS., Würde und Autonomie im Alter. Ethische Herausforderungen in der Pflege

Autonomie des Menschen? Wo sind ihr Grenzen gesetzt? Wo wird sie überdehnt? Noch grundsätzlicher: Wie ist menschliche Autonomie überhaupt zu verstehen? Auf die aktuelle Diskussion kann hier nur verwiesen werden.[167]

In seinem Beitrag »Solidarität – die ›Nächstenliebe von heute‹? Biblisches Gebot und philosophische Ethik«[168] weist *Peter G. Kirchschläger* auf vier universalisierbare Aspekte des biblischen Nächstenliebegebotes hin:

Perspektivübernahme
»Die *Perspektivenübernahme*, die in der Formulierung ›[...] wie dich selbst‹ aufscheint, ist insofern ein Anknüpfungspunkt für eine rationale Begründung der Nächstenliebe, als damit verlangt wird, aus Achtung und Respekt vor den anderen Menschen deren Blickwinkel nicht zu vernachlässigen. Die Perspektive des Gegenübers zu berücksichtigen und sich in dessen Situation hineinzuversetzen, ist auch in der gegenwärtigen ethischen Diskussion ein hohes Gut, das beispielsweise bis hin zur Position des neutralen Beobachters ausdifferenziert wird.«[169]

»Erste-Person-Perspektive« und »Selbstverhältnis«
»›Erste-Person-Perspektive‹ meint, dass der Mensch als das Ich-Subjekt (d. h. als die

---

und Betreuung alter Menschen, Bern 2021; ARND UHLE/JUDITH WOLF (Hg.), Entgrenzte Autonomie? Die assistierte Selbsttötung nach der bundesverfassungsgerichtlichen Entscheidung vom 26. Februar 2020 (Essener Gespräche zum Thema Staat und Kirche 56), Münster 2021; ANNETTE NOLLER, Assistierter Suizid. Perspektiven der Diakonie, in: KRISTINA KÜHNBAUM-SCHMIDT (Hg.), Streitsache assistierter Suizid. Perspektiven christlichen Handelns, Leipzig 2022, 67–89; WOLFGANG HUBER, Das Recht auf ein selbstbestimmtes Lebensende, in: ZEE 65 (2021), 166–171; DERS./PETER DABROCK, Selbstbestimmt mit der Gabe des Lebens umgehen, in: Kritisches Jahrbuch der Philosophie 23 (2022), 143–150; vgl. auch die Themenhefte: Hilfe beim Sterben. Die evangelische Kirche und der assistierte Suizid, in: Zeitzeichen (3-2021); Sterbehilfe, in: Una Sancta 77 (2/2022); RAINER ANSELM et al. (Hg.), Was tun, wenn es unerträglich wird? Die Frage nach dem assistierten Suizid als Herausforderung für Kirche und Diakonie, Gütersloh 2023; THORSTEN MOOS, Assistierter Suizid als diakonische Herausforderung, in: DERS., Diakonische Ethik (s. Anm. 150), 131–147; sowie den Beitrag von SIGURD RINK, Lebensschutz und Selbstbestimmung klug ausbalancieren; in diesem Band: 239–252.

[167] Vgl. einführend: HARTMUT KREß, Theologische Ethik in der Spannung zwischen neuzeitlicher Autonomie und Theologie, in: Theologische Rundschau 57 (1992), 277–304; DERS., Autonomie in der Ethik. Zur Problematik und zum Gehalt eines ethischen Leitbegriffs, in: ThLZ 118 (1993), 475–486; ANDREAS LOB-HÜDEPOHL, Art. Autonomie, in: Wörterbuch Soziale Arbeit, Weinheim ⁹2021, 115–118; DERS./WALTER LESCH (Hg.), Ethik sozialer Arbeit. Ein Handbuch (utb 8366), Stuttgart 2007, 124–129; GÜNTER SCHOLZ, Christliche Ethik zwischen Autonomie und Gottesbezug. Zur Begründung einer Ethik der Menschlichkeit, in: ZEE 67 (2023), 89–101.

[168] PETER G. KIRCHSCHLÄGER, Solidarität – die »Nächstenliebe von heute«? (s. Anm. 99).

[169] Ebd.

erste Person Singular) Erfahrungen macht und interpretiert – als Ich-Subjekt, das handelt, entscheidet und leidet. Niemand anderer kann das Leben eines Menschen leben und erleben wie dieser Mensch selbst. Damit verbunden kennt der Mensch ein ›Selbstverhältnis‹. Dies bedeutet, dass Menschen dazu fähig sind, sich zu sich selbst zu verhalten. Indem der Mensch in der ›Erste-Person-Perspektive‹ und dem damit verbundenen ›Selbstverhältnis‹ die Bedingung der Möglichkeit eines Lebens als Mensch sieht, anerkennt er auch den anderen Menschen – ›wie sich selbst‹ –, ohne etwas Anderes dafür vorauszusetzen. Daraus erwächst die Verpflichtung, jedem anderen den gleichen Schutz wie sich selbst zukommen zu lassen, was der Barmherzigkeit gegenüber Notleidenden nahekommt. Als moralische Gemeinschaft entscheiden sich die Menschen für den Schutz der Menschenrechte und der essentiellen Elemente und Bereiche, die der Mensch braucht, um zu überleben und um als Mensch zu leben.«[170]

Solidarität
»Nächstenliebe lässt sich auch als eine vernünftige und plausible Weisung begründen, wenn man sie in Beziehung zum modernen Wert der Solidarität setzt. Die gesollte Solidarität geht auf die Idee der Gleichheit aller Menschen zurück. Dem Respekt für diese Gleichheit entspricht solidarisches Entscheiden und Handeln. Diese Form des sozialen Altruismus als Alternative zum Egoismus übt bis in die Gegenwart eine hohe ethische Faszination aus.«[171]

Konstituierender Charakter
»Schließlich ist die konstituierende Funktion, die das Gebot der Nächstenliebe für alle anderen Gebote erfüllt, ein weiterer Aspekt, der den rationalen Kern des Gebotes der Nächstenliebe freilegt. Denn diese konstituierende Funktion kennt eine Entsprechung im grundlegenden Charakter der Achtung und des Respekts aller anderen Menschen für alle weiteren ethischen Prinzipien. Weil das Menschsein keinem Menschen mit guten Gründen verneint werden kann, bildet die Achtung als gleichberechtigtes autonomes Mitglied der Menschengemeinschaft die Basis für Menschenrechte. Analog bildet das Gebot der Nächstenliebe die Basis für die christliche Ethik insgesamt. Das Gebot der Nächstenliebe erweist sich somit nicht nur als Referenzgröße und Inspirationsquelle von Relevanz für die zwischenmenschlichen Beziehungen in der Gegenwart, sondern eröffnet auch rationale und plausible Perspektiven für die philosophische Ethik. Seinen Nächsten zu lieben, ist nicht nur biblisch geboten, sondern auch moralisch vernünftig.«[172]

Von der »Rationalität der Nächstenliebe« spricht auch *Thorsten Moos:* Er vertritt die These, »dass Nächstenliebe eine eigene, innere Rationalität aufweist«[173].

---

[170] Ebd.
[171] Ebd.
[172] Ebd.
[173] THORSTEN MOOS, Die Rationalität der Nächstenliebe, in: evangelische aspekte 33 (2/2023), www.evangelische-aspekte.de/die-rationalitaet-der-naechstenliebe/ (Stand: 02.04.2024).

»Der Begriff der (Nächsten-)Liebe steht im Neuen Testament für eine Universalisierungsbewegung des Helfens vom Ethos einer Gruppe hin zum alle Gruppengrenzen übersteigenden Ethos – eine Bewegung, die in der Idee der Feindesliebe ihren Gipfelpunkt findet. In dieser Universalisierung wurden die frühen Christinnen und Christen sozial auffällig: Im 4. Jh. notierte der römische Kaiser Julian irritiert, die Christen ernährten nicht nur eigene, sondern auch fremde Arme. In dieser Universalisierung liegt das erste Moment der Rationalität der Nächstenliebe: Wenn Nächstenliebe bedeutet, sich einem Menschen in Not, motiviert durch eben diese Not, helfend zuzuwenden, so leuchtet es nicht ein, dass diese Zuwendung sich nur auf eine spezifische Gruppe beschränkt. Die Universalität der Nächstenliebe macht Ernst mit dem, was im Gedanken des Helfens bereits angelegt ist.«[174]

Im nüchternen Blick auf die »notwendige Begrenzung des Helfens« »entfaltet die religiöse Deutung von Helfen als Nächstenliebe ihre religiöse Rationalität in einem zweiten Sinne. Denn sie ermöglicht es, sich zu den überschießenden Erwartungen selbst noch einmal zu verhalten und diese symbolisch auf Distanz zu halten, damit sie das konkrete Helfen nicht zerstören. Denn im christlich-religiösen Kosmos ist das Symbol der Nächstenliebe verbunden mit anderen Symbolen wie etwa dem des Reiches Gottes. Das Reich Gottes steht in der christlichen Tradition, bei aller Verschiedenheit, für eine Idee menschlicher Sozialität, an der alle Individuen vollumfänglich teilhaben und in der sie dabei in unbedingter Weise anerkannt sind – modern gesprochen: in der Inklusion und Würde vollständig realisiert sind. Nun steht das Reich Gottes zur gegenwärtigen Wirklichkeit und zum menschlichen Handeln in einer spannungsvollen Relation. Es ist bereits angebrochen, ohne eindeutig identifizierbar zu sein; es dient als Leitvorstellung des Handelns, ist letztlich aber etwas, das Menschen nicht machen, sondern nur erhoffen können. Nächstenliebe weiß sich damit ausgerichtet auf etwas, das ihrer handelnden Verwirklichung entzogen ist, und auf das hin es doch zu handeln gilt.«[175]

Rationalität und Emotionalität dürfen zudem nicht kurzschlüssig gegeneinander ausgespielt werden:

»Auf der einen Seite haben Gefühle ihre eigene, innere Rationalität: In ihnen kann sich eine Welthaltung manifestieren, die in langer Erfahrung, Einübung und eben auch reiflicher Überlegung ihre Form angenommen hat. Auf der anderen Seite ermöglicht es die Rationalität der Nächstenliebe, also die Fähigkeit, mit fremden und eigenen Erwartungsüberschüssen umzugehen, auch emotional berührbar zu bleiben. Wenn in einer krisenüberreizten Welt die blasierte Unberührtheit, die Georg Simmel als Überlebenstechnik des Großstadtbewohners ausgemacht hat, zum Nor-

---

[174] Ebd.
[175] Ebd.

malzustand geworden ist, wird es riskant, sich durch die Not anderer berühren zu lassen. Um dieses Risiko eingehen zu können, bedarf es des Vertrauens, die aus einer solchen Berührung entstehende Bindung mit ihren Erwartungen und Erwartungsüberschüssen auch bewältigen zu können. In diesem Sinne ermöglicht die der Nächstenliebe eigene Rationalität schließlich auch die innere Haltung der Nächstenliebe, die höher ist als alle Vernunft.«[176]

7. Diakonisches Kongruieren: Diakonie biblisch und die Fachwissenschaften

Die Diakoniewissenschaft[177] stellt sich der Frage nach ihren biblischen Grundlagen[178] und deren Relevanz für die diakoniewissenschaftlichen Diskurse im 21. Jahrhundert: Wie können alt- und neutestamentliche Traditionen und ihre ethischen bzw. diakonischen Dimensionen die soziale Arbeit von Caritas und Diakonie heute mitgestalten? Dieser anspruchsvollen Vermittlungsaufgabe stellt sich das Konzept des »diakonischen Kongruierens« (*Rainer Merz*)[179], das bibelwissenschaftliche und fachwissenschaftliche Perspektiven miteinander vermittelt.

Johannes Haeffner beschreibt den sich wechselseitig befruchtenden, interdisziplinären Ansatz:

> »Diakonisches Kongruieren ist [...] eine Methode wechselseitigen Verstehens. Beispielsweise sind nicht nur sozialarbeits- und pflegewissenschaftliche Erkenntnisse theologisch zu interpretieren und zu transformieren. Auch theologische Perspektiven brauchen Zuspitzung, Ergänzung und Transformierung durch soziale, pflegeri-

---

[176] Ebd.
[177] Vgl. hierzu einführend auch: JOHANNES EURICH/HEINZ SCHMIDT (Hg.), Diakonik. Grundlagen – Konzeptionen – Diskurse, Göttingen 2016; sowie die Literaturberichte von HEINZ SCHMIDT, Diakoniewissenschaft, in: ThR 77 (2012), 201–225; 78 (2013), 201–236; 84 (2019), 317–363; 88 (2023), 515–572.
[178] Vgl. hierzu u.a. die folgenden Sammelbände: GERHARD K. SCHÄFER/THEODOR STROHM (Hg.), Diakonie – biblische Grundlagen und Orientierungen. Ein Arbeitsbuch (VDWI 2), Heidelberg ³1998; BERNHARD MUTSCHLER/THOMAS HÖRNING (Hg.), Was ist Diakoniewissenschaft? Wahrnehmungen zwischen Dienst, Dialog und Diversität, Leipzig 2018.
[179] Vgl. RAINER MERZ, Diakonische Professionalität. Zur wissenschaftlichen Rekonstruktion des beruflichen Selbstkonzeptes von Diakoninnen und Diakonen. Eine berufsbiographische Studie (VDI 33), Heidelberg 2007.

sche und andere Wissenschaften. Diakonisches Kongruieren stellt also keine Einbahnstraße dar: Es geht um einen interdisziplinären Dialog zwischen diakonischer Theologie und anderen relevanten Fachwissenschaften für Kirche und Diakonie.«[180]

8. Grundzüge biblisch-diakonischer Gemeindepraxis

In praktisch-theologischer Hinsicht ist mit *Henning Luther* die menschliche *Fragmentarität*[181] bzw. *Vulnerabilität*[182] als eine maßgebliche Bezugsgröße für die Gemeindepraxis in ihren vier Grunddimensionen *koinonia, martyria, leiturgia* und *diakonia* auszuwerten.[183] Gerade die biblische Anthropologie und die diakoniesensible Theologie der Bibel bieten hier vielfältige Anknüpfungspunkte.

Diakonisch Handelnde erfahren »immer wieder schmerzlich Zerbrechlichkeiten, Zufälligkeiten und Zwangsläufigkeiten allen Bemühens. Ihre Praxis steht immer unter dem Vorbehalt des bleibend Fragmentarischen. Doch Christ:innen müssen diesen Vorbehalt des bleibend Fragmentarischen, dieses *Imperfekte* als Signum ihrer menschlichen Existenz nicht nur akzeptieren, weil es unvermeidbar ist. Sie können es auch unter der Verheißung des Reiches Gottes in gewisser Weise sogar wertschätzen. Denn das Imperfekte steht ja nicht nur für das schmerzhaft Unzulängliche und darin veränderungsbedürftige ihrer Aktivitäten und Unternehmungen, sondern eben auch für das Veränderungs*fähige* und Gestaltungs*offene*. [...] Auch das bleibend Fragmentarische diakonischer Praxis trägt diesen Verheißungsvermerk.«[184]

---

[180] Vgl. hierzu einführend: JOHANES HAEFFNER, Wie Sie mit BASAD arbeiten können (Diakonisches Kongruieren; Methodik), in: Biblisches Arbeitsbuch für Soziale Arbeit und Diakonie (s. Anm. 18), 20–24; vgl. DERS., Von der Inter- zur Transdisziplinarität als Attribut der Diakoniewissenschaft?, in diesem Band 215–236.

[181] Vgl. HENNING LUTHER, Leben als Fragment. Gesammelte Aufsätze in zwei Bänden, hg. v. TOBIAS BRAUNE-KRICKAU, Stuttgart 2023; vgl. auch: KRISTIAN FECHTNER/CHRISTIAN MULIA (Hg.), Henning Luther – Impulse für eine Praktische Theologie der Spätmoderne, Stuttgart 2013.

[182] Vgl. HANNA BRAUN, Der vulnerable Mensch als Ebenbild Gottes. Eine Grundlegung für inklusive Sprechweisen in der theologischen Anthropologie (Behinderung – Theologie – Kirche 16), Stuttgart 2023.

[183] Weitreichende Konsequenzen ergeben sich aus der hochinteressanten These von *Christoph Stolte* »Diakonie *ist* Kirche statt Diakonie *und* Kirche« in dem gleichnamigen Aufsatz in: DWI Jahrbuch 48 (2023), 124–136 (https://journals.ub.uni-heidelberg.de/index.php/dwijb/article/view/101954/96951) (Stand: 04.04.2024); veröffentlicht in: epd-Dokumentation 19/2024 »Kirche und Diakonie in der Zeitenwende«.

[184] ANDREAS LOB-HÜDEPOHL/GERHARD K. SCHÄFER (Hg.), Theologie der Diakonie – Konzeptionen und Profile, in: Ökumenisches Kompendium Caritas und Diakonie (s. Anm. 1), 111–127.

Dies gilt gleichermaßen für die Verkündigung in Wort[185] und Tat, für die gottesdienstliche[186] und diakonische Praxis, für die Seelsorge[187] und für die Spiritualität[188]. Die »Kommunikation des Evangeliums«[189] kann in dem Maße ›erfolgreich‹ sein, wie es gelingt, die menschliche Vulnerabilität in einem umfassenden Sinn individuell, gemeinschaftlich *und* strukturell ernst zu nehmen, anzusprechen und ihr in heilender Zuwendung zu begegnen.

---

[185] Vgl. CHRISTINE W. HOFFMANN, Exegese und Homiletik. Konzepte von Rechtfertigung in der evangelischen Predigtpraxis der Gegenwart (APrTh 75), Leipzig 2019; DIES., Wie hält's Du es mit der Exegese in der Predigt? Die historisch-kritische Exegese als Bezugspunkt und Chance der Predigtpraxis, in: Pastoraltheologie 112 (2023), 123–137; DIES., Predigt und Exegese im Atelier. Ein Praxisbuch, mit ANN-KATHRIN KNITTEL, Stuttgart 2023; DIES., Die Predigt als Praxis der Bibelauslegung. Zur Analyse des Textgebrauchs in der Predigt, in: SAMUEL LACHER et al. (Hg.), Predigtanalyse. Zugänge zu einer homiletischen Grundaufgabe (APTLH 104), Göttingen 2024 (im Erscheinen).

[186] Vgl. einführend: CHRISTOPH SIGRIST, Diakonie und Liturgie, in: NILS PETERSEN et al. (Hg.), Stadtliturgien – Visionen, Räume, Nachklänge. Dokumente der CityKirchenKonferenz (Kirche in der Stadt 22), Berlin 2016, 75–89; DERS./PETER-BEN SMIT, Liturgie oder Diakonie?, in: RALPH KUNZ et al. (Hg.), Reformierte Liturgik – kontrovers (Praktische Theologie im reformierten Kontext 1), Zürich 2011, 131–150.

[187] Vgl. CHRISTINE W. HOFFMANN, Seelsorge in sozial-diakonischen Kontexten. Grundlagen, Dimensionen und Wirkweisen, in: ISABELLE NOTH et al. (Hg.), Seelsorge und Diakonie. Ethische und praktisch-theologische Perspektiven (PTHe 191), Stuttgart 2023, 41–56; DIES./ANNETTE HAUSSMANN (Hg.), Miteinander füreinander sorgen. Sorgende Gemeinschaften als Aufgabe von Seelsorge und Diakonie (PTHe 197), Stuttgart 2024.

[188] Vgl. CORINNA DAHLGRÜN, Christliche Spiritualität. Formen und Traditionen der Suche nach Gott, Berlin (2008) ²2018, 212–227; JENS HERZER, Evangelische Spiritualität und das Neue Testament, in: PETER ZIMMERLING (Hg.), Handbuch Evangelische Spiritualität, Bd. 2: Theologie, Göttingen 2018, 335–357; CORNELIA COENEN-MARX/BEATE HOFMANN, Spiritualität und Sorge, in: Ökumenisches Kompendium Caritas und Diakonie (s. Anm. 1), 259–270.

[189] Vgl. zu diesem Leitbegriff einführend: MICHAEL DOMSGEN/BERND SCHRÖDER (Hg.), Kommunikation des Evangeliums. Leitbegriff der Praktischen Theologie (Arbeiten zur Praktischen Theologie 57), Leipzig 2014; WILFRIED ENGEMANN, »Kommunikation des Evangeliums« als Grundprinzip der religiösen Praxis des Christentums? Prämissen, Implikationen und Konsequenzen für das Verständnis von der Aufgabe der Praktischen Theologie, in: BIRGIT WEYEL/PETER BUBMANN (Hg.), Kirchentheorie. Praktisch-theologische Perspektiven auf die Kirche, Leipzig 2014, 15–39; CHRISTIAN GRETHLEIN, Praktische Theologie, Berlin ²2016, 139–337; DERS., Christsein als Lebensform. Eine Studie zur Grundlegung der Praktischen Theologie (ThLZ.F 35), Leipzig 2018; DERS., Kommunikation des Evangeliums: https://bibelwissenschaft.de/stichwort/200852/ (Stand: 26.03.2024).

9. Diakonie im konfessionslosen Umfeld

Inwieweit kann eine biblisch-diakonische Ethik in der Gegenwart von Menschen unterschiedlicher religiöser Orientierung oder konfessionslosen Menschen als Teil ihres professionellen Handelns akzeptiert und in das eigene Wertesystem übernommen werden? Wie kann sich eine jüdisch-christlich geprägte »Kultur des Helfens« in einer multikulturellen Gesellschaft weiterentwickeln und für Menschen aus anderen religiösen und säkularen Kontexten zugänglich werden? Wie kann eine *diakonische Kultur* heute auf der Höhe der Zeit Gestalt gewinnen?[190]

10. Nächstenliebe und Diakonie im Dialog der Religionen

Diakonisches Handeln und die Reflexion über diakonisches Handeln stehen im Dialog mit anderen Religionen und ihren ethischen Paradigmen.[191] Neben dem Judentum[192] sind damit insbesondere die großen Weltreligionen angesprochen: der Islam[193], der Buddhismus[194] und der Hinduismus[195].

---

[190] Vgl. hierzu weiterführend: Diakonie im Miteinander. Zur Gestaltung eines diakonischen Profils in einer mehrheitlich konfessionslosen Gesellschaft, hg. v. M. Domsgen/T. Foß, Leipzig 2021; Th. Moos, Diakonische Kultur unter den Bedingungen von Ökonomisierung und Säkularisierung, a. a. O., 79-94; M. Domsgen/T. Foß, Diakonie und Kirche. Was sich an Herausforderungen und Möglichkeiten ergibt, wenn ihre Verbindung nicht nur postuliert wird, in: EvTh 82 (2022), 124-132; Diakonie auf der Höhe der Zeit. Erfahrungen und Perspektiven, hg. v. K. Scholtissek/R. Seliger, Leipzig 2022, hier 167-173: Ramón Seliger, Säkularisierung und Konfessionslosigkeit als Chance für die diakonische Profilbildung.

[191] Vgl. einführend: P. Schmidt-Leukel, Nächstenliebe in den Religionen, in: evangelische aspekte 33 (2023), 18-20.

[192] Vgl. David Manheim, Ancient and Modern Conceptions of Charity: Orthodox Judaism and Effective Altruism, in: Dominic Roser et al. (Ed.), Effective altruism and religion: synergies, tensions, dialogue (Religion – Wirtschaft – Politik 23), Baden-Baden 2022, 78-96 (Lit.); Esther Weitzel-Polzer, Jüdische Wohlfahrtspflege, in: Ökumenisches Kompendium Caritas und Diakonie (s. Anm. 1), 129-139; Vgl. auch die Ausführungen in der jüdischen Theologie von Michael Fishbane, Einstimmung auf das Heilige. Eine jüdische Theologie (übersetzt v. M. Oeming, U. Richter; mit einer Einleitung v. M. Krah und einem Geleitwort v. M. Oeming), Freiburg i. Br. 2023 (engl. 2008), hier 211-217: »Radikale Güte«.

[193] Vgl. A. Mazyek, Mehr als Ehrenamt. Auf dem Weg zu einem muslimischen Wohlfahrtsverband, in: Delegierte Nächstenliebe. Die Kirche und ihre Caritas, in: Herder-Korrespondenz spezial 2022, 60 f.; Naime Cacir-Mattner, Islamische Wohlfahrt, in: Ökumenisches Kompendium Caritas und Diakonie (s. Anm. 1), 140-149; Bertram

Eine maßgebliche Gemeinsamkeit der (Welt-)Religionen wird im Verständnis von Liebe bzw. konkreter von Nächstenliebe gesehen:[196] *Perry Schmidt-Leukel* fragt: Kann das Motiv der Nächstenliebe »als Bindeglied zwischen den Religionen dienen?«[197] Sein uneingeschränktes Ja begründet er mit Hinweis auf die Bedeutung der (Nächsten-)Liebe im Islam und im Buddhismus:

Nächstenliebe im Islam
»Im Jahr 2007 hat eine große Zahl muslimischer Gelehrter aus recht unterschiedlichen islamischen Traditionen in dem an die verantwortlichen Leiter christlicher Kirchen gerichteten Dokument A Common Word (›Ein gemeinsames Wort‹) erklärt, dass die Liebe zu Gott und zum Nächsten ›die absolut grundlegenden Prinzipien beider Glaubensrichtungen‹ bilden und ›sich immer wieder und wieder in den geheiligten Schriften des Islams und Christentums‹ finden. In einem der sogenannten ›heiligen Hadithe‹ (diese enthalten durch den Propheten Muhammad außerhalb des Korans übermitteltes Gotteswort), heißt es: ›Allāh der Mächtige und Erhabene spricht am Tag der Auferstehung: ›O Sohn Adams, Ich war krank und du hast Mich nicht besucht.‹ Er sagte: ›O Herr, wie kann ich Dich besuchen, wo Du doch der Herr der Welten bist?‹ Er sprach: ›Hast du nicht gewusst, dass einer meiner Knechte krank war, und du hast ihn nicht besucht? Hast du nicht gewusst, dass wenn du ihn besucht hättest, du Mich bei ihm gefunden hättest?‹«

»Der Hadith führt nun Ähnliches für das Speisen der Hungrigen und das Tränken der Durstigen aus: Ich war hungrig, ich war durstig, spricht Gott. Damit erinnert der Hadith an die sogenannte ›große Gerichtsrede‹ Jesu (Mt 25, 31–46) und ist eventuell von dieser inspiriert. Ein bemerkenswerter Unterschied in der islamischen Version besteht jedoch darin, dass es hier Gott selbst und nicht Jesus ist, der sich mit den Notleidenden identifiziert. Natürlich versteht auch Jesus sein Handeln als Nachahmung Gottes, so dass er schon früh als die Verkörperung von Gottes Wort (Joh 1,14) und als das Bild des unsichtbaren Gottes (Kol 1,15) verehrt wurde. Auch im Chris-

---

SCHMITZ, Gottesliebe und Menschenliebe im Islam, in: Konfigurationen der Liebe (s. Anm. 97), 181–198.

[194] Vgl. CALVIN BAKER, Buddhism and effective altruism, in: Effective altruism and Religion (s. Anm. 93), 17–46 (Lit.); DEVANANDA RAMBUKWELLE, Liebe im Buddhismus, in: Konfigurationen der Liebe (s. Anm. 97), 227–242.

[195] Vgl. KATHARINA KLEMM/BERTRAM SCHMITZ, Liebe im Hinduismus – Gottesliebe und Menschenliebe, in: Konfigurationen der Liebe (s. Anm. 97), 267–280.

[196] Vgl. hierzu den Sammelband: JÜRGEN BOOMGARDEN (Hg.), Konfigurationen der Liebe (s. Anm. 97).

[197] PERRY SCHMIDT-LEUKEL, Nächstenliebe in den Religionen, in: evangelische aspekte 33 (2/2023); https://www.evangelische-aspekte.de/naechstenliebe-in-den-religionen/ (Stand: 04.04.2024).

tentum wird somit seine Identifikation mit dem Leidenden zum Bild für die dahinterstehende Identifikation Gottes. Der zitierte Hadith kürzt diesen Weg quasi ab, so dass Gottes Identifikation mit dem Leidenden unmittelbar verkündet wird.«[198]

Nächstenliebe im Buddhismus
»Eine erstaunliche Variante dieses Motivs findet sich im Buddhismus. Einst, so heißt es im Pāli-Kanon, besuchte Buddha Gautama eine Gruppe seiner Anhänger. Einer litt an einer schweren Durchfallerkrankung. Hilflos lag er in seinen Ausscheidungen. Niemand von den anderen Mönchen kümmerte sich um ihn: Er sei ihnen nicht mehr von Nutzen. Da nimmt sich Gautama, unterstützt von seinem Begleiter Ananda, eigenhändig des kranken Mönchs an, wäscht und bettet ihn. Die anderen ermahnt er mit dem Wort: ›Wer mich pflegen würde, der pflege die Kranken.‹«

»Der Buddha praktiziert nicht nur die Nächstenliebe, er identifiziert sich mit dem hilflosen Leidenden. In einer späteren Schrift aus dem Mahāyāna Buddhismus (dem Bodhicaryāvatāra) wird diese Vorstellung ausgeweitet: Jeder Buddha identifiziert sich mit allen empfindenden Wesen der Welt. Alles Leid, das wir anderen Wesen zufügen, fügen wir daher auch den Buddhas zu. Wir müssen und können sie hierfür um Vergebung bitten. Zugleich gilt aber auch, dass jeder Liebesdienst, den wir den Wesen erweisen, letztlich den Buddhas getan wird. Dies allein (!), so der Text, sei die wahre Verehrung aller Buddhas (6,126 f.). Bedenkt man, dass ein Buddha als Verkörperung der letzten Wirklichkeit (des Nirvanas und des Dharmas) gilt, dann wird die Nähe zu den Beispielen aus der christlichen und der islamischen Tradition besonders deutlich.«[199]

---

[198] Ebd.
[199] Ebd.

»Der eine wird sich des anderen erbarmen«

Konzeptionen diakonischen Handelns in altorientalischen, ägyptischen und biblischen Texten

Jörg Lanckau

»Diakonie« und »diakonisches Handeln«[1] sind moderne Begriffe, die üblicherweise mit kirchlichem bzw. christlich geprägtem, sozialen Engagement verbunden werden. Die Motivation für das Engagement speist sich nicht aus der Hoffnung auf göttliche oder menschliche Belohnung für gute Taten, sondern aus der Identifikation mit Notleidenden (Mt 25,31–46).[2] Die modernen Begriffe beruhen auf den einschlägigen, v. a. neutestamentlich gebrauchten Nomina διακονία/διάκονος und insgesamt der Wortgruppe διακονέω κτλ. Die traditionelle deutsche Übersetzung von διάκονοι mit »Diener/Dienerinnen« betonte deren Niedrigkeit.[3] Neuere Forschungen haben hingegen die Belege neu bewertet, und eine neutrale Wiedergabe im Sinn von »Beauftragung« bzw. »Beauftragte« nahegelegt.[4] Diakonia kann im klassischen Griechisch schlicht eine (gewerbliche) Dienstleistung bezeichnen, z. B. bei Platon (Politeia II 371b–c):[5]

---

[1] ULRICH LILIE, Art. Profil, diakonisches, in: NORBERT FRIEDRICH u. a. (Hg.), Diakonie-Lexikon, Göttingen 2016, 349–351 unter Verweis auf BEATE HOFFMANN, Diakonische Unternehmenskultur, Stuttgart 2008, und JOHANNES EURICH, Profillose Diakonie, in: Glaube und Lernen 29 (2014), 33–43.

[2] Die neutestamentlichen »Werke der Barmherzigkeit« werden mit Bezug auf Tob 1,17–20 (Tote bestatten) zur symbolischen Siebenzahl erweitert, und unter Rückgriff auf Tob 4,5–11; Sir 17,22; Mt 6,2–4 (Almosen) in christlicher Tradition weiter ausdifferenziert. Zu den intertextuellen Beziehungen von Mt 25,31–46 BERNHARD MUTSCHLER, Weltgericht, in: JÖRG LANCKAU/THOMAS POPP/ANNI HENTSCHEL/KLAUS SCHOLTISSEK (Hg.), Biblisches Arbeitsbuch für Soziale Arbeit und Diakonie (BASAD), Tübingen 2021, 275–280.

[3] Vgl. MARKUS ÖHLER, Art. Amt/Diakonie, in: FRANK CRÜSEMANN u. a. (Hg.), Sozialgeschichtliches Wörterbuch zur Bibel, Gütersloh 2019, 11. Zum älteren Verständnis HERMANN WOLFGANG BEYER, Art. διακονέω κτλ., ThWNT II, 81–93.

[4] Vgl. ANNI HENTSCHEL, Diakonia im Neuen Testament. Studien zur Semantik unter besonderer Berücksichtigung der Rolle von Frauen, Tübingen 2007; DIES., Begriffsklärungen, in: JÖRG LANCKAU u. a. (Hg.), BASAD, Tübingen 2021, 27–39. Vgl. JOHN N. COLLINS, Diakonia. Reinterpreting the Ancient Sources, New York 1990. Kritische An-

»ἂν οὖν κομίσας ὁ γεωργὸς εἰς τὴν ἀγοράν τι ὧν ποιεῖ, ἤ τις ἄλλος τῶν δημιουργῶν, μὴ εἰς τὸν αὐτὸν χρόνον ἥκῃ τοῖς δεομένοις τὰ παρ᾽ αὐτοῦ ἀλλάξασθαι, ἀργήσει τῆς αὑτοῦ δημιουργίας καθήμενος ἐν ἀγορᾷ; οὐδαμῶς, ἦ δ᾽ ὅς, ἀλλὰ εἰσὶν οἳ τοῦτο ὁρῶντες ἑαυτοὺς ἐπὶ τὴν διακονίαν τάττουσιν ταύτην, ἐν μὲν ταῖς ὀρθῶς οἰκουμέναις πόλεσι σχεδόν τι οἱ ἀσθενέστατοι τὰ σώματα καὶ ἀχρεῖοί τι ἄλλο ἔργον πράττειν.«

»Falls nun der Landmann oder sonst einer der Arbeiter, der etwas von ihm Gefertigtes auf den Markt bringt, nicht zu derselben Zeit kommt wie die, welche das Seinige einzutauschen wünschen, ⁽ᶜ⁾ wird er seine Arbeit versäumen und auf dem Markt müßig sitzen? Keineswegs, erwiderte er, sondern es gibt Leute, welche, wenn sie das sehen, sich zur diakonia hierfür anschicken, und zwar in den gut eingerichteten Gemeinwesen so ziemlich die körperlich Schwächsten und solche, die unfähig sind, andere Geschäfte zu verrichten.«

Einerseits muss angesichts der Diskussion konstatiert werden, dass die griechischen Lexeme der Wortgruppe διακονέω κτλ. bewusst im Sinn eines unterstützenden, manchmal niedrigen Dienstes *zugunsten* bestimmter Personen verwendet werden können,[6] aber nicht müssen. Es kommt auf den Kontext an. Andererseits weiten *Collins'* und *Hentschels* Forschungen den Blick auf antike Vorstellungen oder sogar Konzeptionen von »diakonischem Handeln«, welche nun erst recht nicht mehr als »Neuerung« des Neuen Testaments oder der frühen Christenheit zu verstehen sind. Es handelt sich um Aufgaben, die auch von

---

fragen zu diesem Ansatz (ausführlich zu Mk 9,33-37; 10,42-45) finden sich bei KLAUS SCHOLTISSEK, Die messianische Diakonie im Markusevangelium, in: DERS./KARL-WILHELM NIEBUHR (Hg.), Diakonie biblisch. Neutestamentliche Perspektiven, BTS 188, Göttingen 2021, 100-105.113f.118-121 sowie bei MATTHIAS KONRADT, »Was ihr einem meiner geringsten Brüder getan habt« (Mt 25,40). Überlegungen zur Bedeutung diakonischen Handelns im Matthäusevangelium, in: KLAUS SCHOLTISSEK/KARL-WILHELM NIEBUHR (Hg.), Diakonie biblisch, a.a.O., 57-60.

[5] Griech. Text nach der Ausgabe von JOHN BURNET (1902), in: GREGORY R. CRANE (Ed.), Perseus Digital Library (www.perseus.tufts.edu, Stand: 03.05.2024). Aktuelle, kritische Ausgabe: SIMON R. SLINGS (Hg.), Platonis Respublica, Oxford 2003. Übersetzung der Bücher I-V von Wilhelm Siegmund Teuffel und der Bücher VI-X von Wilhelm Wiegand in: Platon's Werke. Zehn Bücher vom Staate, Stuttgart 1855, neu bearbeitet von RUDOLF HALLER (www.opera-platonis.de, Stand: 03.05.2024).

[6] KLAUS SCHOLTISSEK, Messianische Diakonie, 118-121, beschreibt anhand der markinischen Texte einen bewusst den Machtmissbrauch der Herrschenden kontrastierenden, messianischen Dienst Jesu. MATTHIAS KONRADT, Bedeutung diakonischen Handelns, 57f., diskutiert ausführlich die Verwendung des Begriffs διάκονοι bei Platon, Politeia II, 370e-373c: Darunter werden auch Händler, Tagelöhner, Barbiere und Köche verstanden. Zudem interpretiert Konradt Belege der Wortgruppe διακονέω κτλ. aus der jüdischhellenistischen Literatur wie TestHiob 11,1-3; TestJuda 14,2a; JosAs 2,6; 13,15; 15,7 und Josephus Ant 18,193f. in die Richtung eines Dienstes, der jemandem geleistet wird.

Höhergestellten, sogar Königen oder Gottheiten im Namen eines Dritten oder angesichts einer besonderen Situation zugunsten der Bevölkerung, bestimmter Gruppen oder Einzelner erledigt werden.[7] Insbesondere stellt sich die Frage nach antiken Konzepten (zumindest primär) uneigennützigen, helfenden Handelns, und nach dem Status des Helfenden.[8]

Ist der hellenistische Sprach- und Kulturraum verlassen, werden andere Termini mit je eigener Bedeutungsvarianz für die Sache verwendet. Schon ein erster Blick in die Tora legt nahe, dass Josef als »Beauftragter« oder »Gesandter« erscheint, dazu s. u. Wird auch der Zeithorizont und -raum der Entstehung der biblischen Schriften insgesamt verlassen, könnten auch ganz andere Vorstellungen von »helfendem Handeln« oder »Beauftragung zur Hilfe« eine Rolle spielen. Methodisch sind demnach weniger etymologische als vielmehr inhaltsbezogene Suchbewegungen angebracht. Vorstellungen der Beauftragung zur Lebenserhaltung, zum Erbarmen und segensreichen Handeln seitens der Götter, der Priesterschaft und vor allem der Könige kommen in den Blick, auch und vielleicht gerade in ihrer kritischen Reflexion in literarischen Zeugnissen der alten Schriftkulturen. So möchte ich in vorliegendem Beitrag zum ersten Tagungsbericht der Projektgruppe »Diakonie: Biblisch – ethisch – praktisch« einen vorerst nur exemplarischen, und daher keinesfalls Vollständigkeit beanspruchenden Einblick in die Welt des Alten Orients und des antiken Ägyptens geben, sowie einige Vorstellungen des antiken Judentums skizzieren.

Kultische und soziale Markierungen der Heilszeit als Auftrag an den König

Das Titelzitat stammt aus der sogenannten »Marduk-Prophetie«, entstanden in der Zeit des babylonischen Königs *Nabû-kudurrī-uṣur* (»Nabû schütze meinen Erbsohn«), bekannt als Nebukadnezar I. Unter seiner Herrschaft (ca. 1124– 1103 v. Chr.) wird Babylon nicht nur vom assyrischen Reich unabhängig, auch das benachbarte Elam (Hochland im Südwesten Irans) wird erobert, und die zuvor dahin verschleppte Statue des Stadtgottes heimgeholt. *Marduk* (𒀭𒀫𒌓) ᵈAMAR.UTU »Kalb der Sonne«, d. h. Sohn des sumerisch/babylonischen Sonnengottes *UTU / Schamasch*, biblisch-hebr. מְרֹדָךְ) ist in der als prophetische Gottesrede

---

[7] Vgl. Hentschel, Begriffsklärungen, 29f.
[8] Jan Quenstedt resümiert, dass bei Philo der Status des Helfenden nicht automatisch eine Rolle spielt, vgl. ders., Das Wortfeld Diakonia bei Philon von Alexandrien. Sterne, Priester, Zähne und andere Diakone, in: Klaus Scholtissek/Karl-Wilhelm Niebuhr (Hg.), Diakonie biblisch, 260–288, bes. 287f.

stilisierten Schrift[9] als allwissender und allherrschender »Herr des Schicksals« und daher Souverän aller »Entscheidungen« gezeichnet, so dass auch sein vorheriges Exil vollkommen selbstbestimmt erscheint.[10] Zugleich bedingt aber seine Abwesenheit, d. h. Abwesenheit seines Kultes innere Unordnung und generelle Anarchie. Die politische Herrschaft kann ausbrechenden Gewaltexzessen keinerlei Grenzen setzen, so dass die Schwächsten zum Opfer ihrer Nächsten oder ihrer Herren, ja sogar wilder und kranker Tiere werden:[11]

> KolII(1) »Siris [der Gott des Bieres] machte das Herz des Landes krank. (2) Die Leichen der Menschen verstopften die Tore. (3) Einer aß den andern, (4) Freunde erschlugen einander mit der Waffe. (5) Die Freigeborenen (6) legten Hand an die Abhängigen. (7) Das Szepter wurde kurz, das Land war in großen Schwierigkeiten. (8) Rebellenkönige verkleinerten das Land. (9) Löwen versperrten den Weg, (10) Hunde [wurden toll] und bissen die Menschen, (11) wen sie bissen, der gesundete nicht, sondern starb. (12) Ich erfüllte meine Tage, ich erfüllte meine Jahre. Dann sehnte ich mich (13) nach meiner Stadt Babylon (14) und zum Tempel Sagila [...]«

Das »Böse« wird als Abwesenheit von »Ordnung«, und damit als Chaos beschrieben. Das Chaos besteht nicht nur in Naturkatastrophen oder dem Eindringen der Wildnis in die städtische Umgebung, sondern explizit im Einfall der Vasallen ins Kernland, dem Bürgerkrieg und sozialen Unruhen. Die Beschreibung des »Chaos« als multiple, zeitgleich auftretende Krisen, als Kombination eines (später philosophisch so genannten) *malum naturale* und *malum morale* ist

---

[9] RYKLE BORGER, Gott Marduk und Gott-König Šulgi als Propheten: Zwei prophetische Texte, in: Bibliotheca Orientalis 28 (1971), 3–24.

[10] JENNIFER FINN, Much Ado about Marduk, in: *Studies in Ancient Near Eastern Records* 16, Berlin 2017, 42. Vgl. Chronik P: Der Raub der Marduk-Statue (um 500 v. Chr.), kommentiert von CHRISTIAN W. HESS, in: Translocations. Anthologie: Eine Sammlung kommentierter Quellentexte zu Kulturgutverlagerungen seit der Antike; https://translanth.hypotheses.org/ueber/chronik-p, veröffentlicht am 25.07.2019.

[11] »Die prophetische Rede des babylonischen Nationalgottes Marduk ist bislang nur durch drei aus Assyrien stammende Textzeugen bekannt. Zwei der drei Tafeln gehörten in die Bibliothek des Assurbanipals in Ninive – ihre erhaltenen Bruchstücke befinden sich heute im British Museum, London –, ein Fragment der dritten kam bei den deutschen Ausgrabungen in Assur zum Vorschein und wird jetzt im Vorderasiatischen Museum in Berlin aufbewahrt. Die Prophetie des Marduk gehörte zu einer Serie von wenigstens zwei Tafeln, von denen die zweite eine Prophetie des vergöttlichten Königs Schulgi (2093–2037 v. Chr.) von Ur enthält.« KARL HECKER, Zukunftsdeutungen in akkadischen Texten, in: OTTO KAISER (Hg.), Religiöse Texte: Deutungen der Zukunft in Briefen, Orakeln und Omina, Rituale und Beschwörungen I, Rituale und Beschwörungen II, Grab-, Sarg-, Votiv- und Bauinschriften, Lieder und Gebete I, und Lieder und Gebete II, Texte aus der Umwelt des Alten Testaments II, Gütersloh 1986–1991, 66–67.

auch in den berühmten »Hiobsbotschaften« in extremer Verdichtung vorhanden (Hi 1,13–19): עוֹד זֶה מְדַבֵּר וְזֶה בָּא וַיֹּאמַר »Als der noch redete, kam ein anderer und sprach [...]«[12] Zwar ist Marduk der Souverän, aber in dem königsideologischen Text wird auch klargestellt, dass der Stadtgott ohne die Hilfe eines starken Königs gar nicht in der Lage ist, zurückzukehren. Der südlich der Zikkurat *Etemenanki* gelegene Tempel *Esaĝila* (𒂍𒊕𒅍𒆷 É-SAĜ-ÍL.LA »Haus, dessen Spitze hoch aufragt/erhobenes Haupt«) sichert die Präsenz und damit den Schutz des Gottes für die Stadt Babylon ab. Religionsgeschichtlich gesehen, begleitet die Marduk-Prophetie gemeinsam mit dem Weltschöpfungsepos *Enūma eliš* den Aufstieg Marduks zum höchsten Gott des babylonischen Pantheons; und die Verfasser gehören sehr wahrscheinlich zur babylonischen Priesterschaft.[13]

> Kol II (19) »Ein König von Babylon wird aufkommen und (20) das staunenswerte Haus, (21) den Tempel Sagila erneuern. (22) Die Pläne von Himmel und der Erde (23) wird er im Tempel Sagila aufzeichnen. (24) Dessen Höhe wird er vergrößern. Steuerfreiheit (25) wird er meiner Stadt Babylon gewähren. (26) Meine Hand wird er ergreifen und in meine Stadt Babylon (27) und in den ewigen Tempel Sagila [mich] eintreten lassen. (28) Mein (Prozessions-)Schiff wird er erneuern [...]«

Erst nach der Erneuerung kann von einem »Bund« des Stadtgottes mit dem König gesprochen werden, dem sich dann alle anderen Götter anschließen. In der königsideologischen Selbstzuschreibung ist es der König, dessen Beauftragung darin besteht, die segensreiche Wirkung der Gottesverehrung wiederherzustellen bzw. zu ermöglichen:[14]

> Kol IV (5) »Die Stadt wird er [...] betreuen, die verstreuten Menschen sammeln. [...] (18) Die Tempel wird er wie Edelstein leuchtend machen. (19) Die Götter alle (20) wird er zurückkehren lassen. (21) [...] Die Flüsse werden Fische bringen. (7') Feld und Flur werden voll Ertrag sein. (8') Das Gras des Winters wird bis zum Sommer, (9') das Gras des Sommers bis zum Winter ausdauern. (10') Die Ernte des Landes wird gedeihen, der Marktpreis gut sein.«

---

[12] Die Bibel nach Martin Luthers Übersetzung, EVANGELISCHE KIRCHE IN DEUTSCHLAND (Hg.), Stuttgart 2017, Hi 1,16.

[13] Vgl. KARL HECKER, a.a.O., 65.

[14] Kol. IV des Textes aus Assur (Vorderasiatisches Museum in Berlin), danach Kol. III des Haupttextes aus der Bibliothek des Assurbanipal in Ninive, zu dessen Fragmenten Borger, a. a. O., 4; vgl. https://www.britishmuseum.org/collection/group/G12163 (Stand: 15.04.2023) (hier mit Apostrophen gekennzeichnet).

Der politischen und religiösen Wiederherstellung der Ordnung folgt eine Heilszeit, die die ökonomischen Bedingungen verändert. Diese wiederum lässt dann auch den sozialen Zusammenhalt wieder möglich und ideal erscheinen:[15]

> Kol III (11') »Das Böse wird in Ordnung kommen, (12') das Trübe rein und das Böse hell werden. [...] (14') Der eine wird sich des anderen erbarmen. (15') Der Sohn wird seinen Vater wie einen Gott verehren, (16') die Mutter ihre Tochter [...]. (17') Die Braut wird bekränzt werden und ihren Gatten verehren. (18') Erbarmen wird der Menschheit dauerhaft sein. [...]«

Das »Böse«, als Chaos durch Abwesenheit von »Ordnung« beschrieben, ist somit grundsätzlich überwindbar. Der traditionsgeschichtliche Kontext des Motivs des »Chaoskampfes« ist zunächst, wie *Michaela Bauks* resümiert, nicht die Schöpfung, sondern die Königsideologie.[16] Die ältesten Belege dafür stammen aus Mari (18. Jh. v. Chr.). Die Herrschaft eines Königs wird durch die Aufgabe legitimiert, die Schöpfung, d.h. die kosmische und soziale Ordnung zu erhalten. Seine Handlungsrollen sind königsideologisch definiert: Nach innen übt er Recht und Gerechtigkeit aus, nach außen siegt er über die Feinde und beseitigt das Chaos.[17] Irdischen Königen kommt allerdings nur eine »beschränkte Erhöhung« zu,[18] da das Chaos weiterhin existiert, und »der in der Vorzeit gefochtene Kampf in der Jetztzeit fortzusetzen«[19] ist. Biblisch wird die altorientalische Königsideologie in 1Sam 8–12 als »Einführung des Königtums« ausführlich diskutiert, wobei die maßgeblichen Texte die scharfe theologische Kritik der »deuteronomistischen« Redaktionen zeigen, welche die Erfahrung des Scheiterns des Königtums reflektieren.

Die Schöpfungsordnung der Welt ist altorientalisch als »Gerechtigkeitsordnung« gedacht. Sie besteht aber nicht nur in einer straffen königlichen Herrschaft, sondern tiefer und ganz grundsätzlich im wechselseitigen »Erbarmen« der Menschen. Konkret wird das u. a. im wechselseitigen Respekt der Geschlechter und Generationen. Darum lässt sich die Marduk-Prophetie *auch* als Konzeption des sozialen Zusammenhalts inklusive deren politischer und religiöser Grund-

---

[15] Vgl. KARL HECKER, ebd.
[16] MICHAELA BAUKS, Art. Chaoskampf (AT), in: Das Wissenschaftliche Bibellexikon im Internet, 2006 (https://bibelwissenschaft.de/stichwort/15897, Stand: 15.04.2024), Kap. 1 und Einleitung zu Kap. 3 mit weiteren altorientalischen und biblischen Beispielen.
[17] MICHAEL PIETSCH, Art. König/Königtum (AT), in: Das Wissenschaftliche Bibellexikon im Internet, 2014 (https://bibelwissenschaft.de/stichwort/23844, Stand: 15.04.2024), Kap. 1.2 und 3.2.
[18] »limitated exaltation«: MARK S. SMITH, The Ugaritic Baal Cycle, vol. 1: Introduction with text, translation, commentary of KTU I.1-I.2, VT.S 55, Leiden/New York/Köln 1994.
[19] BAUKS, Art. Chaoskampf, Kap. 1.

legung verstehen. Königsideologisch wird ein »diakonisches Handeln« zugunsten der Bevölkerung portraitiert. Theologisch steigt der Schöpfergott Marduk zum Garanten der sozialen Ordnung auf, und dem »diakonischen« Handeln der Bevölkerung wird ein Raum ermöglicht.

In der Tora wird dieser Gedanke aufgenommen: Der »Dekalog« (Ex 20,12; Dtn 5,16) knüpft z. B. den Respekt vor dem Alter ebenfalls an das sozial gedachte »Leben im Land«. So kann das soziale Miteinander in Ordnung kommen, geheilt werden oder neu entstehen. Das Gebot der Elternehrung ermahnt Kinder nicht zum Gehorsam gegenüber ihren Eltern, sondern schützt deren Würde. Stellt Ex 21,15 kasuistisch formuliert die körperliche Verletzung der Eltern unter Todesstrafe, gebieten Ex 20,12/Dtn 5,16, Vater und Mutter zu respektieren (»schwer zu machen« כבד Pi.)[20]. Damit wird erstens nicht nur der *pater familias* geschützt, sondern auch die Mutter. Zweitens wird nicht nur die körperliche Unversehrtheit der Eltern, sondern auch deren materielle Versorgung und der würdige Umgang gefordert. Somit sind auch die ökonomischen Rahmenbedingungen angesprochen. Drittens wird die Gabe des »Ackerbodens« bzw. »Erdbodens« (אֲדָמָה) mit der Erfüllung des konkreten Gebots verknüpft. An ein Jenseits ist hier nicht gedacht – anders als in den ägyptischen Totenbuchpapyri.

»Persönliche Frömmigkeit« der Beamten angesichts des Jüngsten Gerichts

Die kulturübergreifend antike Überzeugung, die Sonne als Symbol der Gerechtigkeit und der Weltordnung zu verstehen, wurde im 4. Jh. mit der Gleichsetzung des *Sol Invictus* mit Christus unter Konstantin I. im Christentum adaptiert. Noch heute wird in evangelischen Kirchenliedern wie »Sonne der Gerechtigkeit«[21] (Mal 3,20) die universelle Sonnentheologie[22] transportiert. Im antiken Ägypten existieren viele textliche und bildliche Zeugnisse, die den Sonnengott als Urheber und Garanten der gerechten Ordnung präsentieren: »Altorientalisch ausgedrückt

---

[20] Zur sozialen Bedeutung der Begriffe כבד »schwer sein« und קלל »leicht sein« CLAUDIA JANSSEN und RAINER KESSLER, Art. »Ehre / Schande«, in: FRANK CRÜSEMANN u. a. (Hg.), Sozialgeschichtliches Wörterbuch zur Bibel, Gütersloh 2019, 97.

[21] וְזָרְחָה לָכֶם יִרְאֵי שְׁמִי שֶׁמֶשׁ צְדָקָה וּמַרְפֵּא בִּכְנָפֶיהָ וִיצָאתֶם וּפִשְׁתֶּם כְּעֶגְלֵי מַרְבֵּק «Euch aber, die ihr meinen Namen fürchtet, soll aufgehen die Sonne der Gerechtigkeit und Heil unter ihren Flügeln.« (Mal 3,20, Luther 2017) Erstmals wurde das Lied im 16. Jh. bei den Böhmischen Brüdern gesungen, vgl. Evangelisches Gesangbuch 262; Reformiertes Gesangbuch 795.

[22] STEPHAN LAUBER, Art. Sonnentheologie, in: Das Wissenschaftliche Bibellexikon im Internet, 2012 (https://bibelwissenschaft.de/stichwort/30046, Stand: 15.04.2024) mit weiterer Literatur.

heißt das: Die Weltordnung (Maat) ist die Tochter des Sonnengottes.«[23] So wird *Re*[24] (Ideogramm 𓇳, Transkription Rʿ[w]) theriomorph als Falkenköpfiger gekennzeichnet. Die Ikonographie als Falke besagt, dass der Gott eine Gesamtperspektive besitzt, wie ein in den Lüften hoch schwebender Raubvogel, dessen Augen aber so scharf sind, dass sie jedes kleine Tier erkennen können, der Gott also jede einzelne Tat erkennt. Diese Genauigkeit ist für das Thema Gerechtigkeit und Gericht nach dem Tod essenziell.

Grundsätzlich wird in der ägyptischen Totenliteratur die Rückkehr der Menschen zur himmlischen Mutter (*regressus at uterum*)[25] beschrieben und ihre postmortale Existenz in deren Raum ermöglicht. Dem entspricht im antiken jüdischen Denken der Tora das optimale diesseitige Leben im Land bzw. auf dem »Erdboden«.[26] Beide Räume und beide Existenzen in diesen Räumen sind an die Erfüllung kultischer und ethischer Gebote gekoppelt.

Das Totenbuch kann als »späte Kanonisierung«[27] von Sprüchen auf Papyrusrollen in wechselnder Zusammenstellung unter Verwendung von Vorläufern aus dem älteren Corpus der Sargtexte bezeichnet werden. Die Totenbuchpapyri[28] des Neuen Reiches (seit der 18. Dynastie, 16.–13. Jh. v. Chr.), präsentieren die

---

[23] OTHMAR KEEL, Die Welt der altorientalischen Bildsymbolik und das Alte Testament. Am Beispiel der Psalmen, Zürich u. a. 1972, 31. »Skarabäen aus Palästina zeigen einen König in engster Verbindung mit dem Sonnengott; unter seinem Thron ist das Zeichen Gold zu sehen, das hier für himmlisches Licht steht; er wird von einem, zwei oder vier stilisierten Falken beschützt und über ihm schwebt die geflügelte Sonnenscheibe (10./9. Jh.a); aus seinem Mund steigt ein Uräus empor, Symbol des tötenden Gluthauchs, der aus seinem Munde hervorgeht (Jes 11,4).« DERS., Die Geschichte Jerusalems und die Entstehung des Monotheismus I, Orte und Landschaften der Bibel IV/1, Göttingen 2007, 198.

[24] JOACHIM FRIEDRICH QUACK, Art. Re/Re-Harachte, in: Das Wissenschaftliche Bibellexikon im Internet, 2006 (https://bibelwissenschaft.de/stichwort/32799, Stand: 15.04.2024) mit weiterer Literatur.

[25] JAN ASSMANN, Ägyptische Geheimnisse, München 2004, 140 f.

[26] MANFRED GÖRG vertrat die These, dass die Bundeslade als Aufbewahrungsort der Wegleitung zu einem idealen irdischen Leben dem entspräche, was im Inneren der ägyptischen Särge für die Reise ins Jenseits aufgeschrieben sei, vgl. DERS., Die Lade als Sarg: Zur Traditionsgeschichte von Bundeslade und Josefssarg, Biblische Notizen 105, 2000, 5–11.

[27] Zur literaturgeschichtlichen Einordnung JAN ASSMANN, Ägyptische Geheimnisse, 137. Edition der Sargtexte des Mittleren Reichs (2170–1750 v. Chr.): ADRIAAN DE BUCK, ALAIN GARDINER (Eds.), The Egyptian Coffin Texts, Chicago, IL 1935. Engl. Übersetzung: RAYMOND OLIVER FAULKNER, The Ancient Egyptian Coffin Texts, 1973–78.

[28] Klassisch: ERIK HORNUNG, Das Totenbuch der Ägypter, Zürich u. a. 1979. Manuskripte und neuere Übersetzungen: Das altägyptische Totenbuch. Ein digitales Textzeugenarchiv (https://totenbuch.awk.nrw.de, Stand: 15.04.2024), Akademie der Wissenschaften und Künste NRW und Universität Bonn, 2012 ff.

Gerichtsverhandlung in den Hallen der Göttin *Ma'at* (Ideogramm ⚖, Transkription *mꜣꜥt*) nach dem Tod und die Möglichkeit des ewigen Lebens nach Bestehen aller Prüfungen unter das explizite Diktat der Erfüllung ethischer Gebote, die das Zusammenleben thematisieren. Diese Gebote, aufgezeigt in den sogenannten »negativen Konfessionen«, sind konkret und klar formuliert. Neben den Tabus für die heiligen Bezirke sowie sexuellen Vorschriften nehmen die sozialethischen Aspekte erstaunlich breiten Raum ein. Dabei geht die liturgische Einleitung des Spruchs 125 in einigen Fällen sogar noch differenzierter vor als die einzelnen Schwüre mit Anrede des Gottes im Hauptteil:[29]

> (1) »Das, was zu sagen ist, wenn (man) in die Halle der Vollständigen Wahrheit gelangt, gereinigt wird (2) von allem Bösen, das man getan hat, und das Angesicht der Götter schaut:
> ›Sei gegrüßt, du großer Gott, Herr der vollständigen Wahrheit! Ich bin zu dir gekommen, (3) mein Herr, ich bin herbeigebracht worden, damit ich deine Vollkommenheit schaue. [...] (6) Ich habe nicht gegen Menschen gesündigt; ich habe keine Leute arm gemacht; ich habe nichts Böses getan [...] (11) ich habe keinen Diener vor seinem Vorgesetzten angeklagt; ich habe kein Leid verursacht; (12) ich habe keine Tränen verursacht; ich habe nicht getötet, noch habe (13) ich zu töten befohlen; [...] (16) ich habe dem Hohlmaß nichts hinzugefügt noch etwas weggenommen; ich habe das Flächenmaß nicht geschmälert und beim Ackerland nicht betrogen; ich habe nicht am Gewicht der Handwaage etwas hinzugefügt; (17) ich habe das Lot der Standwaage nicht festgehalten; ich habe die Milch nicht aus dem Munde des Säuglings genommen [...]‹«

Das Bekenntnis vor den 42 Richtern, nicht getötet zu haben, wird z.B. in der Einleitung um die Haltung ergänzt, auch nicht das Töten befohlen zu haben. Menschen verarmen zu lassen, insbesondere durch Betrug an den verschiedenen Maßen, steht ebenso unter dem Tabu wie Falschaussagen und »Mobbing«. Die Illustrationen zeigen u.a. den Toten, der seine Arme beim Schwur vor den Totenrichtern erhebt, so dass an seinen Händen kein Blut sichtbar ist. In der Hauptszene ist eine Waage aufgestellt, die das Herz des Verstorbenen – welches als Sitz des Willens und der Entscheidung gilt – mit der symbolischen Gerechtigkeit abgleicht, wie Spruch 30 aufzeigt:

---

[29] HEIKE STERNBERG-EL HOTABI, FRANK KAMMERZELL und BOYO OCKINGA, Ägyptische Totentexte und Votivinschriften, in: OTTO KAISER (Hg.), Religiöse Texte: Deutungen der Zukunft in Briefen, Orakeln und Omina, Rituale und Beschwörungen I, Rituale und Beschwörungen II, Grab-, Sarg-, Votiv- und Bauinschriften, Lieder und Gebete I, und Lieder und Gebete II, Texte aus der Umwelt des Alten Testaments, Gütersloh 1986–1991, 511f. Vgl. JAN ASSMANN, Tod und Jenseits im Alten Ägypten, München 2001.

(30) »Mein Herz meiner Mutter, mein Herz meiner Mutter, mein Herz meiner wechselnden Formen – Stehe nicht auf gegen mich als Zeuge, tritt mir nicht entgegen im Gerichtshof, mach keine Beugung gegen mich vor dem Wägemeister!«[30]

Jan Assmann hat umfassend nachgewiesen, dass *Ma'at* der »Schlüsselbegriff altägyptischen Denkens« ist.[31] Die *Ma'at* wird als sitzende Göttin oder nur mit ihrem Epitheton, der Feder, dargestellt. Ist das Herz so unbeschwert wie das federleichte Gegengewicht, bleibt der Balken waagerecht und der Tote ist gerechtfertigt. Die biblische Einleitung zum »Reinigungseid« des leidenden Gerechten darf als Anspielung auf diese Szene verstanden werden (Hi 31,6):

שִׁקְלֵנִי בְמֹאזְנֵי־צֶדֶק וְיֵדַע אֱלוֹהַּ תֻּמָּתִי׃ (6) »Auf der Waage der Gerechtigkeit möge er mich wiegen, so wird er meine Unschuld erkennen!«

Ab dem Neuen Reich (18.–20. Dyn.; 1550–1070 v. Chr.) richten sich die Totentexte nicht mehr an Könige, sondern an Beamte bzw. Beauftragte mit entsprechenden Entscheidungskompetenzen, Machtbefugnissen und Verantwortung. Negatives Bekenntnis und »Herzwägung« sind als Ausdruck der sogenannten »persönlichen Frömmigkeit« zu verstehen – eines Phänomens, welches für die Ramessidenzeit gut belegt und in der Forschung umfassend diskutiert wurde.[32] Die Texte müssen daher auch als Ausdruck eines bestimmten Ideals von Herrschafts- und Gesellschaftsstrukturen gelesen werden, um das soziale Gefüge des Landes besonders in Krisenzeiten stabilisieren zu können.

---

[30] Hornung, Totenbuch, 79. Vgl. neuere Übersetzung diverser Textzeugen durch Burkhard Backes, z. B. Papyrus London British Museum EA 10477; Neues Reich: »Mein Herz meiner Mutter, mein Herz meiner Mutter! Mein Herz meines Seins auf Erden, stehe nicht gegen mich als Zeuge auf vor den Herren des Bedarfs!« Totenbuchprojekt Bonn, TM 134299 (totenbuch.awk.nrw.de/objekt/tm134299, Stand: 15.04.2024).

[31] Jan Assmann, Ma'at. Gerechtigkeit und Unsterblichkeit im Alten Ägypten, München ³2020.

[32] Maria Michela Luiselli, Die ›persönliche Frömmigkeit‹ in der Ägyptologie. Definition(en), Themen, Terminologie, Forschungsansätze, Ausblicke, in: Wiebke Friese, Anika Greve, Kathrin Kleibl, Kristina Lahn unter der Schirmherrschaft von Inge Nielsen, Persönliche Frömmigkeit. Funktion und Bedeutung individueller Gotteskontakte im interdisziplinären Dialog. Akten der Tagung am Archäologischen Institut der Universität Hamburg (25. bis 27. November 2010), Hephaistos 28, Hamburg 2011, 37–46.

Josef als Gesandter und Beauftragter

Ein vergleichbares Ideal des weisen Beamten wird auch in der biblischen Josefsgeschichte gezeichnet, deren Autorschaft mit ägyptischer Literatur wie z. B. dem – wesentlich älteren – ramessidischen Traumbuch nachgewiesen vertraut ist.[33] Die Josefsgeschichte stellt auch im innerbiblischen Vergleich eine gewisse Ausnahme dar, indem sie sich zu bestimmten Themen auffällig und charakteristisch positioniert.

Zum einen ist ihre kulturelle Sicht auf die Diaspora und speziell Ägypten ganz überwiegend positiv gefärbt, was in der priesterlichen Kompositionsschicht der Perserzeit[34] zu ihrer Rolle als *Eisodos*, d. h. Einwanderungsgeschichte in das »Sklavenhaus Ägypten« beiträgt. Dies generiert brisante Konsequenzen wie die optimistische Perspektive auf die Thematik der »Mischehen«, welche in der auf die Josefsgeschichte aufbauenden jüdischen Literatur der hellenistischen Zeit zum Teil »korrigiert« wird.[35]

Zum anderen bewertet die Josefsgeschichte – zumindest in ihrer frühesten literarischen Form – in politisch-religiöser Hinsicht die Rolle des Königtums signifikant anders als die etwa zeitgleich entstandenen, prodynastischen und vordeuteronomistischen Erzählkompositionen aus dem Südreich Juda um den Aufstieg[36] sowie die Thronnachfolge Davids.[37] Für diese Schlussfolgerung müs-

---

[33] Vgl. Kasia Szpakowska, Behind Closed Eyes. Dreams and Nightmares in Ancient Egypt, Swansea 2003, 77–114; Jörg Lanckau, Der Herr der Träume. Eine Studie zur Funktion des Traumes in der Josefsgeschichte der Hebräischen Bibel, AThANT 85, Zürich 2006, 341–344.

[34] Überblickend Peter Weimar, Art. Priesterschrift, in: Das Wissenschaftliche Bibellexikon im Internet, 2010 (https://bibelwissenschaft.de/stichwort/31252, Stand: 15.04.2024), mit weiterer Literatur.

[35] Ausgehend von Gen 41,45 berichtet die antike jüdische Doppelnovelle von Josef und Asenet (JosAs 10–18) ausführlich von der Konversion der Ägypterin. Philo (De Josepho, 21) wertet die Heirat mit der Tochter des Sonnenpriesters allerdings positiv. JosAs 2,6 berichtet von sieben Jungfrauen, die Asenet dienen (διακονέω). In JosAs 13,15 bietet Asenet an, Josef als Sklavin zu dienen – eine parallele Formulierung mit δουλεύω und διακονέω: »Ich will ihm sein Bett ausbreiten, seine Füße waschen und ihm dienen. Ich will seine Sklavin sein und ihm für ewige Zeit dienen.« Vgl. Konradt, Bedeutung, 59 f.

[36] Zu 1Sam 16–2Sam 1 überblickend Stefan Seiler, Art. Aufstiegsgeschichte, in: Das Wissenschaftliche Bibellexikon im Internet, 2006 (https://bibelwissenschaft.de/stichwort/11440, Stand: 28.04.2024), mit weiterer Literatur.

[37] »Saul-David-Geschichte« (1Sam 16–31), »Davids Weg zum Königtum über Juda und Israel« (2Sam 1–8), »Thronnachfolgegeschichte« bzw. »Hofgeschichten« (2Sam 9–20; 1Kön 1–2), vgl. Alexander Achilles Fischer, Art. David (AT), in: Das Wissenschaftliche Bibellexikon im Internet, 2009 (https://bibelwissenschaft.de/stichwort/16233, Stand: 03.05.2024).

sen allerdings einige redaktionsgeschichtliche Annahmen für beide Textkomplexe sicher zu belegen sein.[38] Die kanonisch vorliegende Josefsgeschichte offenbart viele Merkmale, die für ein längeres literarisches, aber »kleinschrittiges« Wachstum sprechen.[39] Die älteste, noch selbstständige Erzählung aus assyrischer Zeit – darauf deuten u. a. die Beamtentitel[40] – offenbart einen brisanten politischen Hintergrund, der auf den Gegensatz des existentiell bedrohten oder bereits gefallenen Nordreiches zur davidischen Dynastie des Südreiches fokussiert ist.[41] Auffallend ist, dass der Haupheld bewusst nicht als unantastbarer König Israels an Gottes statt (מלך Gen 37,8 vgl. 50,19), sondern als »Machthaber« über Ägypten (משל Gen 37,8 vgl. 45,8), als temporärer *primus inter pares* oder *primus inter fratres* gekennzeichnet wird, dessen Aufgabe es ist, die »Familie Jakobs«, d. h. die familiäre Präfiguration Israels, am Leben zu erhalten (Gen 45,5.11; 50,20), und zwar sowohl in physischer als auch in sozialer Hinsicht, wobei beide Perspektiven bewusst miteinander verknüpft sind (vgl. Mt 6,11 f.; Lk 11,3 f.).

Josef vertritt insofern eine vorausschauende, gerechte Beamtenschaft mit einem gesellschaftlichen Konzept von Israel, in dem die Kontrahenten weder unterworfen noch vernichtet werden:[42] Er sorgt aktiv für seine Familie, deren physisches Überleben und ihre Versöhnung untereinander. Der Autor der Erzählung macht deutlich, dass dieses Konzept als göttlicher Auftrag des charismatischen, weisen Beamten gelesen werden soll, und nicht als Hybris königlicher Selbstermächtigung missverstanden werden darf (Gen 37,8.10). Diese Perspektive wird mittels der für das Verhältnis der Geschwister zentralen Handlung der Proskynese diskutiert. Was der Gottheit gebührt, überträgt sich üblicherweise auf

---

[38] Überwiegend werden die vordeuteronomistischen Erzählkompositionen nach dem Fall des Nordreiches (722 v. Chr.) bzw. in das 7. Jh. v. Chr. datiert (ALEXANDER A. FISCHER, Von Hebron nach Jerusalem. Eine redaktionsgeschichtliche Studie zur Erzählung von König David in II Sam 1–5, Berlin/New York 2004, 284–291; DERS., Art. David [AT], Kap. 3., mit weiterer Literatur).

[39] FRANZISKA EDE, Die Josefsgeschichte. Literarkritische und redaktionsgeschichtliche Untersuchungen zur Entstehung von Gen 37–50, BZAW 485, Berlin 2016, 14. Die älteste Schicht setze den Fall des Nordreiches voraus. Ede nimmt allerdings auch an, dass Gen 39–41 Material enthält, das erst sekundär in den Kontext eingefügt wurde und die Darstellung von Gen 37,7–10 beeinflusst habe, vgl. DIES., Dreams in the Joseph Narrative, in: ESTHER J. HAMORI; JONATHAN STÖKL (Eds.), Perchance to dream. Dream Divination in the Bible and the Ancient Near East, Atlanta 2018, 91–107.

[40] Vgl. UDO RÜTERSWÖRDEN, Die Beamten der israelitischen Königszeit. Eine Studie zu *śr* und vergleichbaren Begriffen, BWANT 117, Stuttgart u. a. 1985, 96–100; LANCKAU, Träume, 197–201.270 f., zur historischen Einordnung der ältesten Textschicht a. a. O., 363–371.

[41] Vgl. dazu bereits WALTER DIETRICH, Die Josephserzählung als Novelle und Geschichtsschreibung. Zugleich ein Beitrag zur Pentateuchfrage, Neukirchen-Vluyn 1989, 64 f.74 f.

[42] Vgl. LANCKAU, Träume, 369.384.

die Erwählten,[43] bzw. umgekehrt: Die Huldigung, die ihnen erwiesen wird, ist zugleich eine Proskynese vor der Gottheit, bzw. biblisch vor Gott und seinen Heilstaten. Genau diese Logik wird in der Josefsgeschichte durchbrochen. Josef lernt Schritt für Schritt, seine eigenen Träume (Gen 37,7.9) als Beauftragung Gottes zum Nutzen der Gemeinschaft zu verstehen.[44] Dreimal wird markiert, dass die Gottheit (*Elohim*) Josef gesendet hat (שלח Gen 45,5.7 f.), um des Überlebens und der Versöhnung willen. Der Beauftragte, auch in höchstmöglicher Position, steht nicht an Gottes statt, er ist kein Monarch, und die Proskynese gebührt allein Gott (Gen 50,19 f.).

Anders als in den ägyptischen Texten wird in der Josefsgeschichte kein jenseitiges Gericht nach dem Tod als Movens für die Haltung der Lebenden in Anspruch genommen. Der Blick richtet sich wie bei vielen anderen (kanonischen) Texten der Tora auf das Leben selbst, die Familie bzw. Sippe als Gemeinschaft, und im weitesten Sinn auf die Gemeinschaft der Sippen der »Kinder Israel«, wobei die Josefsgeschichte diesen Gedanken nicht mit einer Theologie des Landes oder territorialem Besitztum verknüpft.

Respekt und Unterstützung für Beeinträchtigte und Wehrlose

Krankheiten, Schicksalsschläge und Beeinträchtigungen aller Art können in der antiken Welt unter der Voraussetzung einer geordneten Welt bzw. wirksamen Weltordnung als gerechte Strafe verstanden werden.[45] Wer Unrecht tut, der wird nicht nur nach dem Tod, sondern auch im Leben göttlich gestraft, ist auf der Rückseite der »Stele der Bestrafung des Neferabu« aus Deir el-Medina zu lesen:

> Anfang der *bau*-Machtverkündung des Ptah-südlich-seiner-Mauer, durch den Diener in der Stätte der Wahrheit in Theben-West, Neferabu, gerechtfertigt, er sagt: Ich bin der Mann, der lügnerisch geschworen hat bei Ptah, dem Herrn der Maat. Er hat veranlasst, dass ich die Finsternis am Tag sah. Ich werde seine *bau*-Macht verkünden demjenigen, der ihn nicht kennt, und demjenigen, der ihn kennt, den Kleinen und

---

[43] Vgl. Heinrich Greeven, Art. προσκυνέω, ThWNT VI, 761–767, hier 762. Zur Etymologie und Semantik der Form הִשְׁתַּחֲוָה Lanckau, Träume, 153–162.
[44] Vgl. Lanckau, Träume, 355–362.
[45] Zu den Deutungsmöglichkeiten der Krankheit aus biblischer Sicht überblickend Manfred Oeming, Art. Krankheit, in: Michael Fieger/Jutta Krispenz/Jörg Lanckau (Hg.), Wörterbuch alttestamentlicher Motive (WAM), Darmstadt 2013, 290–295; zu Ägypten Tanja Pommerening, Art. Krankheit und Heilung (Ägypten), in: Das Wissenschaftliche Bibellexikon im Internet, 2009 (https://bibelwissenschaft.de/stichwort/24048, Stand: 28.04.2024) mit weiterer Literatur.

Großen: hütet euch vor Ptah, dem Herrn der Maat! [...] Er veranlasste, dass ich wie die Hunde der Straße lebte, indem ich in seiner Hand war. Er bewirkte, dass Menschen und Götter auf mich schauen, als ein Mann, der Widerliches seinem Herrn angetan hat. Gerecht ist Ptah, der Herr der Maat, gegen mich hat er eine Lehre (erteilt).[46]

Bestimmte Aspekte der von den Toten auszusprechenden Bekenntnisse können aber auch als »diakonischer Blick« auf die Gesellschaft verstanden werden, wie der inhaltliche Zusammenhang genannter Stele mit der »Lehre des Amenemope«[47] zeigt (Kap. 24):

XXIV (9) Lache nicht über einen Blinden / verspotte nicht einen Zwerg; (10) hindere nicht das Fortkommen eines Lahmen. (11) Verspotte nicht einen Mann, der in der Hand des Gottes ist, (12) und wende dein Gesicht nicht gegen ihn, um ihn anzugreifen. (13) Der Mensch / das ist Lehm und Stroh; (14) der Gott ist sein Töpfer. (15) Er zerstört / er formt täglich, (16) er macht tausend Geringe nach seinem Belieben. (17) Er macht tausend Menschen zu Aufsehern, (18) wenn er in seiner Stunde des Lebens ist. (19) Wie freut er sich / wer den Westen erreicht hat, (20) wenn er bewahrt ist vor der Hand des Gottes.[48]

Wer »in der Hand des Gottes« ist, mag sich zwar persönlich schuldig gemacht haben, und dadurch gerechte Strafe empfangen, wie das Bekenntnis des Neferabu zeigt. Der Mensch ist aber auch zerbrechlich wie ein Tongefäß, so dass die aktive Behinderung eines bereits Beeinträchtigten als Vergehen gelten muss. Die Lehre des Amenemope hat nachgewiesen Teile des Sprüchebuches (22,17–23,11) in-

---

[46] BM EA 589 (verso) aus der 19. Dynastie, https://www.britishmuseum.org/collection/object/Y_EA589 (Stand: 30.04.2024), Übersetzung nach MARIA MICHELA LUISELLI, Die Suche nach Gottesnähe. Untersuchungen zur Persönlichen Frömmigkeit von der Ersten Zwischenzeit bis zum Ende des Neuen Reiches, Ägypten und Altes Testament 73, Wiesbaden 2011, 362; für den Auszug aus dem Text vgl. DIES., Frömmigkeit, 37; vgl. auch DANIEL M. POTTER, The punishment of Neferabu, 2012: https://danpotteregypt.wordpress.com/2012/02/24/bm-ea-589-the-punishment-of-neferabu/ (Stand: 30.04.2024).

[47] Hauptzeuge ist der Papyrus BM EA 10474 aus der 26. Dynastie, https://www.britishmuseum.org/collection/object/Y_EA10474-1 (Stand: 30.04.2024). Das ältere Ostrakon Kairo 1840 konnte nicht mehr gefunden werden; für dessen Datierung wurden die 20. oder 21. Dynastie vorgeschlagen, vgl. VINCENT PIERRE-MICHEL LAISNEY, Art. Amenemope, Lehre des, in: Das Wissenschaftliche Bibellexikon im Internet, 2009 (https://bibelwissenschaft.de/stichwort/66897, Stand: 15.04.2024), Kap. 7. Hinweise zu den Transkriptionen und Übersetzungen auf genannter Seite des British Museum sowie bei IRENE SHIRUN-GRUMACH, Die Lehre des Amenemope, in: OTTO KAISER (Hg.), Weisheitstexte, Mythen und Epen, Texte aus der Umwelt des Alten Testaments, Gütersloh 1990–1997, 222–250; sowie VINCENT PIERRE-MICHEL LAISNEY, L'Enseignement d'Amenemope, Rom 2007.

[48] Übersetzung: IRENE SHIRUN-GRUMACH, Lehre des Amenemope, 247.

spiriert,⁴⁹ aber vielleicht nicht nur dieses biblische Buch: In der Tora überwiegen neben einigen ausgrenzenden Bemerkungen – ebenfalls die Mahnungen, Beeinträchtigte nicht zu behindern.⁵⁰ Das Heiligkeitsgesetz stellt diese Appelle in den konkreten Kontext der Gemeinschaft der »Nächsten«, also der Gemeinschaft einer Sippe oder eines Dorfes (Lev 19,14):

⁽¹⁴⁾ א־תְקַלֵּל חֵרֵשׁ וְלִפְנֵי עִוֵּר לֹא תִתֵּן מִכְשֹׁל וְיָרֵאתָ מֵּאֱלֹהֶיךָ אֲנִי יְהוָה: Du sollst einen Tauben nicht verfluchen und einem Blinden kein Hindernis in den Weg stellen, vielmehr sollst Du Deinen Gott fürchten. Ich bin JHWH.

Zudem ist in der Tora – vergleichbar zur Lehre des Amenemope und dazu noch prominent am Anfang der Exoduserzählung positioniert – der Gedanke ausgedrückt, dass ein Mensch mit Beeinträchtigung (hier Mose mit möglicher Sprachbehinderung) ganz in der Hand Gottes ist (Ex 4,11):

וַיֹּאמֶר יְהוָה אֵלָיו מִי שָׂם פֶּה לָאָדָם אוֹ מִי־יָשׂוּם אִלֵּם אוֹ חֵרֵשׁ אוֹ פִקֵּחַ אוֹ עִוֵּר הֲלֹא אָנֹכִי יְהוָה:
⁽¹¹⁾ JHWH sprach zu ihm: »Wer hat den Menschen die Sprache gegeben? Wer macht sie stumm oder taub? Wer macht sie sehend oder blind? Habe ich es nicht getan, JHWH?«

Mose wird aber nicht nur zugesagt, dass sein Gott ihn begleitet, sondern ihm wird auch sein »Bruder«⁵¹ Aaron als konkrete Hilfe für diese Einschränkung an die Seite gestellt, dessen Beauftragung lautet (Ex 4,16):

ר־הוּא לְךָ אֶל־הָעָם וְהָיָה הוּא יִהְיֶה־לְּךָ לְפֶה וְאַתָּה תִּהְיֶה־לּוֹ לֵאלֹהִים: ⁽¹⁶⁾ Er soll für dich zum Volk reden; er soll dein Mund sein, und du sollst für ihn Gott sein.⁵²

---

⁴⁹ Zur Diskussion der Thesen zum literarischen Verhältnis beider Texte sowie der inhaltlichen Übereinstimmungen vgl. LAISNEY, Art. Amenemope, Kap. 8.1.
⁵⁰ Vgl. URTE BEJICK, Inklusion, in: BASAD 2021, 218–222; DIERK STARNIZKE, Menschen mit Behinderung, in: BASAD 2021, 127–131.
⁵¹ »Die Apposition ›Bruder‹ muss nicht – wie es der Stammbaum in Ex 6,20 will – eine leibliche Verwandtschaft einschließen, sondern kann im Sinne von Ex 2,11 auch den Volks- und Sippenangehörigen bezeichnen.« HELMUT UTZSCHNEIDER/WOLFGANG OSWALD, Exodus 1–15, Internationaler Exegetischer Kommentar zum Alten Testament, Stuttgart 2013, 134.
⁵² Der Gedanke »du sollst für ihn Gott sein« scheint der Septuaginta wohl pietätlos: [...] σὺ δὲ αὐτῷ ἔσῃ τὰ πρὸς τὸν θεόν.

Rechtsschutz für Witwen und Waisen

Für den Kulturkontakt in der antiken Levante und damit für den gedanklichen Austausch bedeutend sind auch die wiederholten Passagen in der Lehre des Amenemope zum Schutz des Grundbesitzes von Witwen und Waisen relevant, der deren Versorgungssicherheit dient:[53]

> VI 1.4 Bewege nicht eine Stele auf Feldergrenzen, [...] und verletze nicht die Grenzen einer Witwe.

Der Schutz der drei gefährdeten Gruppen der Witwen, der fremden Schutzbürger sowie der Waisenkinder könnte evtl. epigraphisch bereits im 10.–9. Jh. im judäischen Bergland belegt werden. Dies hängt allerdings stark vom Verständnis der nordwestsemitischen, »protokanaanitischen« Inschrift eines Ostrakons aus Khirbet Qeiyafa ab, welche sowohl bezüglich der Verwendung eines hebräischen Dialektes als auch betreffs der Zugehörigkeit zu einem Königreich »Juda« umstritten ist.[54] Ich gebe die Lesung von *Émile Puech*[55] in eigener Übersetzung wieder:

---

[53] Lehre des Amenemope VI, 1.4, wiederholt in VI, 17, zitiert nach LAISNEY, Art. Amenemope, Kap. 8.1, mit Vergleich zu Prov/Spr 22,28; 23,10.

[54] Israel Antiquity Authority 2010-149, in: Israel-Museum, Jerusalem; https://www.imj.org.il/en/collections/376828-0 (Stand: 03.05.2024). Erstedition bei HAGGAI MISGAV, YOSEF GARFINKEL, SAAR GANOR, Khirbet Qeiyafa, Vol. 1: Excavation Report 2007-2008, Jerusalem 2009, 243-257. Zum fragwürdigen Beitrag von GALIL GERSHON, The Hebrew Inscription from Khirbet Qeiyafa/Neṭaʿim: Script, Language, Literature, and History, in: Ugarit-Forschungen 41, 2009, 193-242, vgl. die Stellungnahme der Expedition, in: https://web.archive.org/web/20111002182840/http://qeiyafa.huji.ac.il/ostracon2.asp (Chronologie). Eine neuere Zeichnung und Lesung in dieser Richtung eines sozialen Statements findet sich bei ÉMILE PUECH, L'ostracon de Khirbet Qeyafa et les débuts de la royauté en Israël, in: Revue Biblique 117/2, 2010, 162-184. Dagegen hält allerdings AARON DEMSKY, An Iron Age IIA Alphabetic Writing Exercise from Khirbet Qeiyafa, Israel Exploration Journal 62, 186-199, die Inschrift eher für eine Schreibübung, während BRIAN DONNELLY-LEWIS, The Khirbet Qeiyafa Ostracon: A New Collation Based on Multispectral Images, with Translation and Commentary, BASOR 388, 181-210, eine komplett andere Deutung des Textes vorschlug.

[55] ÉMILE PUECH, L'ostracon de Khirbet Qeiyafa, 171; der Kommentar für Zeile 2: »Comprendre ›et la veuve pleurait‹ suite aux méfaits et injustices du juge, le waw coordonne les deux propositions.«

(1) Unterdrücke nicht, sondern diene G[t]. Es plünderte [ב]זה | : [א]ל א[ל] ועבד : אל תעשק
2)) der Richter, und die Witwe weinte. Er hatte Macht שלט (?) [נ]ובכ אלמ (?) שפט
(3) über den Schutzbürger u. das Kind; er unterdrückte sie. : יחד (?) קצמ . ובעלל בגר
4)) Die Männer und Offiziere setzten einen König ein. : א[ד]מ ושרמ יסד מלכ
(5) Er markierte <60> Diener unter den Gemeinden. מדרת : עבדמ <ששמ> חרמ

Ganz unabhängig von der intensiven Debatte um den Fundort, die Vorschläge zur Chronologie und die Konsequenzen für die Frage der politischen Ordnung am Beginn der Eisenzeit[56] scheint mir der Text auch dann relevant zu sein, wenn er nur überhaupt in der genannten Richtung gelesen und interpretiert werden darf. Vor dem Hintergrund der genannten ägyptischen Texte wie der Lehre des Amenemope ist nicht vorauszusetzen, dass der Schutz der Schutzlosen eine Alleinstellungsmerkmal judäischer oder auch nordisraelitischer Vorstellungen von der Gesellschaft gewesen sein muss.

In vielen Veröffentlichungen wurde untersucht, inwiefern die antiken Kulturen des Mittelmeerraums bis Mesopotamien gemeinsame, zumindest jedoch verwandte Vorstellungen von der optimalen Ordnung der Welt hatten. Die akkadischen Termini *kittum* »Recht« und *mīšarum* »Gerechtigkeit« umschreiben Ähnliches wie die griechischen Ausdrücke δίκη »Richtspruch« (personifiziert: Tochter des Zeus) und δικαιοσύνη »Gerechtigkeit« bzw. θέμις als zugrunde liegende bzw. vorangehende »Satzung«, »Sitte« oder »Konvention« (personifiziert: Mutter der Dike).[57] Die polare Spannung zwischen realem, verfassten oder gesprochenen Recht und idealen, gerechten Verhältnissen ist in allen Begriffspaaren ausgedrückt: »Die beiden Pole beeinflussen sich gegenseitig. Gegenüber dem Frevler versucht das Recht der Gerechtigkeit zum Sieg zu verhelfen, während umgekehrt der gefühlte Sinn für Gerechtigkeit mangelndes geltendes Recht permanent zu verbessern bzw. an veränderte gesellschaftliche Verhältnisse anzupassen versucht.«[58]

Die grundlegende Vorstellung, dass der israelitische bzw. judäische Gott die Missachtung ethischer Grundsätze ahndet, findet sich prominent in den Texten des antiken Judentums, namentlich in der prophetischen und deuteronomistischen Literatur. Dabei werden die Vorstellung der Kulteinheit und Kultreinheit

---

[56] Überblickend die systematische Bewertung der gesamten Diskussion um die Funde in Khirbet Qeiyafa und den Beginn der Eisenzeit II bei DIETER VIEWEGER, Eisenzeit, Geschichte der biblischen Welt 2, Gütersloh 2019, 139.

[57] Grundlegend BERND JANOWSKI, Art. Recht und Gerechtigkeit, in: JAN DIETRICH/ALEXANDRA GRUND-WITTENBERG/BERND JANOWSKI/UTE NEUMANN-GORSOLKE, Handbuch Alttestamentliche Anthropologie, Tübingen 2024, 336–341; THOMAS STAUBLI/SILVIA SCHROER, Menschenbilder der Bibel, Ostfildern 2014, 321–332.

[58] STAUBLI/SCHROER, Menschenbilder, 325.

JHWHs fest mit Appellativen zur Observanz der Rechtsbestimmungen für die Schutzlosen und Armen verknüpft (z. B. programmatisch Jes 1,16 f.):

רַחֲצוּ הִזַּכּוּ הָסִירוּ רֹעַ מַעַלְלֵיכֶם מִנֶּגֶד עֵינָי חִדְלוּ הָרֵעַ: לִמְדוּ הֵיטֵב דִּרְשׁוּ מִשְׁפָּט אַשְּׁרוּ חָמוֹץ שִׁפְטוּ יָתוֹם רִיבוּ אַלְמָנָה: ⁽¹⁶⁾ Wascht euch, reinigt euch, tut eure bösen Taten aus meinen Augen. Lasst ab vom Bösen, ⁽¹⁷⁾ lernt Gutes tun! Trachtet nach Recht, helft den Unterdrückten, schafft den Waisen Recht, führt der Witwen Sache!

Die Appellative begründen sich aus dem prekären Rechtsstatus der Witwen und Waisenkinder. Gott höre ihren Notschrei (Ex 22,22), verschaffe ihnen Recht (Dtn 10,17 f.) und gehe gegen ihre Widersacher vor (Ex 22,23).[59] Das göttliche Gericht bzw. die Konsequenz aus Unterlassungen oder rechtswidrigen Handlungen wird in den biblischen Texten in geschichtlichen Ereignissen, namentlich Kriegsfolgen erkannt, wobei durchweg davon ausgegangen wird, dass JHWH den Ausgang der Kriege jederzeit in der Hand hat. Die dahinterstehende Logik ist altorientalischer *common sense*, der in vielen Texten als fester Topos erscheint: Der Zorn oder das Wohlwollen eines Gottes wirkt sich direkt auf die nationale Sicherheit aus, und militärischer Erfolg wie Misserfolg werden damit erklärt, z. B. auf der moabitischen Mescha-Stele (um 835 v. Chr.) oder in Ri 11,23 f.:[60]

⁽⁴⁾ 'mr | ⁽⁵⁾ j . mlk . jśr'l . wj'nw . 't . m'b . jmn . rbn . kj . j'np . kmš . b'r | ⁽⁶⁾ ṣh
Omri war König von Israel. Er unterdrückte Moab lange Zeit; denn Kamosch zürnte seinem Lande.[61]

---

[59] Vgl. SABINE BIEBERSTEIN, Witwen und Waisen, in: JÖRG LANCKAU u.a. (Hg.), BASAD, Tübingen 2021, 183.

[60] Eine Übersicht zu diesem Topos bei KLAUS KOENEN, Zorn Gottes im Alten Orient, in: STEFAN WÄLCHLI, Art. Zorn Gottes (AT), in: Das Wissenschaftliche Bibellexikon im Internet, 2014 (https://bibelwissenschaft.de/stichwort/33502, Stand: 15.04.2024), Kap. 3.1 mit weiterer Literatur: ULRICH BERGES, Der Zorn Gottes in der Prophetie und Poesie Israels auf dem Hintergrund altorientalischer Vorstellungen, Biblica 85 (2004), 305–330; JÖRG JEREMIAS, Der Zorn Gottes im Alten Testament. Das biblische Israel zwischen Verwerfung und Erwählung, Biblisch-theologische Studien 104, Neukirchen-Vluyn 2009.

[61] Mescha-Stele, korrekter: »Stele *Mōši'*s von Moab aus Dibon«, Zeile 5. Der Name des israelitischen Königs »Omri« erscheint bereits am Ende der Zeile 4, der Passus »zürnte seinem Lande« reicht bis Zeile 6. Erstausgabe: CHARLES CLERMONT-GANNEAU: La Stèle de Dhiban ou stèle de Mesa roi de Moab, Paris 1870. Text: HERBERT DONNER, WOLFGANG RÖLLIG, Kanaanäische und aramäische Inschriften (KAI) II, Wiesbaden 1971, 168–179. Übersetzung und Kommentar: MANFRED WEIPPERT, Historisches Textbuch zum Alten Testament, Göttingen 2010, 244–248 (Nr. 105). Übersetzung auch bei HANS-PETER MÜLLER, »Moabitische historische Inschriften«, in: OTTO KAISER (Hg.), Rechts- und Wirtschaftsurkunden. Historisch-chronologische Texte, Texte aus der Umwelt des Alten

וְעַתָּה יְהוָה אֱלֹהֵי יִשְׂרָאֵל הוֹרִישׁ אֶת־הָאֱמֹרִי מִפְּנֵי עַמּוֹ יִשְׂרָאֵל וְאַתָּה תִּירָשֶׁנּוּ: הֲלֹא אֵת אֲשֶׁר יוֹרִישְׁךָ
כְּמוֹשׁ אֱלֹהֶיךָ אוֹתוֹ תִירָשׁ וְאֵת כָּל־אֲשֶׁר הוֹרִישׁ יְהוָה אֱלֹהֵינוּ מִפָּנֵינוּ אוֹתוֹ נִירָשׁ: ⁽²³⁾ So hat nun JHWH, der Gott Israels, die Amoriter vertrieben vor seinem Volk Israel, und du willst ihr Land einnehmen? ⁽²⁴⁾ Du solltest das Land derer einnehmen, die dein Gott Kemosch vertreibt, uns dagegen das Land derer einnehmen lassen, die JHWH, unser Gott, vor uns vertrieben hat (Ri 11,23 f.).

Die prophetischen und deuteronomistisch geprägten Texte der Bibel verknüpfen die altorientalischen und altägyptischen Grundannahmen und spitzen sie polemisch zu: Gott strafe kollektiv bei Vergehen gegen die Schutzlosen und Schwächsten der Gesellschaft. Die Strafe besteht im militärischen Misserfolg bis hin zum Verlust des Landes. Umgekehrt wird der Verlust des Landes in dieser Weise transparent gemacht, und einer wirkmächtigen Geschichtstheologie Vorschub geleistet. Was dem einzelnen Menschen konkret begegnet, ist dann als direktes Einwirken Gottes zu verstehen (Klgl 5,7). Gegen diese Perspektive wenden sich wiederum prophetische Texte wie Jer 31,30 oder Ez 18,5, die das Ideal vertreten, dass jeder Mensch allein die Konsequenz seines eigenen Verhaltens zu tragen habe.

Einschränkungen der Schuldsklaverei

Neben Kriegsereignissen und Raubzügen gilt die Verschuldung als wesentliche Ursache für den sozialen Abstieg in die Sklaverei.[62] Zudem ist der Status erblich. Dieser Situation aktiv entgegenzusteuern, verbietet die Tora erstens den Zins (נֶשֶׁךְ) auf Kredite sowie den Preisaufschlag auf Waren (Lev 25,35–38; Dtn 23,20),[63] und zweitens im Fall des Schuldverkaufs den Status der Sklaverei selbst, und gebietet drittens die zeitliche Begrenzung jeder geschuldeten

---

Testaments 6, Gütersloh 1985, 647. Vgl. 2Kön 3 zu Moab als Vasall der Omriden. Zur Stele überblickend Thomas Wagner, Art. Mescha/Mescha-Stele, in: Das Wissenschaftliche Bibellexikon im Internet, 2006 (https://bibelwissenschaft.de/stichwort/27025, Stand: 15.04.2024) mit weiterer Literatur. Hier auch die Lesung *Kemosch* statt *Kamosch* (so Müller nach KAI II, 168 f.).

[62] Michael Rydryck, Arbeit und Sklaverei, in: Jörg Lanckau u. a. (Hg.), BASAD, Tübingen 2021, 151. Übersicht über die biblischen Aussagen bei Rainer Kessler, Art. Sklaverei (AT), in: Das Wissenschaftliche Bibellexikon im Internet, 2019 (https://bibelwissenschaft.de/stichwort/28970, Stand: 15.04.2024) mit weiterer Literatur; Hanna Rose, Art. Sklaverei (NT), in: Das Wissenschaftliche Bibellexikon im Internet, 2010 (https://bibelwissenschaft.de/stichwort/53975, Stand: 15.04.2024) mit weiterer Literatur.

[63] Zur Wirtschafts- und Geldpolitik verweise ich auf meine nachfolgende Veröffentlichung nach der zweiten Tagung.

Arbeitsleistung bis zum Erlassjahr. Das darf als Aufforderung zu aktiver Hilfe verstanden werden. Jeder »Bruder« ist damit als Helfer in konkreter wirtschaftlicher Not angesprochen. Diese Konzeption beschränkt sich aber explizit auf Israeliten, und weder auf die anderen Völker noch auf die »Beisassen« (*gerîm*) im Land (Lev 25,44–46).[64] Viertens soll die Verwandtschaft einen Israeliten aktiv auslösen, der in Abhängigkeit von »Beisassen« geraten ist (Lev 25,47–52), und fünftens muss ein in Not geratener Israelit vor Gewalt von Nichtisraeliten geschützt werden (Lev 25,46.53). Man dürfte aus heutiger Sicht bemängeln, dass die Regelung nicht für alle Menschen im Land gilt. Es ist aber darauf hinzuweisen, dass die Erlaubnis erblicher Sklaverei der üblichen Verfahrensweise in der Antike entspricht.

Es existieren allerdings einige Belege für testamentarische Sklavenfreilassungen und Versorgungsverpflichtungen, z. B. auf einem aramäischen Papyrus aus Elephantine. Der Text beurkundet den Beschluss des jüdischen Besitzers, dass seine Sklavin und die gemeinsame Tochter nach seinem Tod frei sein werden. Im Gegenzug verpflichten sich die Sklavin und ihre Tochter, für ihren Herrn und für seinen Sohn wie ein Kind für seine Eltern zu sorgen:[65]

> [Urkunde] eines Rechtsverzichts, die MŠLM, der Sohn des ZKWR, für TPMT und YHYŠM geschrieben hat. (1-3) Am 20. Siwan, das ist der 7. Tag des PMNḤTP, Jahr 38 des Königs Artaxerxes, da hat MŠLM, der Sohn des ZKWR, ein Jude der Festung Jeb, zugehörig zur Abteilung des ʾDNNBW, zu der Dame namens TPMT, seiner Sklavin, die eine (Sklaven-)Marke auf ihrer Hand hat, an der Rechten, entsprechend »Dem MŠLM (gehörend)«, 56) folgendes gesagt: (3-5) Ich habe mich zu meinen Lebzeiten (zu folgendem) für dich entschlossen: Ich werde dich bei meinem Tod als frei entlassen haben. Und ich werde entlassen haben deine Tochter namens YHYŠMʿ, die du mir geboren hast. (5-7) Weder ein Sohn von mir noch eine Tochter, ein Bruder von mir noch eine Schwester, nah oder fern, noch ein Teilhaber an beweglichem oder unbeweglichem Gut hat Vollmacht über dich und über deine Tochter YHYŠMʿ, die du mir geboren hast. Er hat weder Vollmacht über dich, dich mit einer (Sklaven-)Markierung zu versehen, noch dich für eine Geldzahlung zu verwenden. (7-8) Wer sich gegen dich und deine Tochter YHYŠMʿ, die du mir geboren hast, erhebt, muß dir als Strafe 50 Karsch Silber nach den Gewichtssteinen des Königs geben. (8-10) Du aber bist »vom Schatten zur Sonne« entlassen mit deiner Tochter YHYŠMʿ. Und kein anderer Mann hat Vollmacht über dich und über deine Tochter YHYŠMʿ. Und du wirst zu Gott entlas-

---

[64] Zur Begrifflichkeit DIETHER KELLERMANN, Art. גור, ThWAT I, Stuttgart u. a. 1970, 979–991. Zu *ger/nåkrî* auch MARKUS ZEHNDER, Asyl, Ausländer und Fremde, in: JÖRG LANCKAU u. a. (Hg.), BASAD, Tübingen 2021, 158–162; DERS., Umgang mit Fremden in Israel und Assyrien, Stuttgart 2005.

[65] INGO KOTTSIEPER/ANDREA JÖRDENS, Hebräische, aramäische und phönizische Texte, in: BERND JANOWSKI/GERNOT WILHELM (Hg.), Texte zum Rechts- und Wirtschaftsleben, Texte aus der Umwelt des Alten Testaments, Neue Folge, Band 1, Gütersloh 2004, 263.

sen. – ⁽¹¹⁻¹²⁾ Und TPMT und ihre Tochter YHYŠMʿ haben gesagt: Wir werden dir zu deinen Lebzeiten und bis zu deinem Tod dienen, wie ein Sohn oder eine Tochter für ihren Vater sorgt. ⁽¹²⁻¹³⁾ Wir werden für ZKWR, deinen Sohn, sorgen wie ein Sohn, der für seinen Vater sorgt, wie wir dir dienten zu deinen Lebzeiten. ⁽¹³⁻¹⁵⁾ Wir – wenn wir uns erhoben haben sollten, um zu sagen: »Wir versorgen dich nicht, wie ein Sohn für seinen Vater sorgt!« – auch (wenn wir es) zu deinem Sohn ZKWR nach deinem Tod (sagen) – dann schulden wir dir und deinem Sohn ZKWR als Strafe 50 Karsch Silber nach den Gewichtssteinen des Königs, geläutertes Silber. Und es gibt weder Prozess noch Klage. ⁽¹⁵⁻¹⁶⁾ ḤGY hat diese Urkunde in Jeb nach der Aussage des MŠLM, des Sohnes des ZKWR, geschrieben. Und die Zeugen in ihr sind: [...]

Die Sklaverei konnte also in Fällen eines persönlichen Verhältnisses beschränkt werden: Sklaven und Sklavinnen wurden oft nach einer bestimmten Dienstzeit freigelassen, und bestimmte Sklaven konnten eine höhere Funktion und Stellung im Haus einnehmen. Da die Sklavin in diesem Dokument kein Rechtssubjekt ist, wird der zweite Teil des Vertrages angefügt. Dennoch zeigt sich in dieser Zusammenstellung einer beidseitigen Verpflichtung eine wechselseitige Vereinbarung.

Speziell die Schuldsklaverei wurde schon im Codex Hammurabi (18. Jh. v. Chr.) in einigen Fällen gesetzlich auf drei Jahre beschränkt (§ 117). Die Familienmitglieder mussten wohl zuerst vor dem Schuldner selbst für eine offene Forderung aus einem Kredit einstehen.

> šumma awīlam eʾiltum iṣbassuma aššassu mārašu u mārassu ana kaspim iddin u lu ana kiššātim ittandin, šalaš šanātim bīt šāyyimānišunu u kāšišišunu ippešū ina rebûtim šattim andurāršunu iššakkan.[66]

> Wenn einen Bürger eine Schuldverpflichtung erfasst und er seine Frau, seinen Sohn oder seine Tochter für Geld hingibt, oder jeweils in ein Gewaltverhältnis gibt, so sollen diese drei Jahre das Haus ihres Käufers oder desjenigen, der sie in ein Gewaltverhältnis genommen hat, besorgen, und im vierten Jahre sollen sie freigelassen werden.[67]

Der hebräische Text von Ex 21,2–4 spricht von der Schuldsklaverei eines Israeliten und ggf. dessen Frau, welche auf sechs Jahre beschränkt wird:

---

[66] Transkription: M. E. J. (MERVYN EDWIN JOHN) RICHARDSON, Hammurabi's laws: text, translation, and glossary, London/New York 2004, 78.

[67] Übersetzung: RYKLE BORGER, Akkadische Rechtsbücher, in: OTTO KAISER (Hg.), Rechts- und Wirtschaftsurkunden. Historisch-chronologische Texte, Texte aus der Umwelt des Alten Testaments I, Gütersloh 1982, 56–57.

כִּי תִקְנֶה עֶבֶד עִבְרִי שֵׁשׁ שָׁנִים יַעֲבֹד וּבַשְּׁבִעִת יֵצֵא לַחָפְשִׁי חִנָּם: אִם־בְּגַפּוֹ יָבֹא בְּגַפּוֹ יֵצֵא אִם־בַּעַל אִשָּׁה הוּא וְיָצְאָה אִשְׁתּוֹ עִמּוֹ: אִם־אֲדֹנָיו יִתֶּן־לוֹ אִשָּׁה וְיָלְדָה־לוֹ בָנִים אוֹ בָנוֹת הָאִשָּׁה וִילָדֶיהָ תִּהְיֶה לַאדֹנֶיהָ וְהוּא יֵצֵא בְגַפּוֹ: [2] Wenn du einen hebräischen Sklaven erwirbst, soll er sechs Jahre dienen, im siebten aber soll er umsonst als Freigelassener ausziehen. [3] Falls er allein kommt, soll er (auch) allein ausziehen. Falls er Besitzer einer Frau ist, soll seine Frau mit ihm ausziehen. [4] Falls ihm sein Dienstherr eine Frau gibt und sie ihm Söhne oder Töchter gebiert, sollen die Frau und ihre Kinder ihrem Dienstherrn gehören, aber er (der Sklave) soll allein ausziehen.[68]

Ex 21,2–4 schützt die Abhängigen in mehrfacher Weise: die Freilassung nach sechs Jahren schützt vor willkürlicher Festsetzung, und sogar »die Nichtanwendung der Freilassungsregel auf eine als Ehefrau geltende Sklavin schützt diese vor dem niederen Status als entlassene Ehefrau«.[69] Volker Wagner hat allerdings darauf hingewiesen, dass das »Verhältnis von zwei zu eins zwischen dem babylonischen und dem palästinischen Ernteertrag und seine Übereinstimmung mit der unterschiedlichen Befristung der Sklavenschaft« recht auffällig ist.[70] Die ökonomische Frage nach der Rentabilität des Sklaven und der Sklavin steht also in beiden Texten wohl im Vordergrund, und man wird bei heutigen Überlegungen zu Ansätzen helfenden Handelns oder einer ethischen Positionierung zur Sklaverei wohl Vorsicht walten lassen müssen. Beide Texte (CH § 117 und Ex 21,2 ff.) gehen davon aus, dass nur die Sklaverei ursprünglich freier Bürger (*awīlum* »Mensch/Bürger«[71] bzw. עֶבֶד עִבְרִי »hebräischer Sklave/Knecht/Diener«[72]) zu begrenzen ist. Dass es keine hebräischen Sklaven gibt oder geben darf, scheint von daher ein von der Exodustradition her bestimmtes Postulat, aber wohl doch praktisch unrealistisches Ideal zu sein. *Benno Jacob* vertrat dagegen engagiert die Ansicht, dass es gar kein besonderes Wort für »Sklave« im Hebräischen gäbe,[73] und mit dem *'æbæd* (עֶבֶד) allenfalls ein »Arbeiter, Knecht, Diener, Untergebener,

---

[68] Übersetzung: HELMUT UTZSCHNEIDER/WOLFGANG OSWALD, Exodus 16–40, Internationaler Exegetischer Kommentar zum Alten Testament, Stuttgart 2023, 146. Utzschneider und Oswald verorten den Text als zu einer »monarchiezeitlichen Rechtssatzsammlung« gehörig, vgl. a.a.O., 148.

[69] UTZSCHNEIDER/OSWALD, Exodus 16–40, 148.

[70] VOLKER WAGNER, Zur Befristung der Sklavenschaft nach Ex 21,2, in: Biblische Notizen 121 (2004), 53–60, hier 58.

[71] WOLFRAM VON SODEN, Akkadisches Handwörterbuch, Band 1 (A–L), Wiesbaden 1965, 90f.

[72] UDO RÜTERSWÖRDEN, HELMER RINGGREN, HORACIO SIMIAN-YOFRE, Art. עָבַד, עֶבֶד, עֲבֹדָה, ThWAT V, 982.

[73] Zur Terminologie und generell zum sozialen Hintergrund WOLFGANG OSWALD, Sklaven und Freie, in: JAN DIETRICH/ALEXANDRA GRUND-WITTENBERG/BERND JANOWSKI/UTE NEUMANN-GORSOLKE, Handbuch Alttestamentliche Anthropologie, Tübingen 2024, 350–353.

Angestellter, Beamter« gemeint sei.[74] Angesichts der außerbiblischen Belege bleibt es wohl nicht nur eine Definitionsfrage, ob Schuldsklaverei »echte« Sklaverei ist oder nicht.

Da sich Schuldsklaverei aber als Form der Vollstreckung auf das nähere Umfeld eines Menschen beziehen konnte und dadurch nicht geringen sozialen Sprengstoff besaß, zudem aber auch genug Kriegsgefangene verfügbar waren, wurde die Schuldsklaverei in Rom bereits 326 v. Chr. durch das Gesetz »Lex Poetelia Papiria de nexis« komplett abgeschafft. Die Situation wird nach der Einleitung anhand des Beispiels der unverhältnismäßigen Leiden eines Sohnes des Verschuldeten unter dem Gläubiger illustriert.[75]

> Eo anno plebi Romanae uelut aliud initium libertatis factum est quod necti desierunt; mutatum autem ius ob unius feneratoris simul libidinem, simul crudelitatem insignem [...]
>
> In diesem Jahr begann das römische Volk sozusagen eine neue Freiheit: Die Knechtschaft der Schuldner wurde abgeschafft; das Recht änderte sich dank der Wollust und der unvergleichlichen Grausamkeit eines Wucherers [...]

Verschuldung ist sowohl ein Zeichen als auch eine Konsequenz von Armut, wobei Armut ein relativer Begriff ist: Es gibt Menschen, die am Existenzminimum leben, und Bettelarme.[76] Die Hoffnung darauf, dass es im Idealfall keine Armen mehr geben könnte (Dtn 15,4), wird recht schnell von der Realität eingeholt (Dtn 15,11), umgekehrt könnte aber auch argumentiert werden, dass das Ideal der Freiheit von Armut die konkreten Anordnungen angesichts der Realität bestimmt. Wer also Wohlstand erlangt, steht in der Verpflichtung des Helfens. Die Sozialgesetze der Tora dienen der Prävention und sollen zudem die Folgen der Armut mildern.[77] Dazu gehören das o.g. Zinsverbot (Ex 22,24; Lev 25,33–38; Dtn 23,20) und die genannten Beschränkungen bei der Pfandnahme (Ex 22,25f.; Dtn 24,6.12f.17). Arme haben zudem das Recht der Nachlese von Feldern, auch in Weinbergen und Olivenhainen (Lev 19,9f.; 23,22; Dtn 24,19–22). Aller sieben Jahre dürfen sie ernten, was von selbst gewachsen ist (Ex 23,10f.; Lev 25,2–7),[78] und es soll ein allgemeiner Schuldenerlass (שְׁמִטָּה) stattfinden (Dtn 15,1–11). Der letztgenannte Text Dtn 15,12–15 nimmt Ex 21,2–4 wieder auf:

---

[74] BENNO JACOB, Das Buch Exodus, Stuttgart 1997 (als Manuskript 1935–1940, bis 1943 revidiert), 624f.; zum Lexem »Knecht« auch DERS., Genesis, 271.

[75] TITUS LIVIUS, Ab urbe condita VIII, 28 (hier nur der Anfang. Der Text erzählt die Geschichte des Sohnes des Verschuldeten.).

[76] Vgl. SABINE BIEBERSTEIN, Armut und Reichtum, in: JÖRG LANCKAU u.a. (Hg.), BASAD, Tübingen 2021, 154f.

[77] BIEBERSTEIN, Armut und Reichtum, 156.

[78] Ebd.

כִּי־יִמָּכֵר לְךָ אָחִיךָ הָעִבְרִי אוֹ הָעִבְרִיָּה וַעֲבָדְךָ שֵׁשׁ שָׁנִים וּבַשָּׁנָה הַשְּׁבִיעִת תְּשַׁלְּחֶנּוּ חָפְשִׁי מֵעִמָּךְ:
וְכִי־תְשַׁלְּחֶנּוּ חָפְשִׁי מֵעִמָּךְ לֹא תְשַׁלְּחֶנּוּ רֵיקָם: הַעֲנֵיק תַּעֲנִיק לוֹ מִצֹּאנְךָ וּמִגָּרְנְךָ וּמִיִּקְבֶךָ אֲשֶׁר בֵּרַכְךָ
יְהוָה אֱלֹהֶיךָ תִּתֶּן־לוֹ: וְזָכַרְתָּ כִּי עֶבֶד הָיִיתָ בְּאֶרֶץ מִצְרַיִם וַיִּפְדְּךָ יְהוָה אֱלֹהֶיךָ עַל־כֵּן אָנֹכִי מְצַוְּךָ
אֶת־הַדָּבָר הַזֶּה הַיּוֹם:

(12) Wenn sich dein Bruder, der Hebräer oder die Hebräerin, dir verkauft und dir sechs Jahre dient, dann sollst du ihn als Freien im siebten Jahr von dir entlassen. (13) Wenn du ihn als Freien von dir entlässt, sollst du ihn nicht mit leeren Händen entlassen. (14) Vielmehr sollst du ihm von deinem Kleinvieh, von deiner Tenne und deiner Kelter aufladen. Von allem, womit JHWH, dein Gott, dich gesegnet hat, sollst du ihm mitgeben. (15) Denke daran, dass du Sklave (עֶבֶד) warst, im Lande Ägypten, und JHWH, dein Gott, dich befreit hat. Deshalb verpflichte ich dich heute auf diese Regelung.[79]

Hier wird vom »hebräischen Bruder« gesprochen, Hebräerinnen explizit eingeschlossen. Die Begrenzung auf sechs Jahre besteht, aber die »deuteronomische Bruderethik« geht hier deutlich weiter im Hinblick auf die Fürsorge für den Nächsten, der nicht erneut in die Verschuldung geraten soll: »Ausdrücklich wird in Dtn 15,3 der Schuldenerlass als ›Erlass für JHWH *šemiṭṭāh leJHWH*‹ bezeichnet. Die Ausrufung des Erlasses bildet das Zentrum einer palindromischen Strukturierung des Textes in Dtn 15,2–3 [...]«[80]

Sozialpolitik ist, wie bereits im ersten Kapitel dieses Beitrags gezeigt wurde, in altorientalischen Gesellschaften »Teil staatlichen Handelns und der Programmatik der Herrschaftslegitimation«.[81] Dazu gehört z. B., die Inflation zu bremsen und Schulden zu erlassen, wie u. a. der Thronbesteigungshymnus des neuassyrischen Königs Assurbanipal aus dem 7. Jahrhundert deutlich macht. Diese Sozialprogramme können als Kontext der deuteronomischen Bruderethik gelten, ebenso wie die assyrischen Vasallenverträge den Kontext der Bundesvorstellungen bilden.[82]

---

[79] Übersetzung: ECKART OTTO, Deuteronomium 12–34, Erster Teilband: 12,1–23,15, hg. von ULRICH BERGES, CHRISTOPH DOHMEN und LUDGER SCHWIENHORST-SCHÖNBERGER, übers. von ECKART OTTO, Herders Theologischer Kommentar zum Alten Testament, Freiburg u. a. 2016, 1328.

[80] Ausführlich dazu OTTO, Deuteronomium, 1340.

[81] OTTO, Deuteronomium, 1341.

[82] Dazu die vielfältigen Veröffentlichungen von ECKART OTTO, z. B. DERS., Treueid und Gesetz. Die Ursprünge des Deuteronomiums im Horizont des neuassyrischen Vertragsrechts, in: Zeitschrift für Altorientalische und Biblische Rechtsgeschichte (ZAR) 2 (1996), 1–52; DERS., Programme der sozialen Gerechtigkeit. Die neuassyrische (an-)durāru-Institution sozialen Ausgleichs und das deuteronomische Erlaßjahr in Dtn 15, in: ZAR 3, 1997, 26–63.

Göttliche Hilfe für die menschliche Existenz

Die sozialen Implikationen der altorientalischen Königsideologie, die Verantwortungsethik der ägyptischen Beamten angesichts des Totengerichts, diverse altorientalische und biblische Gebote des Respekts und der konkreten Hilfe für Beeinträchtigte und Wehrlose, der konkrete Rechtsschutz für Witwen und Waisen sowie die Verbote von Zins und die Einschränkungen der Schuldsklaverei dürfen als antike Konzeptionen barmherzigen, helfenden Handelns gelesen werden. »Helfen« und »Hilfe« sind anthropologische Schlüsselbegriffe, die zu allen Zeiten das menschliche Zusammenleben bestimmt und religiöse Prägungen erfahren haben.[83] Sie begründen sowohl private als auch die öffentlichen Vorstellungen von »Gerechtigkeit« und »Ordnung«. Dabei sind das »Helfen« bzw. die »Hilfe« keineswegs als untergeordnete Tätigkeiten gekennzeichnet. Dies zeigt sich schon daran, dass in vielen antiken Texten die Gottheit als »Helfer« angerufen oder es erzählt wird, dass (ein) Gott hilft.[84]

Die Erzähltexte der Tora, prophetische Worte sowie Psalmen stellen JHWH konsequent und durchgehend als helfende (עזר), aus der Not herausreißende und damit beschützende (נצל) sowie errettende[85] (ישע Hi.) Gottheit dar, wobei dieser zur Hilfe immer bestimmte Menschen sendet, die unter seiner Autorität stehen:

נַפְשֵׁנוּ חִכְּתָה לַיהוָה עֶזְרֵנוּ וּמָגִנֵּנוּ הוּא׃ Unsere Seele wartet auf JHWH; Hilfe und Schild ist er uns. (Ps 33,20)

הַצִּילֵנִי מִטִּיט וְאַל־אֶטְבָּעָה אִנָּצְלָה מִשֹּׂנְאַי וּמִמַּעֲמַקֵּי־מָיִם׃ Reiße[86] mich aus dem Schlamm, dass ich nicht versinke, dass ich beschützt werde vor denen, die mich hassen, und aus den tiefen Wassern ... (Ps 69,15)

וְיִשְׁלַח לָהֶם מוֹשִׁיעַ וָרָב וְהִצִּילָם׃ [...] er wird ihnen einen Retter senden; der wird ihren Rechtsstreit führen und sie beschützen. (Jes 19,20)

Die in der Tora zuerst erwähnte »Hilfe« (עֵזֶר) für den Menschen (הָאָדָם, determiniert) ist die »Frau« (אִשָּׁה). Der vielfach zitierte, ausgelegte und wirkungsgeschichtlich bedeutsame Text steht prototypisch für alle Konzeptionen der »Hilfe« in der Tora bzw. der christlichen Bibel. Auslegungsgeschichtlich wurde er aber zumeist auf das biologische Geschlecht der Menschen und die Beziehung zwischen ihnen bezogen.

---

[83] THEODOR STROHM, Art. Helfen/Hilfe, in: Religion in Geschichte und Gegenwart, 4. Aufl., Tübingen, 2000, 1606.
[84] Vgl. KELLERMANN, Art. גור, 991.
[85] Vgl. MANFRED GÖRG, Art. Gott als Retter, in: MICHAEL FIEGER u. a. (Hg.), WAM, 211–213.
[86] נצל »herausziehen, herausreißen«, hier im Hif'il »entreißen, wegnehmen, entziehen«, vgl. WILHELM GESENIUS u. a., Hebräisches und Aramäisches Handwörterbuch über das Alte Testament, Leipzig 1915, 518.

Folgt man zunächst dieser Tradition, fällt auf, dass die Paradieserzählung das Ideal eines gleichberechtigten Gegenübers zeichnet, ein »tiefer und zarter Ausdruck des Nachdenkens über das Verhältnis von Mann und Weib« (*Benno Jacob*).[87] Mit diesem Konzept der Hilfe[88] »verband sich [...] nicht die Idee einer demütigen Dienstleistung«.[89] Die »Lebensspenderin« (חַוָּה als אֵם כָּל־חָי Gen 3,20) ist ein ebenbürtiges Gegenüber, während die Herrschaft des Mannes über die Frau als »negative Folge der Korruption der ursprünglichen Schöpfungsordnung«[90] verstanden wird (Gen 3,16). Angesichts der selbstverständlichen patriarchalen Ordnung in antiken Gesellschaften liest sich die ideale Konzeption der Paradieserzählung als Kritik und Gegenentwurf zur Wirklichkeit.[91] Die Paradieserzählung macht deutlich, dass der Soll-Zustand des Menschen und der Ist-Zustand nicht übereinstimmen. Sie will klären, inwiefern der Mensch einerseits eine unverlierbare Würde und das Potential gewaltiger zivilisatorischer Leistungen besitzt, andererseits aber in seinen Handlungsmöglichkeiten begrenzt und der Zeit unterworfen ist. »Vor« und »nach« dem Paradies bzw. »im« und »außerhalb« des Paradieses sind temporale und lokale Bestimmungen der mythischen Darstellung, die diesen grundsätzlichen Gegensatz als immerwährend und überall erfahrbar markieren.

Zwei Beobachtungen zu den im Text gebrauchten Lexemen und ihrer Semantik legen nahe, noch einige Schritte über den ersten Bezug zur Geschlechtlichkeit hinauszugehen:

1. Die Terminologie des »Bauens« i. S. eines »Konstruierens« (בנה) der Frau (אִשָּׁה) aus der »Seite« oder »Strebe« (צֵלָע)[92] führt vom Gedanken des rein geschlechtlichen Gegenübers weg und spielt auf die Architektur des Jerusalemer Tempels an (1Kön 6,15 f.). Die Frau als »Lebensspenderin« wird als ursprünglich lebendiges Wesen und zugleich lebensspendendes Heiligtum verstanden und

---

[87] Benno Jacob, Das Buch Genesis, Berlin 1934, Nachdruck Stuttgart 2000, 98. Das menschliche Wesen bezeichnet sich als אִישׁ im Auge des Gegenübers אִשָּׁה. Luthers Übersetzung von אִישׁ mit »Mann« und אִשָּׁה »Männin« (so auch Benno Jacob) suchte dem gerecht zu werden.

[88] Zur hebr. Terminologie Hans M. Barstad, Art. רָצָה, ThWAT VI, 641.

[89] Staubli/Schroer, Menschenbilder, 63.

[90] Staubli/Schroer, Menschenbilder, ebd.

[91] »Der Strafspruch über die Frau beschreibt die real existierende, vom Menschen gemachte Gesellschaftsordnung im Alten Orient [...]«: Irmtraut Fischer, Art. Mann und Frau, in: Jan Dietrich/Alexandra Grund-Wittenberg/Bernd Janowski/Ute Neumann-Gorsolke, Handbuch Alttestamentliche Anthropologie, Tübingen 2024, 76–80, hier 77.

[92] Septuaginta: πλευρά, ebenfalls mit »Seite« zu übersetzen, siehe Joh 19,34; 20,20.25.27; Apg 12,7. Zur Penisknochen-Ätiologie sowie der Herkunft aus der Bausprache und dem handwerklichen Hintergrund der Herstellung von Figurinen Staubli/Schroer, Menschenbilder, 63 f.

daher auch mit dem Bau von Städten assoziiert.⁹³ Das Konzept der Paradieserzählung dürfte dann nicht ausschließlich eine partnerschaftliche Unterstützung eines Mannes durch eine Frau oder irgendein anderes Partnerschaftsverhältnis zweier Menschen anvisieren. Die in der Moderne verstärkte Fokussierung auf selbstgewählte Partnerschaft und Kleinfamilie stimmt ohnehin nicht mit der antiken Realität überein. Selbst wenn dieser Fakt für vormoderne Auslegungen von Gen 2-3 außer Acht gelassen werden kann, weist doch der Aussagezusammenhang auf einen weiteren Horizont des Verstehens.

2. Gen 2,18 formuliert, dass es »nicht gut« sei (טוֹב »gut« ist Leitwort von Gen 1), dass der Mensch »allein« (לְבַדּוֹ wörtlich: »für seinen Teil«) ist. Der Mensch ist ein »soziales Lebewesen« (πολιτικὸν ζῷον, Aristoteles, Politik 1,1253a)⁹⁴, d. h., nur im Angesicht des sozialen Gegenübers findet ein Mensch sich selbst, wie Martin Buber unübertroffen formulierte:

»Das Du begegnet mir von Gnaden – durch Suchen wird es nicht gefunden. Aber daß ich zu ihm das Grundwort spreche, ist Tat meines Wesens, meine Wesenstat. [...] Das Grundwort Ich-Du kann nur mit dem ganzen Wesen gesprochen werden. Die Einsammlung und Verschmelzung zum ganzen Wesen kann nie durch mich, kann nie ohne mich geschehen. Ich werde am Du; Ich werdend spreche ich Du. Alles wirkliche Leben ist Begegnung.«⁹⁵

Menschen können selbstverständlich auch mit höherentwickelten Tieren interagieren; bestimmte Tiere können Menschen auch am Leben erhalten, aktiv beschützen, treu begleiten und trösten, aber sie werden kein vollkommen gleichwertiges Gegenüber sein (vgl. Gen 2,20). Eine völlige Isolation von Menschen führt hingegen zu massiven Entwicklungsstörungen bis hin zum Tod, dies zeigten bereits alle sog. »Kaspar-Hauser-Versuche«, welche für die Antike bereits bei Herodot erwähnt werden.⁹⁶

Die Konzeption der biblischen Paradieserzählung kann daher als Hilfe Gottes für die menschliche Existenz überhaupt verstanden werden. Sie steht von

---

[93] Vgl. STAUBLI/SCHROER, Menschenbilder, 64.

[94] ἐκ τούτων οὖν φανερὸν ὅτι τῶν φύσει ἡ πόλις ἐστί, καὶ ὅτι ὁ ἄνθρωπος φύσει πολιτικὸν ζῷον, καὶ ὁ ἄπολις διὰ φύσιν καὶ οὐ διὰ τύχην ἤτοι φαῦλός ἐστιν, ἢ κρείττων ἢ ἄνθρωπος: Aristotelis opera ex recensione Immanuelis Bekkeri, Bd. 2, 1970, 1252-1342. Übersetzung bei FRANZ FERDINAND SCHWARZ (Hg.), Aristoteles Politik. Schriften zur Staatstheorie, Stuttgart 2001.

[95] MARTIN BUBER, Ich und Du, Heidelberg ¹¹1983, Erster Teil, hier zitiert nach der Lizenzausgabe Stuttgart 1995, 12.

[96] Hist. II, 2. Text bei JOSEF FEIX (Hg.), Herodot: Historien. Zwei Bände. Griechisch-deutsch, Berlin 2011. Deutsche Gesamtausgabe neu übersetzt, herausgegeben und erläutert von HEINZ-GÜNTHER NESSELRATH, Stuttgart 2017.

ihrer Intention her diametral gegen alle Erzählungen von der Eifersucht der Götter oder eines Gottes auf die Menschen,[97] z. B. die griechische, mythologische Erzählung von Kugelmenschen, welche aufgrund ihrer Kraft, ihrer »hohen Gedanken« und ihrer Gefährlichkeit für die Götter selbst von Zeus zerschnitten werden (Platon, Symposion 190 δ):

(190δ) Νῦν μὲν γὰρ αὐτούς, ἔφη, διατεμῶ δίχα ἕκαστον, καὶ ἅμα μὲν ἀσθενέστεροι ἔσονται, ἅμα δὲ χρησιμώτεροι ἡμῖν διὰ τὸ πλείους τὸν ἀριθμὸν γεγονέναι: καὶ βαδιοῦνται ὀρθοὶ ἐπὶ δυοῖν σκελοῖν. ἐὰν δ᾽ ἔτι δοκῶσιν ἀσελγαίνειν καὶ μὴ ᾽θέλωσιν ἡσυχίαν ἄγειν, πάλιν αὖ, ἔφη, τεμῶ δίχα, ὥστ᾽ ἐφ᾽ ἑνὸς πορεύσονται σκέλους ἀσκωλιάζοντες.᾽ ταῦτα εἰπὼν ἔτεμνε τοὺς ἀνθρώπους δίχα, ὥσπερ οἱ τὰ ὄα τέμνοντες [...]

Denn jetzt, sprach er, will ich sie jeden in zwei Hälften zerschneiden, so werden sie schwächer sein, und doch zugleich uns nützlicher, weil ihrer mehr geworden sind, und aufrecht sollen sie gehen auf zwei Beinen. Sollte ich aber merken, daß sie noch weiter freveln und nicht Ruhe halten wollen, so will ich sie, sprach er, noch einmal zerschneiden, und sie mögen dann auf einem Beine fortkommen wie Kreisel. Dies gesagt zerschnitt er die Menschen in zwei Hälften, wie wenn man Früchte zerschneidet [...][98]

Eifersucht scheint auch aus der Ebene des göttlichen Selbstgesprächs in der Paradieserzählung zu sprechen (Gen 3,22 vgl. Gen 11,6):

וַיֹּאמֶר יְהוָה אֱלֹהִים הֵן הָאָדָם הָיָה כְּאַחַד מִמֶּנּוּ לָדַעַת טוֹב וָרָע וְעַתָּה פֶּן־יִשְׁלַח יָדוֹ וְלָקַח גַּם מֵעֵץ הַחַיִּים וְאָכַל וָחַי לְעֹלָם׃

(22) JHWH Gott sprach: Siehe, der Mensch ist geworden wie unsereiner und weiß, was gut und böse ist. Nun aber, dass er nur nicht ausstrecke seine Hand und nehme auch von dem Baum des Lebens und esse und lebe ewiglich!

Benno Jacob hat die Möglichkeit der Eifersucht Gottes auf den Menschen vehement verneint. Der Grund der Vertreibung läge allein in der Tatsache, dass der Mensch sich als Hüter der idealen Welt nicht bewährt habe. Für den Menschen gäbe es nun schlicht kein Mittel, das ihn vor dem Tod schützen könnte. Seine Sterblichkeit sei nicht nur eine physische, sondern eine moralische Notwendigkeit, denn der Tod sei die wirksamste Drohung gegen seine Hybris. Statt-

---

[97] Das gilt selbstverständlich auch für den Aspekt der Geschlechtlichkeit: »Im Unterschied zu Platons Symposion (190b–191a) ist die geschlechtliche Entfaltung des Erdlings keine Strafe sondern eine Steigerung zum Besseren.« STAUBLI/SCHROER, Menschenbilder, 63.
[98] Platon, Symposion 190δ. KARLHEINZ HÜLSER (Hg.), Platon. Sämtliche Werke Griechisch und Deutsch. Nach der Übersetzung Friedrich Schleiermachers, ergänzt durch Übersetzungen von Franz Susemihl u. a., Hippias minor, Symposion, Phaidon. Sämtliche Werke IV, Frankfurt a. M. und Leipzig 1991, 100 f.

dessen sorge Gott für die menschlichen Bedürfnisse nach Nahrung und Kleidung (Gen 1,29; 3,17f.). Kleidung sei mehr als Schutz vor Kälte oder Verletzung, sondern ein Zeichen der Kultur und menschlichen Gesellschaft.[99] *Jacob* interpretiert den Text als eine Reflexion des Ist-Zustandes des Menschen. Der Mensch behält seine Würde, aber ist in seinen Möglichkeiten begrenzt. Diese Begrenzung bedeutet wiederum nicht, dass der Mensch gar nichts tun kann, im Gegenteil. Die Fürsorge und Barmherzigkeit Gottes soll dazu anleiten, selbst fürsorglich und barmherzig zu sein. »Pointiert formuliert könnte man festhalten, dass es zwar Nächstenliebe gibt, ohne den Glauben an Gott, aber keinen Glauben an Gott ohne Nächstenliebe.«[100] Solidarität und Empathie – und nicht die kriegerischen Fähigkeiten – haben den Menschen als *species* im Laufe der Entwicklung das Überleben gesichert, auch wenn die technische Entwicklung immer an den militärischen Notwendigkeiten orientiert war. Heute allerdings stellt sich angesichts künstlicher Intelligenz und Reproduktionsmedizin sehr wohl die Frage, ob der Mensch »ewiges Leben« nicht auf technischem Wege erreichen kann. Gleichzeitig werden Menschen in extremen Konfliktsituationen trotz höchster technischer Ausstattung nicht davor bewahrt, archaische Verhaltensmuster zu imitieren. Konzeptionen diakonischen Handelns zugunsten der Schwachen und Unterlegenen und Kompetenzen zur empathischen Konfliktmediation sind daher umso mehr gefragt, damit »der eine sich des anderen erbarmen« kann.

---

[99] JACOB, Genesis, 127f.
[100] ANNI HENTSCHEL, Begründungsansätze helfenden Handelns, in: JÖRG LANCKAU u.a. (Hg.), BASAD, Tübingen 2021, 93.

Die sieben Säulen der alttestamentlichen Ethik
Zur Bedeutung der hebräischen Bibel für die Neuvermessung der Diakonie heute

Manfred Oeming

1. Das Problem: der scheinbar unüberwindliche Abstand von vergangener und gegenwärtiger Welt

In der gegenwärtigen ethischen Diskussion treten biblische Überlieferungen immer stärker in den Hintergrund. Die Bibel ist zwar eine wesentliche Quelle der westlichen Kultur, hat aber kaum noch kulturprägende Kraft, sondern wird z. T. systematisch aus der Gesellschaft abgedrängt. Diakonie und Caritas sind zwar bedeutende Arbeitgeber,[1] aber sogar im Selbstbild dieser karitativen Großunternehmen kommt das biblische Fundament nicht mehr deutlich zur Sprache. Auch die gegenwärtige Theologie trägt zu diesem Trend bei, denn es ist ein Faktum, dass die theologischen Disziplinen sich immer mehr spezialisieren und weithin isoliert voneinander arbeiten. Die historisch-kritische Exegese strahlt in die aktuellen ethischen Diskurse und diakoniewissenschaftlichen bzw. praktischen Herausforderungen im Kontext der säkularen Postmoderne gar nicht oder viel zu wenig aus; sie will es scheinbar auch gar nicht. Umgekehrt bemühen sich die genannten Dienstleister kaum noch darum, die biblischen Grundlagen in ihre Diskurse einzubringen. Hier Brücken zu bauen, ist Ziel unserer Projektgruppe in der Wissenschaftlichen Gesellschaft für Theologie.

In den vielfältigen ethischen Konfliktfeldern der Gegenwart brauchen und suchen Menschen Orientierung. In der *Gemeindefrömmigkeit* – falls es so etwas

---

[1] In der Diakonie als evangelischem Wohlfahrtsverband engagierten sich Anfang 2022 weit über eine Million Menschen; 627.349 Frauen und Männer arbeiten hauptamtlich bei der Diakonie. Maßgeblich gestützt wird diese Arbeit durch über 700.000 freiwillig Engagierte (https://www.diakonie.de/informieren/infothek/2023/september/032023-ein richtungsstatistik-2022). Beim katholischen Wohlfahrtsverband Caritas arbeiteten Anfang 2022 sogar 695.921 Menschen hauptberuflich in den 24.952 Einrichtungen und Diensten, die der Caritas bundesweit angeschlossen sind. Sie werden von mehreren hunderttausend Ehrenamtlichen und Freiwilligen unterstützt (https://www.caritas.de/fuerprofis/arbeitenbeidercaritas/arbeitgebercaritas).

noch gibt – scheint das Alte Testament als ethischer Wegweiser bzw. ernstzunehmender Gesprächspartner durchaus noch Ansehen zu genießen. Die Zehn Gebote wie auch das Gebot der Nächstenliebe in Lev 19 oder die prophetischen Forderungen nach umfassender Gerechtigkeit und Frieden stehen – vermittelt etwa durch Luthers Katechismus oder den Katechismus der katholischen Kirche, wo ihnen jeweils umfassende Abschnitte gewidmet sind – wie ein moralisches Fundament im Zentrum auch des modernen Christentums.[2] Friedensethik (»Schwerter zu Pflugscharen«, Jes 2/Mi 4), Umweltethik (Bewahrung der Schöpfung, Gen 1–3) und eben diakonische Ethik (»Liebe deinen Nächsten wie dich selbst!«, Lev 19) gelten immer noch als »Leuchttürme«.

Dagegen steht eine Haltung der *akademischen Theologie*[3], die ich mit einem Satz zusammenfassen möchte: »Wenn ich Lösungen für aktuelle ethische Probleme suche, dann suche ich doch nicht im Alten Testament.« Diese Äußerung eines sehr renommierten Kollegen, einem durch zahlreiche Publikationen ausgewiesenen Experten auch für die theologische Ethik des Alten Testaments, gibt nach meiner Erfahrung die Mehrheitsmeinung der alttestamentlichen Zunft wieder und erst recht die *opinio communis* der anderen theologischen Disziplinen. Sie macht ein Problem deutlich. Das Alte Testament gilt insofern als das *alte* Testament, als es in einer historisch abständigen Zeit von ca. 1000 bis 100 v. Chr. entstand, in der es viele Phänomene gar nicht gab, die unsere moderne Lebenswirklichkeit prägen und die uns heute vor schwierige ethische Urteilsbildungen stellen: Es gab z. B. keine Krankenhäuser, keine Kindergärten, keine Schulen, keine Behindertenwerkstätten oder Altersheime. Alle die zentralen diakonischen Aufgaben fielen »einfach« der Groß-Familie zu. Nur wenige spezialisierte (Frauen-)Berufe wie Hebamme, Amme oder Arzt sind bezeugt. *Aktuelle ethische Fragen in der Diakonie lauten in der Tat ganz anders.* Behandlung von Kranken mit genbasierten Medikamenten, der sinnvolle oder unheilvolle Einsatz von KI in der Pflege dementer Menschen durch Einsatz von Robotern – *solche* ethischen Problemfelder können aus der Bibel Alten Testaments in der Tat nicht

---

[2] Vgl. auch das Dokument der päpstlichen Bibelkommission von 11. Mai 2008, Bibel und Moral. Biblische Wurzeln des christlichen Handelns (Verlautbarungen des Apostolischen Stuhls Nr. 184), hg. vom Sekretariat der Deutschen Bischofskonferenz Bonn 2009 (auch online).

[3] JOHN J. COLLINS, The Relevance of the Old Testament for Contemporary Ethics, JEAC [Journal of Ethics in Antiquity and Christianity] 1 (2019) 10–16 online, DOI: 10.25784/jeac.v1i0.97 »The Old Testament has a rather bad reputation, because of its intolerant and violent attitudes on many issues. It is indeed a product of another age, and many of its assumptions are untenable in the modern world. Nonetheless it remains important for discussions of ethics, primarily for two reasons: One is the fact that it exhibits a passion for justice that is unparalleled in world literature. The other is that it is the oldest layer of one of the major traditions that shaped western culture for two thousand years.« (11).

beantwortet werden. (Das Gleiche gilt auch für das Neue Testament, dessen Schriften bis ca. 130 n. Chr. entstanden und ebenso prämodern und prätechnisch sind.) Ist damit aber *biblische* Ethik für die Gegenwart erwiesenermaßen allenfalls von historischem Interesse? Gibt es die Möglichkeiten besonnener Applikation auf die Gegenwart?[4] Manchmal, wenn man fundamentalistische Literatur liest, in der versucht wird, das ethische Handeln heute *direkt* aus der Bibel abzuleiten, wäre man froh, wenn es bei einer historischen Abständigkeit geblieben wäre, z. B. in Fragen des Frauenbildes, der Sexualethik oder des Eheverständnisses, wo häufig naiv historische Konstellationen herausgepickt und als zeitlos gültig deklariert werden. Gegenüber naiven Übertragungen muss man festhalten:

> »Das Erste, was einem bei Beiträgen über das Thema Altes Testament und Ethik auffällt, ist, dass sie oft mit einem Lamento beginnen. Irgendetwas ›ist faul im Staate Dänemark‹ (Hamlet), sei es auf Seiten der Bibel und ihrem zum Teil radikalen ethischen Anspruch oder auf Seiten der Gegenwart, die diesem ethischen Anspruch nicht gerecht wird oder mit ihm nichts mehr anzufangen weiß.«[5]

Wie auch der Ethiker *Thorsten Moos* in seinem klugen Beitrag im hier vorliegenden Band ausführt, ist »das Verhältnis von Exegese und Ethik notorisch schwierig«.

Der Weg vom früher Normativen zum heute Orientierenden ist gewiss schwierig; das Ethos der Bibel bedarf einer differenzierten historischen Einordnung, vor allem auch einer *umsichtigen hermeneutischen Abwägung der ursprünglichen Intentionen einerseits und einer vom Text selbst – oder erst durch seinen Einbau in den Kanon der Schriften – intendierten kreativen Fortschreibung andererseits. Letztlich basiert der im Nachfolgenden beworbene Rekurs auf das Alte Testament und das Judentum in ethischen Fragen auf der Annahme, dass hier – noch näher zu bestimmende – Grundwerte entwickelt wurden, die bis in die moderne Lebenswelt hinein gültig sind.* Die Annahme solcher »konstanter« Werte oder besser solcher *konstant zu bedenkender Grundausrichtungen* erscheint mir möglich und sinnvoll begründbar. Daher ist m. E. die oben zitierte Auskunft jenes Kollegen nicht befriedigend. Könnte es nicht sein, dass die alttestamentlichen und die jüdischen Traditionen über den garstigen Graben der Geschichte hinweg sehr wohl für die Gegenwart »Orientierungen« bieten? So völlig anders, wie wir uns selbst einbilden zu sein, sind wir gar nicht. Wiederum mit *Christian Frevel*

---

[4] RUBEN ZIMMERMANN/STEPHAN JOUBERT (Hg.), Biblical Ethics and Application: Purview, Validity, and Relevance of Biblical Texts in Ethical Discourse (WUNT 384), Tübingen 2017.

[5] CHRISTIAN FREVEL, Orientierung! Grundfragen einer Ethik des Alten Testaments, in: DERS. (Hg.), Mehr als Zehn Worte? Zur Bedeutung des Alten Testaments in ethischen Fragen (QD 273), Freiburg i. Br. 2015, 9–57, hier 52.

möchte ich feststellen, dass es nicht Aufgabe biblischer Ethik sein kann, *einen zeitlosen geoffenbarten und substanziell unveränderlichen »Willen Gottes« zu postulieren*, wohl aber ist es »Aufgabe der Disziplin, die innerhalb des Kanons repräsentierten *Diskurse zum Ausgangspunkt einer Darstellung der Ethik zu nehmen*, und sie in gegenwärtige ethische Diskurse als Problematisierungen, Reflexionen und Provokationen einzubringen«[6].

Gewiss können Altes Testament und antikes Judentum keine konkreten Antworten in modernen Feldern der Technik, der Medizin oder der Betreuungswirtschaft geben, wohl aber *Impulse zur Ausrichtung an Grundwerten*, auf die auch heutige Diakonie aufbauen kann und muss und an deren Verwirklichung sie arbeiten sollte. Die Pluralisierung an Zugehensweisen auf ethische Probleme ist an sich schon ein wertvolles Gut. Die Bibel ist kein schlichtes »Rezeptbuch«, durch dessen einfache Ratschläge Debatten und Unsicherheiten blitzschnell beendet würden. Dieser Beitrag möchte jedenfalls einladen, die Grundmodelle und Grundintentionen der biblischen Ethik und ihren Wert für die Gegenwart im Generellen neu zu vermessen.[7]

2. Die Pluralität der Modelle und die Ambiguität der im Kanon begegnenden Argumentationsmuster

Die Ethik *des* Alten Testaments gibt es nicht, sondern der Pluarlität angemessen muss man von »Ethiken im Alten Testament« sprechen. Das Material, welches das Alte Testament zur ethischen Orientierung bietet, ist umfangreich und sehr differenziert.[8]

> »Mit Nachdruck muß gleich eingangs darauf hingewiesen werden, daß der Begriff einer ›Ethik des Alten Testaments‹ noch problematischer ist als der einer ›Theologie des Alten Testaments‹. Zwar handelt das Alte Testament in allen seinen Teilen von menschlichem Verhalten und gibt Normen dafür oder wendet sie an. Aber eine zusammenhängende Reflexion darüber im abendländischen Sinne fehlt, von einigen Annäherungen abgesehen, durchaus. Vollends besteht nicht die Einheitlichkeit, die den Singular ›Ethik‹ rechtfertigen würde. Die Vorstellungen vom rechten menschli-

---

[6] CHRISTIAN FREVEL, ebd. (Hervorhebung M. O.).
[7] Der in diesem Band nachfolgende Aufsatz wird die gewonnenen Einsichten an *einem* zentralen Textbeispiel durchdenken, nämlich am Gebot der Nächstenliebe Lev 19,18.
[8] Vgl. ECKART OTTO, Theologische Ethik des Alten Testaments (Theologische Wissenschaft 3,2), Stuttgart 1994; vgl. v. a. RAINER KESSLER, Der Weg zum Leben. Ethik des Alten Testaments, Gütersloh 2017; Kessler bietet Buch für Buch einen umfangreichen Durchgang durch die gesamte hebräische Bibel, mit der impliziten Ethik als Woraufhin der Befragung, sowie imponierende Erwägungen zur Bedeutung des Alten Testaments in der christlichen Ethik (539–590).

chen Handeln, die sich im Alten Testament finden, sind zeitlich, räumlich, ethnisch, kulturell, sozial von verschiedener Herkunft; ihr Sitz im Leben, ihre Überlieferung und literarische Fixierung liegen teilweise weit auseinander«.[9]

Man muss schon sprachlich mindestens sechs Diskursarten unterscheiden, in welchen im Alten Testament ethische Weisungen bzw. Hinweise begegnen:

a) *Narrative Ethik* in den Erzähltraditionen mit impliziten Geboten (z. B. Gen 50 mit dem Schluss der Josefsgeschichte, die Figur des Simson[10], 2Sam 11 f., die David und Bathseba-Story mit dem Gebot der Treue in der Ehe oder das Bild Davids in der Chronik); hier wird Ethik semantisch nicht präskriptiv, sondern *deskriptiv* betrieben, indem schlicht erzählt wird, wie Menschen sich verhalten haben. Dass es sich dabei um einen *impliziten moralischen Aufruf* zur Versöhnung unter Brüdern, um einen *dezenten Appell* zur Triebbeherrschung und ehelicher Ehrlichkeit oder um ein *Vorbild* für die Gegenwart der Rezipierenden mit dem Ziel der *diskreten Tugendunterweisung*[11] handelt, muss durch die Hörer- bzw. Lesergemeinschaft selbst herausgearbeitet werden;

b) Explizite *Gebote* und *Rechtssätze* im Pentateuch, hinter denen historisch gewachsene Verhaltensnormen stehen und die eine viele Jahrhunderte alte Erfahrung der Trägergruppen von der neuassyrischen bis in die persische Epoche verdichten;

c) Speziell der *Dekalog* ragt aus den Gebotstexten hervor; er ist immerhin das einzige Schriftstück, das Gott selbst verschriftet hat (z. B. Ex 24,12) und er begegnet gleich an zwei kompositorisch entscheidenden Stellen, jeweils wie eine Art Präambel (Ex 21/Dtn 5);

---

[9] RUDOLF SMEND, Artikel Ethik: Altes Testament, TRE X (1982), 423–435., 423 f. Zur Pluralität mit ähnlichen Phänomenen in neutestamentlichen Ethiken vgl. KONRADT, a.a.O., 4, der davor warnt, »den Reichtum der Texte aus dem Blick zu verlieren. Ein wesentliches Ziel des vorliegenden Buches ist, die einzelnen Stimmen und damit den Facettenreichtum der Klangstärke der neutestamentlichen Polyphonie hörbar zu machen.«

[10] SEBASTIAN G. KIRSCHNER, Frei von Schuld bin ich dieses Mal. Der Beitrag einer Narrativen Ethik zur ethisch interessierten Exegese des Alten Testaments mit einer exemplarischen Auslegung der Simson-Erzählungen (Ri 13–16) (WMANT 174), Göttingen 2023.

[11] Die Chronikbücher sind weniger ein Lehrbuch der Geschichte als vielmehr der theologischen Ethik, was selbst große Alttestamentler, wie z. B. Julius Wellhausen, nicht verstanden haben, der den Chronisten verspottete, weil er die Geschichte verfälscht habe. Vgl. MANFRED OEMING, Geschichtlichkeit und Normativität alttestamentlicher Anthropologie. Multiperspektivische Menschenbilder in der Biblia Hebraica und ihre Bedeutung für die Gegenwart – dargestellt am Fallbeispiel David, in: MARKUS HILGERT/MICHAEL WINK (Hg.), Menschenbilder. Darstellungen des Humanen in der Wissenschaft, Berlin/Heidelberg 2012, 115–133.

d) Ethik in den *Weisheitsschriften*, die als Sammlung von Einzelsprüchen, Spruchkompositionen oder thematischen Abhandlungen formal sehr vielgestaltig begegnen (Proverbien, Hiob 31, Kohelet, Jesus Sirach); Weisheitsethik oszilliert zwischen deskriptiv und präskriptiv;[12]

e) Ethik in den *Psalmen*, denn auch in Liturgie und Gesang wohnt Potential zur ethischen Urteilsbildung. Die Erfolge der Reformation basieren unter anderem, aber eben auch auf ihren Liedern und ihrer Sprachkunst;[13] so haben sogar moderne Bewegungen ihre Hymnen (»It's A Sin« von den Pet Shop Boys oder der Disco-Klassiker »I will survive« von Gloria Gaynor wurden zu Erkennungs- und Motivationssong der LGBTQI+-Szene oder »Deine Schuld« von »Die Ärzte«: »Es ist nicht deine Schuld, dass die Welt ist, wie sie ist. Es wär' nur deine Schuld, wenn sie so bleibt« als Identitätsmarker bei Klimaaktivisten);

f) Ethik der *Propheten*, die mit dichterischem Charisma, mit geradezu volkserzieherischem Pathos, aufwühlenden Predigten und ungewöhnlichen Symbolhandlungen Menschen massiv präskriptiv zu einem bestimmten Verhalten motivieren möchten.

Es ist schon aus dem bisher Gesagten ersichtlich, wie komplex und vielgestaltig die Ethik des Alten Testaments ist und wieviel exegetische Detailarbeit und systematisierende Denkarbeit es erfordert, diese Fülle zu erfassen und mit ihr differenziert umzugehen.[14] Es handelt sich dabei nicht um einen chaotischen Pluralismus, sondern um eine geordnete Pluralität, die es differenziert auszuloten gilt. *Rudolf Smend* hat zwar Recht, wenn er sagt: »eine zusammenhängende Reflexion darüber im abendländischen Sinne fehlt«, aber der Kanon der Schriften stellt vor die Realität eines sehr komplexen Wahrheitsbegriffes. Die eine Heilige Schrift nötigt und leitet den Lesenden an, die Fülle der Gesichtspunkte und Betrachtungsweisen bei ethischen Entscheidungen zu realisieren. Das Alte Testament hat mit seinem Reichtum an Aspekten eine gewisse Verwandtschaft zur Postmoderne.

Wenn man das angedeutete sehr opulente Textmaterial durcharbeitet und den Reichtum an Diskursarten systematisierend durchdenkt, dann wird deutlich, dass das Alte Testament mehrere Antworten auf die Frage nach den Grundlagen der Moral gibt. Was motiviert zum Tun des Guten? Wo kann man einen Zugang

---

[12] ALEXANDER ERNST, Weisheitliche Kultkritik: zu Theologie und Ethik des Sprüchebuchs und der Prophetie des 8. Jahrhunderts (BThSt 23), Neukirchen-Vluyn 1994.

[13] DOROTHEA ERBELE-KÜSTER, Verführung zum Guten. Biblisch-theologische Erkundungen zwischen Ethik und Ästhetik (Theologische Interventionen), Stuttgart 2019, will aufzeigen, wie die ästhetische Erfahrung zur Lebenskunst »verführt«. PoEt(h)ik impliziert dabei einen Zusammenhang zwischen poetischer Struktur und ethischer Urteilsbildung; vgl. DIES., Art. Ethik (AT), in: WiBiLex 2014.

[14] Vgl. einen ähnlichen Ansatz bei MATTHIAS KONRADT, Ethik im Neuen Testament (Grundrisse zum Neuen Testament. NTD.E 4), Göttingen 2022, bes. 1–5.

zum Guten gewinnen? Wo sind die Feinde des Guten? Inhaltlich kann man – ohne Übertreibung – feststellen, dass sich von den später in der philosophischen Ethik klassisch gewordenen Grundtypen zehn elementare Ansätze schon im antiken Israel finden:

a) Das Ethos des Alten Testaments ist ursprünglich eine Art *Tafelethos*. Der Dekalog ist dafür ein sehr schönes Bild: 10 Sätze, in zwei Fels-Tafeln eingehauen, skizzieren exemplarisch Gottesrecht und Menschenrecht. Auch wenn die Struktur im Detail, das Alter und die genaue Intention in der Forschung umstritten sind, ist die mnemotechnisch geschickte Zusammenstellung aussagestark. Das Verhältnis zu Gott und zum Mitmenschen wird in eine bestimmte Richtung gelenkt, ohne dass die Konkretion der Anwendung der persönlichen Freiheit entzogen wäre.[15]

b) Generell kann man feststellen: Es gibt von den Anfängen bis zum Ende hin einen guten Schuss *pragmatischen Utilitarismus*, also eine Ethik, die Gut und Böse schlicht daran misst, was für ein *Nutzen* sich für den Einzelnen persönlich oder die Gemeinschaft insgesamt feststellen lässt. Gut ist, was Vorteile und Gewinn bringt, böse ist, was das Individuum und das Kollektiv schädigt. Eine Zuspitzung erfährt der Utilitarismus in der Spätzeit im *Eudämonismus*, wonach das *Glück* für den Einzelnen das ethische Kriterium bildet.[16]

c) Es finden sich aber auch ganz entgegengesetzte Ansätze einer *deontologischen Ethik*, d.h. einer Pflichtenethik, der es gar nicht um das Glück geht (vor allem, wenn die Instanz, welche die Pflichten aufstellt und einfordert, Jahwe, der Gott Israels ist. »Beachtet meine Gesetze und Rechtsvorschriften; wer sie lebt, wird durch sie leben.« [Lev 18,5]).

d) Man kann Ansätze einer *Tugend- und Prinzipienethik* entdecken; Ps 15,2 z.B. nennt תָּמִים, צֶדֶק und אֱמֶת (Integrität, Gerechtigkeit und Wahrheit) als Einlassbedingungen zum Heiligen Berg. Mit solchen Kurzreihen werden Grundwerte *kategorisch* festgehalten. Ps 15,4 mahnt sogar, dass man einen Schwur einlösen muss und ihn nicht ändern darf, auch wenn er einem mittlerweile einen großen Nachteil einbringt. Gesetz ist Gesetz!

e) Diese letzten Aspekte der Ethik des Alten Testaments sind nach dem Urteil vieler moderner Christen als *Nomismus* einzustufen. Seit *Wellhausen* die-

---

[15] Vgl. AXEL GRAUPNER, Die zehn Gebote im Rahmen alttestamentlicher Ethik. Anmerkungen zum gegenwärtigen Stand der Forschung, in: H. GRAF REVENTLOW (Hg.), Weisheit, Ethos und Gebot. Weisheits- und Dekalogtraditionen in der Bibel und im frühen Judentum (BThSt 43), Neukirchen-Vluyn 2001, 61–95.

[16] LUDGER SCHWIENHORST-SCHÖNBERGER, »Nicht im Menschen gründet das Glück« (Koh 2,24). Kohelet im Spannungsfeld jüdischer Weisheit und hellenistischer Philosophie (HBST 2), Freiburg i. Br. 1994.

ses Werturteil in klassische Sätze gegossen hat,[17] spricht man gerne von der »gesetzlichen Verhärtung« im nachexilischen Judentum. Die Tora hat 613 Gebote und Verbote und alle Mitzwot sind gleich wertvoll. Dieses negative Urteil über die Verbindlichkeit als Gesetzlichkeit jeder einzelnen Forderung Gottes verwundert angesichts der allgemeinen Hochschätzung, die Immanuel Kants Ethik des kategorischen Imperativs anlässlich seines 300. Geburtstags erfährt, zumal *Kants* Aufklärungsethik sehr viel mehr mit der Ethik Israels gemein hat, als er und seine Ausleger selbst denken.[18]

f) Es lassen sich auch klare Ansätze einer *Situationsethik* erkennen, wobei bestimmte Situationen gewisse, ja alle Prinzipien aufheben können. Klassisch dafür ist die Theorie des *Pekuach näphäsch*, wörtlich »Wachen über eine Seele«, in übertragener Bedeutung »Rettung aus Lebensgefahr«. Die Gefahr für das Leben eines Menschen hebt alle kultischen Abgrenzungen auf, und sei es sogar das Sabbatgebot. Die Entstehung des Prinzips der Orientierung an der Situation wird meist mit einer Entscheidung der Makkabäer in Verbindung gebracht, die Selbstverteidigung am Sabbat ermöglicht (1Makk 2,39–41).

g) Die Spannung zwischen Konsequenzen, die aus dem Handeln entstehen (Erfolgsethik oder Verantwortungsethik), und der Absicht, die zu einem Handeln motiviert (Gesinnungsethik), wird schon in den Blick genommen, wobei Gott eine entscheidende Rolle spielt. Josefs Brüder z. B. wollten seinen Tod oder zumindest eine jammervolle Existenzminderung als Sklave.

> »Ihr gedachtet es böse mit mir zu machen, aber Gott gedachte es gut zu machen, um zu tun, was jetzt am Tage ist, nämlich am Leben zu erhalten ein großes Volk.« (Gen 50,20)

Wenn man die Absicht allein für entscheidend hält, dann ist die gute Absicht das Maß der ethischen Bewertung. Wenn man aber ausschließlich auf die Konsequenzen des Tuns blickt, dann kann die beste Absicht böse sein, wenn sie böse Folgen hervorbringt.

---

[17] J. WELLHAUSEN, Prolegomena zur Geschichte Israels, stellt die Religionsgeschichte Israels so dar, dass das einst so edle prophetische Ethos in nachexilischer Zeit zu jüdischem Nomismus, liebloser Heteronomie, zusammengeschusterter partikularistischer Verengung und plattem Utilitarismus herabgesunken sei.

[18] Es ist hier nicht der Ort nachzuweisen, wie sehr die Kantische Pflichtenethik mit ihren Aspekten wie kompromissloser Ehrlichkeit, Fleiß, Treue und Zuverlässigkeit mit dem Wertekanon von Israels Tora und Weisheit verwandt ist, was mir aber gut möglich erscheint.

»Was sollte man noch mehr tun an meinem Weinberg, das ich nicht getan habe an ihm? Warum hat er denn schlechte Trauben gebracht, während ich darauf wartete, dass er gute brächte?« (Jes 5,4)

h) Ein *gesundes Maß an Egoismus* ist im Alten Testament weitgehend erlaubt. Das Streben nach eigenem Glück und Wohlstand ist zu bejahen. Problematisch wird es erst, wenn das Interesse an sich selbst und am Geld überhandnehmen und das (im Tiefsten aus Neid oder Herzenshärte motivierte) Desinteresse am Schicksal des anderen sogar gegenüber dem Bruder herzlos und brutal handeln lässt.

Da sprach JHWH zu Kain: Wo ist dein Bruder Abel? Er sprach: Ich weiß nicht; soll ich meines Bruders Hüter sein? (Gen 4,9)

i) Wirklicher *Altruismus* – im Sinne von Selbstaufgabe um der anderen willen – ist selten.
Vom Gottesknecht bei Deuterojesaja wird durch eine Gemeinde bekannt:

Aber er ist um unsrer Missetaten willen durchbohrt und um unsrer Sünden willen zermalmt. Die Strafe liegt auf ihm, auf dass wir Frieden hätten, und durch seine Wunden sind wir geheilt. (Jes 53,5)

j) Es findet sich der schöpfungstheologische Gedanke, dass alle Menschen den gleichen Vater haben und daher schon pränatal *eine von Gott verliehene und geschützte Würde* besitzen.

[13] Wenn ich je das Recht meines Knechts missachtete und das meiner Magd in ihrem Streit gegen mich,
[14] was könnte ich dann tun, wenn El sich erhebt, und wenn er untersucht, was könnte ich ihm dann erwidern?
[15] Erschuf nicht der, der mich im Schoß erschuf, auch ihn und bereitete uns im Mutterleib nicht der Eine? (Hi 31,13–15)[19]

Dieses Element der ontologischen Identifikation von Schöpfer und Geschöpf führt zu einer Spielart von *Mitleidsethik*.

Wer dem Geringen Gewalt tut, schmäht dessen Schöpfer;
aber ihn (Gott) ehrt, wer sich des Armen erbarmt. (Prov 14,31)

Insgesamt entfaltet das Alte Testament nicht *ein* ethisches System! Es gibt keinen Gedanken, von dem aus man alle anderen Diskursarten logisch ableiten könnte, auch nicht das Gebot der Nächstenliebe, das in Lev 19 eingebettet ist in

---

[19] Übersetzung von MARKUS WITTE, Das Buch Hiob (ATD 13), Göttingen 2021, 445.

eine ganze Sammlung von sehr andersartigen Geboten. Es gibt eine Fülle von Rationalitäten.

Man kann und sollte aus der Not der zahlreichen Argumentationsfiguren, die im Kanon angelegt und verbunden sind und sich nicht zu einer transversalen Vernunft zusammenfügen lassen, eine Tugend machen. Der erste *Grundwert*, auf den auch heutige Diakonie aufbauen kann und muss und an dessen Verwirklichung sie arbeiten sollte, ist die Pluralität der Diskursarten und der respektvolle Umgang mit Ambiguitäten.[20]

Freilich muss man dabei auch den exegetischen Befund würdigen, dass Israel selbst sehr wohl um systembildende Orientierung gerungen hat:

> »Allerdings wurde der Versuch unternommen, sie [die Fülle der ethischen Modelle] auf einen oder doch wenige Nenner zu bringen: durch redaktionelle Bearbeitung, durch Summarien wie den Dekalog, durch Einbettung des gesamten gesetzlichen Stoffes in die Sinaiperikope, durch die Gleichsetzung von Gesetz und Weisheit und vor und in dem allen durch die Zurückführung auf den Willen Jahwes, des einen und einzigen Gottes Israels. Dieses entscheidende Motiv ist zunächst Gegenstand der ›Theologie des Alten Testaments‹, der schon darum in eine ›Ethik des Alten Testaments‹ sachgemäß subsumiert werden muß. Der Name der einen wie der anderen Disziplin bezeichnet nicht eine dem Alten Testament bereits in unserem Sinne geläufige Geistesbeschäftigung, sondern vielmehr das Ergebnis von deren heutiger Rückfrage nach den sie beschäftigenden Sachverhalten innerhalb des alten Israel bzw. des Alten Testaments.«[21]

In der Wahrnehmung der alttestamentlichen Positionen »droht häufig die Gefahr, den Stoff allzu eklektisch und ungeschichtlich zu verwenden«. Die Not des ethischen Pluralismus ist nicht Rechtfertigung für Willkür, sondern Einweisung in einen Diskursraum.[22] Es ist ein Kennzeichen rabbinischen Denkens, solche Spannungen stehen zu lassen.

---

[20] MANFRED OEMING, »Clear as God's Words?«—Dealing with Ambiguities in the Bible, Cross Currents 67 (2017) 696–704.

[21] SMEND, Art. Ethik (TRE), 423.

[22] FREVEL, a. a. O., 33 ff. unterscheidet fünf Modelle, wobei ich besonders das letzte Modell stark machen möchte: (1.) Das Modell der bibelexternen Instanz; (2.) Das Modell der hermeneutischen Substitution; (3.) Das Modell der innerbiblischen Hierarchisierung; (4.) Das Modell der Kriterien geleiteten Differenzierung; (5.) *Das Modell des kanonischen Diskursraums.*

3. Die sieben Säulen der alttestamentlichen Ethik

Nicht ohne bewusste Anspielung auf die berühmten »sieben Säulen, auf denen Frau Weisheit ihr Haus gebaut hat« (Sprüche 9,1), unterscheide ich sieben Grundprinzipien der alttestamentlichen Ethik, die ich *alle* für gegenwartsrelevant erachte. Ich kann diese Ankerpunkte hier nur kurz benennen und knapp auf wenige Veröffentlichungen hinweisen, denn zu jedem der hier anzuführenden sieben Prinzipien könnte und müsste man einen eigenen Beitrag schreiben, ja ein ganzes Buch. Wie Säulen tragend sind die folgenden sieben Argumentationsfiguren bzw. Grundwerte bei der Reflexion darüber, w*arum ich gut handeln soll und was Menschen dazu motiviert, Gutes zu tun.*

3.1 Das vermutlich älteste Prinzip alttestamentlicher Ethik ist *der Glaube an die Vergeltung.*[23] Gegen vielfache Erfahrung betont Israel, dass es an einen Zusammenhang zwischen dem, was einer in seinem Leben tut, und dem, was er empfängt, glaubt. Auch dafür gibt die Lebenserfahrung vieler Generationen diverse Anhaltspunkte. Der *Glaube an den Tun-Ergehen-Zusammenhang* bestärkt die *Hoffnung* auf Lohn, aber eben auch die Angst vor »Strafe« für gemeinschaftsschädigendes Handeln. Dieser Glaube als »Faustregel« des Lebens stellt einen nicht zu unterschätzenden Motivationsfaktor für altruistisches Verhalten dar. In diesem Wertsystem werden auch sehr effizient Verbrechen im Zaum gehalten.[24] Die religiöse Verankerung des Lohns in Gott schafft Durchhaltevermögen, wenn eine kurzeitige Erfüllung der Hoffnung ausbleibt. Die genaueren Vorstellungen, *durch wen* (Dorfgemeinschaft, Staat, König, Gott) und *wann* Lohn und Strafe zugeteilt werden (sofort in einer Art Kurzzeitvergeltung oder mit dem langen Atem der Geschichte oder erst nach dem Tod im großen Weltgericht wie in Mt 25) unterscheiden sich stark.[25]

3.2 Man darf die Macht der *Familienbande* nicht unterschätzen: Durch verwandtschaftliche Nähe wird auch das Gefühl von ethischer Verantwortung begründet. Dem »eigenen Fleisch und Blut« lässt man natürlicherweise mehr Hilfe angedeihen als dem »Fremden«, z. B. leiht man innerhalb der Familie Geld nur ohne Zinsen, wohingegen Geldverleih mit Erhebung von Zinsen an Fremde un-

---

[23] Vgl. ALEXANDRA GRUND, Tun-Ergehen-Zusammenhang, RGG⁴ Band 8 (2005), 654–656.
[24] Die Vorstellung von einem sittlichen Ordnungsdenken ist nicht banal, sondern basal. Vgl. BERND JANOWSKI, Die Tat kehrt zum Täter zurück. Offene Fragen im Umkreis des »Tun-Ergehen-Zusammenhangs«, ZThK 91 (1991), 245–271 (zuletzt in: DERS., Die rettende Gerechtigkeit. Beiträge zur Theologie des Alten Testaments 2, Neukirchen-Vluyn 1999, 167–191).
[25] M. OEMING, Behinderung als Strafe? Zum biblisch fundierten seelsorglichen Umgang mit dem Tun-Ergehen-Zusammenhang, in: J. EURICH/A. LOB-HÜDEPOHL (Hg.), Behinderung – Profile inklusiver Theologie, Kirche und Diakonie (Behinderung – Theologie – Kirche 7), Stuttgart (2014), 98–126.

bedenklich erscheint.[26] »Blut ist dicker als Wasser!« »Bluts«-Verwandte, also Brüder, Schwestern, Mütter, Väter und der Rest der (Groß-)Familie halten im Zweifel stärker zusammen als bloße Freunde, vor allem gegenüber eindeutig Fremden. In der Antike gehörte die genaue Kenntnis der Familienherkunft über viele Generationen hinweg zum zentralen Wissen. Die Verwandtschaft ist untereinander zu solidarischem Verhalten verpflichtet. Auch wenn der Familienzusammenhalt in der Moderne starke Einbrüche erlitten hat, verstehen viele bis in die aktuelle Tagespolitik hinein dieses Argument noch immer sehr gut.

3.3 Die *Talio* gehört zu den am häufigsten missverstandenen Prinzipien des Alten Testaments. »Ein Auge für ein Auge, ein Zahn für einen Zahn« bildet ein *Prinzip der Verantwortlichkeit*. Für das, was jemand verursacht hat, muss er/sie die entsprechende Haftung übernehmen, insbesondere bei Körperverletzungen.[27] Diese Position ist heute im Bürgerlichen Gesetzbuch der Bundesrepublik verankert: Die Talio gehört zur geistigen Basis des BGB, wo es § 249, 1 und 2 heißt: »Wer zum Schadensersatz verpflichtet ist, hat den Zustand herzustellen, der bestehen würde, wenn der zum Ersatz verpflichtende Umstand nicht eingetreten wäre. Ist wegen Verletzung einer Person oder wegen Beschädigung einer Sache Schadensersatz zu leisten, so kann der Gläubiger statt der Herstellung den dazu erforderlichen Geldbetrag verlangen.«

3.4 Es ist hilfreich und notwendig, sich *in die Perspektive der personae miserae und der Opfer hineinzuversetzen*. Wenn man bereit ist, sich systematisch in die Lage aller Betroffenen hineinzudenken und sich in die Situation der Notleidenden hineinzufühlen, hat das ethisch erhebliche Konsequenzen. Wer in den Schuhen des anderen zu gehen bereit ist, kann nachvollziehen, welche Situation den anderen bedrängt. Das erzeugt zum einen eine *Ethik des Mitleids*, zum anderen eine *Ethik der Empathie – die ja keineswegs in Sympathie münden muss*. Aber die Wandlung der Perspektive[28] erzeugt Verständnis und das Bedürfnis, etwas zu ändern.[29]

---

[26] M. OEMING, Das wahre Israel. Die »genealogische Vorhalle« 1Chr 1–9 (BWANT 128), Stuttgart/Berlin/Köln/Mainz 1990.

[27] Zum richtigen Verständnis der Talio vgl. M. OEMING, Quinque iures talionis. Texte, Kontexte und Rezeptionen zentraler alttestamentlicher Rechtsprinzipien, in: J. M. ROBKER/ F. UEBERSCHAER/TH. WAGNER (Hg.), Text – Textgeschichte – Textwirkung (FS S. Kreuzer) (AOAT 419), Münster 2014, 39–62.

[28] Nach der Theorie des Ethikers John Rawls (A Theory of Justice, Cambridge, MA 1999) führt es gerade zur Gerechtigkeit, dass bei der Entscheidung in einem ethischen Konflikt niemand weiß, welche Rolle er selbst darin letztendlich innehaben wird (»veil of ignorance«) und sich deswegen vernünftigerweise in jede mögliche Position hineinversetzen muss (Hautfarbe, Ethnie, Geschlecht, Religionszugehörigkeit, materieller Besitz, Intelligenz u. a.).

3.5 Das Alte Testament argumentiert damit, dass der Mensch als Mensch eine natürliche Erkenntnis von Gottes Willen besitzt. Paradigmatisch dafür steht der Nicht-Israelit Hiob. Er ist vorbildlich in seinem Verhalten, obgleich er die Tora nicht kennt. In der modernen Philosophie ist die Annahme, es gebe ein Naturgesetz, gewiss sehr umstritten. Im Blick auf die alttestamentliche Philosophie/Weisheit muss man es allerdings so sehen, dass das Gesetz z. B. in Form der Zehn Gebote jedem Menschen in Herz und Gewissen eingeprägt ist (vgl. Hi 31)[30], worauf auch prophetische Stimmen hinweisen (z. B. Amos 1–2 mit der Annahme der Einsicht in allgemeine Menschenrechte oder Jer 31,31 mit der Vorstellung, dass das Gesetz »ins Herz geschrieben« sein wird). Ein Gegensatz von religiösem Gesetz und Naturrecht besteht demnach nicht wirklich.

3.6 Der Wunsch nach *imitatio Dei* schafft eine letzte Verbindlichkeit, wenn andere Argumente nicht mehr vorliegen: Jede Person soll so gesinnt sein und so handeln wie Gott selbst (vgl. die alttestamentlichen Beispiele weiter unten, aber auch Phil 2,5 ff.). Dabei geht es um eine Absicherung von Normativität durch ein »metaphysisches Vorbild«. Das berühmte Böckenförde-Dilemma legt diese paradoxe Denkfigur auch für die Moderne frei: »Der freiheitliche, säkularisierte Staat lebt von Voraussetzungen, die er selbst nicht garantieren kann.«[31] Da eine Gesellschaft aber letzte Prinzipien braucht, obgleich sie sie nicht begründen kann, wird solches Verhalten als Ausdruck von »*Gottesfurcht*« deklariert (vgl. z. B. das Tun Nehemias in Neh 5, der die reichen Großgrundbesitzer argumentativ nötigt, den verarmten Bauern ihre Schulden »aus Gottesfurcht« zu erlassen[32]). Die Annahme, dass eine Handlungsweise *von Gott* selbst direkt gefordert wird, wird im Alten Testament häufig mit starken Tabuisierungen bewehrt, wie z. B. mit der verachtungsvollen Feststellung »Das ist ein Gräuel« oder mit einem scharfen Urteil »Er muss gewisslich des Todes sterben«. Solche Tabus kann man als Ausdruck dafür verstehen, dass ein Bruch des Gebots gegenüber der Gesellschaft unverantwortlich wäre. Solche Ächtungen eines Verhaltens können auch mo-

---

[29] Erich Zenger, Ein Gott der Rache? Feindpsalmen verstehen, Freiburg i. Br. 1994. Zenger verteidigte das Recht der Rachepsalmen, weil sie zu einem Positionswechsel und einer Umkehr von Täter- und Opferrollen nötigen.

[30] Manfred Oeming, Ethik in der Spätzeit des Alten Testaments am Beispiel von Hi 31 und Tob 4, in: P. Mommer/W. Thiel (Hg.), Altes Testament – Forschung und Wirkung (FS H. Graf Reventlow), Frankfurt u. a. 1994, 159–173.

[31] Ernst-Wolfgang Böckenförde, Die Entstehung des Staates als Vorgang der Säkularisation, in: Recht, Staat, Freiheit, Frankfurt a. M. 1976, 112 f.

[32] Vgl. Manfred Oeming, In the Beginning of the Age of Coins: The Power of Money and the Possibilities of »The Fear of God« According to Nehemiah 5, in: Deidere N. Fulton/Kenneth A. Ristau/Jonathan S. Greer/Margarete Cohen (ed.), The Formation of Biblical Texts. Chronicling the Legacy of Gary N. Knoppers (FAT 176), Tübingen 2024, 315–342.

dernes säkulares Denken ansprechen, denn auch in säkularem Denken ist die Annahme solcher letztverbindlicher Normen nicht wirklich vergangen und vorbei. Der Mensch muss, um Mensch bleiben zu können, bestimmte minimale Verhaltensformen entwickeln, pflegen und verteidigen. Sonst wird er zum Unmensch.

3.7 *Die Nächstenliebe* verpflichtet Menschen dazu, ihrem Gegenüber wohlwollend und helfend zu begegnen. Diese »Liebe« hat ohne Zweifel auch eine juristische Dimension;[33] sie stellt einen Rechtsanspruch jedes Menschen dar, sie umfasst aber auch emotionale Komponenten. Die Intention des Gebots sollte sich an der umfassenden Analyse der Wurzel *ahab* orientieren, wie sie *David Bindrim* 2023 vorgelegt hat.[34] Er unterscheidet vier Arten der Liebe: drei Arten der *Liebe zu Menschen* – in der Familie, in der Partnerschaft, in der Freundschaft – und verbindet dies mit der *Gottesliebe* – sei es im Sinne des Genitivus objectivus als Liebe zu Gott oder als Genetivus subjectivus als Liebe von Gott zum Menschen. Bindrim spricht in Anlehnung an Dtn 10,12–22 von *imitatio amoris*. Für eine Neuvermessung der Diakonie erscheint mir dieser Gedanke absolut fundamental.

4. Zusammenfassung

Das Alte Testament bietet (wie auch das Neue Testament) keine unmittelbar in der Gegenwart anwendbaren einfachen »Rezepte« für gutes Handeln. Vielmehr enthält das Alte Testament eine sehr große Fülle von *direkten oder indirekten Motivationen zu gutem Handeln*, die aber zunächst *in ihrer ursprünglichen Intention und Situation* erfasst und bedacht werden müssen. Bei der genaueren Beschreibung dessen, was gut ist bzw. was gut wäre, finden sich Elemente unterschiedlicher, zum Teil konträrer, ja kontradiktorischer Konzepte *in nuce*: Tafelethos, weisheitliches Erfahrungsethos, Utilitarismus, Eudämonismus, Situationsethik, Verantwortungsethik, Konsequentialismus, materiale Tugenden (mit Werten wie Liebe, Gerechtigkeit, Wahrhaftigkeit und Integrität), Nomismus bis hin zum kategorischen Imperativ in Sachen Gottesfurcht. Alle diese Gedanken sind sehr inspirierend und verdienen es, immer neu *auch in die modernen Diskurse einbezogen* zu werden. Allerdings führen die Texte nicht zu der (von manchen ersehnten) eindeutigen Klarheit, sondern erzeugen selbst *Ambivalen-*

---

[33] JAN C. GERTZ, Die Liebe Gottes im Deuteronomium. Zu den Anfängen einer vielfach strapazierten Metapher, in: M. OEMING (Hg.), Ahava. Die Liebe Gottes im Alten Testament (ABG 55), Leipzig 2018, 157–170.

[34] DAVID BINDRIM, Die Flamme des Herrn? Eine philologische und theologische Untersuchung der Wurzel אהב im Alten Testament (VTOA 1), Göttingen 2024.

zen³⁵ und insofern ein Stück *Ratlosigkeit.* Es gibt aber eine gesunde Ratlosigkeit. Von besonderer Relevanz sind *die sieben Säulen alttestamentlicher Ethik:* 1. der Glaube an den *Zusammenhang von Tun und Ergehen* (Hoffnung auf Lohn und Furcht vor Strafe hier in der Geschichte oder im jenseitigen Gericht), 2. die *Familie*, 3. die *Talio* als Grundsatz der Verantwortlichkeit, 4. der *Perspektivenwechsel* in ethischen Konflikten, 5. *schöpfungstheologisch* grundierte Gleichheit aller Menschen, die daher Respekt und Mitleid verdienen, 6. *Imitatio Dei*, 7. die *Liebe* zum Nächsten.

---

[35] Ich habe das Problem am theologischen Umgang mit der Frage der Migration durchgearbeitet: MANFRED OEMING, Grenze und Entgrenzung im antiken Israel. Der paradigmatische Streit um religiöse Identität im Alten Testament, in: MANFRED OEMING/HERMES ANDREAS KICK (Hg.), Grenzen und Entgrenzung. Ethische Orientierung in einer destabilisierten Welt (Affekt, Emotion, Ethik 18), Münster 2019, 13–27.

»Du sollst deinen Nächsten lieben, sofern er ist wie du« (Lev 19,18)?
Der Streit um die »Nächsten«liebe bei der Neuvermessung von Diakonie heute

Manfred Oeming

Als im Jahre 2015 Millionen von Menschen vor dem Bürgerkrieg aus Syrien fliehen mussten,[1] verhielten sich die Regierungen Europas sehr unterschiedlich. Während in der Bundesrepublik unter der Ägide von *Angela Merkel* eine enorme Hilfsbereitschaft bestand und der Optimismus groß war (»Wir schaffen das!«), hat die Regierung Polens unter *Jaroslaw Kaczynski*, dem Gründer von *Prawo i Sprawiedliwość* (Kurzbezeichnung PiS Partei = Partei für »Recht und Gerechtigkeit«) erklärt, dass man als gute Christen gerne Flüchtlinge aufnähme, es müssten aber schon Christen sein, am besten Katholiken. In der Tat konnten 2015 nur 60 christliche Familien aus Syrien in Polen dauerhaft einreisen, ca. 175 Personen.[2] Zugleich wurde es radikal abgelehnt, muslimische Flüchtlinge aufzunehmen, weil der Islam eben so ganz anders sei, eine sehr gefährliche Religion, die Europa in Besitz nehmen und auch den Katholizismus beseitigen wolle. »Was wir jetzt erleben, ist ein muslimischer Überfall. Sie wollen die Scharia einführen.«[3] Seit dem Ukraine-Krieg hat sich in Polen aber eine beeindruckende Hilfsbereitschaft entfaltet und das Land hat ca. eine Million ukrainische Flüchtlinge aufgenommen und enorm unterstützt: »Denn sie sind wie wir.« Wer in der Taufe Gottes Liebe erfahren hat, soll »seinen Nächsten – sofern auch er getauft ist!–

---

[1] Während die Türkei ca. drei Millionen aus Syrien Flüchtende aufnahm, waren es ca. 1,32 Millionen, die in der EU (mit ca. 450 Millionen Einwohnern) Schutz suchten. Allein in Deutschland sollen ca. eine Million Flüchtlinge angekommen sein – die genaue Zahl ist unsicher –, von denen bis 2022 ca. 920.000 Asyl gewährt wurde; hinzukommen sind 120.000 Menschen im Zuge der Familienzusammenführung.

[2] Ähnlich waren die Zahlen in Tschechien, das bis 2017 nur 428 Flüchtlinge aufnahm, und in Ungarn, das vor allem die Weiterreise nach Österreich und Deutschland forcierte.

[3] Polens wohl berühmteste Flüchtlingshelferin war Miriam Shaded (geb. 1986), ihre Mutter ist Polin, ihr Vater ein protestantischer Pastor, sie selbst stammt aus Warschau; sie hat ev. Theologie studiert, eine IT-Firma gegründet – und sie hat 174 Syrern das Leben gerettet (vgl. JAN PUHL, https://www.spiegel.de/politik/ausland/polen-nur-christliche-fluechtlinge-sind-willkommen-a-1054743.html).

lieben wie sich selbst«. Der Nächste, dem sich Christen uneigennützig zuwenden sollen, kann nach dieser Auffassung gerade nicht *jeder* bedürftige Mensch in einer Notlage sein, sondern nur der Glaubensgenosse.

In Israel, das sich seit dem 7. Oktober 2023 im Krieg mit der Hamas befindet, gibt es schon länger einen Streit um die Frage, wie denn jetzt »Nächsten«liebe aussehen soll. Nach einigen – schon rabbinischen – Stimmen soll sie *jedem* Menschen zukommen, also auch Palästinensern. Wie ich von meinem israelischen Freund und Partner bei archäologischen Projekten *Oded Lipschits* weiß, werden aktuell dramatische Debatten über die Auslegung von Lev 19,18 ausgefochten. Nach Meinung vieler Frommer, die v. a. mit hebräischen Flugschriften in den Synagogen werben, gilt die Verpflichtung zur *Nächstenliebe nicht den Feinden Israels.* Im deutschsprachigen Raum begegnete mir dieser eher innerisraelische Diskurs in einem aktuellen Artikel von *Jasch Nemtsov,* Professor für Geschichte der jüdischen Musik an der Hochschule für Musik »Franz Liszt Weimar« sowie Akademischer Leiter der Kantorenausbildung am Abraham Geiger Kolleg in Potsdam. Mit großem Selbstbewusstsein reklamiert er die richtige Deutung des Gebots allein für diejenigen, die Hebräisch sprechen können und die daher nicht auf dilettantische Deutungen angewiesen sind, die dem jeweiligen Zeitgeist verfallen sind. Nemtsov macht sich regelrecht lustig über Auslegungen ohne hebraistische Basis:

> »Manche Interpretationen von biblischen Worten führen seit Langem eine Art selbstständiges Dasein, das vom ursprünglichen Sinn mehr oder weniger abgekoppelt ist. Grund dafür ist nicht nur der wechselnde Zeitgeist, sondern auch die Sprache. Die meisten Menschen kennen die biblischen Botschaften in Übersetzungen, die nicht immer dem hebräischen Original genau entsprechen. In der Regel kennt man nur einzelne gebräuchliche Zitate, die aus ihrem logischen, sprachlichen und historischen Zusammenhang herausgerissen sind. Zu einem solchen populären Spruch ist auch das biblische Gebot der Nächstenliebe mutiert, das in seiner lutherischen Übersetzung ›Du sollst deinen Nächsten lieben wie dich selbst‹ bekannt ist.« [...]

Das Studium des hebräischen Originals veränderte diese Sicht:

> »In der jüdischen Tradition sind die Selbsterhaltung und die Verantwortung gegenüber der eigenen Existenz und der Existenz der eigenen kulturellen Gemeinschaft die oberste Verpflichtung eines jeden Menschen. Das Gebot der Nächstenliebe wird daher auch als *Ahawat Israel* – Liebe zum Volk Israel – bezeichnet.«[4]

---

[4] JASCH NEMTSOV, Kamocha! Er ist wie du, Jüdische Allgemeine, 30. Juni 2024 (https://www.juedische-allgemeine.de/religion/kamocha-er-ist-wie-du/).

Das Gebot regele das Zusammenleben nur von Juden und predige keineswegs eine grenzenlose Menschenliebe, erst recht nicht Feindesliebe.[5]

Der atheistische Religionskritiker *Richard Dawkins* kommentierte diese nur selbstbezogene Nächstenliebe schon vor 20 Jahren sarkastisch: »›Love thy neighbor‹ didn't mean what we now think it means. It meant only ›Love another Jew‹.«[6]

Wir brauchen aber nicht nach Polen oder Israel zu blicken, sondern im Grunde nur ehrlich auf unsere Gesellschaft und in uns selbst. Auch in der deutschen Gesellschaft, auch bei einem selbst, steigt die Hilfsbereitschaft an, wenn man spürt, dass die Menschen in Not einem selbst nahestehen. Das ist ein Element des Familien-Ethos, das auch in der Gegenwart präsent ist. Die 135 Todesopfer der Hochwasserkatastrophe an der Ahr in Jahre 2021 berühren die Menschen in Deutschland viel stärker als die 230 Toten sowie die zu Hunderttausenden obdachlos Gewordenen 2023 in Somalia, Kenia und Äthiopien, deren Wohnhäuser, Krankenhäuser, Schulen und Straßen zerstört wurden.

Die hier skizzierte Diskussion um die »Reichweite« des Gebots macht deutlich, dass am Anfang des von uns als Forschungsprojekt gesuchten Dialogs der theologischen Disziplinen zur Neuvermessung der Diakonie eine ausführlichere sprachliche Analyse stehen muss. Es sollte klar sein, dass auch in interdisziplinären Kooperationen zwischen Bibelwissenschaft und Ethik sowie diakonischen Unternehmen das philologische Fundament solide gelegt sein muss.[7]

1. Philologie des Liebesgebots – Das dreifache Gebot der Liebe und der Diskurs über seine fünf Ambiguitäten

Die Formulierung des Gebots in Lev 19,18 ist (leider!) so knapp, dass von Teilelement zu Teilelement deutungsbedürftige Unklarheiten und entsprechende Differenzen im Verständnis bestehen. Diese *Pluralität der Auslegungsmöglichkeiten* ist bedauerlicherweise zu wenig bewusst, spielt dafür aber – wie in der Einleitung gezeigt – im Hintergrund eine wesentliche Rolle. Sie muss daher explizit gemacht und diskursiv durchdrungen werden. Nur in solcher Arbeit am Urtext kommt die Bibel aus dem Stadium eines Stichwortlieferanten heraus und wird zum echten Gesprächspartner. Das Gebot der Nächstenliebe hat nicht die

---

[5] John Hartung kommt in einem Blog-Beitrag von 1995 zum gleichen Schluss: Love Thy Neighbor: The Evolution of In-Group Morality, Struggles for Existence.

[6] RICHARD DAWKINS, The God Delusion, Boston 2006, 253.

[7] Vgl. dazu die Heidelberger Dissertation von DAVID BINDRIM, Die Flamme des Herrn? Eine philologische und theologische Untersuchung der Wurzel אהב im Alten Testament (Vetus Testamentum et Orbis Antiquus 1), Göttingen 2023.

Funktion der Quelle von gefälligen Ziermottos, sondern zieht in seriöse Fragen hinein.

1.1 Das Erste, was zu diskutieren ist, ist die *Funktion des Perfectum Consecutivum:*

וְאָהַבְתָּ לְרֵעֲךָ כָּמוֹךָ (*und* du sollst lieben...)

Hierzu haben sich in der Forschung vier Interpretationen etabliert:
   a) Sehr häufig wird in der Übersetzung der Satz losgelöst vom Kontext übersetzt; so machen es z. B. Luther oder Buber/Rosenzweig.

> Du sollst deinen Nächsten lieben wie dich selbst! (Luther 2017)
> Halte lieb deinen Genossen, dir gleich. (Buber/Rosenzweig)

Dadurch wird der Satz zu einem absoluten Prinzip. »Dann ist Lev 19,18c unabhängig vom Vorausgehenden zu bestimmen. Es ist dann entweder ein allgemeines Gebot, das nicht auf die Verbote in der Einheit Lev 19,17–18 zu beziehen ist, oder die Zusammenfassung bzw. Begründung dafür.«[8]

Zumeist wird aber ein Kontextbezug hergestellt, so schon im Neuen Testament, wenn es in Mt 22,38f. um die Frage nach dem höchsten Gebot geht. Es heißt: »αὕτη ἐστὶν ἡ μεγάλη καὶ πρώτη ἐντολή« (»Dies ist das erste und größte Gebot«, wobei jedes »und/aber/indem« fehlt).[9]

Die weit verbreitete Vulgata bietet ebenfalls keine Konjunktion: *diliges amicum tuum sicut temet ipsum.*

   b) Das Perfect consecutivum kann aber auch *koordinierend* verstanden werden: »Dann wäre das Gebot der Nächstenliebe ein weiteres Glied in der Reihe, die das rechte Verhalten beim Umgang mit dem schuldigen Bruder einschärft.«[10] Damit wäre es kein losgelöster Spitzensatz, sondern eine Handlungsmaxime unter anderen in der längeren Aufzählung von Lev 19. Dafür spricht vor allem die Fortsetzung in Lev 19,19. Hier findet sich – in drastischstem Kontrast zu V. 18 – eine Ansammlung von wahren Petitessen, die jeder fundamental-prinzipiellen Deutung schroff entgegensteht:

---

[8] ERASMUS GASS, Zum syntaktischen Problem von Lev 19,18 in: »Ich werde meinen Bund mit euch niemals brechen!« (Ri 2,1): Festschrift für Walter Groß zum 70. Geburtstag, Freiburg i. Br. 2011, 197–212, 198.
[9] Ebd.
[10] Ebd.

Meine Ordnungen sollt ihr halten. Dein Vieh von zweierlei ›Art‹ sollst du sich nicht begatten lassen; dein Feld sollst du nicht mit zweierlei <Samen> besäen, und ein Kleid, aus zweierlei Stoff gewebt, soll nicht auf dich kommen. (Lev 19,19)

c) Das Perfekt in Lev 19,18c kann aber auch kontrastiv gemeint sein. Im Gegensatz zu den vorhergehenden Geboten (»du sollst nicht hassen«) wird es dann mit »sondern« eingeführt. Dann hätte man einen *adversativen* Anschluss. Auf diese Weise kann das Verhalten gegenüber dem Nächsten *positiv* formuliert werden: Nicht Hass, *sondern* Liebe ist geboten:

Du sollst nicht Rache üben an den Angehörigen deines Volks und ihnen nichts nachtragen, *sondern* du sollst deinen Nächsten lieben wie dich selbst. *(Zürcher)*

d) In der Einhaltung der vorausgegangenen Gebote könnte man die Nächstenliebe erfüllen. In diesem Fall übersetzt man das Perfekt Waw *modal*: »auf diese Weise«. Alle Gebote würdest du gerade darin erfüllen, dass du liebst.

Nach meinem Urteil ist Lev 19,18 selbstverständlich in seinen Kontext eingebunden. Das Kapitel Lev 19 insgesamt bietet eine Liste von ethischen und kultischen Verhaltensnormen, die stark an den Dekalog erinnern (ähnlich wie Hiob 31).[11] In der Reihe der Gebote kommt dann unter anderem auch die Forderung nach Nächstenliebe, aber eben auch nach noch ganz anderen Forderungen. Man kann eine chiastische Struktur in Kap. 19 erkennen:[12]

1 f.: Einleitungsformel
    3: Ehre der Eltern + Sabbatgebot
        4: Verbot falschen Kults (Anbetung und Anfertigung von Kultbildern)
            5–10: Armenfürsorge (Opferfleisch, Ernteregeln)
                11 f.: Verbot von Diebstahl, Falschaussage, Meineid
                    13 f.: Verbot des Machtmissbrauchs bei Schutzlosen/Abhängigen
                    15 f.: Verbot des falschen Verhaltens vor Gericht
                    17 f.: Verbot des Hasses und Liebesgebot
                19–25: Kleine Gesetzessammlung: Verbot von Vermischungen; Samenerguss des Mannes bei einer fremden Magd + Sühnung; Pflege bei Obstbäumen
            26–28: Verbot falschen Kults (Blutverzehr; Wahrsagerei und Zauberei; Haartracht und Ritzungen)

---

[11] HIEKE, Thomas Hieke, Levitikus, Band 2 (Herders Theologischer Kommentar zum Alten Testament), Freiburg i. Br. 2014, z. St.
[12] BINDRIM, Flamme, 335.

29 f.:	Verbot der Prostituierung der Tochter; Sabbatgebot + Ehrfurcht vor dem Heiligtum
31:	Verbot der Totenbeschwörung
32:	Ehrung der Älteren
33 f.:	Fremdenliebe
35–36a:	Verbot falschen Maßes
36b–37:	Schlussformel

Wenn man aus dem weiteren Kontext näher an das Zentrum des Kapitels heranzoomt, ergibt sich eine klare logische Struktur der Verse 17 und 18.

17 a Du sollst nicht hassen deinen Bruder in deinem Herzen.
17 b Nachdrücklich sollst du zurechtweisen deinen Volksgenossen (עֲמִית),
    c sodass du nicht trägst wegen ihm Schuld.
18 a Du sollst dich nicht rächen
    b und du sollst nichts nachtragen den Söhnen deines Volkes,
    c und/sondern/sodass/indem du Liebe erweist deinem Nächsten wie (man) dir (Liebe erweist).
    d Ich (bin) JHWH. (Übersetzung von Erasmus Gass)

Es ist ein doppelter logischer Dreischritt von Verbot, Gebot und Begründung.

	Verbot	Gebot	Begründung
V. 17	Hasse nicht	sondern weise zurecht	dann hast du keine Mitschuld
V. 18	Trage nicht nach	sondern liebe	»Ich bin YHWH«

1.2 וְאָהַבְתָּ לְרֵעֲךָ כָּמוֹךָ (Du sollst lieben!)

Die zweite Frage ist, wer das angesprochene »*Du*« ist. Das Verbum ist 2. Singular Maskulinum Perfekt consecutivum Qal. Richtet sich das Gebot nur an Männer – genau wie das Possesivsuffix »dein Nächster«? Oder an den Menschen? Der ganze Text des Heiligkeitsgesetzes Lev 17–26 ist für modernes Empfinden schmerzlich androzentrisch. Aber sind möglicherweise noch spezifische Männer gemeint, etwa der Bruder, der Volksgenosse oder das Gemeindeglied? Der Indikativ Perfect consecutivum ist hier als stärkste Form des Imperativs gemeint, im Sinne von »du musst unbedingt«.

1.3 וְאָהַבְתָּ לְרֵעֲךָ כָּמוֹךָ (liebe!)

Die Bedeutung von אהב *ahab* ist umstritten, wie *David Bindrim* umfassend aufgezeigt hat: »Du sollst deinen König lieben« begegnet z. B. in Vasallenverträgen;

dort hat das Verbum nichts mit Emotionen zu tun, sondern bedeutet eher juristisch-politisch: »Du sollst die Steuern pünktlich zahlen, Wehrdienst leisten und stets *gehorsam sein*«. Zwar folgt darauf für die Nächstenliebe: »Es geht somit beim Liebesgebot – wie schon bei dem Verbot des Hasses – nicht um, zumindest nicht primär um eine Emotion, sondern um Solidarität, Loyalität und praktische Zuwendung gegenüber dem Nächsten.«[13] Aber die emotionale Komponente von *ahab* kann man doch nicht leugnen. Auch an dieser Stelle gelingt es den sozialgeschichtlichen und politischen Analogieforschern nicht, die emotionale Komponente vollständig zu negieren.[14] אהב hat mit dem Familien-Ethos zu tun:

> »Für die neuzeitlichen Exegeten und Theologen ist die Liebe Gottes im Alten Testament ein Problem. Sie manifestiert sich angeblich [...] überwiegend als Zuneigung Gottes zu seinem Volk. Das ist für die vorhandenen Texte schon richtig. Aber der Ursprung dieser Vorstellungen von der intimsten Bindung Gottes an Menschen stammt mit Sicherheit eben aus den persönlichen Gottesbeziehungen der Familie. Die Anwendung auf die Gemeinde ist eine übertragene [...]. Manchmal spüren das auch die Experten«.[15]

Das Verbum hat eine dem Hebräischen eigenartige Melange von praktischer Haltung und auch emotionaler Verbindung. So wie »das Herz« in der alttestamentlichen Anthropologie intellektuelle, emotionale und voluntative Persönlichkeitsanteile zu einer Einheit verbindet, so besteht »lieben« in einer substanziellen Verbindung von helfendem Handeln, charakterlich verankertem Wohlwollen und tiefem Fühlen. *Georg Braulik* urteilt: So impliziert die

> »so genannte Nächstenliebe [...] also keine romantische oder individualistische Zuneigung, sondern wird von vornherein auf das Verhalten zu den Armen, Schwachen und am Rand lebenden Fremden ausgelegt. Umfassender kann Liebe, wie sie heute gesucht wird, gar nicht mehr sein.«[16]

---

[13] GASS, Problem, 197.
[14] Vgl. BINDRIM, Flamme, 368–374.
[15] ERHARD GERSTENBERGER, Theologien des Alten Testaments, Stuttgart 2001, 74.
[16] GEORG BRAULIK, Das Volk, das Fest, die Liebe: Alttestamentliche Spiritualität, in: PAUL M. ZULEHNER (Hg.), Spiritualität – mehr als ein Megatrend (Gedenkschrift Franz König), Ostfildern 2004, 139–155, 154.

1.4 וְאָהַבְתָּ לְרֵעֲךָ כָּמוֹךָ (dem)

Ernst Jenni hat die Verwendung der Präposition Lamed im Alten Testament umfassend analysiert.[17] Das Untersuchungsmaterial umfasst alle seine 20.725 alttestamentlichen Vorkommen. Die hochdifferenzierte Darstellung der Verwendung geschieht in den *neun* Haupttrubriken: *L* revaluationis, ascriptionis, dativum, experientiae, applicationis, illocutionis, cum infinitivo, adverbiale* und *modi*, die den Hauptbestand des Buches ausmachen. Speziell mit Blick auf Lev 19,18 spricht Jenni vom *Lamed applicationis*.[18] »Insgesamt gibt es vier Fälle, in denen אהב mit der Präposition ל verbunden wird:

- Lev 19,18 sodass du Liebe erweist deinem Nächsten wie dir
- Lev 19,34 sodass du Liebe erweist ihm [dem Fremden, M.O.] wie dir
- 1Kön 5,15 Denn Liebe erweisend war Hiram dem David die Gesamtheit der Tage
- 2Chr 19,2 Sollst du Liebe erweisen dem Gottlosen, um zu helfen, und den JHWH-Hassern?«[19]

Was genau die Besonderheit dieser vier Stellen ausmacht, scheint mir die *Betonung der persönlichen Zuwendung* zu sein.

1.5 וְאָהַבְתָּ לְרֵעֲךָ כָּמוֹךָ (ein Begriff zwischen Volksgenosse, Glaubensgenosse und universal Nächster)

Die Bedeutung von *Rea* ergibt sich aus dem Kontext von Lev 19 als »*Volksgenosse*«. Hans-Peter Mathys datiert die Entstehung des Gebots sogar präzise in die *Zeit des babylonischen Exils*, als Israel in der Fremde anfing, sich untereinander unsolidarisch zu verhalten, also ca. 550 v. Chr. »Wollten die Juden im Exil ihren Glauben und ihre Identität bewahren, sahen sie sich gezwungen, ihren Gruppenzusammenhalt zu stärken, und das konnten sie nur, wenn sie nicht Rache übten, sondern einander liebten wie sich selbst.«[20] Jetzt in Babylon wie auch sonst im Exil muss sich die jüdische Gemeinde besonders solidarisch erweisen, sonst geht sie unter. Nächstenliebe ist eine Angelegenheit des nackten Überlebens und der ethnisch-national-religiösen Existenzsicherung. Diese exakte Datierung

---

[17] ERNST JENNI, Die hebräischen Präpositionen. Band 3: Die Präposition Lamed, Stuttgart 2000.
[18] A. a. O., 117.122.
[19] GASS, Problem, 208.
[20] HANS-PETER MATHYS, Liebe deinen Nächsten wie dich selbst. Untersuchungen zum alttestamentlichen Gebot der Nächstenliebe (Orbis Biblicus Orientalis 71), Göttingen/Fribourg 1986, 132.

und Lokalisierung erscheinen mir überzogen. Sie ist gewiss möglich, aber andere Datierungen und Lokalisierungen sind eben auch denkbar. Die Mahnung zur Solidarität ist keineswegs klar mit der Diasporasituation verbunden. Lev 19 setzt vielmehr sogar ein Leben im Land Juda voraus:

> Wenn ein Fremdling bei dir wohnt in eurem Lande (וְכִי־יָגוּר אִתְּךָ גֵּר בְּאַרְצְכֶם), den sollt ihr nicht bedrücken. (Lev 19,33)

Bei der Beantwortung der Frage, ob mit *Rea* spezifisch der Angehörige des eigenen Volkes, der eigenen Religion und eigenen Kultur gemeint ist, oder *jeder* Mensch zum *Rea* werden kann, werden entscheidende Weichen gestellt. Eine Übersetzung mit »Volksgenosse« impliziert leicht eine nationalistische Verengung des Liebesgebots (s. o.). Wie eingangs schon diskutiert, erfreut sie sich gegenwärtig großer Beliebtheit, bes. bei den Orthodoxen und den Siedlern in Israel, aber auch in zahlreichen Kreisen der politischen Rechten. Es wäre eine Aufforderung *nur* an die Israeliten, sich untereinander zu verzeihen und keinen Hass aufkommen zu lassen. Aber diese Übersetzung ist problematisch. *Rea* wird sehr wörtlich aufgefasst als der *»Nachbar, der neben mir wohnt«*. Über die Nationalität und Religionszugehörigkeit wäre demnach mit diesem Wort gerade nichts gesagt.

Eine weitere, extrem wörtliche Übersetzung entfaltet David Bindrim unter Verweis auf die geprägten Wendungen: »Gegenüber«

> *und liebe deinen Gegenüber dir gleich*[21].

Dabei bezieht er sich auch auf *Martin Buber:*

> »Rea, Genosse, ist der Mensch, mit dem ich gerade zu tun habe, der mir eben jetzt begegnende Mensch, der Mensch also, der mich in diesem Augenblick angeht, gleichviel ob er mir volkeigen oder volksfremd ist. Ich soll, buchstäblich übersetzt, ihn lieben: mich ihm hebend zuwenden, ihm Liebe erzeigen, Liebe antun; und zwar als einem, der wie ich ist: liebesbedürftig wie ich, der Liebestat eines Rea bedürftig wie ich – wie ich es eben von meiner eigenen Seele her weiß.«[22]

Die Sinndimension eines spezifisch diakonischen Handelns steckt in dem Begriff so oder so eigentlich nicht. Es geht ursprünglich gar nicht um einen Behinderten, Gebrechlichen, körperlich oder psychisch Kranken oder Dementen. Zu beachten ist auch, dass hier der Singular steht! Das wirft die Frage auf, ob es um einen einzelnen Menschen in Not geht, dem das »Du« begegnet.

---

[21] BINDRIM, Flamme, 329, bes. Fußnote 1202.
[22] MARTIN BUBER, Vorwort zu: HERMANN COHEN, Der Nächste, Berlin 1935, 6.

1.6 וְאָהַבְתָּ לְרֵעֲךָ כָּמוֹךָ (dir gleich)

Fünf grundlegend verschiedene Deutungen konkurrieren hier miteinander. Klassisch ist die Interpretation als Adverb.

1.6.1 Adverbialer Gebrauch
Danach wird durch כָּמוֹךָ die Art und Weise und das Maß der Liebe charakterisiert, was die deutsche Übersetzung ergibt:

> »Liebe deinen Nächsten so, wie du dich selbst liebst!«

Kriterium der Gebotserfüllung ist die Haltung, die man natürlicherweise sich selbst gegenüber einnimmt. Die hohe Wertschätzung seiner selbst wird als Basis des fürsorglichen Handelns gegenüber dem anderen vorausgesetzt.

Bereits die Septuaginta vertritt dieses Verständnis, das später auch das neutestamentliche werden wird:

> καὶ ἀγαπήσεις τὸν πλησίον σου ὡς σεαυτόν
>
> Und du sollst deinen Nächsten lieben wie dich selbst!

Lange bevor die moderne Psychologie sich mit der Selbstachtung befasste, lehrte demnach das Judentum, wie wichtig es ist, sich selbst zu akzeptieren. Denn nur wenn wir uns selbst lieben, können wir anderen Menschen freundlich und ohne Neid und Habgier begegnen. Das impliziert, dass es ein Gebot ist, sich selbst zu lieben! Ohne ein gesundes Maß an Eigenliebe ist eine ehrliche Zuwendung zum Nächsten unmöglich.

> Und Jonatan und David schlossen einen Bund, weil er ihn liebhatte wie seine eigene Seele. (1Sam 18,3)

1.6.2 Der attributive Gebrauch
Soweit ich weiß, war der aufgeklärte jüdische Theologe *Naphtali Herz Wessely* (1725–1806) der Erste, der diese Lesart »Und du sollst deinen Nächsten lieben wie dich selbst!« als komplett unrealistisch angegriffen hat. Als einer der wichtigsten und angesehensten jüdischen Dichter und Denker des 18. Jahrhunderts arbeitete Wessely mit Mendelssohn in Berlin am Torah-Projekt mit und bearbeitete dabei das Buch Leviticus. Für ihn bedeutet Lev 19,18 gerade nicht, dass man den anderen in dem genau gleichen Maß lieben muss wie sich selbst. Das hält er für eine idealistische, aber illusorische Forderung. Als neben *Moses Mendelssohn* bedeutendster Vertreter der Haskala konstatierte er in seinem Leviticus-Kommentar von 1782 nüchtern: kein Mensch kann einen anderen so

lieben, wie er sich selbst liebt. Das ist unmöglich. Daher muss die richtige Übersetzung lauten:

Liebe deinen Nächsten, weil er ist wie du.[23]

Die diakonische Fürsorge ruht auf dem rational nachvollziehbaren Argument, dass auch der Andere nach dem Bilde Gottes geschaffen wurde und den gleichen Vater hat, wie in Hi 31,15 festgestellt wird.

In den neueren deutschsprachigen Diskussionen ist diese Auslegung vor allem durch jüdische Autoren stark gemacht worden, zum Teil mit kräftigem antichristlichem Akzent. Bekannt ist der schon zitierte Übersetzungsvorschlag Martin Bubers und Franz Rosenzweigs:[24]

»*Halte lieb deinen Genossen, dir gleich (der ist wie du)*«

Das Maß der Zuwendung zum Nächsten darf gerade nicht die Selbstliebe sein. Dann würde das Gebot zu einem Egoismus höher Ordnung verkommen. Seine Pointe besteht in der Einsicht: Der Nächste ist dir gleich, aber nicht du selbst. Die entsprechende Kritik am Christentum führt zur polemischen Aussage: »Das Judentum kennt keine Selbstliebe (im Gegensatz zum Christentum)«.

»Wie du« charakterisiert den Nächsten; nicht die Art und Weise der Liebe, sondern eine Eigenschaft jedes Menschen. Kriterium des Gebots ist das Wissen um die ontologische Gleichartigkeit aller Menschen, letztlich also ein Argument aus der Schöpfungstheologie. Thomas Hieke kommentiert zur Stelle:

»Kommt man auf die oben genannte Beziehung zwischen Lev 19, 18 und Gen 5, 1 zurück, also auf die Verbindung zwischen Nächstenliebe und dem Gedanken der Gleichheit aller Menschen (im literarischen Bild: Abstammung von einem Urelternpaar), so ist in Gen 5, 1 auch die Selbstliebe biblisch verankert. Darauf weist der Midrasch Bereschit/Genesis Rabba 24,7 hin: ›Du sollst nicht sprechen: Weil ich verachtet worden bin, so möge auch mein Nächster mit mir verachtet werden, und weil ich verflucht worden bin, so möge auch mein Nächster mit mir verflucht werden. Wenn du so handelst, sagte Rabbi Tanchuma, so wisse, dass der, welchen du verachtest, als Abbild Gottes gemacht ist.‹ Selbstliebe und Selbstachtung, so kann man daraus schließen, sind also darin begründet, dass ich als Geschöpf Gottes als Gottes

---

[23] Vgl. H.-P. MATHYS, Liebe deinen Nächsten, 6 f., 48 f.
[24] Zum Charakter der Übersetzung vgl. M. OEMING, »Biblia Hebraica Germanica«. Von der unmöglichen Möglichkeit des Übersetzens der hebräischen »Schrift« ins Deutsche, in: DANIEL KROCHMALNIK/HANS-JOACHIM WERNER (Hg.): 50 Jahre Martin Buber Bibel. Beiträge des Internationalen Symposiums der Hochschule für jüdische Studien Heidelberg und der Martin Buber-Gesellschaft (Altes Testament und Moderne 25), Münster u. a. 2014, 11–25.

Abbild und Gott ähnlich geschaffen bin – und ebenso mein Nächster, dem ich daher ebenso wenig wie mir selbst mit Verachtung und Verfluchung begegnen darf, sondern mit Respekt und Liebe.«[25]

1.6.3 Der einschränkende Gebrauch

Gegen diese Deutung einer seinsmäßigen Gleichrangigkeit führt Jasch Nemtsov ins Feld:

»Ist für das Ahava-Gebot ausschlaggebend, dass die Begegnung auf Augenhöhe stattfindet – »kamocha«, »er ist wie du« –, so ist die tatsächliche Menschengleichheit für die chessed eher hinderlich. Wenn der Hilfsbedürftige sich aus eigener Kraft versorgen kann, ist er kein Objekt der Wohltätigkeit mehr, sodass auch der Helfende seine Wohltaten nicht mehr vollbringen und sich nicht mehr für das ewige Leben qualifizieren kann. Sogar mehr: Aus dem Bedürftigen wird womöglich ein lästiger Konkurrent, es entsteht somit ein Konfliktpotenzial, das mit chessed nicht gelöst werden kann.«[26]

Die Betonung des starken Unterschiedes zieht er aus einer Exegese des Neuen Testaments mit folgendem Gedankengang: Ein Inbegriff der Nächstenliebe wurde die berühmte Geschichte vom barmherzigen Samariter, obwohl sie eine höchst außergewöhnliche Situation beschreibt, die nach außergewöhnlicher Handlung verlangt. Bezeichnenderweise ist diese Geschichte vollständig auf den edelmütigen Helfer fokussiert, während über seinen Gegenpart nur zu erfahren ist, dass es »ein Mann« war. Dieser ist in der Geschichte ein völlig hilfloses Wesen, »halb tot«. Seine Eigenschaften sind insofern unwichtig, als er ausschließlich als passives Objekt der Fürsorge fungiert.

Aus solchen Überlegungen ergibt sich eine dritte Übersetzungsmöglichkeit:

»Du sollst deinen Glaubens-/Volksgenossen lieben, *insofern* er ist wie du [d. h. insofern er so denkt/glaubt wie du]!«

Auch in der einflussreichen, freilich viel späteren lateinischen Übersetzung der Vulgata klingt dieses Verständnis an:

Liebe *deinen Freund*, wie dich selbst!
diliges *amicum* tuum sicut temet ipsum.

Diese Lesart wirkt bis heute stark nach. Auch in der Bundesrepublik interessieren Kriege etwa im Sudan oder Yemen nur ganz am Rande, wenn überhaupt.

---

[25] HIEKE, Levitikus, z. St.
[26] JASCH NEMTSOV, Jüdische Allgemeine 2024.

Aber wenn die Ukraine als ein Land in Europa von Russland angegriffen wird, dann findet jede Form des diakonischen Handelns (und der militärischen Hilfe) hohe Akzeptanz: Da sie sind wie wir – nämlich Europäer und Demokraten – müssen wir helfen; und im Grunde helfen wir uns damit selbst, damit wir es das bleiben können, was wir sind. Eine Hilfe für die Kriegskrüppel, für die Witwen und Waisen russischer Soldaten kommt nicht in Betracht. Lieben wir nicht wirklich alle Menschen, weil sie Menschen sind, oder nur sofern sie sind wie wir?

1.6.4 Nächstenliebe als Variation der Goldenen Regel
Zum Verständnis von Lev 19,18 muss man nach Erasmus Gass Dtn 10,17–19 und Lev 19,34 als entscheidende Parallelstellen heranziehen:

> »Denn JHWH, euer Gott, er ist der Gott der Götter, ... der den Fremden liebt, sodass er ihm Brot und Kleidung gibt. Auch ihr sollt den Fremden lieben; denn Fremde seid ihr gewesen im Land Ägypten.« (Dtn 10,17–19)
>
> »Der Fremde, der sich bei euch aufhält, soll euch wie ein Einheimischer gelten, und du sollst ihn lieben wie dich selbst; denn ihr seid selbst Fremde in Ägypten gewesen. Ich bin JHWH, euer Gott.« (Lev 19,34)

Die Weisung wird durch das vorgängige Handeln Gottes theologisch begründet. Die praktizierte Liebe zum Fremdling ist somit *imitatio Dei*.[27]

Man muss nach dieser Logik auch in Lev 19,18 *zwei* Subjekte annehmen:

> »Du sollst lieben, *sodass du Liebe erweist deinem Nächsten – wie (man) dir (Liebe erweist).*«

Die »vergleichende Präpositionalverbindung bewirkt gerade nicht eine Gleichsetzung zwischen Nächsten, Fremden und Einheimischen, was nur bei einem attributiven Verständnis möglich wäre (›der wie du ist‹), sondern stellt eine besondere Form der Goldenen Regel vor: Man soll dem Nächsten Liebe erweisen, wie man auch vom Anderen erwartet, dass er einem mit tätiger Liebe begegnet.«[28]

1.6.5 *Liebe, indem du deinen Nächsten wie du werden lässt!*
Empathie als gedankliche Identifikation mit dem Menschen, der dir begegnet

In der Diskussion um die ursprüngliche Bedeutung des Textes möchte ich einen ganz anderen Akzent setzen, nämlich den Gedanken der Empathie. *Liebe deinen Nächsten dir gleich!* bedeutet nach meinem Verständnis: *Versetze sich in seine Lage; werde ihm gedanklich und emotional gleich!* Das heißt: Wenn dein Nächster

---
27 GASS, Problem, 213.
28 Ebd.

dich feindselig behandelt hat, dann versuche nachzuvollziehen, wie du in seiner Lage gehandelt hättest.[29] Hasse ihn nicht einfach! So wie du selbst Fremdling in Ägypten warst, so erinnere dich jetzt an deine Not, wenn du einen Ausländer siehst. Du sollst dich mit dem Willen zu verstehen in die Lage dessen versetzen, der in Bedrängnis ist. Du wirst entdecken, dass viele seiner Handlungsweisen in seiner Perspektive nicht nur abscheulich sind.[30] Zu dieser Deutung des כָּמוֹךָ im Sinne von »Verpflichte dich, die Werte und die Ideen des anderen an dich heranzulassen, versuche systematisch, ein Stück weit in den Schuhen des andern zu gehen«, hat mich der Physiker, Philosoph und Friedensforscher *Carl Friedrich von Weizsäcker* angeregt, der das Gebot der Feindesliebe in der Bergpredigt folgendermaßen deutet:

> »Praktische Feindesliebe beginnt damit, dass wir unseren Feind verstehen lernen. Er wird voraussichtlich auch dann unser Feind bleiben, er wird fortfahren, uns zu fürchten und uns deshalb zu hassen. Aber wenigstens werden wir dann beginnen, nicht mehr alle die Bewegungen zu machen, die ihm ständig den Eindruck vermitteln, er fürchte und hasse uns zu Recht. Erst dann werden wir in der Lage sein, ihm verständlich zu machen, inwiefern er sich bisher so verhalten hat, dass wir ihn fürchten mussten, und ihn darum zu hassen verführt waren. [...] Christen sollten zur intelligenten Feindesliebe fähig sein, zum Verständnis der Motive des Gegners, und damit zur Vorbereitung der Kompromissbereitschaft. Sie können in den Völkern Angst und Hass abzubauen und Verständnis aufzubauen helfen.«[31]

Philologisch ist diese Auslegung im Sinne von Empathie möglich.

---

[29] Was hättest du getan, wenn du im Gazastreifen aufgewachsen wärest und keinen Ausweg aus der seit 75 Jahren anhaltenden Situation gesehen hättest? Was hättest du getan, wenn du 1933 in einer Weltwirtschaftskrise und einer perspektivlosen Situation einen Charismatiker ausgesetzt gewesen wärest, der dir – zwar mit Blut und Eisen – den Anbruch des Tausendjährigen Reiches ausgemalt hätte? Sei dir nicht zu sicher, dass du den Demagogen und ihren Verheißungen gepaart mit Aufrufen zu Hass und Gewalt zur Befreiung deines Volkes nicht auf den Leim gegangen wärest. Sei dir nicht naiv zu sicher, dass du auf der Seite der besonnenen Guten und des friedlichen Widerstandes gestanden hättest!

[30] Vgl. R. A. KLEIN, Empathie und Nächstenliebe im Spiegel christlicher Theologie, Hohenheim 2012, 2 (www.akademie-rs.de/fileadmin/user_upload/download_archive/interreligioeser-dialog/120420_klein_naechstenliebe_.pdf, Stand: 24.07.2024).

[31] CARL FRIEDRICH VON WEIZSÄCKER, Die intelligente Feindesliebe, in: DERS., Der bedrohte Friede, Politische Aufsätze 1945–1981, München/Wien 1981, 533–538.

Zusammenfassung von Teil 1: Polysemantische Begriffe und syntaktische Besonderheiten eröffnen in der Auslegung von Lev 19,18 ungeahnte Ambivalenzen. Wir haben philologisch fünf Grundmodelle festgestellt:
1. Liebe den Anderen *wie dich selbst!* Das Kriterium der Liebe wäre so gesehen die Selbstliebe. Dies kann wiederum positiv gedeutet werden: Da Selbstliebe in aller Regel im Überfluss vorhanden ist, darf der andere sich auf ein sehr hohes Maß an Liebe freuen; aber es kann auch negativ verstanden werden: So sehr, wie man sich selbst liebt, kann man niemanden anderen lieben. Dieses Gebot wäre letztlich illusionär.
2. Liebe deinen Nächsten, *denn er ist wie Du!* Mithilfe eines Arguments aus der Schöpfungstheologie wird eine umfassende Menschenliebe rational begründet. Die Einsicht in die seinsmäßige Gleichstellung führt zu ethischer Gleichrangigkeit.
3. Liebe deinen Volksgenossen, *sofern er ist wie du!* Damit wird die Liebe stark eingegrenzt; man soll nur lieben, was so ist, wie man selbst ist. Liebe wird zu einer Art von Selbsterhaltung. Damit würde die Fürsorgepflicht auf eine kleine Teilmenge der Menschheit limitiert: Liebe beschränkt sich auf den, der zu meinem Volk gehört (was man kaum anders als antiken Rassismus bewerten kann), aber auch bei diesem Personenkreis nur auf solche, die religiös oder politisch so eingestellt sind wie man selbst.
4. Liebe deinen Nächsten so, *wie du selbst geliebt werden willst,* wenn du selbst in Not gerätst. Das Gebot der Nächstenliebe impliziert eine Verpflichtung auf Gegenseitigkeit und eine Hoffnung, dass man Liebe empfangen wird, wenn man selbst bedürftig wird. Es wäre Ausdruck eines *umfassenden Generationenvertrags* im Geiste der Subsidiarität.
5. *Liebe, indem du deinen Nächsten wie du werden lässt!* Verpflichte dich zur *Empathie* in die Menschen, die dir begegnen, d. h. dazu, Vorstellungen, Empfindungen, Motive und auch schwierige Persönlichkeitsmerkmale einer anderen Person zu erkennen, zu verstehen und nachzuempfinden. (Das bedeutet keineswegs, sie anzuerkennen.)

Neben diesen fünf Grundverständnissen sind noch etliche weitere Details nicht eindeutig und daher mit Grund umstritten: Meint »liebe!« nur Taten oder auch Emotionen? Ist das Gebot im Maskulinum Hinweis auf eine männerzentrierte »Bruderschaft« oder ist eine universale, Frauen inkludierende Menschheit im Blick? Lässt sich die historische Situation für die Entstehung des Heiligkeitsgesetzes und auch des Liebesgebotes auf die Notlage des babylonischen Exils eingrenzen oder formuliert der Satz eine fundamentaltheologische Überzeugung, die gleichsam überzeitliche Gültigkeit beansprucht?

Die Aufgabe der Philologie ist nicht erledigt, wenn nur die Ambiguitäten und die Uneindeutigkeiten bzw. Vieldeutigkeiten herausgearbeitet wurden. Auch wenn diese tastende und ergebnisoffene Suche nach der Grundbedeutung wichtig und unverzichtbar ist, am Ende muss der Versuch stehen, zu einem deutlichen Verstehen, möglichst zur Eindeutigkeit zu kommen.

2. Auf der Suche nach einer gegenwärtig gültigen Auslegung

Die Alternative zwischen attributivem Lesen (»Er ist wie Du«, Wessely/Buber/Schüle[32]) und adverbialem Auslegen (»wie dich selbst«, LXX, NT bis moderne Psychologie) ist philologisch nicht zu entscheiden.

> »Nach Sichtung der verschiedenen Belegstellen für כָּמֹהוּ-Sätze wird deutlich, dass das Liebesgebot in Lev 19,18.34 ambig ist. Sowohl die Deutung als Apposition ›liebe deinen Nächsten, der dir gleich ist!‹ als auch die adverbielle Deutung ›liebe deinen Nächsten wie dich selbst!‹ sind grammatikalisch möglich, ohne dass eine der beiden Deutungen der anderen vorgezogen werden kann.«[33]

Man kann mit Bindrim *eine Synthese* versuchen, bei der beide Deutungen gleichberechtigt nebeneinanderstehen. Der Ton liegt auf dem Unterlassen:

> »Nächstenliebe bedeutet zuerst, alles Unrechte, Schädliche und Nachteilige gegenüber dem Mitmenschen zu unterlassen und zu meiden. [...] Es zeigt sich, dass das Gebot, den Nächsten zu lieben, ohne Einbeziehung der ihm vorausgehenden gesetzlichen Vorschriften und Verbote nicht hinreichend verstanden wird.«[34]
>
> Als Paraphrase der Verse kann daher vorgeschlagen werden: »Hasse nicht, räche dich nicht, trage nicht nach – kurz: liebe!«[35]

Aber wirklich problematisch ist der Umgang mit der dritten Auslegung in der obigen Liste, d. h. die gruppeninterne Engführung, mit der sich Bindrim gar nicht beschäftigt, weil sie für ihn von Lev 19,33 f. her absurd erscheint. Dass sie aber möglich ist, kann man (leider!) kaum bestreiten, besonders wenn die von Mathys vorgeschlagene historische Situierung in der Notsituation der babylonischen Diaspora (oder späterer Exil-analogen Situationen) zutreffend sein sollte: Israel musste auf »Hassen« verzichten und musste die Solidarität innerhalb der eigenen Glaubensgemeinschaft fordern, einfach um in der Fremde als Volk und als

---

[32] ANDREAS SCHÜLE, Denn er ist wie Du. Zu Übersetzung und Verständnis des alttestamentlichen Liebesgebots Lev 19,18; ZAW 113 (2001), 515–534.
[33] BINDRIM, Flamme, 341 f.
[34] BINDRIM, Flamme, 343.
[35] SCHREINER/KAMPLING, Nächste, 22, zit. nach BINDRIM, Flamme, 342.

Religion überleben zu können. Auch die Vulgata mit dem Aufruf: »Liebe deinen Freund (amicum tuum)!« kann man in diese Richtung verstehen.

Aber selbst dann, wenn dies die Ursprungsintention gewesen sein sollte (vgl. Nemtsov), so ist sie nicht deutlich markiert (etwa durch ein eingefügtes »nur« deinen Nächsten) und bleibt deswegen sicher unsicher. Zudem hat sich das Gebot im Laufe seiner Rezeptionsgeschichte doch sicher erweitert. Schon in dem wohl doch vorchristlichen Testament der zwölf Patriarchen heißt es:

> »Ich liebte auch den Herrn mit ganzer Kraft
> und jeden Menschen liebte ich
> wie meine eignen Kinder.«
> (Testament des Issachar, 7,6)[36]

Als Juda in nachexilischer Zeit wieder ein eigenes Territorium, freilich als Provinz unter persischer Oberhoheit, besaß, galt die Weisung ja immer noch. Das Gleichnis vom barmherzigen Samariter Lk 10 zeigt, dass zumindest in der Gesetzesauslegung Jesu und der Urchristen das Liebesgebot von engen national-religiösen Schranken befreit wurde. *Man kann von einer konzentrischen Ausweitung sprechen: Zunächst gilt der Aufruf, sich selbst zu lieben. Dann weitet sich die Sphäre auf die Liebe zum anderen; danach weitet sich der Horizont erneut aus auf die Liebe zum Fremden, um schließlich in der Liebe zum Feind zu gipfeln.* Eine solche Bedeutungsentwicklung im Zuge der Überlieferungsgeschichte kann man nicht als »Entfernung vom Ursprungssinn« abtun. Auslegungsgeschichte legt auch Dimensionen am Ursprungssinn frei, die anfangs nur keimhaft angelegt und daher eher verborgen waren und überhört wurden.

Die alttestamentliche Wissenschaft braucht den Diskurs mit der neutestamentlichen Exegese, mit der Ethik und der Diakoniewissenschaft.

Die Tendenzen zur Einbeziehung sogar der Feinde in die Sphäre des Liebesgebots finden sich wohlgemerkt schon inneralttestamentlich, etwa im Buch Ruth, wo eine Moabiterin nicht gehasst, sondern geheiratet und so zur Großmutter Davids wird; oder in der Chronik, wo der Krieg zwischen Nordreich und Südreich durch fürsorgliche Feindesliebe beigelegt wird (2Chr 28,5ff.).[37] Eine national enggeführte Auslegung hat im Lichte der Überlieferungsgeschichte (die eben nicht Übermalungs- oder gar Verdunkelungsgeschichte sein muss, sondern

---

[36] Übersetzung von PAUL RIEẞLER, Altjüdisches Schrifttum außerhalb der Bibel, Augsburg 1928, 1196; JÜRGEN BECKER, Die Testamente der zwölf Patriarchen (JSHRZ III/1), Gütersloh 1974, 84, übersetzt: »Den Herrn liebte ich und ebenso alle Menschen mit aller meiner Kraft«.

[37] F. SCOTT SPENCER, 2 Chronicles 28:5–15 and the Parable of the Good Samaritan, WTJ 46 (1984), 317–349; ISAAC KALIMI, Robbers on the Road to Jericho: Luke's Story of the Good Samaritan and Its Origin in Kings/Chronicles, EphThLouv 85 (2009), 47–53.

Erhellungs- und Entfaltungsgeschichte sein kann) keinen Bestand gehabt und auch, wenn sie gegenwärtig in den USA unter Trump oder in der BRD durch die AfD oder bei israelischen Siedlern à la *Itamar Ben-Gvir* wieder angestrebt wird, darf sie keine Anerkennung bekommen – schon gar nicht mit dem scheinbare guten Argument des ursprünglichen hebräischen Wortsinnes.[38] In Abwägung der verschiedenen Aspekte und angesichts der Wirkungsgeschichte des Gebotes scheint mir eine universalisierte Menschenliebe jenseits jeder Volks- oder Geschlechterschranke der Sinn: Hasse nicht, sondern liebe![39]

Schon in der von Juden für Juden gefertigten griechischen Übersetzung (LXX) ist der Akzent deutlich hervorgehoben:

ἀγαπήσεις τὸν **πλησίον** σου ὡς σεαυτόν.

Der matthäische Jesus greift in die Diskussion ein, was das Gebot der Nächstenliebe ursprünglich und im Kern bedeutet. Er dehnt den Begriff *rea* = (Volks-) Genosse aus und interpretiert ihn universal: Gerade nicht nur die, die dir gleich sind in religiöser Gesinnung und Volkszugehörigkeit, sollst du lieben, sondern (damit deutet er das Waw adversativ) der Begriff »Nächster« umgreift sogar den Feind / Fremden / Andersgläubigen. Eine Beziehung zur römischen Besatzungsmacht liegt nahe, ist aber ebenso explizit nicht ausgedrückt wie die Konkurrenz zu den Samaritanern. Nach Jesus (Matthäus) impliziert das Liebesgebot Demut:

Damit ihr Kinder seid eures Vaters im Himmel. Denn er lässt seine Sonne aufgehen über Böse und Gute und lässt regnen über Gerechte und Ungerechte.

ὅπως γένησθε υἱοὶ τοῦ πατρὸς ὑμῶν τοῦ ἐν οὐρανοῖς, ὅτι τὸν ἥλιον αὐτοῦ ἀνατέλλει ἐπὶ πονηροὺς καὶ ἀγαθοὺς καὶ βρέχει ἐπὶ δικαίους καὶ ἀδίκους (Mt 5,45).

(Schon) Paulus wertet Lev 19,18 enorm auf; es ist die Zusammenfassung des ganzen Gesetzes (vgl. Röm 13, 9 f.):

---

[38] »Aber schon in V 34 wird mit exakt der gleichen Formulierung die tätige Liebe zum Fremden eingefordert, so dass die von der rabbinischen Literatur wie vom Neuen Testament vorgenommene Erweiterung des Nächstenliebegebots auf alle Menschen eine dem Text angemessene ›Fortschreibung‹ des Gedankengangs ist.« (Hieke, Leviticus, 742)

[39] Vgl. überzeugend Matthias Ködert, Gottesfurcht und Nächstenliebe: Die Zusammenfassung der Willensoffenbarung Gottes am Sinai in Lev 19, in: Ders. (Hg,), Leben in Gottes Gegenwart Studien zum Verständnis des Gesetzes im Alten Testament (FAT 43), Tübingen 2004, 155–166.

»Du sollst deinen Nächsten lieben, sofern er ist wie du« (Lev 19,18)?

Denn das ganze Gesetz ist in *einem* Wort erfüllt,
in dem (einen): »Liebe deinen Nächsten wie dich selbst!«
ὁ γὰρ πᾶς νόμος ἐν ἑνὶ λόγῳ πεπλήρωται,
ἐν τῷ ἀγαπήσεις τὸν πλησίον σου ὡς σεαυτόν. (Gal 5,14)

Ein ganz entscheidender Aspekt ist dabei, was lieben im Unterschied zu hassen genauer meint. Ich habe oben vorgeschlagen, dass das Gebot zur *Empathie, zur Einfühlung selbst in Menschen, die einen hassen, verpflichten möchte.* Damit ist die Liebe nicht eine Form schwächlicher Dekadenz, gegen die *Friedrich Nietzsche* polemisierte,[40] sondern eine wirkliche humanitäre Stärke, eine Form der emotionalen Intelligenz. Mit dem Gebot der Nächstenliebe legt das Alte Testament einen Grundstein. Es steckt keine materiale Ethik darin, sondern eher eine Art formaler Vorgehensweise: Denke dich stets in die Situation des anderen hinein! Die grundlegende Bedeutung dieses Ansatzes als einer Motivation zum Altruismus darf man nicht unterschätzen.

Einfühlungsvermögen[41] *als Gebot* bringt die alttestamentliche Frömmigkeit wieder einmal in die Nähe der Aufklärung. Liebevolles Hineinversetzen und Absage an hasserfüllte Einseitigkeiten erscheinen mir als ein effizientes Gegenmittel gegen eine an partikulare Glaubensbekenntnisse gebundene »kirch-

---

[40] Friedrich Nietzsche hat die Nächstenliebe als dekadent bezeichnet: »Daß man die untersten Instinkte des Lebens verachten lehrt, daß man in der tiefsten Nothwendigkeit zum Gedeihen des Lebens, in der Selbstsucht, das böse Princip sieht: daß man in dem typischen Ziel des Niedergangs, der Instinkt-Widersprüchlichkeit, im ›Selbstlosen‹ im Verlust des Schwergewichts in der ›Entpersönlichung‹ und ›Nächstenliebe‹ grundsätzlich einen höheren Werth, was sage ich! den Werth an sich sieht! Wie? Wäre die Menschheit selber in décadence? Wäre sie es immer gewesen? Was feststeht, ist daß ihr nur décadence-Werthe als oberste Werthe gelehrt worden sind. Die Entselbstungs-Moral ist die typische Niedergangs-Moral par excellence.« (Nachlaß Oktober 1888, KSA 13, 23[3]3).

[41] Dass das rationale Denken allein diese grundlegende menschliche Solidarität mit anderen Menschen nicht begründen kann, vertrat Irene Harand 1935 in ihrer frühen Analyse der Ideologie Adolf Hitlers: »Wenn die Menschen nichts für den Nächsten empfinden, was soll sie davon abhalten, sich gegenseitig totzuschlagen? [...] Dort, wo menschliches Empfinden vorhanden ist, scheut man sich, die fürchterlichen Waffen, die schauerlichen Giftgase gegen seine Nachbarn anzuwenden. Wo aber das Gefühl ausgeschaltet wird, dort gibt es auch keine Hemmung für die restlose Vernichtung der Mitmenschen, für die Vergiftung ganzer Bevölkerungsteile, auch wehrloser Männer, Frauen und Kinder.« (IRENE HARAND, Sein Kampf. Antwort an Hitler, Wien 1935, 337 f.; zitiert nach WOLFRAM MEYER ZU UPTRUP, Kampf gegen die »jüdische Weltverschwörung«. Propaganda und Antisemitismus der Nationalsozialisten 1919 bis 1945, Berlin 2003, 37).

liche« Dogmatik und Ethik. Es ist nach meiner Überzeugung Grundlage einer allein zukunftsfähigen allgemeingültigen Ethik des sozialen Miteinanders.

»Die Pflicht der Nächstenliebe kann also auch so ausgedrückt werden: sie ist die Pflicht, anderer ihre [sic] Zwecke (so fern diese nur nicht unsittlich sind) zu den meinen zu machen; die Pflicht der Achtung meines Nächsten ist in der Maxime enthalten, keinen anderen Menschen bloß als Mittel zu meinen Zwecken abzuwürdigen (sic!) (nicht zu verlangen, der andere solle sich selbst wegwerfen, um meinem Zwecke zu frönen).«[42]

Das Alte Testament diakonisch lesen[43] hat im Gebot der Nächstenliebe eine fruchtbare Grundierung. Das Gebot ist an sich und nur für sich viel zu formal. Was alles an diakonischem Handeln daraus folgt, dazu muss man inhaltlich aus vielen anderen Quellen der Bibel das Material zusammentragen und gründlich reflektieren.[44]

Dabei ist die Einfühlung in den Fremden, ja in den Feind mit einer Art »*Einfühlung in Gott*« verknüpft. Denn: »Das Gebot, Gott und den Mitmenschen zu lieben, wird im Neuen Testament als Summe der alttestamentlichen Tora verstanden.«[45] Auf die Frage nach dem *wichtigsten* Gebot kombiniert Jesus zwei Bibelstellen: Dtn 6,8 und Lev 19,18 (Mt 22,27–29/Mk 12,26 f. [fehlt bei Lukas]).

---

[42] IMMANUEL KANT, *Die Religion innerhalb der Grenzen der bloßen Vernunft*. Kants Werke, Akademie Textausgabe, Berlin 1968, 450.

[43] Der Titel ist inspiriert von dem wichtigen Aufsatz von GERD THEIẞEN, Die Bibel diakonisch lesen. Die Legitimationskrise des Helfens und der barmherzige Samariter, in: GERHARD K. SCHÄFER/THEODOR STROHM (Hg.), Diakonie – biblische Grundlagen und Orientierungen. Ein Arbeitsbuch zur theologischen Verständigung über den diakonischen Auftrag (Veröffentlichungen des Diakoniewissenschaftlichen Instituts an der Universität Heidelberg 2), Heidelberg 1990, 376–401; vgl. ANIKA CHRISTINA ALBERT, Helfen als Gabe und Gegenseitigkeit. Perspektiven einer Theologie des Helfens im interdisziplinären Diskurs (Veröffentlichungen des Diakoniewissenschaftlichen Instituts an der Universität Heidelberg 42), Heidelberg 2010, die in Anlehnung an Theißen verschiedene Hilfevorstellungen und -konzepte mit dem diakonischen Hilfeverständnis ins Gespräch bringt.

[44] Vgl. z. B. FRANK CRÜSEMANN, Das Alte Testament als Grundlage der Diakonie, in: VOLKER HERRMANN/MARTIN HORSTMANN (Hg.), Studienbuch Diakonik. Biblische Grundlagen, Neukirchen-Vluyn ²2008, 58–87; MANFRED OEMING, Selig ist, wer sich um den Armen kümmert (Ps 41,2). Das Alte Testament als Grundlage des diakonischen Handelns, in: JOHANNES EURICH/HEINZ SCHMIDT (Hg.), Diakonik. Grundlagen – Konzeptionen – Diskurse, Göttingen 2016, 11–45.

[45] Vgl. ULRICH H. J. KÖRTNER, Diakonie und Öffentliche Theologie. Diakoniewissenschaftliche Studien, Göttingen 2015, 79–87, hier 79.

Jesus aber antwortete ihm:
»Du sollst den Herrn, deinen Gott, lieben von ganzem Herzen, von ganzer Seele und von ganzem Gemüt« (Dtn 6,5).
Dies ist das höchste und größte Gebot.
Das andere aber ist dem gleich: »Du sollst deinen Nächsten lieben wie dich selbst« (Lev 19,18).
»In diesen beiden Geboten hängt das ganze Gesetz und die Propheten.« (Mt 22,37–40)

Das sogenannte »Doppelgebot der Liebe« ist ein Kompositzitat aus zwei Torastellen – und stellt keine neue Erfindung Jesu dar; originell ist allenfalls die Kombination und die Zusammen- bzw. Gleichstellung der beiden Zitate zu einem Gebot. Jesuanische und christliche Ethik leben aus dem diakonischen Erbe der alttestamentlich-jüdischen Tradition. Dabei zeigt sich paradigmatisch, wie der große »Alttestamentler« Jesus von Nazareth das Alte Testament interpretiert und es insgesamt diakonisch liest, nämlich in einer innigen Durchdringung von Theologie und Ethik im Rahmenwerk der Liebe. Das gilt auch für das Einfühlungsvermögen. Auch dies ist ein Komposit aus Psychologie und Theologie bzw. Christologie.

»[Nächstenliebe] besteht ja darin, daß ich auch den Mitmenschen, den ich zunächst gar nicht mag oder nicht einmal kenne, von Gott her liebe. Das ist nur möglich aus der inneren Begegnung mit Gott heraus, die Willensgemeinschaft geworden ist und bis ins Gefühl hineinreicht. Dann lerne ich, diesen anderen nicht mehr bloß mit meinen Augen und Gefühlen anzusehen, sondern aus der Perspektive Jesu Christi heraus. Sein Freund soll auch mein Freund sein.«[46]

Im Weltgericht nach Mt 25 stellt Jesus sechs Typen von »Geringen« exemplarisch zusammen (den Hungernden, den Dürstenden, den Ausländern, den Nackten, den Kranken und den Strafgefangenen) und markiert damit eine materiale Auslegung von Lev 19,18. Sich diesen Menschen (über alle Grenzen von Religion, Rasse, sexueller Orientierung hinweg) helfend zuzuwenden, das ist der Sinn von »Nächsten«-liebe.

---

[46] PAPST BENEDIKT XVI, Enzyklika Deus caritas est (2005).

Aspekte der Diakonie im Frühjudentum am Beispiel des Testaments Hiobs

Hannah Susanne Wirbatz

TestHiob 11,1 Es gab aber einige Fremde, die meine Bereitwilligkeit (προθυμίαν[1]) sahen, und bei ihnen kam der Wunsch auf (ἐπεθύμησαν), selbst den Dienst zu unterstützen (ὑπερετεῖν τῇ διακονίᾳ).

Begibt man sich auf die Suche nach Zeugnissen antiker Theorie und Praxis diakonischen Handelns, so begegnet man in der jüdischen Literatur aus hellenistisch-römischer Zeit verschiedenen Vorbildfiguren, deren bereitwillige Zuwendung zu Menschen in Not ansteckend wirkt.[2] Das Testament Hiobs, das in – methodisch und thematisch unterschiedlich ausgerichteten – Veröffentlichungen zum Thema immer wieder herangezogen wird,[3] ist ein eindrückliches Beispiel dafür. Der Grund liegt nicht zuletzt darin, dass die ausführliche Beschreibung

---

[1] Der griechische Text wird zitiert nach S. P. BROCK, Testamentum Iobi, PVTG 2, Leiden 1967. Eine Edition des koptischen Kodex bietet GESA SCHENKE (Hg.), Der koptische Kölner Papyruskodex 3221, Bd. 1: Das Testament Iob, PapyCol 33, Paderborn 2009.

[2] Vgl. dazu MARKUS WITTE, Begründungen der Barmherzigkeit gegenüber den Bedürftigen in jüdischen Weisheitsschriften aus hellenistisch-römischer Zeit, in: MATTHIAS KONRADT/ ESTHER SCHLÄPFER (Hg.), Anthropologie und Ethik im Frühjudentum und im Neuen Testament. Wechselseitige Wahrnehmungen. Internationales Symposium in Verbindung mit dem Projekt Corpus Judaeo-Hellenisticum Novi Testamenti (CJHNT), 17. bis 20. Mai 2012, Heidelberg, WUNT 322, Tübingen 2014, 387–412, hier 401–406.

[3] Vgl. besonders KLAUS BERGER, »Diakonie« im Frühjudentum. Die Armenfürsorge in der jüdischen Diasporagemeinde zur Zeit Jesu, in: GERHARD K. SCHÄFER/THEODOR STROHM (Hg.), Diakonie – biblische Grundlagen und Orientierungen. Ein Arbeitsbuch zur theologischen Verständigung über den diakonischen Auftrag, VDWI 2, Heidelberg ³1998, 94–105, hier 94–98; KLAUS MÜLLER, Diakonie im Dialog mit dem Judentum. Eine Studie zu den Grundlagen sozialer Verantwortung im jüdisch-christlichen Gespräch, VDWI 11, Heidelberg 1999, 409–413; ANNI HENTSCHEL, Diakonia im Neuen Testament. Studien zur Semantik unter besonderer Berücksichtigung der Rolle von Frauen, WUNT II/226, Tübingen 2007, 64–70.

einer von Hiob eingerichteten Fürsorgestruktur in den Kapiteln 9–15, in deren Kontext sich auch die insgesamt sieben Belege der Wortgruppe διακονία κτλ.[4] finden, in Durchführung und Anliegen durch eine gewisse Nähe zu heutigen diakonischen Angeboten überrascht. Doch auch darüber hinaus kommen die Themen Bedürftigkeit und Not in verschiedenen Zusammenhängen und auf vielfältige Weise immer wieder neu zur Sprache. Bestimmend ist insgesamt eine doppelte Perspektive, die in der biblischen Hiobgeschichte schon angelegt ist und im Folgenden entfaltet werden soll:

Nach einer kurzen Einführung (§ 1) wird zunächst der in die Erzählung eingebundene Entwurf einer diakonischen Praxis untersucht, zu der elementar eine bestimmte »Haltung im Geben« gehört (§ 2). Hier steht mit dem wohlhabenden Hiob der besitzende Mensch im Zentrum, dessen Frömmigkeit sich in der Unterstützung seiner Mitmenschen artikuliert, entsprechend wird auf textimmanenter Ebene eine »Außenperspektive« auf Bedürftigkeit und Not sichtbar. Mit Hiobs schweren Verlusten erfolgt auf Erzählebene ein Standpunktwechsel, der einen neuen Blickwinkel ermöglicht: Nun steht Hiob als der Mensch in Armut im Zentrum, dessen Frömmigkeit sich im Festhalten an der Gottesbeziehung manifestiert. Die biblische Hiobgeschichte wird dabei neuakzentuiert dazu genutzt, Deutungen auf das Thema Bedürftigkeit zu eröffnen und eine Trostperspektive zu bieten (§ 3): Hiob wird zum Präzedenzfall dafür, dass die äußeren Umstände eines Menschen – ungeachtet der gesellschaftlichen Realität von Unbarmherzigkeit und Ausgrenzung – nichts über seinen Status vor Gott aussagen, und dass auf eine bessere Zukunft gehofft werden darf.

In der Person Hiobs sind durch seine Geschichte also der besitzende Mensch und der Mensch in Not in einer Gestalt verbunden. Hiob wird zum Vorbild für einen adäquaten Umgang, sei es angesichts der Begegnung mit anderen in einer

---

[4] Innerhalb der neueren Forschung zur Bedeutung von διακονία κτλ. im Neuen Testament wurde das traditionelle Verständnis sowohl im Sinne eines (niedrigen) Dienens als auch im Sinne barmherziger Zuwendung kritisiert, vgl. besonders John N. Collins, Diakonia. Re-interpreting the Ancient Sources, New York/Oxford 1990 und Hentschel, Diakonia (s. Anm. 3). Zur Kritik vgl. z. B. Ismo Dunderberg, Vermittlung statt karitativer Tätigkeit? Überlegungen zu John N. Collins' Interpretation von *diakonia*, in: Volker Herrmann/Rainer Merz/Heinz Schmidt (Hg.), Diakonische Konturen. Theologie im Kontext sozialer Arbeit, VDWI 18, Heidelberg 2003, 171–183; Matthias Konradt, »Was ihr einem meiner geringsten Brüder getan habt« (Mt 25,40). Überlegungen zur Bedeutung diakonischen Handelns im Matthäusevangelium, in: Klaus Scholtissek/Karl-Wilhelm Niebuhr (Hg.), Diakonie biblisch. Neutestamentliche Perspektiven, BThSt 188, Göttingen 2021, 53–90.

solchen Situation oder im Falle eigener Betroffenheit.[5] Dass sein Handeln ein ansteckendes Potential hat (vgl. 11,1), das über die erzählte Welt hinaus denen, die das TestHiob lesen oder hören, bestimmte Verhaltensweisen ans Herz legt, ergibt sich nicht automatisch aus der Beschreibung des Handelns allein:

> »[E]thische Orientierungen [sind] in weltanschauliche Grundüberzeugungen eingebettet und daher nur dann adäquat zu verstehen [...], wenn sie als integraler Bestandteil der jeweiligen Konstruktion der Wirklichkeit analysiert und interpretiert werden.«[6]

Daher wird im Folgenden auch immer gefragt, in welche größeren theologischen Zusammenhänge und Ansichten über Gott, den Menschen und die Wirklichkeit diakonisches Handeln im TestHiob gestellt und von dort her plausibel gemacht wird. Es fällt auf, dass die beiden Perspektiven nicht einfach hintereinander bzw. nebeneinander stehenbleiben, sondern komplementär zu lesen sind und sich gegenseitig schärfen, korrigieren und ergänzen.

1. Das Testament Hiobs[7]

1.1 Entstehungskontext

Das TestHiob ist eine frühjüdische[8] Schrift, die als Abschiedsrede Hiobs gestaltet ist und heute in koptischen, griechischen und altslavischen Handschriften vor-

---

[5] Die Frage nach dem Erweis der Frömmigkeit des Menschen in verschiedenen Situationen ist auch Thema des Prologs des Hiobbuches, vgl. Hiob 1,9–11; vgl. auch Abraham in Jub 17,16–18.

[6] ESTHER SCHLÄPFER/MATTHIAS KONRADT, Einleitung, in: DIES. (Hg.), Anthropologie und Ethik im Frühjudentum und im Neuen Testament. Wechselseitige Wahrnehmungen. Internationales Symposium in Verbindung mit dem Projekt Corpus Judaeo-Hellenisticum Novi Testamenti (CJHNT), 17. bis 20. Mai 2012, Heidelberg, WUNT 322, Tübingen 2014, V–VI, V.

[7] Für einen Überblick über die neuere Forschungsgeschichte vgl. MARIA HARALAMBAKIS, The Testament of Job. Text, Narrative and Reception History, Library of Second Temple Studies 80, London/New York 2012, 5–24.

[8] Vgl. BERNDT SCHALLER, Das Testament Hiobs, JSHRZ III/3, Gütersloh 1979, 308f.; BEN ZION WACHOLDER, Art. Testament of Job, in: EJ² 5, 2007, 360f., 360; GEORGE NICKELSBURG, Jüdische Literatur zwischen Bibel und Mischna. Eine historische und literarische Einführung, übers. von GESINE PALMER, ANTZ 13, Berlin/Dortmund 2018, 467. Dass das TestHiob im hellenistischen Judentum zu verorten ist, ist heute weitgehender Forschungskonsens.

liegt. Durch die Wahl des Protagonisten[9] tritt sie in Beziehung zur biblischen Hiobgeschichte, konkret bestehen intertextuelle Bezüge zu einer Kurzfassung der Hiob-Septuaginta.[10] Neben den bekannten Figuren übernimmt das TestHiob grob den Handlungsverlauf, ist jedoch insgesamt das Produkt eines sehr freien und kreativen Umgangs mit dem kanonisch gewordenen Material:[11] Es werden

---

[9] Zur Rezeption der Hiobgeschichte vgl. exemplarisch MARKUS WITTE, Hiob und seine Frau in jüdischen Schriften aus hellenistisch-römischer Zeit, in: DERS., Hiobs viele Gesichter. Studien zur Komposition, Tradition und frühen Rezeption des Hiobbuches, FRLANT 267, Göttingen 2018, 133–164; GABRIELLE OBERHÄNSLI-WIDMER, Hiob in jüdischer Antike und Moderne. Die Wirkungsgeschichte Hiobs in der jüdischen Literatur, Neukirchen-Vluyn 2003; LEONIE RATSCHOW, Eine törichte Frau und drei schöne Töchter. Eine wirkungskritische Studie zu den Frauenfiguren im Hiobbuch und im frühen Judentum, ABIG 61, Leipzig 2019; MANFRED OEMING, Hiobs Frau (Sitidos) – von der Perserzeit bis heute, in: ADELHEID M. VON HAUFF (Hg.), Frauen gestalten Diakonie, Bd. 1: Von der biblischen Zeit bis zum Pietismus, Stuttgart 2007, 25–41.

[10] Das TestHiob kennt die Inhalte aus den LXX-Erweiterungen gegenüber dem MT (den Monolog von Hiobs Frau in Hiob^{LXX} 2,9a–e und den Appendix in 42,17a–e). Für eine Auflistung wörtlicher Aufnahmen vgl. BERNDT SCHALLER, Das Testament Hiobs und die Septuaginta-Übersetzung des Buches Hiob, in: Biblica 61 (1981), 377–406, 378–380; zur Abhängigkeit von einer Kurzfassung der LXX vgl. 392, vgl. 404 f. Damit klingt die Frage nach der Einheitlichkeit und den Quellen des TestHiob bereits an. Schaller betont, dass – über die LXX hinaus – kaum zu entscheiden sei, wo vorgefundenes Material verarbeitet und wo neues geschaffen worden sei (vgl. BERNDT SCHALLER, Zur Komposition und Konzeption des Testaments Hiobs, in: MICHAEL A. KNIBB/PIETER VAN DER HORST [Hg.], Studies on the Testament of Job, MSSNTS 66, Cambridge 1989, 46–92, 85; anders JAN DOCHHORN, Das Testament Hiob als exegetischer Text. Ein Beitrag zur Rezeptionsgeschichte der Hiob-Septuaginta, in: WOLFGANG KRAUS/MARTIN KARRER [Hg.], Die Septuaginta – Texte, Theologien, Einflüsse. 2. Internationale Fachtagung, veranstaltet von Septuaginta Deutsch [LXX.D], Wuppertal 23. bis 27. Juli 2008, WUNT 252, Tübingen 2010, 671–688, 687 f.). Das TestHiob sei »als Ganzes konzipiert und aller Wahrscheinlichkeit nach von einer Hand geschrieben« (SCHALLER, Testament, 306. Zu Verbindungen, die das Werk über die Erzählblöcke hinweg zusammenhalten, vgl. die m. E. einleuchtende Analyse bei SCHALLER, Komposition, bes. 54–73; vgl. auch HARALAMBAKIS, Testament [s. Anm. 7], 98–100).

[11] Wie der Umgang des TestHiob mit dem Hiobbuch zu bestimmen ist – als Interpretation, Auslegung, Nacherzählung, Neudichtung, Uminterpretation, Aktualisierung usw. – wird innerhalb der Forschung diskutiert. Einerseits wird eher eine lose Orientierung am biblischen Text betont (GABRIELLE OBERHÄNSLI-WIDMER, Hiobtraditionen im Judentum, in: THOMAS KRÜGER [Hg.], Das Buch Hiob und seine Interpretationen. Beiträge zum Hiob-Symposium auf dem Monte Verità vom 14. bis 19. August 2005, AThANT 88, Zürich 2007, 315–328, 316; PIETER VAN DER HORST, Images of Women in the Testament of Job, in: DERS./MICHAEL KNIBB, Studies on the Testament of Job, MSSNTS 66, Cambridge 1989,

nicht nur Leerstellen ausgestaltet, sondern Elemente verändert, Figuren völlig transformiert[12] und neue Sequenzen und Handlungslinien integriert.[13] Diese Veränderungen reichen bis tief in die theologische Grundstruktur des Textes und geben ihm ein eigenes Profil.

Der Entstehungskontext des TestHiob ist aufgrund der schriftstellerischen Fiktion und dem Fehlen konkreter Hinweise schwer greifbar und wird kontrovers diskutiert. Als Entstehungszeitraum kommt die Spanne zwischen dem 1. Jh. v. Chr. und dem 2. Jh. n. Chr. in Frage, meist wird es nach der Zeitenwende datiert,[14] eine genauere Eingrenzung ist jedoch schwierig. Dasselbe gilt auch für

---

93–115, 93), womit z.T. auch die Ablehnung der Gattungszuschreibung als Midrasch einhergeht (ECKHARD VON NORDHEIM, Die Lehre der Alten, Bd. 1: Das Testament als Literaturgattung im Judentum der hellenistisch-römischen Zeit, ALGHJ 13, Leiden 1980, 120; HARALAMBAKIS, Testament (s. Anm. 7), 103–106; JOHN J. COLLINS, Testaments, in: MICHAEL E. STONE (Hg.), Jewish Writings of the Second Temple Period. Apocrypha, Pseudepigrapha, Qumran Sectarian Writings, Philo, Josephus, CRINT II/2, Assen/Philadelphia 1984, 325–355, 349), andererseits wird das TestHiob als Produkt intensiver Auseinandersetzung mit der Vorlage verstanden (vgl. JESSIE ROGERS, The Testament of Job as an Adaptation of LXX Job, in: JOHANN COOK/HERMANN-JOSEF STIPP [Hg.], Text-Critical and Hermeneutical Studies in the Septuagint, VT.S 157, Leiden 2012, 395–408; DOCHHORN, Testament [s. Anm. 10]; CHRISTOPHER BEGG, Comparing Characters. The Book of Job and the Testament of Job, in: WILLEM BEUKEN [Hg.], The Book of Job, BETL 114, Leuven 1994, 435–445, 435.444 f.). Aus dem Rückgriff auf bestehende Texte und ihrer Weiterverarbeitung entsteht zwangsläufig ein Spannungsfeld von Abhängigkeit und Autonomie (vgl. z.B. KATHARINA BRACHT et al., Heteronome Texte: Kommentierende und tradierende Literatur in Antike und Mittelalter. Einleitung, in: DIES. [Hg.], Heteronome Texte. Kommentierende und tradierende Literatur in Antike und Mittelalter, Transmissions 6, Berlin/New York 2022, 1–16), nicht immer können Fortschreibungsprozesse klar abgegrenzt werden (WALTER BÜHRER, Schriftgelehrte Fortschreibungs- und Auslegungsprozesse. Ein Vorschlag und zugleich eine Einführung in den vorliegenden Band, in: DERS. [Hg.], Schriftgelehrte Fortschreibungs- und Auslegungsprozesse. Textarbeit im Pentateuch, in Qumran, Ägypten und Mesopotamien, FAT II/108, Tübingen 2019, 1–11, 4).

12 Vgl. zu den einzelnen Figuren und ihrer Darstellung insgesamt BEGG, Characters (s. Anm. 11).

13 Vgl. für eine Auflistung von Unterschieden und Gemeinsamkeiten exemplarisch DANKWART RAHNENFÜHRER, Das Testament des Hiob und das Neue Testament, in: ZNW 62 (1971), 68–93, 70.

14 Vgl. COLLINS, Testaments (s. Anm. 11), 353; MICHAEL TILLY, Art. Testament Hiobs, in WiBiLex. Das wissenschaftliche Bibellexikon im Internet, URL: https://www.bibelwissenschaft.de/ressourcen/wibilex/altes-testament/testament-hiobs (Stand: 31.03.2024). SCHALLER, Testament (s. Anm. 8), 311 f. erwägt aufgrund sprachlicher Beobachtungen eine Spätdatierung zu Beginn des 2. Jhd. n. Chr., so auch ANDREAS LEHNARDT, Art. Hi-

die Zuordnung zu einer Gruppierung und die geographische Verortung. Oft wird eine Diasporaperspektive vorausgesetzt, häufig wird Ägypten aufgrund des Schauplatzes der Handlung als Abfassungsort favorisiert.[15] Insgesamt wird im TestHiob eine städtische Perspektive sichtbar, womit Formen paganer Wohltätigkeit aus dem Kontext der Polis als Bezugspunkt für das hier beschriebene Handeln in den Blick rücken.

1.2 Inhalt

In der Eingangsszene (1,1–4) versammelt Hiob seine Kinder aus zweiter Ehe am Sterbebett und hält eine Abschiedsrede, in der er ausführlich auf sein Leben zurückblickt (Kap. 1–45).[16] In der Binnenerzählung werden die Inhalte der biblischen Hiobgeschichte narrativ und in Retrospektive als Vermächtnis[17] ent-

---

obtestament, in: RGG[4] 3, 2000, 1782; NICKELSBURG, Literatur (s. Anm. 8), 467; kritisch dagegen RATSCHOW, Frau (s. Anm. 9), 143. In neuerer Zeit sind aufgrund inhaltlicher Aspekte konkretere Verortungen vorgeschlagen worden; so nimmt William Gruen die Entstehung der Kapitel 1–27 im Kontext der jüdischen Aufstände von 115–117 n. Chr. in Ägypten an (vgl. WILLIAM GRUEN, Seeking a Context for the *Testament of Job*, in: JSPE 18 [2009], 163–179, 163.179); Robert Kugler und Richard Rohrbaugh votieren für eine Datierung in den Kontext der Konflikte seit 37 n. Chr. (vgl. ROBERT A. KUGLER/RICHARD L. ROHRBAUGH, On Women and Honor in the *Testament of Job*, in: JSPE 14 [2004], 43–62, 46f. Anm. 9, vgl. 46–53).

[15] Vgl. LEHNARDT, Hiobtestament (s. Anm. 14), 1782; GRUEN, Context (s. Anm. 14), 163; KUGLER/ROHRBAUGH, Women (s. Anm. 14), 46f.; kritisch bezüglich einer Festlegung dagegen SCHALLER, Testament (s. Anm. 8), 309.311.

[16] Die Mahnung zur Geduld (Kap. 27) und der Abschluss der Rede (Kap. 45), die Gottesfurcht, gutes Handeln an Armen, Berücksichtigung der Schwachen sowie ein Verbot der Heirat von Frauen aus Fremdvölkern thematisiert, sind die einzigen Passagen, in denen sich konkrete Handlungsanweisungen finden; das TestHiob entwirft seine Ethik in seinen narrativen Hauptstücken (COLLINS, Testaments [s. Anm. 11], 349: »[T]he narrative is clearly meant to carry a moral.«). Nach Eckhard von Nordheim bilden die Ermahnungen »den Schlüssel zum Verständnis des ganzen TestHiob« (NORDHEIM, Lehre I [s. Anm. 11], 123, anders dagegen NICKELSBURG, Literatur [s. Anm. 8], 464).

[17] Zu den diskutierten Gattungszuschreibungen, die z.T. auf verschiedenen Definitionen beruhen, vgl. HARALAMBAKIS, Testament (s. Anm. 7), 100–106; RATSCHOW, Frau (s. Anm. 9), 143–148. HARALAMBAKIS (s. Anm. 7), Testament, 109 hebt den narrativen Charakter des TestHiob hervor (»It is the narrative that holds all the sub-genres and literary forms together.«) und schlägt die Bestimmung als »example story« vor. Insgesamt sind zahlreiche Einzelgattungen verarbeitet, Gleiches gilt für die biblische Vorlage (vgl. GESA SCHENKE/GESINE SCHENKE ROBINSON, Einleitung, in: GESA SCHENKE [Hg.], Der

faltet, bevor die Rahmenhandlung wieder aufgegriffen und von der Verteilung von Hiobs Erbe, seinem Tod und Begräbnis sowie der Himmelfahrt seiner Seele berichtet wird (Kap. 46-53).

Doch steht diese Hiobgeschichte durch die eröffnende Szene der Abschiedsrede unter ganz anderen Vorzeichen als ihre biblische Vorlage: Hiob, damals noch Jobab (1,1; 2,1; vgl. Hiob^{LXX} 42,17b; Gen 36,33f.; 1Chr 1,44f.), ist selbst König von Ägypten (28,7, vgl. 3,7; 29,3; Hiob^{LXX} 42,17d, dort Edom) zur Zeit der Erzeltern, konkret in der Generation nach Esau und Jakob (1,5f.). Angesichts eines Götzenbildes in der Nähe seines Hauses fragt er nach Gott: »Ist das der Gott, der den Himmel, die Erde, das Meer und uns selbst geschaffen hat? Wie soll ich es erkennen?« (2,4) Obwohl Hiob als ägyptischer König zunächst nicht als Anhänger des jüdischen Glaubens erscheint,[18] zeichnet er sich von Beginn an durch eine besondere Sensibilität und Urteilskraft aus, die zu Zweifeln an der praktizierten Gottesverehrung im Tempel führen. Durch einen himmlischen Boten erhält Hiob nachts eine Antwort auf seine Frage. Diese Angelophanie-Szene (Kap. 3-5) erinnert durch Struktur und Motivik an frühjüdische Bekehrungsszenen.[19] Sie hat keine Parallele im biblischen Hiobbuch und tritt in gewisser Weise an die Stelle des Prologs im Himmel. Statt eines der Leserschaft vorbehaltenen Einblicks in die himmlische Sphäre kommuniziert Gott hier durch seinen Engel direkt mit Hiob. Ihm wird offenbart, dass nicht Gott, sondern die Kraft des Satans (ἡ δύναμις τοῦ

---

koptische Kölner Papyruskodex 3221, Bd. 1: Das Testament Iob, PapyCol 33, Paderborn 2009, 1-40, 33f.).

[18] Vgl. auch RATSCHOW, Frau (s. Anm. 9), 131f. Anm. 542. Hiob ist selbst verwandtschaftlich mit Esau verbunden. Seine zweite Frau wird mit Dina, Jakobs Tochter, identifiziert und damit als Jüdin vorgestellt (TestHiob 1,5f.). TestHiob 2 (slav) sagt explizit, dass Hiob einst dem Götzen - also Satan - geopfert habe. BRADFORD A. KIRKEGAARD, Satan in the *Testament of Job*. A literary Analysis, in: CRAIG A. EVANS (Hg.), Of Scribes and Sages. Early Jewish Interpretation and Transmission of Scripture, Bd. 2: Later Versions and Traditions, SSEJC 10, London/New York 2004, 4-19, 7 Anm. 11 (vgl. 6) argumentiert, dass dies in TestHiob 7,4 (griech) ebenfalls anklinge. Dass Hiob dem Satan verbranntes Brot gibt, als dieser es als Bettler getarnt erbittet (Kap. 7), deutet er als Verweigerung des adäquaten Speiseopfers, wodurch Hiob Satan die göttliche Autorität abspricht (vgl. KIRKEGAARD, Satan, 8).

[19] Vgl. z.B. SCHALLER, Testament (s. Anm. 8), 327 Anm. zu IIIa); vgl. RAHNENFÜHRER, Testament (s. Anm. 13), 89. Mögliche Vergleichstexte sind z.B. JosAs 14; ApkAbr 8; Apg 9,3-5. Neben der Bekehrungsthematik stellt die Vernichtung des Götzenhauses ein verbindendes Element zu frühjüdischen Abrahamstraditionen dar (vgl. Jub 12,12, vgl. ApkAbr 8,4f.). Wie bei Abraham ist es für Hiob Gottes Schöpfermacht, die ihn gegenüber anderen Verehrungsobjekten auszeichnet (vgl. Jub 11,16f.; 12,4; ApkAbr 7,6f.), auch wenn es im TestHiob nicht Statuen sind, sondern der Satan ist, der verehrt wird. Auch Hiobs Gastfreundschaft (s.u.) bietet eine Parallele zu Abrahams Darstellung (PHILO, Abr 107-110; vgl. JOSEPHUS, Ant 1,196f.200).

διαβόλου) an jenem Ort verehrt werde (3,3). Als Hiob daraufhin bekundet, den Tempel zerstören zu wollen, um die kultische Verehrung des Satans zu unterbinden (3,6), wird er über die schwerwiegenden Folgen dieser Handlung aufgeklärt: Der Teufel wird ihm zum Feind werden und ihn aufs Härteste bekämpfen. Hält er aber stand, wird er von Gott belohnt werden.

Hiob zerstört daraufhin in vollem Bewusstsein der Konsequenzen den Tempel (5,2) und begibt sich damit freiwillig in den Kampf gegen den Satan, womit die drastische Wende zum Unglück einen Grund und Hiob einen klaren Gegenspieler erhält. Hier zeigt sich die immer wieder wahrnehmbare Tendenz im TestHiob, die Frage der Verantwortlichkeit für Hiobs Leiden und die damit einhergehende Ambivalenz von der Figur Gottes loszulösen.[20] Entsprechend muss Hiob auch nicht gegen Gott rebellieren – vielmehr ist sein Kampf ein Kampf für Gott.

Bevor der Satan in Aktion tritt, erfolgt in den Kapiteln 9–15 der ausführliche Bericht über Hiobs Wohltätigkeit, die in enger Beziehung zu Hiobs Hinwendung zu Gott erscheint.[21] Danach beginnt der Satan seinen »Rachefeldzug«[22] und vernichtet Hiobs Besitz, verunglimpft ihn öffentlich, tötet seine Kinder, stürzt ihn vom Thron und schlägt ihn schließlich mit schwerer Krankheit; Hiob lebt fortan auf der Müllhalde vor der Stadt (Kap. 16–20). Dieser Statusverlust par excellence betrifft nicht nur Hiob, sondern auch seine Frau Sitidos, deren Schicksal in zwei größeren Handlungssequenzen geschildert wird (Kap. 21–27; 39–40).[23] Wieder in Entsprechung zum biblischen Ablauf wird auch von der

---

[20] Vgl. BEGG, Characters (s. Anm. 11), 436, der Gottes Äußerungen gegenüber dem Satan in der biblischen Geschichte als »ill-advised provocations« bezeichnet. Die Entlastungstendenz wird im TestHiob nicht durchgängig eingehalten, vgl. z. B. 19,4 (vgl. Hiob 1,21); 37,3 f. Weil es sich um Aussagen handelt, die Hiob anderen gegenüber tätigt, soll evtl. die völlige Negierung der Macht des Satans ausgedrückt werden, was damit konvergiert, dass ein Rudiment der Himmelsszene dadurch erhalten bleibt, dass der Satan die Macht erbitten muss, bevor er Hiob etwas tun kann, und damit klar Gott unterlegen ist (16,2.4; 20,3; vgl. Hiob^{LXX} 1,12), vgl. FLORIAN THEOBALD, Teufel, Tod und Trauer. Der Satan im Johannesevangelium und seine Vorgeschichte, NTOA/StUNT 109, Göttingen 2015, 81.

[21] WITTE, Begründungen (s. Anm. 2), 404 beschreibt das TestHiob als »ausführlichste narrative Beschreibung von Taten der Barmherzigkeit im Rahmen des jüdischen Schrifttums aus hellenistisch-römischer Zeit«.

[22] OBERHÄNSLI-WIDMER, Hiobtraditionen (s. Anm. 11), 317.

[23] Insgesamt nehmen Frauenfiguren – Hiobs Magd, Sitidos und Hiobs Töchter aus zweiter Ehe – im TestHiob viel Raum ein, nach OBERHÄNSLI-WIDMER, Hiob (s. Anm. 9), 78 beziehen sich 107 von 388 Versen auf Frauen. Innerhalb der Forschung zu Sitidos bzw. zu Frauenfiguren im TestHiob insgesamt zeigen sich sehr gegensätzliche Positionen. Neben tendenziell positiven Einschätzungen (OEMING, Frau [s. Anm. 9], 31–34; VAN

Anreise seiner Freunde berichtet, mit denen es zu einem Gespräch kommt (Kap. 28–40), das formal grob einem der Redegänge innerhalb der biblischen Geschichte entspricht (vgl. Hiob^{LXX} 4–27); inhaltlich stehen jedoch andere Themen im Vordergrund. Es folgt eine wütende Rede Elihus (Kap. 41) und schließlich die Epiphanie-Szene mit der Rede Gottes (Kap. 42), die den Wendepunkt einläutet: Hiob kehrt in die Stadt zurück und gelangt erneut zu Wohlergehen und Besitz. Sofort nimmt er seine diakonische Tätigkeit wieder auf (Kap. 44). Mit einer abschließenden Mahnung an seine Kinder (Kap. 45) endet Hiobs Rede und es folgt die Regelung seines Besitzes: Hier nehmen Hiobs Töchter eine zentrale Rolle ein, die von ihm besondere Gürtel erben, durch die sie nicht mehr auf irdische Angelegenheiten fixiert sind (Kap. 46–50.52). Hiob stirbt, seine Seele fährt zum Himmel auf[24] und er wird unter dem Trauerlied der Armen bestattet (Kap. 52 f.).

2. Hiobs Armenfürsorge

Die Darstellung von Hiobs Engagement für Bedürftige in den Kapiteln 9–15 und ihre Wiederaufnahme (z. B. 32,2–3.7; 44,2.4) ist zwar von Aussagen der biblischen Hiobgeschichte inspiriert, im Vergleich dazu aber deutlich erweitert.[25] Die

---

DER HORST, Images [s. Anm. 11]) gibt es auch solche, die Sitidos primär in ihrer Funktion als Negativfolie zu Hiob verstehen, da sie – wie die Dienerin (Kap. 6 f.) – den Satan nicht erkennt und sich von ihm beeinflussen lässt (SUSAN R. GARRETT, The »Weaker Sex« in the Testament of Job, JBL 112 [1993], 55–70; KUGLER/ROHRBAUGH, Women [s. Anm. 14]). Nancy Klancher will diese Dichotomien überwinden und fragt nach der literarischen Funktion der Frauenfiguren. Sie hält fest: »[T]he primary, life-defining, salvation-determining alterity for the author of the *Testament of Job* was not man/woman, but Man/God« (NANCY KLANCHER, The Male Soul in Drag: Women-as-Job in the Testament of Job, JSPE 19 [2010], 225–245, 244). Die Frauen seien »representations of several aspects of Job, […] figures that mirror his struggles and victories« (225).

[24] Vgl. 2Kön 2,11; ApkMos 33. Weitere Belegstellen bei SCHALLER, Testament (s. Anm. 8), 372 Anm. zu LII 10b).

[25] Vgl. v. a. die Selbstaussagen Hiobs in den Herausforderungsreden (Hiob 29,12–16; 31,16–21.32), die Hiob als Erweise seiner Gerechtigkeit vorbringt, sowie den Vorwurf der fehlenden Gerechtigkeit in der Rede Eliphas' in 22,5–9. JONATHAN R. TROTTER, The Role of Charity in the Testament of Job, in: JOEL BADEN/HINDY NAJMAN/EIBERT TIGCHELAAR (Hg.), Sibyls, Scriptures, and Scrolls (FS J. Collins), Bd. 2, JSJ.S 175/2, Leiden 2017, 1298–1313, 1299 hebt hervor, dass Hiobs Wohltätigkeit keineswegs nur der ausführlichen Darstellung von Hiobs Frömmigkeit dient. Sie ist – wie seine Standhaftigkeit – Ausdruck seines Wirklichkeitsverständnisses: »Both are remarkable feats made possible by his knowledge and acceptance of the divine order, within which there is a distinction between the temporary earthly reality and the eternal heavenly reality. The author of the *Testament of Job* uses both Job's endurance and charity as manifestations of

sieben (fetten?) Jahre der Wohltätigkeit schließen direkt an die Angelophanie und Hiobs Bekehrung an.[26] Die Hinwendung zu Bedürftigen wird im TestHiob damit elementar als »ein Handeln im Horizont des Gottesglaubens«[27] verstanden und gewinnt als Hauptaspekt der Frömmigkeit Gewicht (vgl. Apg 10,2.4).[28] Es ist auffällig, dass die Zuwendung insgesamt nicht als Reaktion auf individuelle Bitten oder als situationsbezogene, kurzzeitige Hilfeleistung erfolgt, sondern Bedürftigkeit als konstant bestehendes Problem vorausgesetzt ist, also sowohl vom Einzelfall als auch von allgemeinen Krisensituationen abstrahiert wird: Als Antwort auf das Phänomen der Bedürftigkeit an sich erfolgt die Einrichtung einer ausdifferenzierten und beständigen Fürsorgestruktur,[29] die planvoll agiert und über längere Zeit durchgängig aktiv ist (16,1; vgl. 10,1). Ihr Schwerpunkt liegt auf der Versorgung der klassischen *personae miserae* der alttestamentlichen

---

his belief in this system, the ultimate result of which is Job's resurrection and attainment of heavenly splendor.« Vgl. zu Hiob 31 MANFRED OEMING, Ethik in der Spätzeit des Alten Testaments am Beispiel von Hi 31 und Tob 4, in: PETER MOMMER/WINFRIED THIEL (Hg.), Altes Testament. Forschung und Wirkung (FS H. Graf Reventlow), Frankfurt et al. 1994, 159–173, 160–167; sowie zur Ethik des Hiobbuches insgesamt RAINER KESSLER, Der Weg zum Leben. Ethik des Alten Testaments, 468–479.

[26] 16,1: Ich tat dies in den sieben Jahren, nachdem der Engel [es] mir gezeigt hatte [...] (Ἐμοῦ δὲ τοῦτο ποιοῦντος ἐν τοῖς ἑπτὰ ἔτεσιν μετὰ τὸ τὸν ἄγγελον ὑποδεῖξαί μοι [...]).

[27] MÜLLER, Diakonie (s. Anm. 3), 413.

[28] Vgl. zur besonderen Hervorhebung der Barmherzigkeit und Fürsorge als Ausdruck der Frömmigkeit und als Gottesdienst auch Jes 58,6–12; Jer 9,23; 22,16; Mi^{LXX} 6,8; Hos 6,6; Prov 14,31; Jak 1,27. Im TestHiob prägt diese Fürsorge den neuen Lebenswandel, daneben treten aber z. B. auch Opfer (15,4.9; 32,8; 42,6) und Gotteslob (14,3; 16,7). Insgesamt spielen rituelle Aspekte kaum eine Rolle, explizite Hinweise auf Toraobservanz widersprächen aber auch der textinternen Logik, da diese Gebote zu Hiobs Lebzeiten noch nicht existieren (vgl. in Bezug auf dieselbe Problematik bei den TestXII MATTHIAS KONRADT, Ethik im Neuen Testament, GNT 4, Göttingen 2022, 37); eine Inkonsistenz könnte in TestHiob 43,4 wahrgenommen werden. Dass sich die Hinwendung zum Gott Israels gerade in Fürsorge für – zu Israel gehörige (anders im TestHiob!) – Arme niederschlägt, ist ein geprägter Topos. So wird für Gottesfürchtige eine Möglichkeit der Zugehörigkeit primär über soziale Fürsorge eröffnet (KLAUS BERGER, Almosen für Israel. Zum historischen Kontext der Paulinischen Kollekte, in: NTS 23 [1977], 180–204, bes. 187–192; vgl. EKKEHARD W. STEGEMANN/WOLFGANG STEGEMANN, Urchristliche Sozialgeschichte. Die Anfänge im Judentum und die Christusgemeinden in der mediterranen Welt, Stuttgart ²1997, 224).

[29] Daher ist die Bezeichnung als »(Armen-)Fürsorge« für das Beschriebene adäquat, vgl. für eine Definition UDO TWORUSCHKA, Armenfürsorge. I. Religionsgeschichtlich, in: RGG⁴ 1, 1998, 753–755, der in Bezug auf die Organisation der Fürsorge zwischen Art der Zuwendung, Trägerschaft und Zielgruppen unterscheidet und einen gewissen Grad an Institutionalisierung voraussetzt.

Tradition.³⁰ Im TestHiob werden Witwen (χῆραι), Arme (πένητες) und Bettelarme³¹ (πτωχοί), daneben seltener Fremde (ξένοι)³² und Waisen (ὀρφανοί) genannt.³³ Die klare Ausrichtung auf diese Zielgruppen ist ein Charakteristikum alttestamentlich-frühjüdischer Ethik.³⁴ Hiob wird damit als der Helfer der Notleidenden schlechthin (vgl. 53,2-4) gezeichnet, wodurch bereits konzeptionelle Unterschiede zum Bild eines Wohltäters (εὐεργέτης) innerhalb der griechisch-römischen Polis sichtbar werden (s. u.).³⁵ Dass die Zielgruppen im

---

30   Häufig stehen mehrere Gruppen in einer Reihe, vgl. z. B. Ex 22,21 f.; Dtn 10,18; 16,11; 24,14.17; Ps 72,12 f.; Jes 10,1 f.; Jer 7,6; 22,3; Ez 16,49; Am 4,1; 8,4; Sach 7,10; vgl. auch Hiob 29,12-16; 31,16-22.
31   Klassisch besteht ein Bedeutungsunterschied zwischen dem πένης und πτωχός; während Ersterer sich selbst durch Arbeit versorgen kann, hat Letzterer überhaupt nichts (ARISTOPHANES, Plutos 551-553). Im TestHiob wird diese Unterscheidung nicht durchgängig ersichtlich, beide Gruppen können nebeneinander genannt und zuweilen sogar synonym gebraucht werden (12,1, vgl. Ps^{LXX} 9,19; Prov^{LXX} 14,21.31; TestAss 2,6); zuweilen steht ein Begriff als Überbegriff bzw. pars pro toto für die anderen Gruppen, so z. B. πτωχοί in TestHiob 44,2.4.
32   Während das hebräische Wort für »fremd« (גר) in der LXX meist mit προσήλυτος wiedergegeben wird, verwendet das TestHiob - analog zu Hiob^{LXX} 31,32 - ξένος (z. B. TestHiob 10,1; 25,5).
33   Häufig genannt werden außerdem »Schwache« (ἀδύνατοι), vgl. z. B. 9,5; 45,2 (vgl. Hiob^{LXX} 5,15; 29,16; 31,16 u. ö., dort synonym zu πτωχοί, vgl. SCHALLER, Testament [s. Anm. 8], 333 Anm. zu IX 3b), daneben begegnen substantivierte Partizipien, die auf den Aspekt des Mangels oder der Bedürftigkeit verweisen, z. B. Notleidende (TestHiob 9,5: ὑστερούμενοι), Mangelleidende (9,6: ἐπιδεόμενοι); um Unterstützung Bittende (9,8: αἰτοῦντες ἐλεημοσύνην), und zuletzt blinde (17,3; 53,3: τυφλοί) und gelähmte (17,3: χωλοί) Menschen (vgl. Hiob^{LXX} 29,15).
34   Diese Fokussierung wird insgesamt in der Literatur des Alten Orients sichtbar (vgl. ANNETTE SCHELLENBERG, Hilfe für Witwen und Waisen. Ein gemein-altorientalisches Motiv in wechselnden alttestamentlichen Diskussionszusammenhängen, in: ZAW 124 [2012], 180-200). Für eine differenzierte Darstellung von Formen der Hilfe für Arme in der griechisch-römischen Umwelt und der besonderen Bedeutung der Armen in der Theologie und Ethik der jüdischen Tradition vgl. BRUCE W. LONGENECKER, Remember the Poor. Paul, Poverty, and the Greco-Roman World, Grand Rapids/Cambridge 2010, 60-115.
35   Das Lexem begegnet im TestHiob in zwei Zusammenhängen, beide Male ist Hiob das Subjekt des Satzes (16,6: εὐεργετέω; 44,2: εὐεργεσία). MÜLLER, Diakonie (s. Anm. 3), 412 bemerkt dazu: »Sicherlich sind in dieser Hiobskizze auch Züge gönnerhaften Magnatentums nicht zu leugnen. Gleichwohl erscheint das Bild Hiobs als einer wohltätigen Herrscherfigur doch signifikant gebrochen und korrigiert. Als politischer Potentat mit euergetistischer Attitüde ist er in TestHiob nirgends geschildert; m. E. beläßt ihn die Schrift im Deutemuster eines zum Judentum bekehrten *pater familiae*.« Müller hebt hier

TestHiob fast ausschließlich als Kollektiv und oft nebeneinander in Erscheinung treten, zeichnet ein umfassendes Bild von Bedürftigkeit und unterstreicht einmal mehr, dass es hier nicht primär um Barmherzigkeitserweise gegenüber Einzelpersonen geht. Die Fürsorgestruktur umfasst verschiedene konkrete Angebote, die sich im Rahmen materieller und finanzieller Direkthilfe bewegen und zur unmittelbaren Stillung akuter Bedürfnisse dienen. Genannt werden das Bereitstellen von Ressourcen für Bekleidung (9,3; 32,2; 44,4), die Verteilung von nicht näher bestimmten Gaben an einer zentralen Stelle (9,7), die Versorgung von Menschen über die Grenzen der Stadt hinaus, womit der Verantwortungsbereich auch auf die Peripherie ausgeweitet wird (9,5; 30,5; 32,2), und Geldspenden (9,6). Trotz dieser systematischen Herangehensweise gehört zur hier entworfenen Form der Zuwendung konstitutiv die Beachtung der Befindlichkeiten von Menschen in Not:

> **9,7 f.** Offen waren die vier Türen meines Hauses [...] in der Absicht, dass nicht um Unterstützung-Bittende[36] (αἰτοῦντες ἐλεημοσύνην) kamen und mich in der Tür sitzen sahen, und dann, weil sie sich scheuten (αἰδεσθέντες), umkehrten, ohne etwas empfangen zu haben (μηδὲν λαβόντες), sondern, wann immer sie mich vor einer Tür sitzen sahen, durch eine andere kommen und nehmen konnten, so viel sie brauchten (ὅσον χρῄζουσιν).

Das Bild des in alle Himmelsrichtungen geöffneten Hauses zeigt die uneingeschränkte Gebefreudigkeit seines Besitzers. Dabei empfangen alle, so viel sie brauchen, wodurch sich der Umfang der Gabe – im Unterschied zu einer festgelegten Ration – an den konkreten Bedürfnissen orientiert. Modern gesprochen ist Hiobs Haus Sinnbild eines niederschwelligen Angebotes, da die Frage reflektiert wird, wie auch Menschen in großen, persönlichen Notsituationen in dem

---

primär auf hellenistisch-römische Herrschervorstellungen ab, der Schutz und die Fürsorge für Arme, Witwen und Waisen gehört aber schon gemäß der altorientalischen Königsideologie zu den zentralen Aufgaben der Herrschenden (vgl. Schellenberg, Hilfe [s. Anm. 34], 184–187; alttestamentlich z. B. Ps 72; Prov 29,14), sodass sich das Hiobbild auch in diese Traditionslinie fügt. Hervorzuheben ist jedenfalls, dass das TestHiob nicht um die Darstellung eines idealen Herrschers bzw. eines amts- oder positionsgebundenen Handelns bemüht ist (vgl. Müller, Diakonie [s. Anm. 3], 412 Anm. 20), sondern um einen adäquaten Umgang mit Besitz insgesamt. Witte sieht Hiob als »wohltätige[n] Herrscher [...] schlechthin« (Witte, Begründungen [s. Anm. 2], 404), hebt aber zugleich seine Vorbildfunktion als »Prototyp[] menschlicher Barmherzigkeit« hervor (401, vgl. 406).

[36] Vgl. die Übersetzung von Schaller, Testament (s. Anm. 8), 333.

Moment, in dem sie Hilfe empfangen, nicht beschämt werden.[37] Sie werden in Hiobs Haus nicht einfach abgefertigt, sondern sind gern gesehene Gäste, denn das Herzstück der Einrichtung bildet eine regelmäßig stattfindende Speisung vor Ort.[38]

> **10,1 f.**[7] Ich hatte auch 30 errichtete Tische in meinem Haus als feste Einrichtung (ἀκίνητοι) zu jeder Zeit (πάσας ὥρας) für die Fremden allein. Ich hatte für die Witwen 12 andere Tische, die aufgestellt waren. [...] Ich hatte fünfzig Brotöfen, von denen ich [?] zum Dienst (ὑπηρεσίαν) für den Tisch der Bettelarmen aufstellte.

Die genannten Tische stellen kein Provisorium dar – sie sind unbeweglich (ἀκίνητοι), gehören damit zur »feste[n] Einrichtung«[39] und sind rund um die Uhr (πάσας ὥρας) verfügbar, was auf die Dauerhaftigkeit des Angebots verweist. Dass Nahrung regelmäßig in bereits zubereiteter Form angeboten wird – gekocht von Hiobs Bediensteten (13,4) –, schärft eventuell das Profil von Hiobs Gästen näher: Es handelt sich um Menschen, bei denen nicht nur ein Mangel an Grundversorgung zu bestehen scheint, sondern auch einer an den äußeren Mitteln oder den Fähigkeiten, Mahlzeiten zuzubereiten. Dies macht besonders der Hinweis auf die Brotöfen deutlich, die den Tisch der Bettelarmen versorgen (10,7), denn Brot kann, anders als Getreide, sofort verspeist und unkompliziert transportiert werden.[40] Damit hat diese Praxis vor dem Hintergrund der Situation der genannten Zielgruppen pragmatische Gründe. Doch werden diese Speisen eben nicht nur ausgeteilt, sondern es wird sogar ein Raum fürs Essen geboten, womit die gemeinschaftsstiftende Dimension in den Blick rückt: Wo Menschen an einem Tisch sitzen, entstehen Beziehungen. Dies wird noch dadurch verstärkt, dass im Anschluss an das Witwenmahl gemeinsame religiöse Gesänge stattfinden, die

---

[37] Die Scheu könnte sich hier auch auf die Rolle Hiobs als König beziehen, m. E. wird jedoch das große Beschämungs- und Verletzungs-Potential sichtbar, das der Situation des Bettelns innewohnt (Kap. 22 f., vgl. Lk 16,3). Dieses Potential wird durch das Aufbrechen des direkten Kontakts mit dem Gebenden entschärft. Die systematische Versorgung, die eine etwaige Bitte antizipiert, führt dies weiter, da die Antwort eigentlich bereits gegeben ist, was die Angst vor einer Abweisung schmälert.

[38] Die Versorgung von Witwen wird auch in Apg 6,1 f.; 1Tim 5,3–15 thematisiert.

[39] So Schallers Vorschlag für die Übersetzung (SCHALLER, Testament [s. Anm. 8], 333).

[40] Josephus (Ant 15,309) berichtet, dass im Zuge einer Hungersnot 25 n. Chr. spezielle Gruppen im Kontext von Getreidespenden Brot erhalten haben. Diese besondere Zuwendung erhalten jene, die aufgrund ihres Alters oder sonstiger Schwäche (κατὰ γῆρας ἤ τινα προσοῦσαν ἄλλην ἀσθένειαν) das Getreide nicht selbst zubereiten können (οὐχ ἱκανῶς εἶχον αὐτοῖς παρασκευάζειν τὰ σιτία). Griechischer Text zitiert nach RALPH MARCUS/ALLEN WIKGREN (Hg.), Josephus. Jewish Antiquities, Bd. 6: Books XIV–XV, LCL 489, Cambridge (MA)/London 1963.

von Hiob angeleitet werden. Damit umfasst die Versorgung »auch die geistliche Erbauung und das Gotteslob«[41] und wird so durch eine Form der religiösen Fürsorge ergänzt:

> **14,2 f.** Und jeden Tag stand ich nach der Speisung der Witwen auf (μετὰ τὸ τρέφεσθαι τὰς χήρας) und nahm die Kithara und spielte für sie, und sie sangen. Und durch das Saitenspiel lenkte ich ihren Sinn zu Gott, damit sie den Herrn verherrlichten (ἀνεμίμνησκον αὐτὰς τοῦ θεοῦ ἵνα δοξάσωσιν τὸν Κύριον).

Werden ansonsten keine Zugangsvoraussetzungen für die Zuwendung sichtbar (vgl. TestSeb 7,2; anders Tob 2,2; Sir 12,1–6; 1Tim 5,11.16), wohnt den Gesängen nun durchaus das Moment der Verbindlichkeit inne, da sie jeden Tag im Anschluss an die Speisung stattfinden. Da das TestHiob eine starke Auferstehungshoffnung (4,9) und die Gefahr der endgültigen Verdammnis kennt (Kap. 43), gehört zur ehrlich am Gegenüber interessierten Fürsorge auch, dass Fragen der Soteriologie (vgl. auch 14,1–4) nicht ausgeklammert werden.[42] Hiobs Interesse an den Witwen übersteigt die Sicherung ihrer basalen Grundbedürfnisse und nimmt menschliche Bedürftigkeit mehrdimensional wahr. Zugleich zeichnet er sich durch eine bestimmte Haltung im Geben aus, zu der die Anerkennung der Tatsache gehört, dass Dank und Ehre letztlich nicht ihm als Gastgeber, sondern Gott gebühren. Öffentliche Ehrungen von Menschen für ihr wohltätiges Handeln sind in der Lebenswelt der Polis omnipräsent und von großer Bedeutung: Das Lexem εὐεργέτης κτλ. ist in Inschriften und Münzen bis in römische Zeit gut belegt.[43] Schon dieser Befund verweist auf den Öffentlich-

---

[41] Müller, Diakonie (s. Anm. 3), 412.

[42] Berger, Diakonie (s. Anm. 3), 98 schreibt den Gesängen »dezent missionarischen Charakter« zu, da er die Formulierung ἵνα δοξάσωσιν τὸν Κύριον als einen *terminus technicus* für Bekehrung sieht. Doch obwohl δοξάζω zuweilen in diesem Horizont verwendet wird, ist es keineswegs darauf reduziert. Dem Herrn die Ehre zu geben ist die adäquate Haltung, unabhängig davon, ob es sich hier um Menschen jüdischen Glaubens oder um Menschen, die erst dazu übertreten, handelt. Der Logik der Erzählung folgend sind die Witwen Ägypterinnen, die nun Gott verehren. Rückschlüsse darauf, ob eine im Hintergrund angenommene Fürsorge primär an jüdische Witwen (innerhalb des Diasporajudentums) gerichtet war oder sich explizit auch an nichtjüdische Witwen gerichtet haben könnte, mit der Perspektive, diese zu missionieren, lassen sich daraus nicht zwangsläufig ziehen. Damit soll aber die Möglichkeit von Mission oder Bekehrungen im Kontext von Armenfürsorge nicht bestritten werden – solche Angebote bergen sicherlich eine große Anziehungskraft.

[43] Vgl. zu der Bedeutung der numismatischen Funde Michael P. Theophilos, Numismatic Insights into Pauline Ethics: ΕΥΕΡΓ- on Roman Provincial, Parthian and Seleucid Coinage, in: NTS 69 (2023), 313–331. Im jüdischen Kontext wird – neben Menschen

keitscharakter einer – durchaus vielfältigen – Form von Wohltätigkeit, die mit verschiedensten Ehrerweisen für Wohltätige einherging (z. B. Inschriften, Statuen, Ehrenkränze oder besondere Privilegien) und heute unter dem Neologismus »Euergetismus« gefasst wird.[44] Die Betonung des Gotteslobs im TestHiob gewinnt vor dem Hintergrund einer Untersuchung *Tessa Rajaks* weiter Kontur, die anhand von epigraphischen Funden Unterschiede zu klassischen Formen solcher Ehrerbietung innerhalb verschiedener jüdischer Diaspora-Kontexte aufzeigt und auf »the absence in the Jewish epigraphy of virtually all the language in which the transactions of euergetism can be conducted«[45] verweist. Im Vergleich mit paganen Inschriften tritt in jüdischen die Ehrung von Menschen etwas zurück, indem die Wertschätzung für ihr Handeln nüchterner formuliert wird und Hinweise auf andere Ehrungen (wie z. B. Kränze) weitgehend fehlen. Dafür finden sich vermehrt Votivformeln, die Gott die Ehre zusprechen oder ihn sogar als den eigentlichen Spender der Mittel hervorheben.[46]

> »The different strategies [...] will not have been employed with equal enthusiasm in all communities at all times. [...] Yet it is not fanciful to detect also a certain consistency of principle, limits beyond which Jewish communities could not allow themselves to go

---

(vgl. 2Makk 4,2; 3Makk 3,19) – auch Gott als Wohltäter benannt, so z. B. in Ps^{LXX} 12,6; Ps^{LXX} 56,3; Ps^{LXX} 114,7 (jeweils verbales Derivat). In SapSal wird das verbale Derivat auch auf das Ergehen der Gerechten nach dem Tod bezogen (SapSal 3,4f.). In 19,13–16 begegnet der Vorwurf, dass das wohltätige Handeln des Gottesvolkes in Ägypten mit Fremdenhass (vgl. 19,5) und Unterdrückung beantwortet worden sei, ein Gedanke, der in Bezug auf Hiob auch in TestHiob 16,5 erscheint und die Ungeheuerlichkeit eines solchen Verhaltens unterstreicht.

[44] Der Begriff wurde durch das viel rezipierte Buch Paul Veynes populär (PAUL VEYNE, Brot und Spiele. Gesellschaftliche Macht und politische Herrschaft in der Antike, übers. v. KLAUS LAERMANN und HANS RICHARD BRITTNACHER, Theorie und Gesellschaft 11, Frankfurt/New York/Paris 1988). Insgesamt zeigen sich im Einzelnen in der Forschungsdiskussion unterschiedliche Wahrnehmungen, u. a. was die klare Abgrenzung, die Motivation und den Nutzen des »Euergetismus« angeht. Vgl. MATTHIAS ADRIAN, Mutuum date nihil desperantes (Lk 6,35). Reziprozität bei Lukas, NTOA/StUNT 119, Göttingen 2019, 32–36; JOHN M. G. BARCLAY, Paul and the Gift, Grand Rapids/Cambridge 2015, 32–35; eine ausführliche Untersuchung bietet BETTINA GOFFIN, Euergetismus in Oberitalien, Habelts Dissertationsdrucke. Reihe Alte Geschichte 46, Bonn 2002.

[45] TESSA RAJAK, Benefactors in the Greco-Jewish Diaspora, in: HUBERT CANCIK/HERMANN LICHTENBERGER/PETER SCHÄFER (Hg.), Geschichte – Tradition – Reflexion (FS M. Hengel), Bd. 1: Judentum, Tübingen 1996, 305–319, 319.

[46] Vgl. RAJAK, Benefactors (s. Anm. 45), bes. 310–319. Weitere Strategien »for taking the donor out of the limelight« (316) sind z. B. das weitgehende Fehlen von Hinweisen auf Statuen und andere Ehrensymbole und evtl. auch Gruppenehrungen, die allerdings auch aus nichtjüdischen Kontexten bekannt sind (312–317).

in adopting local modes of giving and of honouring, limits which allow us to suggest that somewhere in this area lay one of the defining marks which were seen by Diaspora Jews as distinguishing them from their neighbours.«[47]

Diese Distanz schlägt sich auch bei *Philo* nieder, der das Streben nach Ehrensymbolen in seiner negativen Skizze des Stadtlebens scharf mit dem kontrastiert, was wirklich von Bedeutung ist (Decal 1,4–7; vgl. auch bes. Josephus, Ap 2,74.205)[48] – ein Aspekt, der einer der theologischen Grundlinien des TestHiob entspricht, das anhand des Thronmotivs an verschiedenen Stellen immer wieder die Vergänglichkeit von weltlichen Ehrensymbolen mit der Ewigkeit Gottes kontrastiert (vgl. Kap. 32, 33, vgl. 36,3).

Robert Kugler und *Richard Rohrbaugh* haben darauf hingewiesen, dass das TestHiob entsprechend der Unterscheidung von irdischer und himmlischer Sphäre zwei verschiedene Konzepte von Ehre kennt: »The *Testament* serves as a lesson on the transcience of aquired honor in contrast to the permanence of honor ascribed by God.«[49] Hiobs Statusverlust markiert den Verlust jeder Möglichkeit zum Ehrerwerb, von Gott zugeschriebene Ehre ist davon jedoch unabhängig. Hiobs Wohltätigkeit thematisieren *Kugler* und *Rohrbaugh* primär im Horizont der erwerbbaren Ehre (aquired honor).[50] Diese Sicht klingt im TestHiob zwar durchaus an – Hiobs Freund Eliphas[51] beweint Hiobs einstigen großen

---

[47] RAJAK, Benefactors (s. Anm. 45), 318.
[48] Vgl. dazu RAJAK, Benefactors (s. Anm. 45), 305 f.
[49] KUGLER/ROHRBAUGH, Women (s. Anm. 14), 43. Der Kontrast wird nach ihnen gerade an den ägyptischen Frauenfiguren sichtbar, und zwar besonders an Sitidos im Gegenüber zu Hiob, seinen Töchtern und Dina; die von Gott zugeschriebene Ehre (ascribed honor) kommt gerade den »faithful children of Israel« zu (KUGLER/ROHRBAUGH, Women [s. Anm. 14], 62). Während durchaus zuzustimmen ist, dass Sitidos' Figur im Konzept weltlicher Ehre verhaftet ist (39,4), ist ihre Reduktion auf diesen Aspekt m. E. nicht zutreffend, gerade wenn Kugler und Rohrbaugh auch die Sorge für ihren Mann primär aus einem Streben nach eigener Ehre motiviert sehen (vgl. KUGLER/ROHRBAUGH, Women [s. Anm. 14], 59). Ihre Bereitschaft zu betteln (22,3) und ihr Haar scheren zu lassen (23,8) spricht eine Sprache, die konträr zur Ehre-Thematik steht (vgl. OEMING, Frau [s. Anm. 9], 33). Am Ende ihres Lebens kommt Sitidos selbst zur Erkenntnis, dass es darauf ankommt, dass Gott ihrer gedenkt (40,4), zumal ihre Kinder – die Kinder einer Ägypterin – nach ihrem Tod bekränzt in der Sphäre des Himmlischen erscheinen (40,3), sodass diese Grenzen – entgegen der Mahnung in 45,3, keine Frauen aus fremden Völkern zu nehmen – nicht unüberwindbar sind.
[50] KUGLER/ROHRBAUGH, Women (s. Anm. 14), 54 f.
[51] Die griechischen Handschriften lesen in Kap. 31–33 »Elihu«, nur der koptische Kodex in 31,1 »Eliphas« (vgl. aber die griechische Handschrift V in 33,1). Die Zuordnung zu Eliphas entspricht der biblischen Reihenfolge des Auftretens der Freunde und ist daher vorzuziehen, vgl. dazu bereits PAUL RIESSLER, Altjüdisches Schrifttum außerhalb

Besitz in einem Atemzug mit seiner Wohltäterrolle (Kap. 32) –, wird jedoch deutlich modifiziert und zurecht gerückt. Hiob tritt nicht nur selbst als Wohltäter etwas in den Hintergrund, sondern sein Handeln bewirkt Gotteslob unter denen, die Zuwendung erfahren. Eine ähnliche Grundstruktur begegnet in verschiedenen neutestamentlichen Texten, die als einen Aspekt christusgläubigen Lebenswandels benennen, dass er die Verehrung Gottes nach sich zieht – gerade auch durch Außenstehende. In Mt 5,16 ruft Jesus in der Bergpredigt dazu auf, das eigene Licht leuchten zu lassen (λαμψάτω τὸ φῶς ὑμῶν), und zwar *vor* den Menschen (ἔμπροσθεν τῶν ἀνθρώπων), damit sie dieses Handeln wahrnehmen (ἴδωσιν ὑμῶν τὰ καλὰ ἔργα) und Gott verherrlichen (δοξάσωσιν). Damit kommt guten Werken eine »doxologische Dimension«[52] zu (vgl. 1Petr 2,12). Dieser Aspekt klingt auch in 2Kor 8 und 9 an und wird dort von Paulus in eine Kreislaufbewegung[53] eingeordnet: Die Kollekte wird durch die Gnade (χάρις) Gottes ermöglicht und von der korinthischen an die Jerusalemer Gemeinde weitergegeben, die sich wiederum dankend an Gott wendet (vgl. bes. 2Kor 9,8 f.11–15; 2Kor 8,19). So »kehrt die Gnade Gottes [...] wieder zu Gott zurück«[54]. Im TestHiob lässt sich in Ansätzen eine vergleichbare Bewegung ausmachen:[55] Wohltätigkeit wird elementar nicht nur als ein Handeln vor Augen der Öffentlichkeit verstanden, sondern auch als ein Handeln vor Gott, das durch ihn überhaupt erst ermöglicht wird. Dies wird in Hiobs Sorge um seine Kinder deutlich: Wie in der biblischen Geschichte bringt er vorsorglich Opfer für sie dar, wobei ihr mögliches Fehlverhalten inhaltlich konkretisiert wird:

15,5–8 Dies alles [= die Opfertiere] befahl ich nach der Zusammenstellung [des Mahles] zuzubereiten für die Bettelarmen. Und ich sagte ihnen: ›Nehmt dies zusätzlich nach der Zusammenstellung, damit ihr für meine Kinder betet (δεηθῆτε ὑπὲρ τῶν τέκνων μου). Nicht, dass meine Söhne gesündigt haben (ἥμαρτον) vor dem Herrn, indem sie sich rühmten (καυχώμενοι) und mit Hochmut (μετὰ καταφρονήσεως) sprachen: Wir sind die Kinder dieses reichen Mannes, diese Güter gehören uns (ἡμῶν δέ ἐστιν τὰ χρήματα ταῦτα). Weswegen leisten wir also Dienst (διακονοῦμεν)? Deswegen ist der Hochmut (ὑπερφανία) ein Gräuel gegen Gott.‹

---

der Bibel, Darmstadt ²1966, 1334; SCHALLER, Testament (s. Anm. 8), 350 Anm. zu XXXI 1a).
[52] KONRADT, Ethik (s. Anm. 28), 488.
[53] Vgl. zum Folgenden z. B. BYUNG-MO KIM, Die paulinische Kollekte, TANZ 38, Tübingen/Basel 2002, 84–86; KONRADT, Ethik (s. Anm. 28), 158–161.
[54] KIM, Kollekte (s. Anm. 53), 84.
[55] Für Paulus ist der Kreislauf freilich in den Horizont des Christusgeschehens eingeordnet (vgl. 2Kor 8,9; 9,13).

Ein aus Reichtum entspringender Hochmut wird hier stark verurteilt und mit einem Anspruchsdenken auf materielle Güter verbunden, das zur Verweigerung von Dienst an anderen führen kann. Diese illegitime Selbstüberhöhung[56] zu Lasten anderer und das damit korrespondierende soziale Fehlverhalten werden direkt auf die Gottesbeziehung bezogen und problematisiert. Vor dem Hintergrund der Tatsache, dass im TestHiob Gott programmatisch als Schöpfer des Himmels, der Erde und von »uns selbst« (ἡμᾶς αὐτούς)[57] vorgestellt wird (2,4, vgl. 39,12), klingt hier die Auffassung an, dass aller Besitz Gabe von Gott ist (19,4), sodass darauf gar kein umfassender Anspruch erhoben werden kann, sondern daraus vielmehr eine Pflicht zum Teilen[58] hervorgeht, der Hiob selbst strikt nachkommt. Dieses Teilen reduziert entgegen der Erwartung nicht zwangsläufig das, was man hat, sondern kann sogar zu dessen Vermehrung führen (Prov 28,27; TestIss 3,7f.; TestSeb 6,6), eine Vorstellung, die in TestHiob 13,1–3 anklingt und ebenfalls auf Gottes Wirken verweist.[59] Daher ist Gott das eigentliche Ziel der Ehre und des Dankes.

Die Menschen, die durch Hiob Gottes Zuwendung erfahren, werden nun nicht in einer passiven Position belassen: Was im Kontext der Opfergabe zunächst wie ein seltsames Tauschgeschäft erscheint – die Praxis, dass Opferfleisch an Bedürftige[60] verteilt und mit der Bitte um ein Gebet verbunden wird –, erweitert ihre Rolle. Sie ist nicht mehr auf Empfangen begrenzt, sondern erhält ein aktives Moment, indem eine Form der Reziprozität ermöglicht wird, die zu Gott hin geöffnet ist. Nach weltlichen Maßstäben stellen Bettelarme, Witwen und Waisen eigentlich eine ausnehmend schlechte Zielgruppe dar, wenn auf eine Gegenleistung gehofft wird (vgl. Lk 14,12–14).[61] Den Gebeten von Bedürftigen wird nun

---

[56] Nach EpArist 196 dürfen Ehre, Reichtum und Macht nicht verkennen lassen, dass Gott alles schenkt; daher soll bei ihm jeder Gedanke ansetzen (vgl. EpArist 201.235). Entsprechend verhält sich auch Hiob (TestHiob 1,4).

[57] Hier könnte evtl. auch die Vorstellung anklingen, dass alle Menschen, ungeachtet ihrer sozialen Stellung, Geschöpfe Gottes sind (vgl. z.B. Hiob^MT 31,15; Prov 14,31).

[58] Dieses Argument klingt im TestHiob nur implizit an, dagegen explizit z.B. PseudPhok 29; vgl. Sib 3,247; 1Tim 6,17–19, vgl. dazu KONRADT, Ethik (s. Anm. 28), 232f.

[59] Der Umkehrschluss, dass sich am Besitz – entsprechend eines innerweltlich verstandenen Tun-Ergehen-Zusammenhangs – der Status eines Menschen vor Gott abzeichnet, wird im TestHiob nicht vertreten (s.u.).

[60] Die Verteilung von Opferfleisch an Bedürftige begegnet z.B. in PHILO, SpecLeg 1,221; EpJer 27.

[61] Gerade in Bezug auf den Euergetismus wird immer wieder festgehalten, dass wohltätiges Handeln besonders der Polis und den Bürgern zugutekam, Arme, wenn überhaupt, eher indirekt davon profitieren konnten, vgl. CHRISTOPHER M. HAYS, Luke's Wealth Ethics. A Study in Their Coherence and Character, WUNT II/275, Tübingen 2010, 59f.; BARCLAY, Paul (s. Anm. 44), 32–35.41f. Dies entspricht, wie gesagt, auch der für den Euergetismus

eine besondere Aussagekraft zugeschrieben, die gewissermaßen innerweltliche Zusammenhänge transzendiert und vor Gott besonderes Gewicht hat; ein Aspekt, der sich auch in der alttestamentlichen und frühjüdischen Tradition findet.[62] Große Ähnlichkeit zum TestHiob weist an dieser Stelle die frühchristliche Schrift »Hirt des Hermas« auf: Reiche und Arme werden dort in einer Symbiose beschrieben. Während Reiche nur reich an Besitz sind, aber arm vor Gott, nehmen Arme einen besonderen Status vor Gott ein – ihr Gebet hat besonderen Einfluss (HermSim 2,5: δύναμιν μεγάλην ἔχει παρὰ τῷ θεῷ ἡ ἔντευξις αὐτοῦ)[63]. Daher kommt es einem Reichen zugute, wenn ein Armer sich voll Dank an Gott richtet, weil er etwas von ihm empfangen hat (2,6 f.). Im Unterschied dazu ist im TestHiob jedoch keine Idealisierung der Armen als per se religiös überlegen zu beobachten.

Außerdem kommt Gott selbst als Akteur in den Blick, insofern als sich in Hiobs Bitte die Hoffnung manifestiert, dass die Gabe im Namen der Kinder – durch die Fürsprache der Armen – die sühnende Wirkung des Opfers verstärkt.[64] Die Vorstellung, dass Gott diejenigen, die barmherzig handeln, besonders bedenkt, ist vielfach belegt; die Hoffnung kann diesseitig und jenseitig ausgerichtet sein.[65] Die Hinwendung zu Menschen in Not hat auch im TestHiob Auswirkung auf das Ergehen nach dem Tod, womit eine eschatologische Motivation für Barmherzigkeit in den Blick kommt.[66] Dies wird am Negativbeispiel der Figur Elihus aufgezeigt – er kennt weder Gottesfurcht (43,9), noch hat er »Erbarmen in seinem Herzen« (43,11 οὐκ ἔχει ἔλεος ἐν καρδίᾳ αὐτοῦ), und seine Verstrickung

---

konstitutiven Reziprozitätslogik, denn die genannten Gruppen sind zu Gegenleistungen nur bedingt in der Lage, vgl. LONGENECKER, Poor (s. Anm. 34), 72. Vgl. zur Entlastungsfunktion einer solchen Praxis BARCLAY, Paul (s. Anm. 44), 44 f. Anm. 121.

[62] Zur besonderen Bedeutung des Gebets von Bedürftigen vor Gott, sei es als (An-)Klage für erlittenes Unrecht oder als Dank gegenüber einem helfenden Mitmenschen, vgl. z. B. Dtn 24,13–15; Sir 4,5 f.; 35,13–17.

[63] Der griechische Text wird zitiert nach MOLLY WHITTAKER (Hg.), Die Apostolischen Väter, Bd. 1: Der Hirt des Hermas, GCS 48, Berlin ²1967.

[64] Vgl. zum Verständnis von Barmherzigkeit als Mittel der Sühne WITTE, Begründungen (s. Anm. 2), 398 f., wodurch Barmherzigkeit neben andere »Frömmigkeitsübungen« (398) tritt.

[65] Dieser Motivkomplex ist in Bezug auf die erhoffte Belohnung vielseitig, er kann innerweltlichen Charakter haben, Sühne erwirken oder auf das endzeitliche Erbarmen Gottes gerichtet sein, vgl. Dtn 14,29; Prov^{LXX} 15,27a; 19,17; Tob 4,7–11; 14,10 f.; SapSal 9,5; Sir 12,2; 17,22; 29,11; 40,17; 2Hen 63,1; TestSeb 5,3.8,1 f., vgl. auch JOSEPHUS, Ap 2,218 f. Vgl. zu dieser jüdischen Auffassung von Reziprozität BARCLAY, Paul (s. Anm. 44), 43 f. Vgl. zum neutestamentlichen Vorkommen dieses Motivs (vgl. z. B. 1Tim 6,17–19; Lk 16,1–13; sowie weitere, neutestamentliche und frühjüdische Parallelen) die Ausführungen bei KONRADT, Ethik (s. Anm. 28), 233.359–361.

[66] Vgl. zu diesem Aspekt in anderen weisheitlichen Schriften aus hellenistisch-römischer Zeit WITTE, Begründungen (s. Anm. 2), 393.399–401, zum TestHiob 406.

in weltliche Ehrensymbole klingt ebenfalls an (43,6.7 f.). Elihu wird in den Hades verbannt (43,7). Hiobs Zukunft wird dagegen in ganz anderen Farben gemalt. Dass er ein Mann Gottes ist (53,4), folgt im Trauerlied nach seinem Tod gerade auf die Schilderung seiner Zuwendung zu Menschen in Not, die sein Handeln besonders auszeichnet und hier noch einmal als Hauptaspekt seiner Frömmigkeit hervorgehoben wird (53,2-3). So verbindet sich die Mahnung, dass in Zeiten des eigenen Wohlergehens andere nicht vergessen werden dürfen (45,2), zumindest implizit mit der Hoffnung darauf, dass dieses Handeln nach dem Tod Zukunft bei Gott eröffnet (33,2-9; 52,10).[67] Aus den vorherigen Ausführungen ist aber bereits deutlich geworden, dass Bedürftige in keinem Fall nur Mittel zum Zweck sind.[68]

Die Hochschätzung des Einsatzes für Notleidende zeigt sich im TestHiob auch darin, dass sich ganz unterschiedliche Menschen von Hiobs Tun inspirieren lassen (vgl. Kap. 11-12), das hier zum ersten Mal zusammenfassend mit dem Begriff διακονία (11,1) bezeichnet wird.[69] Diakonisches Handeln ist also »ansteckend« und hat aktivierendes Potential. Damit geht eine optimistische anthropologische Perspektive einher: Menschen nehmen ein solches Tun nicht nur passiv wahr, sondern werden aktiv: Einige Fremde wollen selbst beim Dienst helfen (11,2: αὐτοὶ ὑπερετεῖν τῇ διακονίᾳ). Hier liegt wohl die Vorstellung einer (finanziellen) Beteiligung an Hiobs Diakonie durch andere zugrunde.[70] Daneben melden sich zuweilen auch Freiwillige, die die Armen an Hiobs Tisch bedienen (12,1: διακονῆσαι τοῖς πτωχοῖς [...] ἐν τῇ σῇ τραπέζῃ) möchten. Ihnen eröffnet Hiob die Möglichkeit, im Rahmen seiner Fürsorgestruktur tätig zu werden, da ihnen eigene Mittel fehlen. Weil Hiob um die Lebensrealitäten der arbeitenden Bevölkerung weiß, zahlt er den Lohn sofort aus – auch wenn diese eigentlich unentgeltlich arbeiten wollten (12,1-4).[71]

---

[67] Hiob wird die Auferstehung in 4,9-11 explizit für seine Standhaftigkeit versprochen.
[68] GARY A. ANDERSON, Charity. The Place of the Poor in the Biblical Tradition, New Haven 2013, 4 (vgl. 4-7) verweist darauf, dass dieses Selbstinteresse aus moderner Sicht häufig als problematisch erscheint, dies aber dem Phänomen nicht gerecht werde: »Charity, in short, is not just a good deed *but a declaration of belief about the world and the God who created* it.«
[69] Vgl. KONRADT, Überlegungen (s. Anm. 4), 59.
[70] Weitere Indizien dafür, dass hier die Vorstellung Gestalt gewinnt, dass Armenfürsorge auch von mehreren Verantwortlichen gemeinschaftlich organisiert oder zumindest finanziert werden kann, sind im TestHiob spärlich gestreut (vgl. evtl. Kap. 44). Die Fürsorge wird primär von Hiob und seiner Familie getragen.
[71] Vgl. Tob 4,14. Hiob entspricht damit Lev 19,13; Dtn 24,14f., auch wenn diese Gebote innerhalb der erzählten Welt durch die Verortung in der Zeit der Erzeltern noch gar nicht existieren. Lohnarbeitende (μισθωτός) können auch neben anderen Vertretern der *personae miserae* erscheinen (vgl. z.B. Mal 3,5; PseudPhok 19), vgl. BEATE EGO, Tobit, In-

Neben den beschriebenen Formen der Akuthilfe kennt das TestHiob zuletzt auch die Unterstützung beim Aufbau einer eigenen Existenz und damit Maßnahmen zur Überwindung von prekären Situationen.[72] Erneut wird der Dienst an den Armen als Zielpunkt hervorgehoben, was die Bedeutung dieses Handelns unterstreicht:[73]

11,2 f. Und es gab einige andere, die damals mittellos waren, und, weil sie nichts aufwenden konnten, kamen sie und baten und sagten: ›Wir bitten dich, können auch wir diesen Dienst (ταύτην τὴν διακονίαν) ausführen? Wir besitzen aber nichts. Hab du Mitleid mit uns (ποίησον σὺ μεθ' ἡμῶν ἔλεος) und leihe uns Geld, damit wir hingehen in die großen Städte und, indem wir Handel treiben, fähig werden, von uns aus den Dienst für die Armen zu tun‹ (δυνηθῶμεν ποιήσασθαι διακονίαν).

Hiob kommt dieser Bitte natürlich nach und bietet ihnen ein zinsloses Darlehen, das er, wenn die Unternehmungen misslingen und sie das Geld unverschuldet verlieren, nicht einmal zurückfordert (11,10–12). Die beschriebene Praxis dient damit zwei wohltätigen Zwecken auf einmal: Zwar wird als übergeordnetes Ziel die Unterstützung der Bedürftigen genannt, die Darlehen verbessern ja aber zuerst die finanzielle Situation derer, die dann selbst diakonisch tätig werden wollen. Insgesamt scheint hier eine von Hiobs Armenfürsorge getrennte Organisation im Blick zu sein, bei der nicht Hiob, sondern die Bittenden als Aktive auftreten – sie sind diejenigen, die den Armen geben (11,9: ἐδίδουν τοῖς πτωχοῖς), διακονία steht daher auch nicht mehr mit bestimmtem Artikel (11,3).[74] Diese Praxis fügt sich einmal mehr in die vorangegangenen Überlegungen ein: Auch andere können durch Hiobs Förderung den von ihm hochgehaltenen und vor Gott bedeutsamen Dienst an Menschen in Not aufnehmen, womit – entgegen jeder Konkurrenzlogik – diese Rolle geteilt wird.

---

ternationaler Exegetischer Kommentar zum Alten Testament, Stuttgart 2021, 172 Anm. 95.

[72] Vgl. BERGER, Diakonie (s. Anm. 3), 97; MÜLLER, Diakonie (s. Anm. 3), 410.

[73] Vgl. Apg 20,34 f.; Eph 4,28 sowie dazu KONRADT, Ethik (s. Anm. 28), 370 f.

[74] Der Artikel in 11,2 verweist noch auf Hiobs Dienst, der in 9,2–10,7 geschildert wurde (vgl. KONRADT, Überlegungen [s. Anm. 4], 59), dient aber lediglich als Referenzpunkt. Für eine eigene Organisation spricht z. B. die Verwendung des Mediums von ποιέω (11,3), das die eigene Beteiligung besonders hervorhebt. Sie übernehmen laut 11,5 auch die verwaltende Tätigkeit (οἰκονομία), was für die Vorstellung einer neuen Einrichtung mit vergleichbarer Struktur spricht. HENTSCHEL, Diakonia (s. Anm. 3), 67 sieht in 11,1 f. eine »*Tätigkeit im Namen des Hiob*«, 11,3 deute jedoch auf eine größere Selbstständigkeit hin (69).

Neben Hiob selbst erscheint insbesondere seine Frau Sitidos in der Rolle einer Wohltäterin und zeichnet sich durch diakonisches Handeln aus.[75] Ihre Betätigung an der Fürsorgestruktur wird zwar in den Kapiteln 9–15 nicht erwähnt, erscheint aber in Retrospektive in einem Klagelied der Menge in Kap. 25, das ihren Statusverlust schildert und ihren einstigen Besitz mit ihrer gegenwärtigen Situation kontrastiert:

> **25,5** Sieh, die, die sieben unbewegliche Tische (ἡ ἔχουσα ἑπτὰ τραπέζας) in ihrem Haus hatte, an denen die Bettelarmen und jede fremde Person zu essen pflegten (ἤσθιον οἱ πτωχοὶ καὶ πᾶς ξένος), nun aber verkauft sie ihr Haar für Brote.

Auch wenn Sitidos durchaus ambivalent dargestellt wird,[76] wird sie durch diese Formulierungen in ihrem Handeln mit Hiob parallelisiert[77] (vgl. 10,1); ihr wird z. B. ein (zahlenmäßig geringeres) Kontingent an eigenen Tischen zugeordnet. Die Parallelität wird durch ein ähnliches Klagelied von Hiobs Freund Eliphas gesteigert (Kap. 32), der dort Hiobs Fall thematisiert. Beide Klagelieder fassen das Handeln an Bedürftigen jedoch gerade nicht als ein »Handeln im Horizont des Gottesglaubens«[78] auf, sondern rein innerweltlich, insofern als es den einstigen sozialen Status skizziert und primär als ein Aktionsraum zur Steigerung der Ehre begriffen wird, der verloren werden kann. Nach ihrem Statusverlust zeichnet sich Sitidos durch die anhaltende Fürsorge für ihren kranken Mann aus. Am Ende ihres Lebens zeugt die Klage der Armen über die kärglichen Umstände ihres Todes (40,13) zumindest implizit von ihrem Handeln zu Lebzeiten.[79] Damit steht

---

[75] Vgl. dazu OEMING, Frau (s. Anm. 9), 31–34.

[76] Diese Ambivalenz wird besonders in ihrer Beziehung zum Satan sichtbar, z. T. wird aber auch die Versorgung Hiobs negativ wahrgenommen, vgl. WITTE, Begründungen (s. Anm. 2), 405: »Das barmherzige Verhalten der Sitidos erscheint hingegen in einer merkwürdigen Ambivalenz. Ihre Versorgung des kranken Hiob wird als Zeichen mangelnder Geduld in Bezug auf Gottes rettendes Eingreifen negativ gewertet (TestHiob 23,5; 26,5; vgl. Tob 2,14), ebenso wie ihr Wunsch, die ums Leben gekommenen Kinder zu bestatten, als Ausdruck mangelnden Wissens um den himmlischen Aufenthaltsort der Toten beurteilt (TestHiob 39,8–13)«. OEMING, Frau (s. Anm. 9), 33 hält gegen eine starke Betonung von Sitidos' Unverständnis fest: »Diese Sicht legt die Akzente ins Intellektuelle und trifft daher nicht den vollen Sachverhalt: Sitidos weiß zwar nicht über den Teufel und seine Werke Bescheid, aber sie tut das ethisch Richtige, das ist wichtig!«

[77] Vgl. für weitere Parallelen KLANCHER, Soul (s. Anm. 23), 234–236. Die Klage über Sitidos »does not depict a ›foil‹ to Job's goodness, but an accomplice to and extension of it«, so KLANCHER (236). S. o. Anm. 23.

[78] MÜLLER, Diakonie (s. Anm. 3), 413.

[79] Auch WITTE, Begründungen (s. Anm. 2), 405 deutet dieses Klagelied positiv. KUGLER/ ROHRBAUGH, Women (s. Anm. 14), 60 halten dagegen fest: »[O]nly the poor lament her,

sie erneut in gewisser Parallelität zu Hiob, denn auch nach seinem Tod klagen Arme, Witwen und Waisen in einem Trauerlied über den erlittenen Verlust (Kap. 53).

3. Hiobs Not

Die Hiobgeschichte – hier im Sinne der *story*, die in ihren groben Elementen, nämlich dem Wohlergehen, dem Leiden und der Restitution Hiobs, von den biblischen Fassungen bereits vorgegeben ist – eignet sich in besonderer Weise dazu, menschliche Not umfassend zu beleuchten, da ihr bereits ein Perspektivwechsel eingeschrieben ist. Am Anfang steht eine Außenperspektive – Hiob selbst geht es gut, er setzt sich für andere in Notsituationen ein. Durch seinen Fall erfolgt ein Perspektivwechsel: Hiob wird vom aktiven Organisator der Armenfürsorge zum potenziellen Empfänger, vom König zum obdachlosen Kranken im Unrat vor der Stadt. Damit eröffnet sich innerhalb der erzählten Welt eine »Binnenperspektive« auf diese existenzielle Not, was im Folgenden ausgeführt wird (§ 3.1).

3.1 Der Fall – ein Statusverlust par excellence

Das Schicksal Hiobs und Sitidos' ist ein Fall par excellence, der weit über die materiellen Verluste hinausgeht: Die Existenz des Paars ist fortan von Hunger (22,2; 23,8), Schutzlosigkeit gegenüber Ungerechtigkeit und Übergriffen ihrer Umwelt gekennzeichnet (18,3; 22,1). Die angesehenen Männer der Stadt treten in Kontrast zu Hiobs früherem Handeln: Jede Hilfe bleibt aus und sie kürzen sogar die Brotrationen (22,1), die Sitidos als Magd für sich und ihren kranken Mann erarbeitet hat (21,2). Damit ergibt sich eine Leerstelle in Bezug auf außerfamiliäre Hilfsangebote. Das System ist auf die einfachste Form, die Versorgung durch Familienangehörige, zurückgeworfen, und selbst das wird aktiv untergraben. Nach Sir 34,25–27 (vgl. 2Hen 10,5) kommt solch ein Verhalten einer Tötung gleich, und auch im TestHiob verschärft es die Lage der Bedrängten dramatisch. Das Moment der Sichtbarkeit von Armut wird dabei mehrfach hervorgehoben: So

---

but not for her sake, but for her lost ›pride and splendor‹ (καυχήμα [sic!] and δόξα), which had served them so well (40.13).« Diese Aussage widerspricht m. E. jedoch der skizzierten Hochschätzung von Aussagen bedürftiger Menschen. Einzig 13,5 zeichnet ein anderes Bild, wo berichtet wird, dass die Armen Hiob verfluchten, vgl. jedoch die Konjektur von SCHALLER, Testament (s. Anm. 8), 336 Anm. zu XIII 5a). S. o., Anm. 49. Die Beteiligten an den Übergriffen in 16,5 und 18,2 werden begrifflich nicht als *personae miserae* gezeichnet.

manifestiert sich Sitidos' Statusverlust bereits an ihrer Kleidung:[80] War sie einst in kostbare Gewänder gekleidet, trägt sie nun Lumpen (25,7: φορεῖ ῥακκώδη) und läuft barfuß (25,6: βαδίζει ἐπὶ ἐδάφους). Einst war sie durch Vorhänge (βῆλα) und zahlreiche Türen (θύραν ἔνδοθεν θυρῶν) vor den Blicken anderer geschützt (25,2), doch nun ist sie zum Betteln gezwungen und lässt sich vor den Augen aller (24,5: παρεστῶτος ὄχλου καὶ θαυμάζοντος) auf der Agora, dem Ort der Öffentlichkeit und Tauschgerechtigkeit, in einem verzweifelten Rettungsversuch vom Satan, der sich in einen Händler verwandelt hat, ihr Haar scheren, um es gegen drei Brote einzutauschen (23,7–10).

In Bezug auf Hiobs Krankheit wird das Motiv des starken Gestanks (δυσωδία) ausgestaltet, seine Freunde können sich ihm kaum nähern (31,2 f., vgl. 32,8); am Leben innerhalb der Stadt nimmt er nicht mehr teil (28,8). Diese Form der Not sieht man nicht nur, man riecht sie auch. So geht der Fall des Paares Hand in Hand mit sozialer Ausgrenzung und unverhüllter Feindseligkeit. Vor dem Hintergrund ihrer einstigen Wohltätigkeit erschüttert es umso mehr, dass nicht nur jede Hilfe von ihren Mitmenschen ausbleibt, sondern diese ihnen sogar das Letzte nehmen, weil sie sich nicht wehren können (16,5; 17,5 f.). Angesichts solcher Not stellt sich die Frage, wie ein Mensch in eine solche Situation geraten kann (30,5) und wie diese nun in ihrer Beziehung zu Gott zu verstehen ist; Themen, die auf vielfältige Weise in den Dialogen im biblischen Hiobbuch diskutiert werden. Wie verhält es sich im TestHiob?

3.2 Ein Gott, der die Person nicht ansieht – Hiob als Präzedenzfall

Es ist der Satan höchstpersönlich, der in der Szene auf dem Markt eine mögliche Antwort (23,6) darauf gibt: »Wenn ihr der Übel nicht würdig wärt (ἄξιοι ἦτε τῶν κακῶν), hättet ihr sie nicht empfangen (οὐκ ἀπελάβετε αὐτά).« Diese Aussage entspricht dem konsequenten Ernstnehmen eines rein innerweltlich ausgerichteten Tun-Ergehen-Zusammenhangs. Wer kein Geld hat, ist dafür selbst verantwortlich; monokausal wird die Erfahrung von Leid damit in den eigenen Verantwortlichkeitsbereich verschoben. Dass diese Aussage nun ausgerechnet im Munde des Satans begegnet, verweist bereits darauf, dass von einer solchen Deutung wenig zu halten ist. Seine Figur[81] wird im TestHiob u. a. zur Delegitimierung von bestimmten Weltdeutungen und Handlungsweisen genutzt. Er

---

[80] Vgl. zu der Bedeutung von Kleidungswechseln im TestHiob insgesamt M. JOHN-PATRICK O'CONNOR, Satan and Sitis: The Significance of Clothing Changes in the Testament of Job, in: JSPE 26 (2017), 305–319.

[81] Vgl. zur Entwicklung der Figur des Teufels von ihren alttestamentlichen Anfängen bis zum Neuen Testament THEOBALD, Teufel (s. Anm. 20), für die Darstellung im TestHiob konkret 80–82.

verwandelt sich immer wieder in andere Rollen und begegnet so als grausamer Täuscher[82] der Menschen, der sogar göttliche Verehrung für sich beansprucht, wodurch er als Widersacher Gottes erscheint, dem er jedoch deutlich unterlegen ist.[83]

Dass die Dinge ganz anders liegen, als sie erscheinen, wird programmatisch in der bereits erwähnten Angelophanie-Szene deutlich. In der Rede des Engels blitzen die Stationen der Hiobgeschichte proleptisch auf und werden mit einer theologischen Deutung verbunden:[84]

> **4,4–10** Wenn du dich aber daran machst, den Ort des Satans zu reinigen, wird er sich mit Zorn zum Kampf (εἰς πόλεμον) gegen dich erheben. Nur den Tod wird er dir nicht zu bringen vermögen, er fügt dir aber viele Unglücksschläge (πληγάς) zu, nimmt dir alles, was du besitzt, deine Kinder wird er töten. Aber wenn du standhältst (ἐὰν ὑπομείνῃς), werde ich deinen Namen berühmt machen in allen Generationen der Erde, bis zum Ende der Welt (ἄχρι τῆς συντελείας τοῦ αἰῶνος). Und ich werde dich wieder zu deinem Besitz zurückkehren lassen und es wird dir doppelt wiedergegeben werden, so dass du erkennst (ἵνα γνῷς): **[der Herr] sieht die Person nicht an (ἀπροσωπόληπτός ἐστιν)**, er gibt jedem Gutes, der auf ihn hört. Und du wirst auferweckt werden bei der Auferstehung (ἐγερθήσῃ ἐν τῇ ἀναστάσει). Du wirst sein wie ein Athlet (ὡς ἀθλητής), der Faustkampf betreibt und Mühen erträgt (καρτερῶν πόνους) und [schließlich] den Siegeskranz (τὸν στέφανον) erhält. Dann wirst du erkennen (τότε γνώσει): Gerecht (δίκαιος), zuverlässig (ἀληθινός) und mächtig (ἰσχυρός) ist der Herr, er stärkt seine Erwählten.

Die Leiden Hiobs werden hier zusammenfassend in den Blick genommen und finden im einleitenden Konditionalsatz (4,4) eine klare Ursache: Sie sind Folgen aus dem Konflikt mit dem Satan – wie in einem Faustkampf stehen sich Hiob und Satan gegenüber (4,10). Damit öffnet sich eine Deutung von Leid als Bewährungsmöglichkeit, hier nun sogar zugespitzt als Kampf gegen widergöttliche Mächte (4,4; vgl. Kap. 27). Umgekehrt wird daraus Hiobs Frömmigkeit ersichtlich: »Job's suffering is therefore linked to his righteous actions and to his zeal for God.«[85] Übertragung von Kampfmotivik[86] auf die Herausforderungen des Lebens

---

[82] Vgl. O'Connor, Significance (s. Anm. 80), 307–313.
[83] Vgl. Theobald, Teufel (s. Anm. 20), 81, der auch darauf hinweist, dass der Satan letztlich vom Menschen besiegt werden kann (89).
[84] Schaller, Komposition (s. Anm. 10), 74 verweist darauf, dass die Angelophanie »nahezu alle grundlegenden Motive der weiteren Erzählung [benennt]«.
[85] Rogers, Testament (s. Anm. 11), 401.
[86] Das Bild eines Kampfes klingt im TestHiob an weiteren Stellen an, besonders in Kap. 27. Während der Auslöser des Konflikts Hiobs kriegerischer Angriff auf den Tempel ist, den er mit 50 Knechten ausführt (5,2) und der wiederum mit gewaltsamen Handlungen (vgl. z. B. αἰχμαλωτίζω) durch die Verbündeten des Satans beantwortet wird (16,5), spielt sich

und das Streben nach Tugend war in der griechisch-römischen Antike – besonders in der Späten Stoa – beliebt und wurde auch innerhalb des Frühjudentums vielfach rezipiert und modifiziert.[87] Dabei konnte der Sieg im Kampf auch mit einer eschatologischen Perspektive verbunden werden.[88] So ist es auch im TestHiob, wo die Verheißung, die hier an Hiobs Standhalten gebunden wird (4,6),[89] neben der Restitution Hiobs zu Lebzeiten auch Hiobs Auferweckung umfasst (4,9), ein Element, das aus Hiob^{LXX} 42,17a[90] bekannt ist. Die große Be-

---

der Kampf im Folgenden auf einer anderen Ebene ab. Hiob besiegt den Satan schließlich durch sein Durchhaltevermögen (καρτερία), obwohl er, von außen betrachtet, in der schwächeren Position zu sein scheint (vgl. 27,4f.).

[87] Allgemein zur Bedeutung des Agons und seiner metaphorischen Rezeption in hellenistischer und kaiserzeitlicher Literatur vgl. UTA POPLUTZ, Athlet des Evangeliums. Eine motivgeschichtliche Studie zur Wettkampfmetaphorik bei Paulus, HBS 43, Freiburg i. Br./Basel/Wien 2004, 101–173. Poplutz zeigt die große Popularität des Agon-Motivs innerhalb der Späten Stoa auf, das mit dem Ideal des stoischen Weisen verbunden wurde. Das Motiv wurde breit rezipiert (114). Die Rezeption innerhalb frühjüdischer Kreise sucht sich eigene vorbildliche Athleten und trägt eigene Akzente (vgl. dazu 174–215), z.B. wurde »der in der Seele auszutragende Agon gegen die Leidenschaften und um die Tugend umgebogen zum ἀγὼν τῆς εὐσεβείας. So wird die Agonmetaphorik theozentrisch eingefärbt und das Ideal des philosophischen Weisen mit dem des jüdischen Frommen über- bzw. ineinandergeblendet.« (216). Der Begriff εὐσεβεία wird im TestHiob zwar nicht aufgegriffen, auch tritt der Charakter einer Metapher etwas zurück, da mit dem Satan ein konkreter Gegner im Blick ist, doch klingt dieses Ideal durch die wiederholt thematisierte Gefahr der Gotteslästerung durchaus an, auf die Hiob mit Gotteslob reagiert (16,7: καὶ ἐδόξασα τὸν θεὸν καὶ οὐκ ἐβλασφήμησα, vgl. 19,4).

[88] Vgl. 4Makk 17,11–18; PHILO, Fug 97; 1Kor 9,25. Siehe auch Jak 1,12 im Zusammenhang mit 4,7; dazu MATTHIAS KONRADT, Christliche Existenz nach dem Jakobusbrief. Eine Studie zu seiner soteriologischen und ethischen Konzeption, StUNT 22, Göttingen 1998, 117–119.

[89] Zur Thematik von Hiobs Standhaftigkeit im TestHiob insgesamt vgl. CEES HAAS, Job's Perseverance in the Testament of Job, in: MICHAEL A. KNIBB/PIETER VAN DER HORST (Hg.), Studies on the Testament of Job, MSSNTS 66, Cambridge 1989, 117–154. Auch Hiobs Kinder (40,3), Sitidos (40,4) und, so lässt sich aus Kap. 43 im Gegenüber zu Elihu vermuten, Hiobs Freunde werden Anteil an der Zukunft bei Gott haben, ohne dass (erfolgreiches) Standhalten durch Leiden hindurch ihr Leben kennzeichnete.

[90] Hiob^{LXX} 42,17a (ἀναστήσεσθαι μεθ᾽ ὧν ὁ κύριος ἀνίστησιν). Die Verbindung des Hiobbuches mit eschatologischen Vorstellungen eröffnet neue Antwortmöglichkeiten auf die Frage nach Leid des Gerechten und Gottes Verhältnis dazu: »Eine Antwort eschatologischer Strömungen ist jene eines postmortalen Ausgleichs [...].« (SONJA FELDMAR, Eschatologische Fortschreibungen im Buch Hiob, FAT II/111, Tübingen 2019, 277). Dies schlägt sich auch im TestHiob nieder: »Ihm wird eine Existenz bei Gott zuteil, die seine

deutung der Klage als legitimen Umgangs mit Leiderfahrung, die sich in der biblischen Hiobgeschichte manifestiert, weicht damit dem Ideal des (fast) klaglosen Standhaltens in Bedrängungssituationen (vgl. Jak 5,11).

Vom Ende der Hiobgeschichte her wird hier ein Erkenntnisgewinn in Aussicht gestellt (4,8: ἵνα γνῷς/4,11: τότε γνώσει), der das Wesen Gottes betrifft. Diese Aussagen erhalten dadurch besonderes Gewicht, dass sie durch den vermittelnden Engel als Selbstaussagen Gottes erscheinen (4,3). Zentral ist die Formulierung, dass Gott die Person nicht ansieht (4,8), eine Vorstellung, die aus dem Alten Testament[91] stammt und frühjüdisch sowie frühchristlich breit rezipiert wird. Die Septuaginta-Wendung λαμβάνω πρόσωπον (synonym mit θαυμάζειν), von der die hier verwendeten Komposita[92] abgeleitet sind, ist dem hebräischen Sprachgebrauch נשא פנים nachgebildet, oft wird mit »Partei nehmen« oder »begünstigen« ins Deutsche übersetzt. Ursprünglich bezeichnet die Wendung ein (negatives) Verhalten im Kontext der Rechtsprechung, was auch daran deutlich wird, dass sie regelmäßig mit der Warnung vor Bestechung verbunden wird.[93] Der Sachverhalt wird auf alltägliche Situationen übertragen: Wer sich in seinem Handeln von Äußerlichkeiten leiten lässt,[94] orientiert sich an Maßstäben, die Gott fremd sind (vgl. Jak 2,1–9).[95] Dass Gott die Person nicht ansieht,

---

Rechtschaffenheit belohnt. In diesem Sinne ist die Schrift als Ausdruck individualisierter, eschatologischer Heilshoffnung zu verstehen.« (277)

[91] נשא פנים kann vereinzelt auch neutral oder positiv konnotiert sein (vgl. H. SIMIAN-YOFRE, Art. פנים, in: ThWAT 6, 1989, 629–659, 642). Für einen tabellarischen Überblick über den Gebrauch der Wendung im Alten Testament, frühjüdischen sowie frühchristlichen Schriften vgl. NICHOLAS LIST, Jewish and Christian »Signature Features« in the Testament of Job, JSPE 33 (2023), 51–74, 69–71.

[92] Das hier verwendete Kompositum ἀπροσωπόλημπτος ist, wie auch die verwandte προσωποληψία (im TestHiob jeweils ohne μ gebildet), sonst nur in christlichen Texten belegt. Zu den möglichen Erklärungsversuchen für diesen Befund vgl. LIST, Features (s. Anm. 91), 63–74, der von einer »Christian scribal emendation« (72) ausgeht; ursprünglich sei im TestHiob der LXX-Ausdruck verwendet worden, der nachträglich durch das Kompositum ersetzt worden sei.

[93] Lev 19,15; Dtn 16,19; Ps 82; Spr 18,5 (von Menschen); Dtn 10,17; 2Chr 19,7; Sir 35,12f.; 3Esr 4,39; 1Hen 63,8 (von Gott), für weitere Belegstellen vgl. ERICH TIEDTKE/VOLKER GÄCKLE, Art. Angesicht/πρόσωπον, in: TBLNT 1, 1997, 47–50, 50.

[94] Vgl. auch Hiob^{LXX} 13,10a, wo durch den Verweis auf die Heimlichkeit (κρυφῇ) bereits die Illegitimität der Handlung hervorgehoben wird.

[95] Vgl. zum Motiv bei Jak KONRADT, Existenz (s. Anm. 88), 135–145. Im alttestamentlichen Gebrauch sowie in der frühjüdischen und neutestamentlichen Rezeption werden im Kontext dieser Vorstellung außerdem immer wieder entgegengesetzte Gruppen thematisiert, »[t]ypisch ist die Aufhebung sozialer Unterschiede« (KLAUS BERGER, Art. προσωπολημψία, in: EWNT² III, 1992, 433–435, 434), vgl. dazu neben den bereits genannten Belegen z. B. Jub 5,15f.; Eph 6,8f.; Jak 2,1–9; Apg 10,34f. Daneben kann auch

verweist also auf eine Form der Unparteilichkeit, die nicht im Sinne von Indifferenz misszuverstehen ist, sondern die von den äußeren Umständen absieht. Gott sieht – so mit 1Sam 16,7 – nicht auf das, was vor Augen ist, er lässt sich – so sagt bereits Hiob 34,19 – nicht von Äußerlichkeiten oder Machtpositionen blenden.

Wenn nun gerade diese Vorstellung einer Geschichte vorangestellt wird, deren Titelheld ganz unten angekommen ist, der eine Not erlebt, die man sieht und riecht, die bedrückender kaum sein könnte, dann hat dies Rückwirkung auf die Deutung von Armuts- und Leiderfahrung, denn es wird deutlich, dass keine äußeren Umstände, wie schlimm sie auch sein mögen, einen negativen Einfluss auf Gottes Beziehung zu Menschen in Not haben. Dies steht in krassem Gegensatz zu etablierten gesellschaftlichen Wertesystemen, die das zwischenmenschliche Miteinander prägen und sich in Distanz und Ablehnung gegenüber armen Menschen niederschlagen (vgl. Koh 9,15 f.; Prov 14,20 f.). In der Epistel Henochs wird diese weltliche Logik von der anderen Seite her in den Blick genommen. Während Reichtum gemeinhin als Zeichen von besonderer Gerechtigkeit betrachtet wird, verhalten sich die Dinge in Wirklichkeit ganz anders:

> **1Hen 96,4** Wehe euch, ihr Sünder, denn euer Reichtum lässt euch als Gerechte erscheinen, aber euer Herz beweist euch, dass ihr Sünder seid [...].[96]

Dagegen machen die, die sich nicht primär über ihren Besitz definieren und ihr Leben stattdessen auf Gott hin ausrichten, d. h. die »den Himmel mehr lieben als ihr Leben in der Welt« (1Hen 108,10) immer wieder leidvolle Erfahrungen (1Hen 108,7–10); ihnen wird aber – anders als den Reichen – eine Zukunft bei Gott eröffnet.[97] Dies steht einer Deutung von Armut als selbstverschuldet oder von Gott auferlegt entgegen.

Ängste und Zweifel an seinem eigenen Verhalten oder Gottes Gunst beschäftigen den Titelhelden des TestHiob nicht, hat er doch im Gegensatz zu allen anderen Figuren den »Gegensatz zwischen der himmlischen Wirklichkeit und dieser Welt«[98] längst durchdrungen und sich – wie die Gerechten in 1Hen – völlig von weltlichen Belangen losgesagt (vgl. TestHiob 33,2; 36,3). Die in Aussicht gestellte Erkenntnis vom Ende her muss innerhalb der Erzählung durch Hiob also nicht eingelöst werden und verlagert sich damit auf die Ebene der Leserschaft,

---

umgekehrt betont werden, dass gesellschaftlich schlechter Gestellten nicht zu Unrecht geholfen werden darf (vgl. Lev 19,15; Ex 23,3).

[96] Übersetzungen von 1Hen: SIEGBERT UHLIG, Das Äthiopische Henochbuch, JSHRZ V/6, Gütersloh 1984.

[97] Sie werden Anteil an Gottes Zukunft haben, der sie auf den »Thron seiner Herrlichkeit setzen« wird (1Hen 108,12).

[98] NICKELSBURG, Literatur (s. Anm. 8), 459.

denn die Angelophanie wird genutzt, um der Hiobgeschichte programmatisch diese Gottesaussage voranzustellen, von der her und auf die hin sie gelesen und verstanden werden soll.[99] So begegnet das Motiv erneut in 43,13, im Kontext eines Danklieds von Hiobs Freund Eliphas, das auf die Gottesrede in Kap. 42 folgt, in der Gott Hiob vor seinen Freunden rückwirkend Recht gibt und ihnen aufgrund von Hiobs Fürsprache und Opfer (vgl. Hiob^{LXX} 42,8) ihre Sünden erlässt. Auch wenn Hiobs Wiederherstellung noch aussteht, wird durch die Gottesrede die Wende eingeleitet, insofern als sie die Aussagen der Freunde über Hiob als unwahr herausstellt[100] und damit Einblick gewährt, wie die Dinge wirklich sind. Das Danklied thematisiert bereits die erfolgte Wende und drückt im Handlungsablauf gewissermaßen den »Stimmungsumschwung« aus, der seinen Grund im Handeln Gottes findet. Im ersten Teil des Lieds (43,5–12) wird Elihus Verwerfung thematisiert.[101] Dabei werden dessen – aus weltlicher Perspektive – wertvolle Statussymbole und Besitz bereits dem Bereich der Unterwelt zugeordnet. Diese Aussagen brechen durch starke Bilder ebenfalls das Postulat eines Zusammenhangs von weltlichen Statussymbolen und Gottesnähe. Im zweiten Teil des Lieds wird daher dann erneut Gottes gerechtes Gericht und seine Unparteilichkeit betont:

> **43,13** Gerecht (δίκαιος) ist der Herr [...], bei dem es kein Ansehen der Person gibt (παρ' ᾧ οὐκ ἔστιν προσωποληψία).

Insgesamt rahmt die Vorstellung, dass Gott die Person nicht ansieht, die gesamte Hiobgeschichte. Dies hat sowohl Auswirkung auf die Deutung eigener Armuts-

---

[99] Ähnlich Schaller: »[D]ie Offenbarungsrede des Engels an Hiob [...] steht sachlich im Mittelpunkt der Exposition der Gesamterzählung (4,3–11) und bildet geradezu den Schlüsseltext für alles Folgende bis zum Abschluß des Ganzen.« (SCHALLER, Komposition [s. Anm. 10], 74)

[100] Das Lied erhält im Vergleich zu anderen hymnischen Teilen des TestHiob ein großes Gewicht, weil es vom Geist inspiriert wird (43,2: ἀναλαβὼν Ελιφαζ πνεῦμα). Schaller macht darauf aufmerksam, dass sich der absolute Gebrauch von πνεῦμα primär in christlichen Texten findet (SCHALLER, Testament [s. Anm. 8], 362). Es könnte sich um eine christliche Interpolation handeln. Aber auch ohne den Verweis auf den Geistempfang käme dem Lied durch seine Position besondere Bedeutung zu: Mit der Theophanie und der Sündenvergebung geht eine Änderung einher, denn zuvor war die Wirklichkeit für Hiobs Freunde nicht durchschaubar, was sich durch Gottes offene Intervention ändert. Insofern thematisiert das Danklied einen Erkenntnisgewinn, der zu einem neuen Wirklichkeitsverständnis führt.

[101] Hier wird eine Leerstelle der biblischen Hiobgeschichte gefüllt, insofern als in Hiob^{LXX} 42,7–9 Elihus Schicksal keine Erwähnung findet, vgl. DOCHHORN, Testament (s. Anm. 10), 686; ROGERS, Testament (s. Anm. 11), 407.

erfahrung als auch auf den Umgang mit armen Menschen. Ein Konnex zwischen Armut und Gottesferne wird vehement abgelehnt, stattdessen eröffnet Gottes Unparteilichkeit eine Hoffnungsperspektive, die durch die Hervorhebung des Gerichts auf das Leben nach dem Tod verweist. Vor diesem Hintergrund trägt diakonisches Handeln der Tatsache Rechnung, dass die äußeren Lebensumstände oder die gesellschaftliche Position einer Person nichts über ihren Wert aussagen.

Hiob verbürgt, dass auch in der Situation größter Not auf Gottes Barmherzigkeit gehofft werden darf (26,5; vgl. 47,4).[102] Indem Gott hier explizit als der Barmherzige erscheint, tritt Hiobs vorheriges Handeln (11,3) in Entsprechung zu Gott, wodurch hier eventuell das Konzept der *imitatio dei* anklingt.[103] Dies wird auch *via negativa* an der Figur des Satans entfaltet, was auf textpragmatischer Ebene von großer Bedeutung ist: Sein Handeln an Hiob wird programmatisch mit dem Adverb unbarmherzig (ἀνηλεῶς) beschrieben (vgl. 16,2).[104] Satan setzt nicht etwa Hiobs gesamten Besitz in Brand, sondern genau die Mengen, die der Armenfürsorge gewidmet waren (16,3). Der Angriff schädigt Hiob, dessen Person eng mit der Armenfürsorge verbunden war, aber auch alle, die auf das Angebot angewiesen sind; innerhalb der erzählten Welt also alle Bedürftigen. Der Satan wiegelt andere gegen Hiob auf, indem er dessen Sorge für Bedürftige als Verschwendung hinstellt (17,3). Zuletzt zeigt sich seine Unbarmherzigkeit besonders in der Szene auf dem Markt, als Sitidos ihn um Brot bittet, das er ihr verweigert. Stattdessen nutzt er ihre verzweifelte Situation aus, um ihr die Haare zu scheren und sie vor den Augen aller aufs Grausamste zu beschämen (23,9 f.; 24,10).

Erbarmungslosigkeit wird damit in einen Bereich verschoben, der Gott diametral entgegensteht – nicht das Haar auf dem Kopf oder die Lumpen auf der Haut, sondern das, was im Herzen ist, ist bei Gott entscheidend (43,11).

4. Zusammenfassung

Die helfende Zuwendung zum Mitmenschen in Not wird im TestHiob elementar als Ausdruck der Hinwendung zu Gott verstanden. Aus textpragmatischer Perspektive birgt die Wahl eines erst zum Glauben an den Gott Israels gekommenen Protagonisten ein integratives Potential: Diakonisches Handeln eröffnet sich als eine zentrale Handlungsoption für Menschen, die wie Hiob zum Glauben an

---

[102] Er ermahnt Sitidos zur Geduld, bis Gott sich erbarmt (26,5; ἕως ἂν ὁ Κύριος σπλαγχνισθεὶς ἐλεήσῃ ἡμᾶς).

[103] Vgl. dazu allgemein WITTE, Begründungen (s. Anm. 2), 397 f.

[104] Dagegen wirft der biblische Hiob Gott in seiner Klage Unbarmherzigkeit (ἀνελεημόνως) vor (Hiob^LXX 30,21).

den Gott Israels kommen.[105] Dies gilt ebenso für die aktive Rolle von Frauen im Kontext von Wohltätigkeit, die das TestHiob ganz natürlich voraussetzt. Auch wenn in der erzählten Welt diese Hilfe von oben und primär durch eine Familie organisiert wird, werden verschiedene Vorschläge zu anderen Beteiligungsformen gemacht, sodass Fürsorge für andere nicht allein in den Verantwortungsbereich der Mächtigsten gehört[106] – entscheidend sind eher die Mittel, die zur Verfügung stehen. Wer Mittel hat, kann und soll Diakonie treiben.[107] Das wird auch dadurch deutlich, dass Besitz fast immer in einem Atemzug mit dem Verweis auf das Teilen mit anderen genannt wird (vgl. bes. Kap. 9; 44,2–4).

Diakonisches Handeln nimmt hier – das ist bemerkenswert! – die Form einer organisierten Fürsorge an, die sogar unter dem Oberbegriff διακονία gefasst werden kann. Der richtige Umgang mit dem eigenen Besitz manifestiert sich in diakonischem Handeln. Zu diesem Handeln gehört konstitutiv eine adäquate Haltung, die im TestHiob an mehreren Stellen hervorgehoben wird: Hiob zeichnet sich durch seine Bereitwilligkeit (προθυμία)[108], die ansteckend wirkt (11,1), und durch Freude an der Beteiligung und Förderung anderer aus (11,5) – er beansprucht damit die Rolle des Helfers der Notleidenden nicht für sich allein, sondern lässt andere ebenfalls tätig werden. Auch wenn diakonisches Handeln als eine ehrenvolle Aufgabe gezeichnet wird, liegt ihr Wert gerade darin, dass sie horizontal *und* vertikal ausgerichtet ist und damit ein Handeln vor und in Entsprechung zu Gott darstellt, das durch ihn erst ermöglicht wird und bei ihm besonderes Ansehen genießt. Die Ehre steht letztlich nicht den Menschen, sondern Gott zu.

Im Umgang mit Menschen in Not fordert das TestHiob eine wertschätzende und rücksichtsvolle Haltung. Dabei verbürgt die Hiobgeschichte – das wird von Beginn an programmatisch betont –, dass jeder Mensch, wie gerecht er auch

---

[105] Vgl. Apg 10,1–8, sowie oben Anm. 28. Vgl. auch die Mildtätigkeit der zum jüdischen Glauben gekommenen Helena von Adiabene im Kontext einer Hungersnot (Josephus, Ant 20,51–53). Hier handelt es sich allerdings um Wohltätigkeit im Kontext einer Krise, nicht um eine planvolle Fürsorge.

[106] Gegen Berger, Diakonie (s. Anm. 3), 97.

[107] Vgl. Barclay, Paul (s. Anm. 44), 43: »By contrast, within the Jewish tradition, the domains of law, ethics, and ritual practise were more closely integrated, such that giving to the poor was both (unusually) a matter of legislation and integral to a religious piety that pervaded all spheres of live. Within this context, all Jews were expected to live out their allegiance to God, and their commitment to ›righteousness,‹ in giving to the poor; and since this expectation was flexibly adjustable to the resources of the giver (see Tobit 4.8), everyone could perform this religious duty, however great or little were their financial resources.« Vgl. auch Philo, SpecLeg 2,72.

[108] Vgl. EpArist 226; Philo, Abr 108, dagegen ist eine unwillige Gabe problematisch vgl. 2Hen 63,2; 2Kor 9,6f.

sein mag, in Notsituationen geraten kann. Hilfe erhalten im TestHiob aber alle, die darum bitten – Menschen in Not müssen keine Voraussetzungen erfüllen, um Unterstützung zu erfahren. Leider sieht die Realität jedoch meist anders aus, auch das erkennt das TestHiob an. Diejenigen, die in der Gesellschaft am Rand stehen, dürfen dennoch auf Gottes Gerechtigkeit und Barmherzigkeit hoffen, denn er achtet weder auf das Erscheinungsbild noch den Stand einer Person. Damit wird zwar eine Verschiebung des Tun-Ergehen-Zusammenhangs in den eschatologischen Bereich sichtbar,[109] aber weil das TestHiob Menschen, denen es gut geht, stark in die Pflicht nimmt und Unbarmherzigkeit aufs Schärfste kritisiert, wird die gesellschaftliche Realität von mangelnder Solidarität gerade nicht durch die Hintertür nivelliert. Das TestHiob ist aus textpragmatischer Sicht vielseitig – es leitet zum rechten Verhalten an, und zwar in der Situation des eigenen Wohlergehens wie in der Situation großer Not. Beide Perspektiven stehen hier also nicht unverbunden nebeneinander, sondern korrigieren und plausibilisieren die jeweils andere, und betrachten den Menschen von seiner Bezogenheit auf Gott her.

Dass es sich bei den detaillierten Beschreibungen von Armenfürsorge um Verarbeitungen authentischer Erfahrungen aus dem hellenistischen Judentum handeln könnte, ist durchaus denkbar.[110] Diese Fürsorge träte dann in eine gewisse Leerstelle innerhalb der Polis.

5. Ausblick – Ein offenes Haus

»Dem Zusammenleben Raum geben – #ausLiebe« – unter dieses Motto stellt die Diakonie Württemberg ihre Aktionswoche 2024.[111] Auf der Website des *manna*-Projekts, das eine Kooperation der Kapellengemeinde mit dem Diakonischen Werk Heidelberg darstellt und das neben einem Café auch ein buntes Kursangebot bietet, wird dasselbe Bild herangezogen: »So haben wir Raum geschaffen für viele verschiedene Gaben abseits von Konsum und Kommerz. Hier entfalten wir Nächstenliebe, ohne Leistungszwang.«[112] In Zeiten, in denen bei der städteplanerischen Gestaltung von öffentlichen Plätzen immer wieder eine Tendenz

---

[109] Hiob erhält zu Lebzeiten seinen Besitz zurück (vgl. Hiob 42,10), vor dem Hintergrund der gesamten Schrift dominiert jedoch die eschatologische Dimension. Vgl. auch WITTE, Begründungen (s. Anm. 2), 406.
[110] Vgl. dazu BERGER, Diakonie (s. Anm. 3), 97f.
[111] DIAKONIE WÜRTTEMBERG, Woche der Diakonie, URL: https://www.diakonie-wuerttemberg.de/aktiv-werden/spenden/sammlungen/woche-der-diakonie (Stand: 19.03.2024).
[112] DIAKONISCHES WERK DER EVANGELISCHEN KIRCHE HEIDELBERG, Manna – Kaffee, Kurse und Quatschen, URL: https://diakonie-heidelberg.de/angebote/soziale-notlagen/manna-kaffee-kurse-quatschen (Stand: 19.03.2024).

sichtbar wird, bestimmte Gruppen von Menschen aus den geteilten Räumen zu verdrängen,[113] berührt sich das TestHiob in seinem Anliegen mit gegenwärtigen Selbstverständnissen aus dem Kontext diakonischer Praxis, die zur Verfügung stehenden Räume zu öffnen und mit anderen zu teilen. Damit verbindet sich die Hoffnung, dass schon hier und jetzt Nischen entstehen können, die nach einer anderen Logik funktionieren. Nischen, in die Menschen auch tatsächlich eintreten, ohne Angst vor Bewertung oder Beschämung, und so Gemeinschaft möglich wird, weil diese Logik nicht auf Ansehen oder Besitz ausgerichtet ist, sondern auf der Überzeugung fußt, dass alle Menschen Gottes Geschöpfe sind (Gen 1-2; Hiob^{MT} 31,15).[114]

---

[113] Vgl. DANIELA BOß, »Wir sind Penner. Wir sind Abschaum. Wir sind asozial. Wir gehören entfernt.« Feldzugang im Rahmen einer qualitativen Erforschung von Verdrängungsprozessen und ihren Auswirkungen auf die Alltagswirklichkeiten Obdachloser, in: JEANNINE WINTZER (Hg.), Sozialraum erforschen. Qualitative Methoden in der Geographie, Berlin 2018, 3-18.

[114] Mein besonderer Dank gilt Prof. Dr. Matthias Konradt für seine Hinweise zu einer Vorstufe dieses Textes und die Betreuung meines Promotionsprojekts zum Testament Hiobs. Herzlich möchte ich mich außerdem für alle Rückmeldungen bedanken, die ich im Rahmen der Projektgruppe »Diakonie: Biblisch - ethisch - praktisch« zu den Inhalten dieses Aufsatzes erhalten habe, Gleiches gilt für die vielen hilfreichen Anregungen im Rahmen des neutestamentlichen Oberseminars an der Universität Heidelberg. Besonders danke ich außerdem Andrea Eichhorn, Anastasia Eberhard und Juliane Kautzmann für ihre Anmerkungen und Korrekturen.

Diakonisches Handeln und Kirche
Überlegungen zu ihrer wechselseitigen Attraktivität im Spiegel antiker Vereinigungen

Jan Quenstedt

Abstract: Der vorliegende Beitrag fragt nach der Attraktivität sowie den Ursprüngen und Motivationslagen sozialen Handelns im Kontext frühchristlicher Gemeinden und deren Umwelt. Ausgehend von Wahrnehmungen gegenwärtiger Diakonie entfaltet der Beitrag einen Einblick in das Spektrum antiker Vereinigungen als Vergleichsfolie frühchristlicher Gemeinden. Dabei geht er, eingedenk aktueller Einsichten der KMU 6, der Frage nach, inwiefern Hierarchien und Ämter innerhalb einer Gruppe, einer Vereinigung oder Gemeinde die Entstehung von »diakonischen« Handlungsvollzügen bedingen und gegebenenfalls zur Attraktivität der jeweiligen Gruppe beitragen.

1. Eine persönliche Einführung: Diakonie und Kirche – Same same but different?!

Zu den pastoralen Pflichten von Pfarrerinnen und Pfarrern gehört auch die Wahrnehmung von Kirchenaustritten und – sofern möglich – das Anbieten von Gesprächen, aus welchem Grund der Austritt erfolgt. Eines dieser Gespräche führte mich zu einem engagierten Mitarbeiter des regionalen diakonischen Werkes, obendrein Sohn eines Diakons. Seine Familie ist der Kirche – wenigstens der Tradition nach – hochverbunden. Nun jedoch hat er entschieden, aus der Kirche auszutreten. Auf meine vorsichtige Frage hin, was der Grund für den Austritt sei, antwortete er kurz und knapp: »Die Diakonie ist auch nicht mehr das, was sie einmal war. Wenn ich sehe, wie dort Menschen behandelt werden, möchte ich nicht mehr Mitglied der Kirche sein.« Die Antwort hat mich staunen lassen. Schließlich sind »die Diakonie« und »die Kirche« nicht deckungsgleich. Dennoch scheint für meinen Gesprächspartner die Verbindung von Kirche und Diakonie gesetzt zu sein.[1] Wo Diakonie ist, da ist auch Kirche und vice versa. Diese kurze

---

[1] Der Sache nach holt diese Denkweise ein, was Jürgen Moltmann bereits in den 1970er Jahren forderte, nämlich »die Diakonisierung der Gemeinde und die Gemeindewerdung

Gleichung bildet in gewisser Weise eine Wahrnehmung ab, die neuerdings die 6. Kirchenmitgliedschaftsuntersuchung der Evangelischen Kirche in Deutschland (im Weiteren: KMU 6) formulierte, dort wird festgehalten:
- »43 Prozent der Protestant:innen und 35 Prozent der Katholik:innen geben als Grund für ihre Kirchenmitgliedschaft an, dass sich die Kirche für Gerechtigkeit in der Welt und für die Zukunft der Menschheit einsetzt.
- 50 Prozent der Protestant:innen und 43 Prozent der Katholik:innen begründen ihre Kirchenmitgliedschaft damit, dass sich die Kirche für Arme, Kranke und Bedürftige engagiert.«[2]

Der Einsatz für Gerechtigkeit sowie die Sorge für Arme, Kranke und Bedürftige sind der KMU 6 zufolge die wichtigsten Themen bzw. Elemente, die zu einer Kirchenmitgliedschaft bewegen oder Menschen dazu motivieren, Mitglied einer christlichen Kirche in Deutschland zu sein. Oder anders gesagt: »Es sind also in erster Linie soziale Motive entscheidend für eine Kirchenmitgliedschaft – diesen Motiven können auch nicht-religiöse Menschen zustimmen.«[3] Vor diesem Hintergrund scheint auch ein Kirchenaustritt aufgrund negativer Erfahrungen mit der Diakonie nachvollziehbar – auch wenn für Kirche und Diakonie gilt: Same same but different.[4]

Wenn Religion als ein Phänomen[5] zu betrachten sei, dem wechselnde Attraktivität anhängt, stellt sich die Frage nach denjenigen Bedingungen, die Attraktivität steigern oder schmälern. Diese Frage kann sowohl für die Gegenwart als auch für die Ursprünge des Christentums formuliert und untersucht werden. Für die Gegenwart liefert die KMU 6 Antwortmöglichkeiten bzw. Faktoren für die

---

der Diakonie«. (JÜRGEN MOLTMANN, Diakonie im Horizont des Reiches Gottes, in: DERS. [Hg.], Diakonie im Horizont des Reiches Gottes. Schritte zum Diakonentum aller Gläubigen, Neukirchen-Vluyn 1984, 22–41, 36).

[2] EVANGELISCHE KIRCHE IN DEUTSCHLAND, Vertrauen. KMU 6, URL: https://kmu.ekd.de/kmu-themen/vertrauen#c14870 (Stand: 18.03.2024).

[3] Ebd.

[4] Vgl. EVANGELISCHE KIRCHE IN DEUTSCHLAND, Religiosität. KMU 6, URL: https://kmu.ekd.de/kmu-themen/religiositaet (Stand: 18.03.2024). Die neueste Kirchenmitgliedschaftsuntersuchung zeigt sehr deutlich, dass die Mitgliedschaft in einer Kirche keine Selbstverständlichkeit mehr besitzt, sondern vielmehr das Gegenteil als selbstverständlich zu verstehen ist. Dazu empfiehlt die KMU 6: »Religion als kulturelles Phänomen betrachten. Religiosität scheint nicht in den Genen zu liegen. Mit ihr kann man umgehen wie mit kulturellen Phänomenen. Sie können sich ausbreiten, trenden, aber auch zurückgehen. Strategisches Handeln kirchlicher Organisationen kann dieses Verstehensmuster aufgreifen, um ein realistisches Bild von den eigenen Chancen, aber auch den Wirkungsgrenzen zu bekommen« (ebd.).

[5] Ebd.

Attraktivität der Kirche. Für die frühen christlichen Gemeinden will dieser Beitrag Antwortmöglichkeiten aufzeigen und in ein Gespräch mit dem Phänomen der »Diakonie« bzw. des diakonischen Handelns bringen. Diese Möglichkeiten fokussieren sich damit auf ein prägendes Element des gesellschaftlichen Lebens in der Antike. Sie sind daher als exemplarische Einsichten zu verstehen, die im Gespräch mit den weiteren Beiträgen in diesem Band bestenfalls zu einem vertieften Verständnis der Begründung diakonischen Handelns führen.

2. Von antiken Vereinigungen zur Diakonie

Wer sich der Frage nach der Attraktivität früher christlicher Gemeinden stellt, kann sich dem Phänomen über verschiedene Wege nähern.[6] Vorstellbar sind ein theologischer oder auch ein religionsphilosophischer Zugriff. Darüber hinaus lässt sich aber auch ein organisationstheoretischer Zugang wählen, der die Existenz- und Entstehungshintergründe früher christlicher Gemeinden beleuchtet. Dieser Zugang kann freilich nicht von theologischen Implikationen absehen, weil christliche Gemeinden per se aufgrund ihres Inhalts bestehen und von ihrer Botschaft her leben. Dieser Umstand lässt sich markant anhand von Lk 1,1–4 aufzeigen, wo als Anlass zur Abfassung des lukanischen Doppelwerkes der »sichere Grund der Lehre« genannt wird, der identitätsstiftend und gemeinschaftsbildend wirkt. Darüber hinaus ist aber zu klären, welche Organisationsformen sich im Umfeld früher christlicher Gemeinden finden lassen, die als eine Art Vorbilder einen Einfluss auf die Struktur und Organisation der Gemeinden genommen haben. Freilich ist dabei zunächst die Synagoge zu nennen, die untrennbar mit den Ursprüngen des Christentums verbunden ist (vgl. exemplarisch Apg 14,1). Darüber hinaus lassen sich aber auch antike Vereinigungen als Gruppen identifizieren, die eine Bedeutung für die Entstehung früher christlicher Gemeinden besessen haben.[7] *Eva Ebel* konstatiert:

---

[6] Vgl. zu dieser Fragestellung prominent Eva Ebel, Die Attraktivität früher christlicher Gemeinden. Die Gemeinde von Korinth im Spiegel griechisch-römischer Vereine (WUNT II 178), Tübingen 2004.

[7] Vgl. dazu ausführlicher Jan Quenstedt, Diakonie zwischen Vereinslokal und Herrenmahl. Das Konzept diakonischen Handelns im Licht antiker Vereinigungen und früher christlicher Gemeinden (NET 31), Tübingen 2020, passim. Zur Differenzierung zwischen »Vereinigung« und »Verein« vgl. a.a.O., 180–183. Vgl. ferner Jan Quenstedt, Immer noch ›Diakonie‹? Antwortversuche aus dem Neuen Testament und seiner Umwelt, in: PTh 109 (2020) 10, 445–464. Für einen prägnanten Einblick in die Welt antiker Vereinigungen vgl. Markus Öhler, Geschichte des frühen Christentums (UTB 4737), Göttingen 2018, 34–36 und ausführlicher ders., Römisches Vereinsrecht und christliche Gemeinden, in: Michael Labahn/Jürgen K. Zangenberg (Hg.), Zwischen den Reichen.

»Da ein Verein ein freiwilliger Zusammenschluss von Menschen ist, die sich regelmäßig treffen, um gemeinsam kultische Handlungen zu vollziehen, miteinander zu essen und Geselligkeit zu genießen, liegen die Parallelen zwischen dem paganen Vereinigungsleben und dem Gemeindeleben der ersten Christinnen und Christen auf der Hand. [...] Kaum ein anderes Phänomen ermöglicht so detaillierte Einblicke in alltägliche und weit verbreitete Freizeitaktivitäten antiker Menschen und damit in die Erfahrungen und Erwartungen, mit denen sie dem neuen Angebot der Christinnen und Christen begegnen.«[8]

Im Zitat von *Ebel* schwingt bereits ein Element mit, das in Bezug auf die KMU 6 mit »Attraktivität« beschrieben wurde: Was bewegt Menschen – damals wie heute –, Teil einer christlichen Gemeinde zu sein? Was zieht sie an und was schreckt sie möglicherweise ab? Wenn frühe christliche Gemeinden in Bezug zu antiken Vereinigungen gesetzt werden, so sind folgende verbindende Elemente unstrittig:
- Vereinigungen trafen sich aus vielerlei Gründen. Auch kultische Vereinigungen sind nachgewiesen. Insofern verbindet Vereinigungen und christliche Gemeinden ein kultisches Element. Exemplarisch hierfür kann ein Vereinigungsstatut aus Athen (SIG³ III 1109)[9] stehen, das Einblick in die Gepflogenheiten einer Vereinigung von Iobacchen bietet.[10] Korrespondierend dazu sei auf die Ausführungen des Paulus zum Herrenmahl als kultisches Geschehen verwiesen (vgl. 1Kor 11,17–34).
- Das Herrenmahl stellt ein weiteres verbindendes Element zwischen Vereinigungen und Gemeinden dar: Gemeinsame Mahlzeiten sind konstitutiv für beide Gruppen, wie besonders anschaulich ein Vereinigungsstatut aus Thessaloniki (GRA I 76)[11] vor Augen führt.[12]
- Darüber hinaus bieten sowohl Gemeinden als auch Vereinigungen eine Organisationsstruktur, die Funktionen und (Vereinigungs-)Ämter kennt, wie

---

Neues Testament und römische Herrschaft; Vorträge auf der ersten Konferenz der European Association for Biblical Studies (TANZ 36), Tübingen 2002, 51–71.

[8] Eva Ebel, Mit vereinten Kräften Profil gewinnen. Antike Vereine und frühe christliche Gemeinden – ein lohnender Vergleich, in: VF 55 (2010) 1, 71–79, 72.

[9] Vgl. für die Edition Wilhelm Dittenberger (Hg.), Sylloge inscriptionum Graecarum III, Hildesheim ³1982.

[10] Eine ausführliche Besprechung findet sich bei Quenstedt, Diakonie (s. Anm. 7), 231–244.

[11] Vgl. für die Edition John S. Kloppenborg/Richard S. Ascough (Hg.), Greco-Roman Associations: Texts, Translations, and Commentary. I. Attica, Central Greece, Macedonia, Thrace (GRA I) (BZNW 181), Berlin 2011.

[12] Eine ausführliche Besprechung findet sich bei Quenstedt, Diakonie (s. Anm. 7), 223–231.

innerhalb des Neuen Testaments bevorzugt anhand des Corpus Pastorale deutlich wird. Innerhalb der Gruppe der Vereinigungen wird dieses Element besonders anhand von Würdigungsinschriften deutlich, die ausgewählte Persönlichkeiten aus dem Umfeld der Vereinigung würdigen bzw. deren Verdienste für eine bestimmte Vereinigung beschreiben. Exemplarisch kann hierfür auf einen Chaireas verwiesen werden, der als »Grammateus« einer Vereinigung von Orgeonen (SIG³ III 1102)[13] gedient hat.[14]

Über diese funktionalen Aspekte hinaus spielen ferner weiche Faktoren eine Rolle für die Attraktivität von Vereinigungen und Gemeinden. Dazu können u. a. entstehende soziale Netzwerke und das Gemeinschaftsgefüge zählen. Aber auch das soziale Handeln spielt eine hervorgehobene Rolle, die besonders dann deutlich wird, wenn vor Augen steht, dass das soziale System der Antike nicht auf Solidarität basierte. Neben den avisierten Einsichten in die Attraktivität früher christlicher Gemeinden aufgrund ihres sozialen Handelns besteht die Möglichkeit, aus den gewonnenen Erkenntnissen Schlüsse für die Gegenwart zu ziehen und insofern die oben aufgezeigten Einsichten der KMU 6 aus historischer Perspektive heraus zu unterstreichen und Einblicke in die Genese diakonischer Vollzüge zu gewinnen.

Mit den aufgeführten Editionen und Verweisen werden zugleich Quellen deutlich, die als Vergleichscorpus zur Verfügung stehen: Sowohl Vereinigungsstatuten als auch Würdigungen sind als Inschriften abgefasst. Aus folgenden Gründen sind diese für die vorliegende Fragestellung wertvoll:
- Inschriften bilden die subjektive Perspektive einer Vereinigung auf sich selbst ab und zeigen insofern einen normativen Blick auf das Leben einer Vereinigung. Ob eine Vereinigung ein Konzept diakonischen Handelns erkennen lässt, zeigt sich demnach insbesondere an ihren Leitvorstellungen.
- Insofern Inschriften als Zeugnisse im öffentlichen Raum in gewisser Weise der Mitgliederwerbung bzw. der öffentlichen Reputation der jeweiligen Vereinigung dienen, muss ihre tatsächliche Praxis erfahrbar sein. D.h. die normativen Ausführungen müssen einen Niederschlag im Leben der Vereinigung haben, was ihren Wahrheitsgehalt unterstreicht.[15]

---

[13] Vgl. zur Edition Anm. 9.
[14] Eine ausführliche Besprechung findet sich bei QUENSTEDT, Diakonie (s. Anm. 7), 244–255.
[15] Einen instruktiven Überblick über antike Vereinigungen in Quellen bzw. in Selbstdarstellungen bieten JOHN S. KLOPPENBORG/RICHARD S. ASCOUGH (Hg.), Greco-Roman Associations: Texts, Translations, and Commentary. I. Attica, Central Greece, Macedonia, Thrace (GRA I) (BZNW 181), Berlin 2011; PHILIP A. HARLAND (Hg.), Graeco-Roman Associations: Texts, Translations, and Commentary. II. North Coast of the Black Sea, Asia Minor (GRA II) (BZNW 204), Berlin 2014 und JOHN S. KLOPPENBORG, Graeco-Roman

3. Vereinigungen und christliche Gemeinden – Möglichkeiten zur Annäherung

Bereits die Vorüberlegungen zeigen, dass Zeugnisse antiker Vereinigungen und Zeugnisse früher christlicher Gemeinden nicht unmittelbar miteinander in Beziehung gesetzt werden können, sondern ein tertium comparationes zu bestimmen ist, welches einen Vergleich ermöglicht. Als Vergleichscorpus zu den Inschriften bieten sich in besonderer Weise paulinische Briefe an, weil sie in einem frühen Stadium auf die Gestalt christlicher Gemeinden Einfluss nehmen und damit für das gemeindliche Leben nachfolgender Generationen den Grundstein gelegt haben. Darüber hinaus kann der biblische Kanon insgesamt als Vergleichscorpus herangezogen werden, insofern er prägend auf das Leben christlicher Gemeinden einwirkt.

Obgleich paulinische Briefe und Vereinigungsstatuten gleichermaßen das Leben in den Adressatengruppen reglementieren wollen, ist das öffentliche Element der Vereinigungsstatuten ein Surplus gegenüber der biblischen Briefliteratur, die – auch im Fall der sog. Katholischen Briefe – jeweils einen christlichen Adressatenkreis vor Augen hatten und denen insofern zunächst kein öffentliches Moment inhärent ist. Diese Differenz hat zweifellos eine Auswirkung auf die Inhalte von Inschriften und Briefen: Bei einem internen Adressatenkreis ist anzunehmen, dass problem- und lösungsorientierter formuliert wird. Bei Inschriften für die weitere Öffentlichkeit sind eher deskriptive und allgemein-normative Formulierungen zu erwarten, die nicht in jedem Fall einen Rückgriff auf das konkrete Gruppengeschehen erlauben. Vereinigungsstatuten beschreiben mithin ein Idealbild, während die Briefliteratur, konkrete Probleme betrachtend, einen – wie auch immer gearteten – Idealzustand herzustellen sucht.

Ein Überblick über die Inschriften zeigt, dass ein semantischer Zugriff im Sinne einer Betrachtung der Verwendung des Lexems διακονέω oder eines seiner Derivate nicht zielführend erscheint: Einerseits ist das Wortfeld innerhalb der Inschriften nur marginal vertreten, andererseits markiert es im biblischen Kanon nicht alle Perikopen, in denen ein als »diakonisch« zu bezeichnendes Handeln beschrieben wird. Für die Frage nach möglichen Wechselwirkungen zwischen dem frühen Christentum und seiner Umwelt ist deswegen als Werkzeug zum Vergleich die Verwendung einer heuristischen Bestimmung des Konzepts diakonischen Handelns angemessen. Diese ermöglicht es, die Quellentexte auf Aussagen hinsichtlich ihres Bezugs auf sozial-fürsorgliches Handeln – d.h. auf ein Handeln, das sich in der Fürsorge für Menschen in einem gesellschaftlichen Kontext vollzieht – zu untersuchen, ohne dieses Handeln zuvor auf einen bestimmten Begriff bzw. bestimmte Handlungsvollzüge einzugrenzen. Somit ist

---

Associations: Texts, Translations, and Commentary. III. Ptolemaic and Early Roman Egypt (GRA III) (BZNW 246), Berlin 2020.

der Vergleich nicht allein auf eine semantische Ebene festgelegt, sondern vielmehr auf eine inhaltliche Analyse bedacht. Diese Betrachtung inhaltlicher und semantischer Aspekte trägt dem Umstand Rechnung, dass die vorliegenden Überlegungen fernerhin »Diakonie« nicht als einen Begriff, sondern als ein Konzept verstehen, dem vielfältige Handlungsbezüge zugehörig sein können.

Als heuristischer Schlüssel zum Konzept diakonischen Handelns in antiken Vereinigungen und frühen christlichen Gemeinden findet folgende Definition Verwendung:

> »Das Konzept diakonischen Handelns ist als zwischenmenschliches Geschehen zu verstehen, das im besten Falle eine wechselseitige Anteilgabe und -nahme an der Nächsten bzw. am Nächsten beinhaltet. ›Diakonie‹ ist demnach primär ein Konzept, das ein sozial-fürsorgliches Handeln beschreibt, dessen Movens nicht in der Erlangung eines finanziellen Vorteils besteht, der über die Kompensation der aufgewendeten Mittel hinausgeht. Es ist daher im weitesten Sinne als altruistisch in Bezug auf materielle Güter bzw. finanziellen Vorteil zu bezeichnen. Diakonisches Handeln vollzieht sich jeweils im Rahmen persönlicher Möglichkeiten und ist zunächst auf kein bestimmtes Handlungsfeld begrenzt. Damit ist es unterschieden von sozialen Dienstleistungen, die auf die Erlangung eines materiellen Gewinns abzielen oder durch bestimmte Gesetzmäßigkeiten motiviert oder geboten sind.«[16]

Die Verwendung einer heuristischen Definition des Konzepts diakonischen Handelns impliziert die Durchführung eines phänomenologischen Vergleichs, der – im engen Sinne des Wortes – Phänomene, d. h. Handlungsvollzüge, in den Blick nimmt, die sich innerhalb der durch die Definition abgesteckten Grenzen vollziehen und darstellen.

---

[16] Zu den Implikationen und Voraussetzungen des heuristischen Konzepts vgl. ausführlich QUENSTEDT, Diakonie (s. Anm. 7), 142–148. Die vorgetragene heuristische Definition des Konzeptes diakonischen Handelns lässt ein breites Spektrum dessen erahnen, was der Definition zugehörig sein könnte. Diese Weite ist als ein Surplus des phänomenologischen Zugriffs gegenüber einem semantischen zu verstehen. Gleichzeitig verbindet sich damit aber die aktuelle Frage, ob sich das diakonische Handeln damit nicht in gewisser Weise in Beliebigkeit aufzulösen droht. Diese Angst mag aus der Perspektive gegenwärtiger Vollzüge diakonischen Handelns plausibel erscheinen, jedoch nicht unter den Prämissen eines Konzeptes diakonischen Handelns, das, von den antiken Quellen ausgehend, historisch-kritische Perspektiven für die Gegenwart entwickelt.

4. Hierarchie und Egalität als Differenz und Gemeinsamkeit

Die KMU 6 zeigt, dass die Attraktivität christlicher Gemeinden in besonderer Weise von ihrem diakonischen Potenzial bzw. Handlungsvollzügen bestimmt wird. Die Frage nach der Attraktivität der jeweiligen Gruppe lässt sich auch historisch stellen in Bezug auf das Mit- und Nebeneinander antiker Vereinigungen und früher christlicher Gemeinden. Der persönliche Zugang dieses Aufsatzes und der Rekurs auf die KMU 6 zeigen, dass die Identifikation eines diakonischen Potenzials in besonderer Weise auch mit der Leitung und Führung eines diakonischen Werkes oder aber einer Gemeinde verbunden sind: Schlägt sich ein – wie auch immer geartetes – als »diakonisch« zu bezeichnendes Ethos im Leitungshandeln nieder? Lassen sich in der Kommunikation und Leitungsstruktur Momente erkennen, die eine Gemeinschaft als diakonisch auszeichnen? Oder führt das Miteinander in einem diakonischen Werk oder einer Gemeinde dazu, dass sich Menschen abwenden, weil ihre Vorstellungen von »Diakonie« nicht erfüllt werden und sie ihrer Enttäuschung durch Abwendung und Austritt Ausdruck verleihen? Oder anders gefragt: Was tragen Leitungsstrukturen und Hierarchien zur Entfaltung eines Konzeptes diakonischen Handelns bei? Diese Frage ist keine neuzeitliche, sondern lässt sich bereits an antike Vereinigungen und frühe christliche Gemeinden herantragen. Im Folgenden soll diesem Fragehorizont in historischer Perspektive exemplarisch nachgegangen werden, um daran anschließend Perspektiven für die Gegenwart zu gewinnen.

4.1 Eine strukturelle Lektüre antiker Vereinigungen in Selbstdarstellungen

Ein Charakteristikum der Gesellschaftsstrukturen innerhalb des Römischen Reiches war ihre starke Fokussierung auf Hierarchien und eine Differenzierung durch vielfältige Faktoren wie Bildung, Vermögen, Herkunft, Bürgerrecht, Sklaverei, etc.[17] Bedeutsam ist, dass sich innerhalb der römischen Gesellschaftsstruktur Gruppen, d. h. Vereinigungen, etablierten, die ihrerseits eigene Organisationsformen und Gemeinschaftsgefüge zu schaffen in der Lage waren und zu einer Diversität der Gesellschaft beitrugen. Beachtlich ist an ihnen die Schaffung von Parallelstrukturen, indem sie gesellschaftliche Gegebenheiten und Hierarchien nachahmten. Diese Nachahmung zog nach sich, dass sich innerhalb ihrer Organisationsform genuine (und gesamtgesellschaftlich gesehen fiktive) Aufstiegsmöglichkeiten etablierten. Insofern sind Vereinigungen als

---

[17] Vgl. zur Thematik exemplarisch GÉZA ALFÖLDY, Römische Sozialgeschichte, Stuttgart ⁴2011.

Räume zu verstehen, in denen ebenfalls Hierarchien und Abhängigkeiten existierten, die jedoch nicht in jedem Fall die Realität außerhalb der Vereinigung widerspiegeln mussten. Festzuhalten ist, dass diese Statusveränderungen in jedem Fall mit einem funktionalen Aspekt einhergingen, insofern sie an die Übernahme und Erledigung von Vereinigungsämtern gebunden waren und dementsprechend regelmäßig zeitlich limitiert waren.

Eine weitere, grundlegende Beobachtung ist die funktionale Beschreibung von Ämtern und Aufgaben innerhalb der Vereinigungen durch die epigraphischen Zeugnisse. Anhand dieser ist wahrnehmbar, dass die Beschreibung der Ämter aufgaben- und situationsorientiert geschah, d.h. keine allgemeinen Ausführungen über Ämterstrukturen geboten wurden. Eine solche grundlegende Darstellung kann auch nicht im Zentrum einer Inschrift stehen, die, wie bereits aufgezeigt, eine öffentliche und werbende Funktion übernimmt. Ferner erklärt sich diese Wahrnehmung damit, dass eine Inschrift in jedem Fall auf einen konkreten Anlass hin erstellt wird und nicht zum Ziel hatte, ein allgemeines Bild der jeweiligen Vereinigung zu zeichnen. Dieses Bild hat sich erst ergeben, wenn ein Interessent bzw. eine Interessentin Teil der jeweiligen Vereinigung wurde. Eine gewisse Ausnahme findet sich in einer Inschrift aus Lanuvium (ILS II/2 7212),[18] weil sie explizit den Anspruch formuliert, am Beitritt interessierten Menschen einen ausführlichen Einblick in ihre Strukturen zu bieten, die Vereinigungsämter eingeschlossen.

Positionen und Ämter innerhalb von Gruppen sind – sofern sie mit Autorität verbunden sind – Ausdruck einer Hierarchie, die positive oder negative Auswirkungen auf die Gruppendynamik und damit auch auf den sozialen Zusammenhalt bzw. das diakonische Ethos besitzt. Im Rahmen der Vereinigungen konnte die Übernahme eines Amtes zu einer Statuserhöhung innerhalb der Gruppe führen, die fernerhin einen positiven psychologischen Effekt auf den Inhaber des Amtes haben konnte. In einigen Vereinigungen ist die Übernahme eines Amtes mit gleichzeitiger Übernahme finanzieller Verpflichtungen verbunden, wie die auch die bereits genannte Inschrift aus Lanuvium aufzeigt. In anderen Fällen kann die Übernahme eines Amtes auch mit dem Erlass des Mitgliedsbeitrages einhergehen, wie eine Inschrift der Vereinigung der Iobacchen aus Athen zeigt (vgl. SIG³ III 1109). Besonders anhand dieser Regelungen wird die bereits erwähnte Statuserhöhung deutlich, weil hiermit der Zugang aller Mitglieder zu dem jeweiligen Amt ermöglicht wird, während im Fall der Vereinigung von Lanuvium eine entsprechende Bonität vorhanden sein musste. So gesehen ist die Verleihung von Ämtern ohne die Erfüllung finanzieller Obliegenheiten eine Transformation sozialer Gegebenheiten, insoweit z.B. ein Sklave im Raum einer Vereinigung ein Amt übernehmen konnte, was außerhalb einer

---

[18] Vgl. für die Edition HERMANN DESSAU (Hg.), Inscriptiones Latinae selectae, Bd. II/2, Berlin ²1892.

Vereinigung nicht denkbar war. Der Erlass des Mitgliedsbeitrags kann daher als ein egalitäres Moment angesehen werden, das allen Vereinigungsmitgliedern die gleichen Chancen und Möglichkeiten innerhalb der Gruppe eröffnete.

Doch neben dem Erlass von Mitgliedsbeiträgen ist auch ein weiteres Element des Vereinigungslebens in der Frage nach Hierarchien hervorzuheben: Neben dem Erlass von Beiträgen berichten die Inschriften auch von der Auszeichnung von Trägern von Vereinigungsämtern mit besonderen Portionen bei gemeinsamen Mahlzeiten (vgl. SIG^3 III 1109) zur Würdigung ihrer Verdienste um die Vereinigung. Insgesamt ist innerhalb der Vereinigungen zu beobachten, dass sie Ämter und Strukturen schufen, die ein Handeln fördern konnten, das dem Konzept diakonischen Handelns zugeschrieben werden kann. Letztendlich tragen auch die Ämter zu einem stabilen Vereinigungsleben bei, innerhalb dessen sich eine persönliche Anteilnahme und -gabe vollziehen konnte, wie sie innerhalb des heuristischen Konzeptes diakonischen Handelns als elementar für selbiges beschrieben wurde. Anders ausgedrückt wurde durch die Ämter ein soziales Klima geschaffen, das der Ausprägung eines sozial-fürsorglichen Ethos zuträglich war. Diesen Umstand visualisieren insbesondere Würdigungsinschriften: Der bereits genannte Chaireas gilt als Beispiel für einen vorbildlichen Amtsträger (vgl. SIG^3 III 1102), der für die Vereinigung ebenso sorgte wie für τοὺς δημοτικοὺς – also für Menschen außerhalb der Vereinigung. Auch weitere Namen können exemplarisch an dieser Stelle genannt werden: Diodoros (vgl. IG II^2 1343)[19] und Atalante (vgl. TAM III 4; TAM III 62)[20] sind Beispiele für Amtsträgerinnen und -träger, die ihren Einfluss zum Wohlergehen einer Vereinigung einsetzten. Diese und weitere Beispiele stehen im Hintergrund der Frage nach dem Umgang mit Ämtern und Aufgaben im Bereich der frühen christlichen Gemeinden, womit die Frage nach dem neutestamentlichen Befund gestellt ist.

4.2 Struktur und Lebenswandel innerhalb des Corpus Pastorale

Die Frage nach Hierarchien, nach Ämtern und Aufgaben innerhalb der christlichen Gemeinde lässt sich mit Blick auf das Neue Testament in vielfältiger Weise betrachten. Von ganz grundsätzlichen Ausführungen Jesu zum Umgang mit Hierarchien und Macht (vgl. exemplarisch Mk 10,35–45) bis hin zu konkreten

---

[19] Vgl. für die Edition Johannes Kirchner (Hg.), Inscriptiones Atticae Euclidis anno posterioris (IG II^2), Berlin ^{2}1913–1940.

[20] Vgl. für die Edition Österreichische Akademie der Wissenschaften (Hg.), Tituli Asiae Minoris. Tituli Lyciae linguis graeca et latina conscripti. Fasciculus III. Regiones montanae a valle xanthi flvminis ad oram orientalem, Wien 1944.

Handlungsanweisungen innerhalb des sog. Corpus Pastorale.[21] Zweiteres wird nun im Fokus der Aufmerksamkeit stehen, weswegen zunächst einige Vorbemerkungen anzustellen sind. Aufgrund des begrenzten Umfangs dieses Beitrags ist eine ausführliche Lektüre aller relevanten Stellen innerhalb des 1. Timotheusbriefes leider unmöglich.[22] Um dennoch einen konzisen Einblick zu gewähren, werden an dieser Stelle die wichtigsten Einsichten referiert.[23]

Insofern bereits auf die paulinischen Briefe als möglicher Vergleichsgegenstand gegenüber den Vereinigungsinschriften hingewiesen wurde, ist noch ein Hinweis zu deren Authentizität notwendig. Nach 1Tim 1,1 schreibt Paulus den 1. Timotheusbrief an Timotheus (1Tim 1,2), als einem seiner engsten Mitarbeiter[24] (vgl. z.B. Röm 16,21; 1Kor 16,10f.), dessen vordringlichste Aufgabe der Kampf gegen Irrlehrer ist (vgl. 1Tim 1,3–20). Die Authentizität der Pastoralbriefe ist seit Längerem Gegenstand exegetischer Diskussionen, auch an dieser Stelle wird davon ausgegangen, dass der 1. Timotheusbrief sich als eine pseudepigraphische Schrift darstellt.[25] Insofern bereits darauf hingewiesen wurde, dass sich insbesondere paulinische Briefe für den Vergleich mit antiken Vereinigungen anbieten, ist in diesem Zusammenhang der Hinweis notwendig, dass hinter dem Namen »Paulus« der »kanonische Paulus« gesehen wird, dessen Autorität für die

---

[21] Vgl. für die Frage nach Hierarchie und Egalität innerhalb der Evangelien QUENSTEDT, Diakonie (s. Anm. 7), 315–336.

[22] Vgl. dazu ausführlich QUENSTEDT, Diakonie (s. Anm. 7), 336–379.

[23] Bedeutsam für die Fragestellung ist der Umstand, dass der 1. Timotheusbrief Anweisungen für die Leitung und den Umgang innerhalb einer konkreten Gemeinde formuliert und in dieser Hinsicht ein Vergleichscorpus zu den Vereinigungsinschriften darstellt. Insofern greifen sowohl die Vereinigungsinschriften wie auch die Pastoralbriefe normierend in den Vereinigungs- und Gemeindealltag ein. Mit der Adressierung an die Gemeindeleiter verbindet sich dann eine Verallgemeinerung der Aussagen und Anordnungen des 1. Timotheusbriefes, die alle Christinnen und Christen in die Pflicht zur Einhaltung nimmt, weswegen dem Brief eine bleibende Bedeutung eignet und er sich für die vorliegende Fragestellung zur Betrachtung anbietet. Zur Verortung der Pastoralbriefe innerhalb des Neuen Testaments insgesamt vgl. exemplarisch JENS HERZER, I Perspektiven der Forschung, in: JAN QUENSTEDT (Hg.), Die Pastoralbriefe und das Vermächtnis des Paulus (WUNT 467), Tübingen 2022, 8–152.

[24] Einen Überblick über die Mitarbeiterschaft des Paulus bietet MARKUS ÖHLER, Mitarbeiter und Mitarbeiterinnen des Paulus, in: FRIEDRICH WILHELM HORN (Hg.), Paulus Handbuch, Tübingen 2013, 243–256, passim.

[25] Vgl. zur damit verbundenen Problemlage exemplarisch JENS HERZER, »Das Geheimnis der Frömmigkeit« (1Tim 3,16). Sprache und Stil der Pastoralbriefe im Kontext hellenistisch-römischer Popularphilosophie – eine methodische Problemanzeige, in: QUENSTEDT (Hg.), Pastoralbriefe (s. Anm. 23), 381–405.

Abfassung des Briefes in Anspruch genommen wurde, womit eine Entstehung am Ende des 1. Jahrhunderts wahrscheinlich wird.[26]

Paulus adressiert innerhalb des 1. Timotheusbriefes Funktionen und Strukturen innerhalb der Adressatengemeinde(n), die einen erheblichen Einfluss auf die Organisation des gemeindlichen Lebens und auf die Entfaltung des Konzeptes diakonischen Handelns haben. Damit ist eine Gemeinsamkeit mit den Vereinigungen festgehalten, die in ähnlicher Weise ihr Gemeinschaftsleben strukturierten und organisierten. Anders als bei diesen wird aber anhand einer kritischen Lektüre des 1. Timotheusbriefes deutlich, dass es nicht allein auf die korrekte Ausführung von Funktionen ankommt, sondern vielmehr auf die Bewahrung eines gewissen Lebenswandels, d.h. eines Ethos. Damit werden die Grenzen der Gemeinde überschritten und das in ihr gepflegte Verhalten auch zum alltäglichen Maßstab erhoben. Nicht allein das Verhalten bei Zusammenkünften innerhalb der Gemeinde steht im Zentrum des 1. Timotheusbriefes, sondern der gesamte Lebenswandel. Besonders deutlich wird dies anhand der Hinweise und Regeln für den Episkopos (1Tim 3,1–7) und die Diakone (1Tim 3,8–13), die in ihrer Gesamtheit darauf hindeuten, dass die Amtsausübung das gesamte Auftreten und Verhalten des Aspiranten umfasst, nicht nur im begrenzten Bereich gemeindlicher Versammlungen (vgl. 1Tim 3,7). Maßgeblicher Raum des damit einhergehenden vorbildlichen Lebenswandels ist das eigene Haus (1Tim 3,4). So, wie sich Funktionsträger darin verhalten, sollen sie sich auch in der Öffentlichkeit der Gemeinde (1Tim 3,5) und darüber hinaus (vgl. 1Tim 3,7; 1Tim 6,17–19) verhalten. Damit verbindet sich die Aufforderung und Verpflichtung zur Fürsorge für die Hausangehörigen, ebenso wie die Sorge für bedürftige Gemeindeglieder. Als konkrete Hinweise für ein Verhalten, wie es das Konzept diakonischen Handelns beschreibt, lassen sich die Forderung nach Gastfreundschaft (1Tim 3,2) wie auch nach guten Werken (1Tim 6,18) identifizieren.

In Bezug auf die Frage, inwiefern gemeindeleitende Instanzen der praktischen Ausprägung des Konzeptes diakonischen Handelns Vorschub leisten, wird innerhalb des 1. Timotheusbriefes deutlich, dass sie nicht als primäre Träger konkreter Fürsorge vorstellbar sind, sondern eher als Supervisoren mit vorbildlichem Lebenswandel, während die konkrete, praktische Umsetzung innergemeindlicher Fürsorge denjenigen Frauen (vgl. 1Tim 5,3–16) zugeschrieben wird, die ferner als Witwen Anerkennung finden wollten. Auch den Reichen werden Aufgaben der Fürsorge und Verhaltensweisen zugesprochen, die dem Konzept diakonischen Handelns entsprechen (vgl. 1Tim 6,17–19). Diese Wahrnehmung lässt den Schluss zu, dass die konkrete Fürsorge für andere Menschen innerhalb der Gemeinde von einem breiten Personenkreis getragen werden

---

[26] Vgl. NORBERT BROX, Die Pastoralbriefe. 1 Timotheus. 2 Timotheus. Titus (RNT), Regensburg ⁵1989, 58.

soll. Als Nutznießer dieser Fürsorge werden mit 1Tim 5,8 Hausgenossen bzw. Gemeindeglieder genannt. Dieser Personenkreis kann durch die Aufnahme von Gästen eine minimale Erweiterung erfahren (vgl. 1Tim 3,2; 1Tim 5,10). Als Nutznießer guter Werke, wie sie von 1Tim 6,17–19 angesprochen werden, sind ferner wohl auch Außenstehende vorstellbar.

Die voranstehenden Einsichten zeigen, dass die innerhalb des 1. Timotheusbriefes entfaltete Hierarchie mehr noch als die hierarchischen Strukturen der Vereinigungen einen positiven Einfluss auf den Lebenswandel der Gemeinde und ihrer Glieder nehmen, indem sie über die Versammlungen der Gemeinde hinaus Geltung besitzen. Insofern wird auch die Fürsorge für andere Menschen von der Gemeinde reglementiert und den Gemeindegliedern vorgegeben – sofern sie nicht selber Objekte der Fürsorge sind. Diese Fürsorge speist sich aus einem reziproken Moment, das seinen Ursprung in der Fürsorge Gottes besitzt und durch die Fürsorge der Christinnen und Christen eine Antwort erfährt (1Tim 6,17–18), ohne auf einen bestimmten Bereich oder eine bestimmte Handlung festgelegt zu sein. Obgleich die Perikope 1Tim 6,17–19 dezidiert die Reichen in der Gemeinde anspricht, verdeutlicht das ἡμῖν in 1Tim 6,17, dass die reichliche Darbietung Gottes allen Christinnen und Christen und damit auch die Aufforderung zu guten Taten den Reichen und allen anderen Gemeindegliedern gilt. Insofern ist dem 1. Timotheusbrief eine Dimension diakonischen Handelns zu attestieren, wie sie die heuristische Definition formuliert.

5. Attraktivität und Struktur als Anfragen und Chancen

Im Eingangs nachgezeichneten Gespräch wurde das professionelle Handeln eines diakonischen Werkes bzw. seiner Mitarbeitenden in einen unmittelbaren Bezug zu kirchlichem Handeln gesetzt. Es geschah mithin eine Gleichsetzung von Diakonie und Kirche. Außerdem wurde anhand der KMU 6 deutlich, dass soziales Handeln innerhalb der Kirche zu ihrer Attraktivität beiträgt. Beide Wahrnehmungen führten zur historischen Frage nach der Attraktivität früher christlicher Gemeinden im Licht antiker Vereinigungen. Anhand der exemplarischen Einsichten ist deutlich geworden, dass antike Vereinigungen und frühe christliche Gemeinden strukturelle Gemeinsamkeiten teilen, die im vorliegenden Beitrag auf die Bereiche der Funktionen und Ämter fokussiert wurden. Während für die Vereinigungen eine funktionale Beschreibung jener Strukturen wahrnehmbar war, wurde anhand des 1. Timotheusbriefes deutlich, dass sich innerhalb der Adressatengemeinde mit der Übernahme eines Dienstes oder gar Amtes ein gewisser Lebenswandel verband, der fernerhin als »diakonisch« zu bezeichnen ist. Dieser Lebenswandel kann sowohl im Bereich der Gemeinde als auch darüber hinaus ein Handeln evozieren und motivieren, das dem heuristischen Konzept diakonischen Handelns zugehörig beschrieben werden kann. In der Orientierung an den Verantwortungsträgerinnen und -trägern einer Gemeinde kann sich weiterhin ein Ethos etablieren, das die Gruppe selbst als eine diakonische Gruppe auszeichnet.[27]

Diese Wahrnehmungen stellen gleichermaßen eine Anfrage an die gegenwärtige Gestalt von Diakonie und Kirche und ihrer öffentlichen Wahrnehmung. In dieser Hinsicht kann die Betrachtung der Ursprünge diakonischen Handelns neue Handlungsperspektiven eröffnen und neu ins Gedächtnis rufen, dass der Entfaltungsraum des Konzeptes diakonischen Handelns zunächst die christliche Gemeinde ist. Dieses Moment zu stärken wird – insofern der KMU 6 zu folgen ist – einen positiven Effekt auf die Attraktivität der Kirche haben. Darüber hinaus kann eine Besinnung auf die Ursprünge diakonischen Handelns innerhalb einer Gemeinde zu einer verstärkten Verbindung von Diakonie und Kirche führen, wie sie augenscheinlich vielmals wahrgenommen wird – sei es mit Recht oder nicht. Eine komparative Lektüre der Zeugnisse antiker Vereinigungen und früher christlicher Gemeinden trägt insofern zu einer Stärkung des diakonischen Profils von Kirche bei und ruft deren eigene Verantwortung im Bereich sozialen Handelns in Erinnerung, wie sie gleichsam für die Diakonie ihren Bezug zur Kirche erinnert. Für beide Institutionen gleichermaßen gewinnbringend und weiter zu verfolgen ist der Aspekt der Attraktivität christlicher Einrichtungen in einer Gesellschaft, in der die Selbstverständlichkeit christlicher Tradition und Prägung mehrheitlich im Rückgang begriffen ist. An diesem Punkt gewinnt der komparative Blick auf antike Vereinigungen eine Aktualität, der weiter nachzuspüren ist. Nicht allein als Selbstzweck um der Attraktivität christlicher Gemeinden willen, wohl aber als Chance für eine gesamtgesellschaftliche Stärkung des Konzeptes diakonischen Handelns um seiner Nutznießerinnen und Nutznießer willen.

---

[27] Zum Motiv der Orientierung und Nachahmung vgl. JAN QUENSTEDT, »Folgt meinem Beispiel wie ich dem Beispiel Christi« (1Kor 11,1). Paulinische Mimesisvorstellung als Konfliktlösungs- und Konfliktpräventionsstrategie, in: SASKIA BREUER/CLARISSA PAUL/ECKART DAVID SCHMIDT (Hg.), Konflikte und Krisen im Neuen Testament und ihre Bewältigungsstrategien (WUNT 2. Reihe 587), Tübingen 2023, 181–194, passim.

»So geh hin und tu desgleichen!« (Lk 10,37)
Diakonie – auch als Lebenskunst

Thomas Popp

Diakonie ist auch als Lebenskunst zu verstehen. Das zeigt die Rezeption des Lebenskunstbegriffs in Theologie und Diakoniewissenschaft im Anschluss an dessen Wiederentdeckung in der Philosophie. Die Theologie ist eine vielseitige Wissenschaft. Sie umfasst exegetische, historische, systematische sowie praktische Disziplinen und ist darin wiederum mit vielen anderen Wissenschaften vernetzt. Aus diakoniewissenschaftlicher Sicht wird die Theologie mit ihren Teildisziplinen mit allen diakonisch relevanten Fachwissenschaften kongruierend in Beziehung gesetzt.[1]

Dass Diakonie auch als Lebenskunst verstanden werden kann, belegt besonders der Blick in die Bibelwissenschaft und Praktische Theologie bzw. Diakoniewissenschaft. Diese Auswahl ist auch dadurch bedingt, dass ich vor allem in diesen beiden Disziplinen fündig geworden bin, was wiederum mit meiner wissenschaftlichen Verortung im Neuen Testament und der Praktischen Theologie (Schwerpunkt Diakoniewissenschaft) zusammenhängt.

Im Bewusstsein dieser Perspektivität beleuchtet mein Beitrag Diakonie auch als Lebenskunst. Zunächst zeige ich exemplarisch die Renaissance des Lebenskunstbegriffs in Philosophie und Theologie auf, um dann aus bibel- und diakoniewissenschaftlicher Perspektive die kunstvolle Inszenierung des Doppelgebots der Liebe (Lk 10,25–42) aus Lebenskunstperspektive blitzlichtartig in den Blick zu nehmen. Der Beitrag endet mit einem Rück- und Ausblick.

1. Lebenskunst

Die Lebenskunstfrage ist ein zeit- und kulturbedingtes Phänomen, wie folgender Witz illustriert: »Ein Engländer, ein Franzose und ein Deutscher unterhalten sich, was sie zu ihrer Entspannung tun: Der Engländer trinkt einen Sherry und geht

---

[1] Vgl. JOHANNES HAEFFNER, Diakonisches Kongruieren, in: JÖRG LANCKAU et al. (Hg.), Biblisches Arbeitsbuch für Soziale Arbeit und Diakonie, Tübingen 2021, 21–24, 21.

zur Rennbahn. Der Franzose trinkt einen Cognac und geht zur Freundin. Der Deutsche nimmt seine Herztropfen und geht zur Arbeit.«[2] Leben – auch in der Diakonie – ist nicht nur Arbeit. Angemessenes helfendes bzw. unterstützendes Handeln ist auch eine Lebenskunst.

1.1 Lebenskunst in der Philosophie

In Deutschland hat *Wilhelm Schmid* den Begriff der Lebenskunst als Bezeichnung für bewusste Lebensgestaltung wiederentdeckt und popularisiert.[3] In dem von ihm vorgelegten Entwurf *Philosophie der Lebenskunst* im Anschluss an *Michel Foucault* definiert er diesen Begriff mit dem ethischen Blick auf die Lebensführung wie folgt: »Unter Lebenskunst wird grundsätzlich die Möglichkeit und die Anstrengung verstanden, das Leben auf reflektierte Weise zu führen und es nicht unbewusst einfach nur dahingehen zu lassen.«[4] Für *den* deutschen Lebenskunstphilosophen ist die Frage nach Lebenskunst besonders dann virulent, wenn Menschen mit von Grund auf fremden Situationen konfrontiert sind: »Nach Lebenskunst fragen diejenigen, für die sich das Leben nicht mehr von selbst versteht, in welcher Kultur und welcher Zeit auch immer.«[5] In diesem Kontext wirft *Schmid* die alte Frage neu auf, was die Philosophie zur Lösung von Problemen des Lebens und Zusammenlebens beisteuert.[6] Dabei greift er auch auf die antike Philosophie als Lebenskunst zurück.[7] In ihr wird nicht nur theoretisiert, sondern

---

[2] Zit. n. WOLFGANG VORLÄNDER, Gastfreundschaft als Gotteserfahrung, in: Markenzeichen Gastfreundschaft. Grundlagen und Bausteine einer wertschätzenden Kultur der Gemeinde, hg. v. Amt für missionarische Dienste der Evangelischen Kirche von Westfalen, Dortmund 2001, 4–7, 7.

[3] Vgl. dazu aus der Publikationsfülle basal WILHELM SCHMID, Philosophie der Lebenskunst. Eine Grundlegung, Frankfurt a. M. ^{15}2020 (zur Bezugnahme auf Foucaults Entwurf einer Ästhetik der Existenz vgl. z. B. a.a.O., 165–172); komprimiert DERS., Schönes Leben? Einführung in die Lebenskunst, Frankfurt a. M. ^{3}2008 (zu Foucault vgl. a.a.O., 186–195); zur philosophischen Kritik an Schmids Lebenskunstkonzept vgl. nur CLAUS LANGBEHN, Grundlegungsambitionen, oder der Mythos vom gelingenden Leben. Über Selbstbewusstsein und Selbstgestaltung in der Ethik, in: DERS./WOLFGANG KERSTING (Hg.), Kritik der Lebenskunst, Frankfurt a. M. 2007, 201–234, 215–234.

[4] SCHMID, Philosophie, 9.

[5] Ebd.

[6] Vgl. a.a.O., 49.

[7] Vgl. a.a.O., 27; GERHARD ERNST, Einleitung, in: DERS. (Hg.), Philosophie als Lebenskunst. Antike Vorbilder, moderne Perspektiven, Berlin 2016, 13–30, 14f., kritisiert, dass sich bei Schmid kein konsequenter theoretischer, sondern nur ein eklektischer Rekurs auf das antike Vorbild der Philosophie als Lebenskunst findet; vgl. zur antiken Philosophie

die Lebensführung reflektiert. Sie ist eine Lebensform.⁸ Sie ist eine durch Übung zu erlernende Technik mit dem Ziel, auf kluge Weise ein angemessenes Leben in der Zeit zu führen – so in der Antike pointiert Cicero, Seneca und Plutarch sowie Philo von Alexandrien.⁹

Plutarch (46/47 bis 125 n. Chr.) verweist bereits zu Beginn der sog. Tischreden auf die Philosophie als Lebenskunst bzw. als ›Technik über das Leben‹ (τέχνη περὶ βίον Moralia 613b): Die Philosophie »darf als eine Kunst für das Leben bei keinem Vergnügen und keinem unterhaltenden Zeitvertreib fehlen, ihre Präsenz ist vielmehr überall notwendig, um Zeit und Maß zu bestimmen.«¹⁰ Was im Hörsaal diskutiert wurde, ist durch die Tat zu bestätigen (Moralia 613c). So wird aus einer Technik eine Haltung.

Für Seneca (4 v. Chr. bis 65 n. Chr.) ist auch die Weisheit »eine Kunst, eine Kunst des Lebens nämlich [...] Aber die Lebenskunst, um die es sich hier handelt, kann durch nichts von ihrer Ausübung abgehalten werden; denn sie beseitigt die Hindernisse und weiß sich mit dem Widerstrebenden abzufinden« (Brief

---

als Lebenskunst auch ALBRECHT DIHLE, Philosophie als Lebenskunst, RhWAW.G 304, Opladen 1990; PIERRE HADOT, Philosophie als Lebensform. Geistige Übungen in der Antike, Berlin ²1991; DERS., Wege zur Weisheit – oder was lehrt uns die antike Philosophie?, Frankfurt a. M. 1999; CHRISTOPH HORN, Antike Lebenskunst. Glück und Moral von Sokrates bis zu den Neuplatonikern, München 1998; HEINRICH NIEHUES-PRÖBSTING, Die antike Philosophie. Schrift, Schule, Lebensform, Frankfurt a. M. 2004, 142–219; MANFRED LANG, Die Kunst des christlichen Lebens. Rezeptionsästhetische Studien zum lukanischen Paulusbild, ABG 29, Leipzig 2008, 97–167.

⁸ Vgl. dazu HADOT, Philosophie; vgl. auch NIEHUES-PRÖBSTING, Philosophie, 142: »Die literarischen und schulischen Formen der antiken Philosophie sind in ihrem Sinn wesentlich auf das Ziel einer philosophischen Lebensform, auf eine spezifische philosophische Führung und Gestaltung des Lebens bezogen.«

⁹ Vgl. LANG, Kunst, 139–167; DERS., Lebenskunst und Ethos. Beobachtungen zu Plutarch, Seneca, Philo von Alexandrien und dem 1. Petrusbrief, in: FRIEDRICH W. HORN/RUBEN ZIMMERMANN (Hg.), Jenseits von Indikativ und Imperativ. Kontexte und Normen neutestamentlicher Ethik. Bd. 1, WUNT 238, Tübingen 2009, 57–76, 59–68; DERS., Lebenskunst und Kohärenz. Beobachtungen anhand von Epiktet und dem Römerbrief, in: FRIEDRICH W. HORN et al. (Hg.), Ethische Normen des frühen Christentums. Gut – Leben – Leib – Tugend, Kontexte und Normen neutestamentlicher Ethik/Contexts and Norms of New Testament. Bd. IV, WUNT 313, Tübingen 2013, 207–224, 209 f.

¹⁰ PLUTARCH, Moralia. Bd. 2, hg. v. CHRISTIANE WEISE/MANUEL VOGEL, Wiesbaden 2012, 10; vgl. dazu SCHMID, Philosophie, 31 f.; LANG, Lebenskunst (2009), 60–62; THOMAS POPP, Die Kunst der Konvivenz. Theologie der Anerkennung im 1. Petrusbrief, ABG 33, Leipzig 2010, 85–89.

95,7-9).[11] Widrigkeiten können also die Ausbildung einer Lebenskunst nicht verhindern.

Schmid sensibilisiert auch für den bereits in der antiken Philosophie bedachten Konnex von Lebens- und Sterbenskunst. Das Leben mit dem Tod und somit das Bewusstsein für die Begrenztheit des Lebens intensiviert dessen Gestaltung: »Die Übernahme dieser Perspektive macht den ›letzten Tag‹ das ganze Leben hindurch zum Prüfstein für alle Akte des Lebens, um stets so zu handeln, dass die Maxime und das Resultat des Handelns vor diesem ultimativen Blick Bestand haben können.«[12]

Auch die Bibel lässt sich *Schmid* zufolge unter Aspekten der Lebenskunst verstehen. Sie ist ein Buch, das die Kunst des Lebens lehrt, nicht zuletzt dadurch, dass sie mit der Dimension der Unendlichkeit in Berührung bringt.[13]

1.2 Lebenskunst in der Theologie

1.2.1 Bibelwissenschaft

Die biblischen Schriften bieten tiefgreifende Lebenskunst-Impulse. Für *Schmid* lehrt vor allem das Alte Testament die Kunst des Lebens, weil es eine Fülle an Lebensweisheiten enthält: »Vom Sinn der Schmerzen und des Leidens handelt etwa das Buch Hiob, vom Umgang mit der Zeit der Prediger, der dazu verhelfen will, die rechte Zeit, den *Kairos* zu finden: ›Ein jegliches hat seine Zeit‹ (Prediger 3,1).«[14]

Hermann Spieckermann konstatiert zu Beginn seines Buches *Lebenskunst und Gotteslob in Israel*:

> »Ehe Weisheit bei Kohelet zur skeptischen Lebensbilanz geworden ist, hat sie in Israel bereits Jahrhunderte lang Lebenskunst gelehrt. Lebenskunst ist ein aus der hellenistisch-römischen Zeit entlehnter Terminus, der Nachdenken und Lehre über die gelingende Lebenswahl und die entsprechende Lebensführung zu erfassen sucht.

---

[11] SENECA, Philosophische Schriften. Dialoge. Briefe an Lucilius, übers. v. Otto Apelt, Wiesbaden 2004, 149; vgl. zur senecaischen Lebenskunst LANG, Kunst, 148–167; DERS., Lebenskunst (2009), 62–65.

[12] SCHMID, Philosophie, 353; vgl. zum Leben mit dem Tod a.a.O., 348–355; DERS., Leben, 67–75; vgl. auch HADOT, Philosophie, 29–37.

[13] Vgl. WILHELM SCHMID, Gottvertrauen. Oder: Die Kunst des Lebens, in: Psychologie Heute compact 19 (2008), 12–17, 16f.

[14] A.a.O., 16.

Trotz aller Unterschiede der Welt- und Lebensdeutungen, die im altorientalischen und mediterranen Kulturraum bestehen, wird hier der Terminus Lebenskunst auch für Israels Weisheit als sachgemäß betrachtet.«[15]

Frank-Lothar Hossfeld und *Erich Zenger* rekurrieren bereits in ihrem 2000 (^{3}2007) erschienenen Psalmenkommentar auf den Lebenskunstbegriff, etwa in der Auslegung zu Ps 90,12 (»Unsere Tage zu zählen, das lasse [uns] erkennen, dass wir einbringen ein weises Herz.«): »Wenn ›Weisheit‹ Lebenskunst bedeutet, dann ist die hier von Gott erbetene (V 12 ist Bitte an Gott!) Befähigung, zum Leben Ja zu sagen und dieses Ja zu leben (inmitten des Verneinungswürdigen), weisheitliche Lebenskunst par excellence.«[16]

Rüdiger Lux reflektiert über die Lebenskunst des Alterns in den biblischen Weisheitsschriften.[17]

Der von *Isolde Karle* herausgegebene Band *Lebensberatung – Weisheit – Lebenskunst* (2011) beinhaltet unter dem Aspekt der Lebenskunst u. a. bibelwissenschaftliche Beobachtungen zur alttestamentlich-jüdischen Weisheitsliteratur, zum Jakobusbrief und zur neutestamentlichen Freundschaftsethik.[18]

Auch in die neutestamentliche Wissenschaft hat der Lebenskunstbegriff Einzug gehalten. Nach der Jahrtausendwende erschienen von *Stefan Schreiber* und *Manuel Vogel* Beiträge zur Kunst des Sterbens im Lukasevangelium bzw. bei Paulus, ohne sich auf *Wilhelm Schmid* zu beziehen.[19] Auch *Hermut Löhr* nimmt in

---

[15] HERMANN SPIECKERMANN, Lebenskunst und Gotteslob in Israel, FAT 91, Tübingen ^{2}2018, 2.

[16] FRANK-LOTHAR HOSSFELD/ERICH ZENGER, Psalmen 51–100, HThKAT 26, Freiburg i. Br. ^{3}2007, 612.

[17] RÜDIGER LUX, Alter und Weisheit. Reflexionen über die Lebenskunst des Alterns in den biblischen Weisheitsschriften, in: DERS., Ein Baum des Lebens, hg. v. ANGELIKA BERLEJUNG/RAIK HECKL, ORA 23, Tübingen 2017, 136–148; vgl. zum Bezug auf die weisheitliche Lebenskunst des Alten Testaments im Blick auf das Altern auch HEINZ RÜEGGER, Lebenskunst des Alterns. Gerontologische und theologische Aspekte, Zürich ^{2}2023, 27.30.35–45. Rüegger bezieht sich dabei u. a. auf CHRISTIANE BURBACH, Weisheit und Lebenskunst: Horizonte zur Konzeptualisierung von Seelsorge, in: WzM 58 (2006), 13–27, 18 f.; vgl. dazu auch CHRISTIANE BURBACH, Weisheit und Lebenskunst, in: HELGA EGNER (Hg.), Neue Lust auf Werte – Herausforderung durch Globalisierung, Düsseldorf/Zürich 2001, 107–133, 107–120.

[18] JAN-DIRK DÖHLING, Von Ratschlägen und Lebensgeschichten. Zum Verhältnis von Spruchweisheit und weisheitlichem Erzählen, 30–47; BEATE EGO, Mit der Weisheit am Ende? Ratschläge in der nachexilischen und frühjüdischen Weisheitsliteratur, 48–64; PETER WICK, Der Jakobusbrief und die Grenzen des weisheitlichen Rates, 65–79; REINHARD V. BENDEMANN, Frühchristliche Freundschaftsethik, 80–99.

[19] Vgl. STEFAN SCHREIBER, »Ars Moriendi« in Lk 23,39–43. Ein pragmatisher Versuch zum Erfahrungsproblem der Königsherrschaft Gottes, in: CHRISTIAN NIEMAND (Hg.), For-

seinen Ausführungen zur paulinischen Anweisung zur Lebenskunst nicht auf *Schmid* Bezug.[20] Diese Bezugnahme bieten *Manfred Langs* und *Thomas Popps* neutestamentliche Studien zur Kunst des Lebens mit dem monografischen Fokus auf der Apostelgeschichte (2008) bzw. dem 1. Petrusbrief (2010).[21]

Schmid zufolge ist zwar nicht alles Lebenskunst, »aber in der Tat kann alles unter dem Aspekt der Lebenskunst betrachtet werden.«[22] Das lässt sich auch auf die biblischen Schriften übertragen. Alle können aus Lebenskunstperspektive angesehen werden, wobei insbesondere die weisheitlich geprägten neutestamentlichen Schriften wie im Alten Testament aufschlussreich sind[23].

Exemplarisch erscheint etwa Paulus nicht nur aus Sicht der Apostelgeschichte, sondern auch in den proto-, deutero- und tritopaulinischen Briefen als christlicher Lebenskünstler par excellence. Im Sinn von Phil 4,20 f. ist ein Lebenskünstler »ein innerlich freier Mensch, und innerlich frei zu sein bedeutet, dass ich sowohl dem Mangel als auch dem Überfluss gewachsen bin.«[24] Paradigmatisch erweist der in Gefangenschaft verfasste Philipperbrief Lebenskunst

---

schungen zum Neuen Testament und seiner Umwelt (FS Albert Fuchs), Linzer Philosophisch-Theologische Beiträge 7, Frankfurt a. M. 2002, 277-297; MANUEL VOGEL, Commentatio mortis. 2Kor 5,1-10 auf dem Hintergrund antiker ars moriendi, FRLANT 214, Göttingen 2006; vgl. auch DERS., Der Tod im Neuen Testament vor dem Hintergrund antiker ars moriendi, in: ULRICH VOLP (Hg.), Tod, Tübingen 2018, 57-115.

[20] Vgl. HERMUT LÖHR, Paulus und der Wille zur Tat. Beobachtungen zu einer frühchristlichen Theologie als Anweisung zur Lebenskunst, in: ZNW 98 (2007), 165-188.

[21] Vgl. LANG, Kunst (zum Paulusbild in der Apostelgeschichte); DERS., Lebenskunst (2009) (zum 1. Petrusbrief), 57-76; DERS., Lebenskunst (2013) (zum Römerbrief); vgl. zur Rezeption des Lebenskunstbegriffs in der ntl. Forschung auch DERS., Art. Lebenskunst, www.bibelwissenschaft.de/de/stichwort/59490/ (Stand: Mai 2011); vgl. zur Lebenskunst bzw. Kunst des Zusammenlebens im 1. Petrusbrief POPP, Kunst; DERS., »damit ihr seinen Fußspuren nachfolgt« (1Petr 2,21). Christus als Leitbild der Lebenskunst im 1. Petrusbrief, in: ZNT 34 (2014), 61-70.

[22] SCHMID, Philosophie, 13.

[23] Vgl. zu den weisheitlich geprägten Schriften im Neuen Testament mit einer Bestandsaufnahme zur Weisheit im Alten Testament HERMANN V. LIPS, Weisheitliche Traditionen im Neuen Testament, WMANT 64, Neukirchen-Vluyn 1990; vgl. zu Jesus als Weisheitslehrer MARTIN EBNER, Jesus – ein Weisheitslehrer? Synoptische Weisheitslogien im Traditionsprozess, HBS 15, Freiburg i. Br. 1998; DERS., Jesus als Weisheitslehrer, in: JENS SCHRÖTER/CHRISTINE JACOBI (Hg.), Jesus Handbuch, Tübingen 2017, 417-425; KLAAS HUIZING, Lebenslehre. Eine Theologie für das 21. Jahrhundert, Gütersloh 2022, 170 f.

[24] CHRISTIAN A. SCHWARZ, Anleitung für christliche Lebenskünstler, Emmelsbüll [4]2002, 15; vgl. dazu auch WILFRIED ENGEMANN, Selbstbestimmung und Glaube. Über die Autarkie und ihre Wurzeln in der Liebe (Phil 4,10-13), in: DERS., Aneignung der Freiheit. Essays zur christlichen Lebenskunst, Stuttgart 2007, 183-193; THOMAS POPP, Das Paulus-Risiko. Aufbruch zur missionarischen Gemeinde, Neukirchen-Vluyn 2008, 100-103.

als Einübung in christliche Freiheit sogar in äußerer Unfreiheit. Diese Einübung befähigt auch zur Lebenskunst der Selbst- und Fürsorge in Korrelation mit freundschaftlicher Lebenskunst.[25] Diese auch führungsethisch bedeutsame lebenskünstlerische Selbstsorge umfasst die geistliche und leibliche Dimension (vgl. nur 1Tim 4,6-16; 5,23; 6,6-20).[26]

Zu dieser Selbstsorge gehört die Kunst der Sorglosigkeit durch Entsorgung im Gebet (vgl. Phil 4,6; 1Petr 5,7).[27]

Auch die Evangelienliteratur eröffnet aus Lebenskunstperspektive eine Fülle an erhellenden Einsichten. Bereits das älteste Evangelium zeigt eine elaborierte Verwendung gnoseologischer Terminologie. Jesus erscheint als Meister der einfühlsamen situationsangemessenen Wahrnehmung.[28] Das zeigt als Leseanleitung bereits die Berufungserzählung der ersten Jünger, der sich das Matthäusevangelium anschließt (Mk 1,16-20; vgl. Mt 4,18-22): Jesus sieht (Mk 1,16.19; vgl. Mt 4,18.21), handelt adäquat (Mk 1,18.20; vgl. Mt 4,19.21) und evoziert damit eine entsprechende Reaktion (Mk 1,18.20; vgl. Mt 4,20.22). Mit dem Sehen Jesu ist sein erwählender Blick gemeint.[29] Die Erwählten haben den ›Kairos‹ (καιρός) erkannt: Die Zeit ist erfüllt, um angesichts der nun zum Greifen nahen Gottesherrschaft zu ihm in Gestalt der Nachfolge Jesu umzukehren (Mk 1,15; vgl. Mt 4,17).[30] Darin liegt von jetzt an der Sinn ihres Lebens, »im Leben mit ihm, im Hören auf sein Wort und Achten auf seine Taten«[31]. Als von Jesus Ergriffene bzw. Erwählte ergreifen sie im Augenblick seines Rufes die richtige Wahl und lassen

---

[25] Vgl. zur Selbstsorge in den Protopaulinen THOMAS POPP, Selbstsorge, in: JÖRG LANCKAU et al. (Hg.), Arbeitsbuch, 246-251, 247-249: Selbstsorge und Autarkie (z.B. 2Kor 9,8; 12,7-9; Phil 4,10-12.13-23); Selbstsorge und Sorglosigkeit (z.B. 1Kor 7,32-34; 9,24-27; Röm 13,14; Phil 4,6); Selbstsorge und Selbsterkenntnis (z.B. 2Kor 13,3-5); vgl. zur freundschaftlichen Lebenskunst im Phil nur DERS., »Ihr seid meine Freunde« (Joh 15,14). Freundschaftliche Lebenskunst im Neuen Testament, in: BERNHARD SILL/THOMAS KNIEPS-PORT LE ROI (Hg.), Vom Glück der Freundschaft, Sankt Ottilien 2020, 67-93, 69-71.

[26] Vgl. POPP, Selbstsorge, 249f.

[27] Vgl. a.a.O., 247.

[28] Vgl. zu Jesus als empfindsamem »Meister der Situation« bzw. »Meister der Empfindsamkeit« KLAAS HUIZING, Ästhetische Theologie. Bd. 1: Der erlesene Mensch. Eine literarische Anthropologie, Stuttgart 2000, 161.208.

[29] Vgl. RUDOLF PESCH, Das Markusevangelium. Bd. 1: Mk 1,1-8,26, HThKNT 2.1, Freiburg i.Br. ²1977, 110; JOACHIM GNILKA, Das Evangelium nach Markus. Bd. 1: Mk 1-8,26, EKK 2, Solothurn ⁴1994, 73; PETER DSCHULNIGG, Das Markusevangelium, ThKNT 2, Stuttgart 2007, 76.

[30] Vgl. zum markinischen Kairos-Verständnis GNILKA, Markus, 66; DSCHULNIGG, Markusevangelium, 72; THOMAS SÖDING, Das Evangelium nach Markus, ThHK 2, Leipzig 2022, 39f.

[31] DSCHULNIGG, Markusevangelium, 76.

sich auf Gottes heilvolle Gegenwart in ihm ein, der seine Taten sprechen und seine Worte wirken lässt.[32] Zu dieser Lebenskunst, die Gunst des Augenblicks zu nutzen, bemerkt *Wilhelm Schmid*:

> »Dieser kritische Moment, in dem etwas an der Zeit ist, der aber so prekär ist, dass er allzu leicht ungenutzt, ja unbemerkt verstreicht, ist selbst eine Frage der Wahl; selbst wenn er von selbst als richtiger und günstiger Augenblick sich anbietet, muss er vom Subjekt erkannt und mit einer Wahl ergriffen werden.«[33]

Jesus ist auch ein Meister in der Kunst der Selbst- und Fürsorge. Der Rhythmus von Kontemplation und Aktion prägt paradigmatisch das erste Kapitel: Jesus lässt sich taufen (Mk 1,9–11; vgl. Mt 3,13–17), um die Zeit der Versuchung in der Wüste bestehen zu können (Mk 1,12f.; vgl. Mt 4,1–11). Diese Auszeit der Bewährung bereitet den Gottessohn (Mk 1,11; vgl. nur 9,7; 15,39; vgl. nur Mt 3,17; 16,16; 17,5; 27,54) auf sein öffentliches Wirken in Wort und Tat vor (Mk 1,14–45; vgl. Mt 4,23–35). Auf sein heilendes Wirken, das bis in die Abendstunden reicht (Mk 1,21–34), folgt am Morgen noch vor Tageseinbruch sein Rückzug an einen einsamen Ort zum Gebet (Mk 1,35–38; vgl. 6,46; 14,32–42), um sich dann wieder den Menschen verbal und nonverbal heilend zuzuwenden (Mk 1,39–45). Auszug zum heilenden Handeln und Rückzug zum Gebet gehören untrennbar zusammen, um nicht auszubrennen.[34]

Während sich in Mt 14,13 nur Jesus in eine einsame Gegend zurückzieht, animiert der markinische Jesus seine Jünger, nach ihrem Wirken in seiner Nachfolge an einen einsamen Ort zu gehen, um »ein wenig« zu ruhen (Mk 6,31).[35] Er schenkt ihnen mit diesem Impuls zur selbstsorgenden Kunst der Balance von Tun und Lassen »jene Aufmerksamkeit, die sie brauchen, um ihre Eindrücke zu verarbeiten.«[36] In der Ruhe mit Jesus liegt die Kraftquelle zu neuem Tun. Er sieht mit seinem messianischen Durchblick menschliche Not und lässt sich von ihr affizieren, wie im Anschluss an die verordnete Auszeit (Mk 6,31–33) besonders

---

[32] Vgl. SÖDING, Markus, 39.
[33] SCHMID, Philosophie, 227.
[34] Vgl. zum Gebet Jesu in Mk 1,35; 6,46; 14,32–34 GNILKA, Markus, 88; DSCHULNIGG, Markusevangelium, 86; SÖDING, Markus, 59; vgl. zu Mk 1,32–39 als Musterbeispiel für maßvolles Engagement und somit für Burnout-Prävention REINER STRUNK, Evangelium für die Ausgebrannten. Über Markus 1,32–39, in: MICHAEL WELKER (Hg.), Brennpunkt Gemeinde (FS Rudolf Weth), Neukirchen-Vluyn 1997, 259–266; vgl. dazu auch ANSELM GRÜN/HSIN-JU WU, Das kleine Buch vom Helfen, Freiburg i. Br. 2019, 14.
[35] Vgl. POPP, Selbstsorge, 248.
[36] SÖDING, Markus, 187; vgl. zu Mk 6,30f. unter dem Aspekt von Tun und Lassen HANS-JOACHIM ECKSTEIN, Ich habe meine Mitte in Dir. Schritte des Glaubens, Holzgerlingen 2000, 70f.; GRÜN/WU, Buch, 34f.

schön die Speisungserzählung der Fünftausend vor Augen führt (Mk 6,34-44; vgl. Mt 14,14-21): Jesus sieht die große Volksmenge, lässt sich ergreifen (Mk 6,34; vgl. Mt 14,14; vgl. auch Mt 9,36) und stillt ihr Hungerbedürfnis (Mk 6,35-44; vgl. Mt 14,15-21).

Als Meister des diakonischen Blicks orientiert er sich immer wieder an dem, was sein Gegenüber braucht, fragt etwa Bartimäus (Mk 10,51; vgl. Mt 20,32): »Was willst du, soll ich dir tun?« Er behandelt den Blinden nicht fremdbestimmt als Objekt seines heilenden Handelns, sondern nimmt ihn als handlungsfähiges Subjekt wahr, beteiligt ihn durch seine Gesprächsführung, indem er ihn fragt, was er nach dessen Willen tun soll.[37]

Der heilsame Rhythmus von Kontemplation und Aktion, der das Markusevangelium kennzeichnet, korreliert mit dem Gebot der Gottes-, Nächsten- und Selbstliebe (Mk 12,29-31; vgl. Mt 22,37-40). Die ars vivendi ist auch eine ars amandi.[38]

Die Liebe findet nicht zuletzt in berührenden Gesten ihren Ausdruck. Jesus berührt nicht nur Menschen, sondern lässt sich auch von ihnen berühren. So zeigt er große Wertschätzung für die Schönheit des Handelns, die ihm selbst widerfährt, indem er die ›schöne Tat‹ der ihn salbenden Frau würdigt (Mk 14,6; vgl. Mt 26,10).[39]

Die Passionserzählung erweist Jesus auch als Meister in der ars moriendi. Sein gewaltsames Sterben am Kreuz nimmt er nicht apathisch hin, sondern er vertraut sich klagend-fragend seinem Gott an (Mk 15,34; vgl. Mt 27,46):

---

[37] Vgl. CARSTEN JOCHUM-BORTFELD, Die Verachteten stehen auf. Widersprüche und Gegenentwürfe des Markusevangeliums zu den Menschenbildern seiner Zeit, BWANT.NF 18, Stuttgart 2008, 183-187; FRANK EIBISCH, Dein Glaube hat dir geholfen: Heilungsgeschichten des Markusevangeliums als paradigmatische Erzählungen und ihre Bedeutung für diakonisches Handeln, Reutlinger Theologische Studien 4, Göttingen 2009, 63-68; SÖDING, Markus, 310; vgl. zur Subjektorientierung der Lebenskunst im Blick auf Soziale Arbeit und Gemeindepädagogik RENATE ZITT, Die Frage nach der »Lebenskunst«. Perspektiven aus Theologie, Gemeindepädagogik, Diakonik und Sozialer Arbeit, in: DIETER BECKER/PETER HÖHMANN (Hg.), Kirche zwischen Theorie, Praxis und Ethik (FS Karl-Wilhelm Dahm), Frankfurt a.M. 2011, 381-392, 384.

[38] Vgl. WILHELM SCHMID, Mit sich selbst befreundet sein. Von der Lebenskunst im Umgang mit sich selbst, Frankfurt a.M. ^{9}2016, 202; DERS., Die Kunst der Balance. 100 Facetten der Lebenskunst, Frankfurt a.M. ^{7}2016, 54.

[39] Treffend übersetzt die Zürcher Bibel (2007) im Unterschied zur Lutherübersetzung (2017) in Mk 14,6/Mt 26,10 καλός mit ›schön‹. Diese Übersetzung habe ich bisher in keinem Kommentar zum Markusevangelium gefunden.

»Der Antwortlosigkeit und dem Un-Sinn preisgegeben, überliefert sich Jesus ganz der Gottesfrage. [...] Es ist die offene Warum-Frage von Golgatha, die den Menschen als Frage und alle Fragen des Menschen rechtfertigt. In der endlosen Weite dieses Warum? bewegt sich der Glaube, bis er wie Hiob fragend in die Frage Gottes fällt.«[40]

Wie das Matthäusevangelium orientiert sich auch das Lukasevangelium am Markusevangelium, bietet aber umfassender als das erste Evangelium Sondergut, das die diakonisch besonders bedeutsame lukanische Lebenskunst vor Augen malt. Meisterhaft erzählt Lukas so, dass Menschen im Hier und Jetzt Jesus lesend begegnen können. Das illustrieren die ›Heute‹-Worte, die Lukas planvoll in sein Evangelium von der Krippe bis zum Kreuz verwoben hat (Lk 2,11; 4,21; 5,26; 19,5.9; 23,43).[41] Die Kunst der Lesenden besteht darin, die vergangene Jesus-Christus-Geschichte kreativ auf die eigene Gegenwart zu beziehen und auf diese Weise erfüllt im Heute zu leben. Es geht auch im Lukasevangelium um die Gunst und Kunst des Augenblicks, wie exemplarisch die Verwendung von ›Kairos‹ signalisiert.[42] Unheil bedeutet es, den Kairos der göttlichen Heimsuchung nicht zu erkennen (19,44). Vor dem Kairos der Wiederkunft Jesu als des Menschensohns kommt der Kairos als Verfolgungs- und Schreckenszeit (12,56; 21,8.24). Der Lohn der Nachfolge erfolgt bereits in dieser Zeit und in der kommenden Welt (18,30).

Es gibt mehrere eindrückliche Erzählungen, die angemessenes Handeln im Augenblick thematisieren. Wiederholt geht es darum, sich auf heilsame Weise von Jesus unterbrechen zu lassen. Im Unterschied zu Matthäus lässt Lukas wie Markus Jesus nicht allein pausieren, sondern zusammen mit seinen Jüngern (Lk 9,10; vgl. Mk 6,31). Maria, Marthas Schwester, ergreift die Chance, auf Jesus zu hören (vgl. Lk 10,38–42).

Im Unterschied zu Markus und Matthäus finden sich bei Lukas auch Spuren einer Lebenskunst der Freundschaft.[43] Vergleicht man Passagen, die sich bei den Synoptikern finden, hat Lukas an einigen Stellen das Wort ›Freund‹ eingefügt (vgl. 7,6; 12,4; 15,6; 21,16). Das in der antiken Philosophie der Lebenskunst intensiv erörterte Thema der Freundschaft wird von Lukas adaptiert, aber mit ungewöhnlichen Inhalten gefüllt. Was in der griechisch-römischen Antike nur einer Elite vorbehalten war, wird in den frühchristlichen Gemeinden zu einer attraktiven Alternative für viele. Mit dem Modell der Freundschaft wird nicht nur die Beziehung zwischen Menschen beschrieben. Lukas bezieht es auch auf die Beziehung zu Gott (11,5–13).

---

[40] Hans Dieter Bastian, Theologie der Frage. Ideen zur Grundlegung einer theologischen Didaktik und zur Kommunikation der Kirche in der Gegenwart, München ²1970, 336.
[41] Vgl. Martin Völkel, Art. σήμερον, EWNT² 3, 1992, 575f., 576.
[42] Vgl. zum lukanischen Gebrauch nur Jörg Baumgarten, Art. καιρός, EWNT² 2, 1992, 571–579, 574–576.
[43] Vgl. Popp, Lebenskunst, 71–75.

Aus dem freundschaftlichen Gottesverhältnis, das seine Resonanz in gemeindlichen Freundschaftsbeziehungen findet, speist sich auch die Lebenskunst der Sorglosigkeit. Diametral dazu verhalten sich Menschen, bei denen die Kommunikation des Evangeliums durch deren Sorgen, Reichtum und Freuden des Lebens nicht fruchtet (Lk 8,14; vgl. Mt 13,22).[44] Aufgrund ihrer Geschäftigkeit steht auch Martha in dieser Gefahr (Lk 10,41; siehe 2.2). Jesus verweist diejenigen, die sich wegen ihres Bekenntnisses zu ihm verantworten müssen, tröstlich darauf, sich nicht zu sorgen, weil er ihnen den Beistand des Heiligen Geistes verheißt (Lk 12,11; vgl. Mt 10,19). Die größte Leitwortdichte findet sich in Lk 12,22-31 (vgl. Mt 6,25-34). Wie die Parabel vom reichen Kornbauern in Lk 12,16-21 als Verstehenshilfe von 12,22 veranschaulicht, wird nicht die Selbstsorge an sich kritisiert, sondern ihre Perversion durch sorgenvolle Maßlosigkeit. Der Aufruf zur Sorglosigkeit ist nicht grundlos. Er wird mit der Fürsorge des himmlischen Vaters begründet (Lk 12,24; vgl. Mt 6,26). Die Sinnlosigkeit der ängstlichen Sorge wird durch den Zwischengedanken verdeutlicht, dass niemand seine Körpergröße durch Sorgen verändern kann (Lk 12,25; vgl. Mt 6,27). Auch die Sorge um die Kleidung ist mit dem Gottvertrauen nicht kompatibel (Lk 12,26-28; vgl. Mt 6,28-30). Die weisheitliche Gedankenführung wird in Wiederaufnahme des Anfangs in Lk 12,29 f. (vgl. Mt 6,31 f.) bilanziert. Die auf die göttliche Fürsorge vertrauende Gemeinde soll sich im Kontrast zum Trachten der nichtchristlichen Mitwelt (Lk 12,30; vgl. Mt 6,32) nicht um Materielles sorgen (Lk 12,29; vgl. Mt 6,31), sondern ihre Energie auf die Gottesherrschaft konzentrieren. Die Erkenntnis, dass sie angebrochen ist, befreit von ängstlicher Sorge. Wer sich von dem Reich Gottes bestimmen lässt, wird seine Fürsorge für alles Lebensnotwendige erfahren (Lk 12,31; vgl. Mt 6,33). Die Wachsamkeit im Blick auf die Wiederkunft Jesu bedeutet, die Herzen nicht zu beschweren »durch Rausch und Saufen und mit täglichen Sorgen« (Lk 21,34).

Dass sprichwörtlich für viele beim Geld die Freundschaft aufhört, gilt für Lukas nicht.[45] In den Gemeinden, die der ›Evangelist der Armen‹ beim Schreiben

---

[44] Vgl. zum lukanischen Gebrauch der Wortfamilie μεριμν- nur DIETER ZELLER, Art. μέριμνα, EWNT² 2, 1992, 1005 f.

[45] Vgl. zu Lukas als Evangelist der Armen und seiner Besitzethik nur BETTINA ROST, Wohltätigkeit und Armenfürsorge im Horizont Gottes. Eine neutestamentliche Untersuchung zur Besitzethik des Lukas, Saarbrücken 2008; CORDULA LANGNER (Hg.), Handle danach und du wirst leben. Reichtum und Solidarität im Werk des Lukas, Stuttgart 2011; HELGA KRAMER, Lukas als Ordner des frühchristlichen Diskurses um »Armut und Reichtum« und den »Umgang mit materiellen Gütern«. Eine überlieferungsgeschichtliche und diskurskritische Untersuchung zur Besitzethik des Lukasevangeliums unter besonderer Berücksichtigung des lukanischen Sonderguts, NET 21, Tübingen 2015; ULRICH BABINSKY, Den Armen die Frohe Botschaft verkünden. Zur diakonischen Dimension der Predigt, SThPS 22, Würzburg 1997, 134-143; UDO SCHNELLE, Theologie des

seines Evangeliums vor Augen hat, gibt es ein nicht zu übersehendes soziales Gefälle. Arme zählen ebenso dazu wie Angesehene und Vermögende. Der rechte Umgang mit Geld und Besitz wird zu einem zentralen ethischen Problem. Das Gespür für die Unterprivilegierten ließ sehr zu wünschen übrig (vgl. nur 12,13–15; 16,14 f.). Deshalb fordert er eine einfühlsame Solidargemeinschaft zwischen Reichen und Armen im Geist der Liebe von Jesus. Dabei ist es allem Anschein nach notwendig, drastische Bilder vor Augen zu malen. Nur bei Lukas finden sich beispielsweise die Gleichnisse vom reichen Kornbauern (12,16–21), vom ungerechten Verwalter (16,1–13) sowie von Lazarus und dem reichen Mann (16,19–31).

Intoniert durch Geschichten wie diese lehrt die lukanische Passionserzählung in verdichteter Weise, bewusst vom Tod her zu leben. Hier positioniert Lukas auch das letzte ›Heute‹-Wort (23,43).[46] Es bringt auf berührende Weise zu Gehör, dass niemand von der Möglichkeit der Zuwendung zu Jesus und dem von ihm eröffneten ewigen Leben exkludiert ist. Diese »Konfrontation mit dem Tod soll für Leserinnen und Leser des Lukas zur Reflexion über die eigene Entscheidung zur Nachfolge Jesu führen und damit das Bedenken und Gestalten des eigenen Lebens anregen.«[47] Das letzte ›Heute‹-Wort ist das vorletzte Wort, das wir aus dem Mund des lukanischen Jesus vor seinem Tod vernehmen. Drei Stunden später erweist er sich selbst in seiner Todesstunde als der Meister in der ars moriendi. Er überlässt sein Leben Gott (23,46) – und inkludiert die Lesenden in dieses im tiefsten Sinn erfüllte Leben, indem sie sich ebenfalls ganz dem Wirken Gottes hingeben.[48] Das bewusste Leben vom Tod her verbindet sich bei Lukas mit dem bewussten Leben von der Auferstehung her (Lk 24).

Die weisheitlich geprägte johanneische Lebenskunst weist viele Affinitäten zur lukanischen auf, beispielsweise im Bereich freundschaftlicher Lebenskunst.[49] Von den vier Evangelien nimmt das Johannesevangelium am intensivsten Einzelpersonen in ihrer Relation zu Gott und Menschen in den Blick, um Lebenskunst als individuelle und kollektive Glaubenskunst zu profilieren.[50]

Neuen Testaments, Göttingen ³2016, 489–492; DERS., Die ersten 100 Jahre des Christentums 30–130 n. Chr. Die Entstehungsgeschichte einer Weltreligion, Göttingen ³2019, 414–416; DERS., Einleitung in das Neue Testament, Göttingen ¹⁰2024, 378–380; KLAUS SCHOLTISSEK, Barmherzige und hörende Liebe (Lk 10,25–42). Das Doppelgebot der Liebe und die Diakonie im Lukasevangelium, in: DERS./KARL-WILHELM NIEBUHR (Hg.), Diakonie biblisch. Neutestamentliche Perspektiven, BThS 188, Göttingen 2021, 127–158, 127.

[46] Vgl. zur ars moriendi in Lk 23,39–43 SCHREIBER, Ars, 277–297.
[47] A. a. O., 293 f.
[48] Vgl. a. a. O., 294.
[49] Vgl. POPP, Lebenskunst, 75–93.
[50] Vgl. zur gehäuften Begegnung Jesu mit Einzelpersonen im Johannesevangelium THOMAS POPP, Grammatik des Geistes. Literarische Kunst und theologische Konzeption in Jo-

Durch den Glauben an Gott bzw. Jesus wird der Zugang zum göttlichen Leben eröffnet. Das ist der Abfassungszweck des Evangelienbuches (Joh 20,30 f.). Der verdichtet im vierten Evangelium begegnende Lebensbegriff (ζωή) ist das häufigste Attribut in den Ich-bin-Worten (6,35.48; 8,12; 11,25; 14,6), ist Prädikat des präexistenten (1,4) und irdischen Jesus (vgl. 5,26; 14,19).[51] Dieses ewige Leben, das untrennbar an Jesus gebunden ist, wird in der glaubenden Bindung an ihn bereits in der Gegenwart geschenkt (vgl. nur 3,15-17.36; 6,40.47).[52] Mit dem Kommen Jesu verbindet sich schon diesseitig das Leben in überreicher Fülle (10,10; vgl. nur 6,13).[53] Es ist eine neue Art zu leben, die bereits den Geschmack des jenseitigen ewigen Lebens hat. Zweck und Ziel seines Wirkens ist nicht ein Leben im Luxus, sondern die Vermittlung von überfließendem Leben durch seine Hingabe, die den Verlust des eigenen Lebens inkludiert (vgl. nur 10,10-18; 12,24 f.; 15,13).[54] Lebensgewinn für alle ist der Sinn dieser liebenden Kunst der

---

hannes 3 und 6, ABG 3, Leipzig 2001, 91; DERS., Gott und Gerontologie. Plädoyer für unvollkommene Biografien am Beispiel des géron Nikodemus, in: Zeitschrift für Gerontologie und Ethik 3 (2016), 63-84, 64.78; STEVEN A. HUNT et al. (Hg.), Character Studies in the Fourth Gospel. Narrative Approaches to Seventy Figures in John, WUNT 314, Tübingen 2013.

[51] Vgl. dazu nur JÖRG FREY, Die johanneische Eschatologie. Bd. 3: Die eschatologische Verkündigung in den johanneischen Texten, WUNT 117, Tübingen 2000, 261-270; POPP, Grammatik, 37-39 (im Anschluss an FRANZ MUSSNER); RUBEN ZIMMERMANN, ›Leben‹ als ethische Norm in Antike und Christentum. Begriff und Funktion des Lebens im ethischen Diskurs, in: FRIEDRICH W. HORN et al. (Hg.), Ethische Normen des frühen Christentums. Gut – Leben – Leib – Tugend, Kontexte und Normen neutestamentlicher Ethik 4, Tübingen 2013, 179-184, 183 f.; DERS., Narrative Ethik im Johannesevangelium am Beispiel der Lazarus-Perikope Joh 11, in: JÖRG FREY/UTA POPLUTZ (Hg.), Narrativität und Theologie im Johannesevangelium, BThS 130, Neukirchen-Vluyn 2012, 133-170, 136-138.170; MIRA STARE, Der Lebensbegriff als ethische Norm im Johannesevangelium, in: HORN et al. (Hg.), Normen, 257-279.

[52] Vgl. dazu nur POPP, Grammatik, 153-162.228-233.334-336.350.

[53] Vgl. zu dieser Fülle u. a. mit Bezug auf Joh 6,13 und 10,10 aus salutogenetischer Sicht CHRISTOPH JACOBS, Salutogenese. Eine pastoralpsychologische Studie zu seelischer Gesundheit, Ressourcen und Umgang mit Belastung bei Seelsorgern, Studien zur Theologie und Praxis der Caritas und Sozialen Pastoral 19, Würzburg 2000, 493-495; vgl. zum Konnex von Joh 6,13; 10,10 aus exegetischer Perspektive nur POPP, Grammatik, 287.

[54] Vgl. KLAUS WENGST, Das Johannesevangelium. Neuausgabe, ThKNT 4, Stuttgart 2019, 316-320 f.373 f.439; vgl. mit dem Fokus auf Joh 15,13 KLAUS SCHOLTISSEK, »Eine größere Liebe als diese hat niemand, als wenn einer sein Leben hingibt für seine Freunde« (Joh 15,13). Die hellenistische Freundschaftsethik und das Johannesevangelium, in: JÖRG FREY/UDO SCHNELLE (Hg.), Kontexte des Johannesevangeliums, Tübingen 2004, 413-439, 420-425.432-439; POPP, Lebenskunst, 86; VOGEL, Tod, 81; vgl. ferner zum Aspekt

Hingabe. Wie bei den Synoptikern verbindet sich auch im vierten Evangelium bei Jesus die für Andere sorgende Hingabe mit dem selbstsorgenden Rückzug zum Gebet (vgl. nur 6,1–14.15).[55] Aus seiner im Gebet gestärkten Einheit mit Gott wird durch seine Lebenshingabe für die Freunde das Ideal griechisch-römischer Freundschaftsethik vollendete Wirklichkeit (vgl. 15,13; 19,30). Das Johannesevangelium beantwortet die Frage nach erfülltem Leben mit dem *Christusbezug*, der die göttliche Transzendenz in der Immanenz verkörpert, in der Kraft des Geistes vermittelt und diesen Geist seinen Nachfolgerinnen und Nachfolgern für deren Kommunikation des Evangeliums in Wort und Tat verleiht (vgl. 20,19–23). Dieses kommunikative Vermitteln bzw. Dazwischengehen im Auftrag Gottes ist für das Diakonia-Verständnis im Neuen Testament kennzeichnend.[56]

Auch im vierten Evangelium ist die ars vivendi eine ars amandi. Das belegt beispielhaft die ›dufte‹ Salbungserzählung (12,1–8) im Kontrast zum schon stinkenden Leichnam des Lazarus (11,39).[57] Die für Lebenskunst konstitutive Ästhetik ist im Johannesevangelium am elaboriertesten.[58] Alle Sinne sind bei der

---

der Hingabe im Rekurs auf Joh 12,24f. MICHAEL TREMMEL, Gesundheit und Gesundheitsförderung aus sozialpastoraler Perspektive, Diakonik 8, Berlin 2010, 212.

[55] Vgl. dazu nur POPP, Grammatik, 276–293.

[56] Vgl. zum Vermittlungsaspekt im Anschluss an JOHN N. COLLINS ANNI HENTSCHEL, Diakonia im Neuen Testament. Studien zur Semantik unter besonderer Berücksichtigung der Rolle der Frauen, WUNT II/226, Tübingen 2007; DIES., Begriffsklärungen, in: LANCKAU et al. (Hg.), Arbeitsbuch, 27–39; vgl. ferner zur Bedeutsamkeit des Vermittelns im Kontext der auch diakonisch relevanten Gesundheitsförderung im Rekurs auf den Lebenskunstbegriff (in Auswahl) TREMMEL, Gesundheit, 42 f.57 f.340 f.

[57] Nach ODA WISCHMEYER, Liebe als Agape, 144, machen vor allem die Salbungserzählungen in Lk 7 und Joh 12 »deutlich, dass einfache Zuweisungen wie Barmherzigkeit, Nächstenliebe, Bruderliebe, solidarische Vereins- oder Gemeindestruktur, aber auch Metaphern wie *familia Dei* nicht ausreichen, um die verschiedenen sozialen und emotionalen Dimensionen der Sprache der Liebe im Neuen Testament zu beschreiben. Gerade das Lukasevangelium und die johanneische Literatur öffnen den Blick sowohl für hoch *emotionale*, individuelle und elitäre Bilder von der Liebe zwischen Jesus und einzelnen Männern und Frauen als auch für die ganz andere spekulativ-theologische Dimension der Rede von Gottes ewiger Liebe zu seinem Sohn. Diese Texte verbieten einen gleichsam caritativ oder kommunitär gezähmten oder aber einseitig theologisch bestimmten Blick auf das, was Liebe im Neuen Testament sein kann.«

[58] Vgl. dazu klassisch mit dem Fokus auf der gnoseologischen Terminologie FRANZ MUSSNER, Die johanneische Sehweise und die Frage nach dem historischen Jesus, QD 28, Freiburg i.Br. 1965 (vgl. dazu POPP, Grammatik, 39–41); KLAUS SCHOLTISSEK, Perspektiven der Johannesforschung, in: DERS., Textwelt und Theologie des Johannesevangeliums. Gesammelte Schriften (1996–2020), WUNT 452, Tübingen 2020, 31–36; RAINER HIRSCH-LUIPOLD, Gott wahrnehmen. Die Sinne im Johannesevangelium, WUNT 374, Tübingen 2017 (vgl. dazu SCHOLTISSEK, a.a.O., 33–36).

Wahrnehmung der Gestaltwerdung des Göttlichen im Blick. Der vierte Evangelist bietet auf der Basis seiner Inkarnationschristologie (vgl. nur 1,14) ein einzigartiges sinfonisches Zusammenspiel des Seh-, Hör-, Geschmacks-, Geruchs- und Tastsinns und dokumentiert so die Bedeutung der körperlich-sinnlichen Begegnung mit Jesus sowie die Bedeutung der Leiblichkeit für Menschsein und Glauben – und ist damit auch ein wunderbarer Beleg für die Bedeutung einer sinnlichen Theologie für eine Theologie der Diakonie.

Aufs Ganze gesehen eröffnen die biblischen Schriften aus Lebenskunstperspektive eine Fülle an erhellenden Einsichten. Wie pars pro toto der blitzlichtartige Blick auf die vier Evangelien gezeigt hat, sensibilisieren sie dafür, dass Lebenskunst Ästhetik und Ethik umfasst. Dagegen betont *Wilhelm Schmids* Lebenskunst-Definition in seiner *Philosophie der Lebenskunst* zu sehr die kognitive Dimension (s. 1.1). Auch die affektive und pragmatische Dimension sind einzubeziehen.[59] Es geht darum, das als göttliches Geschenk zu verstehende Leben auf sensibel-wahrnehmende, reflektiert-deutende und sozial-gestaltende Weise zu führen.

1.2.2 Praktische Theologie / Diakoniewissenschaft

Im Anschluss an das Alte und Neue Testament ist christliche Lebenskunst für den Erlanger Professor für Praktische Theologie *Peter Bubmann* als mit anderen Lebenskonzeptionen dialogfähige Wahrnehmungskunst »symbolisch-spielerische Erschließung des Heiligen und weisheitlicher Lebensstil der Liebe im Alltag. In beiden Formen gewinnt sie ihr ganz eigenes Profil durch ihren Bezug auf die Geschichte der Gotteserfahrung im Volk Israel, in Jesus Christus und seiner Gemeinde.«[60] *Bubmanns* praktisch-theologische Beiträge zur Lebenskunst unter besonderer Berücksichtigung der ästhetischen Dimension belegen beispielhaft die Renaissance, die der Begriff der Lebenskunst durch *Wilhelm Schmids Philosophie der Lebenskunst* in der Theologie und hier insbesondere in der Praktischen

---

[59] Dass auch SCHMID ein Gespür für diese Einbeziehung hat, zeigt exemplarisch DERS., Leben/Lebenskunst, in: HELMUT REINALTER/PETER J. BRENNER (Hg.), Lexikon der Geisteswissenschaften. Sachbegriffe – Disziplinen – Personen, Wien 2011, 449–457, 455: »Die Ausbildung von Sensibilität und Urteilskraft befördert das Entstehen jener Klugheit, auf deren Basis eine überlegte Wahl getroffen werden kann. In die Klugheit finden sowohl das Denkvermögen als auch die Sensibilität Eingang, ihr Ort ist das ›Zwischen‹: Zwischen Verstand und Wahrnehmung, zwischen Erkenntnis und Erfahrung, um in einem sensiblen Denken und einer leiblichen Intelligenz (kurz: in einem Gespür) zum Vorschein zu kommen.«

[60] PETER BUBMANN, Gemeindepädagogik als Anstiftung zur Lebenskunst, in: PTh 93 (2004), 99–114, 107.

Theologie seit der Jahrtausendwende erlebte.[61] In ökumenischer Verbundenheit profilieren *Peter Bubmann* und *Bernhard Sill* Lebenskunst als christliche Lebenskunst. Im Anklang an *Schmids* Definition von Lebenskunst als Bezeichnung für bewusste Lebensgestaltung hat christliche Lebenskunst das Ziel der bewussten Gestaltung des eigenen Lebens in, mit und unter dem Wirken des Geistes Gottes.[62] Dabei betonen *Bubmann* und *Sill* im Anschluss an die mittelalterliche Lebenskunst den – bereits in der antiken Philosophie bedachten – Zusammenhang von ars vivendi und ars moriendi.[63]

---

[61] Vgl. PETER BUBMANN, Freiheit wahrnehmen – die ästhetische Dimension christlicher Lebenskunst, in: HANS-RICHARD REUTER et al. (Hg.), Freiheit verantworten (FS Wolfgang Huber), Gütersloh 2002, 504–516; DERS., Gemeindepädagogik, 99–114; DERS./BERNHARD SILL (Hg.), Christliche Lebenskunst, Regensburg 2008; vgl. zum Lebenskunstdiskurs in der jüngeren Theologie PETER BUBMANN, Religion und Theologie, in: GÜNTER GÖDDE/JÖRG ZIRFAS (Hg.), Kritische Lebenskunst. Analysen – Orientierungen – Strategien, Stuttgart 2018, 180–187, 181–183; vgl. dazu exemplarisch aus der Literaturfülle WILFRIED ENGEMANN, Lebenskunst als Beratungsziel. Zur Bedeutung der Praktischen Philosophie für die Seelsorge der Gegenwart, in: MICHAEL BÖHME et al. (Hg.), Entwickeltes Leben. Neue Herausforderungen für die Seelsorge (FS Jürgen Ziemer), Leipzig 2002, 95–125; DERS., Die Lebenskunst und das Evangelium. Über eine zentrale Aufgabe kirchlichen Handelns und deren Herausforderung für die Praktische Theologie, in: ThLZ 129 (2004), 875–896; DERS., Aneignung der Freiheit. Lebenskunst und Willensarbeit in der Seelsorge, in: WzM 58 (2006), 28–48; DERS., Aneignung der Freiheit. Essays zur christlichen Lebenskunst, Stuttgart 2007; DERS., Gemeinde als Ort der Lebenskunst. Glaubenskultur und Spiritualität in volkskirchlichem Kontext, in: ISOLDE KARLE (Hg.), Kirchenreform. Interdisziplinäre Perspektiven, APrTh 41, Leipzig 2009, 269–291; CHRISTIAN SCHWINDT, Glaube und lebe. Lebenskunst als Thema christlicher Bildungsarbeit, in: PTh 91 (2002), 168–182; MICHAEL SCHIBILSKY, Lebensbegleitung und Lebenskunst, in: Zeitzeichen 4 (2003), 38–40; DERS., Theologie als ars vivendi, in: WOLFGANG HUBER (Hg.), Was ist gute Theologie?, Stuttgart 2004, 113–127; THOMAS ERNE, Die Kunst zu leben. Christlicher Glaube und Lebenskunst, in: PrTh 41 (2006), 144–151; BURBACH, Weisheit, 13–27; RENATE ZITT, Abschied, Trauer und Neuanfang. Menschsein als Lebenskunst in den existentiellen Lebensumbrüchen, in: WzM 58 (2006), 358–372; ROLF SCHIEDER, Seelsorge und Lebenskunst, in: WILFRIED ENGEMANN (Hg.), Handbuch der Seelsorge. Grundlagen und Profile, Leipzig 2007, 379–389; HERIBERT WAHL, Theologische Erwachsenenbildung: Sinnagentur oder Provokation zur Lebenskunst?, in: WzM 59 (2007), 354–369; RALPH KUNZ, Weisheit: Konzepte der Lebensklugheit, in: THOMAS KLIE et al. (Hg.), Praktische Theologie des Alterns, Praktische Theologie im Wissenschaftsdiskurs 4, Berlin 2009, 155–205; ISOLDE KARLE, Lebensberatung – Weisheit – Lebenskunst. Herausforderung für die Theologie, in: DIES. (Hg.), Lebensberatung – Weisheit – Lebenskunst, Leipzig 2011, 7–14.

[62] Vgl. PETER BUBMANN/BERNHARD SILL, Einleitung, in: DIES. (Hg.), Lebenskunst, 10.

[63] Vgl. a.a.O., 11–15.

Christliche Lebenskunst ist sinnlich. Sie fängt damit an,

> »die alltäglichen Wahrnehmungen unserer Sinne genauer zu beachten. Wer genauer hinhört, hinsieht, sich berühren lässt, schmeckt und riecht, kann erfahren, ›wie freundlich der Herr ist‹ (Psalm 34,9), aber auch deutlicher sehen, wo Gewalt und Unfrieden das Leben beschädigen. So entsteht ein Sinn für die großen biblischen Visionen und Verheißungen vom Ziel des Lebens im Schalom Gottes.«[64]

Entsprechend beginnt das von *Bubmann* und *Sill* herausgegebene Buch *Christliche Lebenskunst* nach der Intonation in ihrer Einleitung mit dem Kapitel »Die Sinne schärfen«:[65]

(1) Hören und zuhören
(2) Sehen und erkennen
(3) Spüren und berühren
(4) Schmecken und riechen
(5) Fühlen und staunen

Geschärfte Sinne sind für ein achtsames Miteinander in Kirche, Diakonie und Gesellschaft unabdingbar.

Aus diakonischer bzw. diakoniewissenschaftlicher Perspektive sind die Publikationen des Münchner Professors für Praktische Theologie *Michael Schibilsky* im Rekurs auf Lebenskunst wegweisend. Er plädierte 2003 im Anschluss an *Wilhelm Schmid* für eine Theologie als Theorie der Lebenskunst im Sinne einer biblisch orientierten Lebensdeutung und Lebensbegleitung.[66] Zusammen mit der Darmstädter Professorin für Religions- und Gemeindepädagogik *Renate Zitt* klassifizierte *Schibilsky* 2004 Theologie als

> »die Kunst, sein eigenes Leben, unser gemeinsames Leben nicht aus uns selbst heraus zu verstehen, sondern aus der Verheißung und Selbstoffenbarung Gottes. Er hat sich entäußert [...] Theologie ist dann und deshalb Theorie der Lebenskunst, wenn sie es riskiert, sich auf radikalen Perspektivenwechsel einzulassen. Darum hat die Diakonie einen festen Platz in der Theologie.«[67]

---

[64] A.a.O., 17 f.
[65] Vgl. a.a.O., 17 f.21–63; vgl. auch BUBMANN, Religion, 185.
[66] Vgl. SCHIBILSKY, Lebensbegleitung, 38–40; DERS., Theologie, 113–127; vgl. zu Schibilskys Entwurf der Theologie als Theorie der Lebenskunst JÜRGEN GOHDE, »Theologie als Theorie der Lebenskunst«. Michael Schibilskys Vermächtnis in Kirche und Diakonie, in: PrTh 41 (2006), 180–186.
[67] MICHAEL SCHIBILSKY/RENATE ZITT, Einleitung, in: DIES. (Hg.), Theologie und Diakonie, Veröffentlichungen der Wissenschaftlichen Gesellschaft für Theologie 25, Gütersloh 2004, 9–39, 11 f.

Deshalb plädieren *Schibilsky* und *Zitt* »für eine ›Theologie als Theorie der Lebenskunst‹. Eine solche Theologie ist 1. diakonisch, 2. empirisch, 3. person-reflektiert, 4. zeitbedingt und hat 5. ihren ›Sitz im Leben‹ genau dort, wo sie hingehört: im alltäglich gelebten Leben.«[68]

Schibilsky verwies bereits in dem 1991 von ihm herausgegebenen Buch *Kursbuch Diakonie* im Anschluss an *Ulrich Bach* darauf, dass Diakonie nicht nur eine Teildisziplin der Praktischen Theologie ist, sondern eine Dimension aller Theologie, so dass alle theologischen Disziplinen nach ihrer diakonischen Dimension zu befragen sind.[69]

Fast zeitgleich (1992) engagierte sich *Henning Luther* für eine angemessene Wertschätzung der Diakonie:

> »Innerhalb der Gewichtung der klassischen Disziplinen der Praktischen Theologie würde ein Vom-Anderen-her-Denken eine Neubewertung der Diakonie zur Folge haben, insofern diese nicht länger als der (eigentlichen) Verkündigung nachgeordnet und abgeleitet verstanden werden kann, sondern gerade als Grundprinzip christlicher Praxis erscheinen muss.«[70]

Entsprechend kritisierte auch *Herbert Haslinger* in seiner 1996 veröffentlichten Dissertation *Diakonie zwischen Mensch, Kirche und Gesellschaft* die Diakonievergessenheit der Theologie und optierte für Diakonie als Grunddimension der Theologie im Sinne einer diakonischen Theologie. Diakonische Praxis ist demnach nicht nur in der Diakonik als einer Teildisziplin der Praktischen Theologie wahrzunehmen und zu reflektieren.[71]

---

[68] SCHIBILSKY/ZITT, Einleitung, 13.

[69] Vgl. MICHAEL SCHIBILSKY, Dialogische Diakonie. Eine Einleitung, in: DERS. (Hg.), Kursbuch Diakonie, Neukirchen-Vluyn 1991, 5–24, 11.

[70] HENNING LUTHER, »Ich ist ein Anderer«. Zur Subjektfrage in der Praktischen Theologie, in: DERS., Religion und Alltag. Bausteine zu einer Praktischen Theologie des Subjekts, Stuttgart 1992, 62–87, 83; vgl. zur Neuentdeckung der Diakonie auch KARL BOPP, Barmherzigkeit im pastoralen Handeln der Kirche: eine symbolisch-kritische Handlungstheorie zur Neuorientierung kirchlicher Praxis, Benediktbeurer Studien 7, München 1998, 39–47.

[71] Vgl. HERBERT HASLINGER, Diakonie zwischen Mensch, Kirche und Gesellschaft. Eine praktisch-theologische Untersuchung der diakonischen Praxis unter dem Kriterium des Subjektseins des Menschen, Studien zur Theologie und Praxis der Seelsorge 18, Würzburg 1996, 468–484.

Inzwischen hat sich die Diakoniewissenschaft etabliert, die helfendes Handeln in Kirche und Diakonie interdisziplinär unter Einbeziehung der Theologie reflektiert.[72] Dabei bezeichnet Diakonie

> »gerade nicht trennscharf ein bestimmtes, von anderem Handeln unterscheidbares Tun. [...] Wer Diakonie sagt, nimmt eine Interpretation in zweierlei Stufen vor. Zunächst: Das Handeln wird als ›helfendes Handeln‹ verstanden. [...] Zur Diakonie wird dieses Helfen erst dann, wenn eine zweite Interpretation vorgenommen wurde, die dieses Helfen in den Zusammenhang von Religion bringt. Dabei steht ›Diakonie‹ typischerweise nicht für religiöses Helfen an sich, sondern für christliches Helfen im Kontext des (evangelischen) Christentums (im katholischen Bereich begegnet dafür gerne die Rede von ›Caritas‹).«[73]

Der interdisziplinäre Begriff der Lebenskunst ermöglicht in ausgezeichneter Weise ein diakoniewissenschaftlich relevantes Zusammendenken von Theologie, Philosophie, Sozialer Arbeit, Diakonik sowie Gemeindepädagogik.[74]

Dass ›leben‹ eine Kunst ist, formulierte *Alice Salomon*, die Wegbereiterin der Sozialen Arbeit als Wissenschaft, in ihrer Theorie des Helfens bereits 1926 auf beherzigenswerte Weise wie folgt:

> »Die wenigsten Menschen sind sich darüber klar, dass ›leben‹ eine Kunst ist. [...] Niemand, der den Einsatz bedenkt, wird leugnen, dass ›leben‹ die Höchste aller Künste ist. Leben ist die höchste Kunst, aber auch die schwierigste. Es ist voller Krisen. [...] Aber das Leben kann gemeistert werden. Immer hat es Menschen gegeben, die damit fertig wurden. Im Grunde ihres Wesens haben fast alle Menschen die Fähigkeit, sich irgendwie abzufinden. [...] Wahre Hilfe kann der Mensch dem Menschen nur bringen, wenn fremde Not, wenn fremdes Leid für ihn zum eigenen wird, wenn es ihm im Herzen brennt.«[75]

---

[72] Vgl. zur Geschichte der Diakoniewissenschaft CHRISTOPH SIGRIST, Diakoniewissenschaft, Stuttgart 2020, 31–51; ELLEN EIDT/JOHANNES EURICH, Theoretische Grundfragen und aktuelle Entwicklungen der Diakoniewissenschaft, in: JOHANNES EURICH/HEINZ SCHMIDT (Hg.), Diakonik. Grundlagen – Konzeptionen – Diskurse, Göttingen 2016, 347–362, 348 f.; dies., Art. Diakoniewissenschaft, in: NORBERT FRIEDRICH et al. (Hg.), Diakonie-Lexikon, Göttingen 2016, 118 f., 118.

[73] EBERHARD HAUSCHILDT, Anschlussfähigkeit und Proprium von ›Diakonie‹. Zwischen Fachlichkeit, Ethik und Theologie, in: GuL 29 (2014), 44–61, 44 f.; im Anschluss SIGRIST, Diakoniewissenschaft, 65.

[74] Vgl. ZITT, Frage, 381.

[75] ALICE SALOMON, Zur Theorie des Helfens (1926), in: CAROLA KUHLMANN (Hg.), Geschichte Sozialer Arbeit II. Textbuch, Schwalbach 2008, 80–96, 80.84.96; vgl. zum Hinweis auf Salomon ZITT, Frage, 381; TREMMEL, Gesundheit, 383–385.389 f.

Empathisches leibliches Spüren ist für helfendes Handeln ebenso unerlässlich wie der achtsame Blick für die lebenskünstlerische Kompetenz der Menschen mit Hilfebedarf, Krisen zu meistern.

Zur Rezeption des Lebenskunstbegriffs in der Sozialen Arbeit sind beispielhaft *Jutta Jäger* und *Ralf Kuckhermann* anzuführen, die 2004 Lebenskunst als Grundbegriff im Zusammenhang von Ästhetik und Sozialer Arbeit sowie ästhetischer Praxis im gesellschaftlichen Kontext ins Spiel brachten.[76]

Michael Leupold wandte 2008 die philosophische Lebenskunst in Gestalt einer *Strebensethik in der Klinischen Sozialarbeit* an.[77]

Michael Tremmel bezog sich in seinem 2010 erschienenen Buch *Gesundheit und Gesundheitsförderung aus sozialpastoraler Perspektive* nicht nur auf den Begriff der Lebenskunst im Rekurs auf *Schmid*, sondern auch auf biblische Lebenskunst-Impulse:

> »Die soziale Arbeit hat also schon zu Beginn ihrer Theoriebildung die philosophische Tradition der ›ars vivendi‹ wiederbelebt und erkannt, welche Bedeutung die ›Kunst zu leben‹ für ihre Disziplin und Profession bekommen kann. Ein vielversprechendes Handwerkszeug bietet der Ansatz von W. Schmid, theoretische Elemente einer ›Philosophie der Lebenskunst‹ zu erarbeiten und damit ihre Aktualität zu begründen. [...] Schließlich, das legt diese Untersuchung nahe, kann eine Philosophie der Lebenskunst [...] von biblischen Lebenskunst-Impulsen durchaus profitieren.«[78]

Renate Zitt, die 2004 mit *Michael Schibilsky* den Lebenskunstbegriff im Blick auf den Konnex von Theologie und Diakonie ins Spiel brachte, bot 2011 zur Frage nach der Lebenskunst multiperspektivische Zugänge.[79] Dass die Frage der Le-

---

[76] Vgl. JUTTA JÄGER/RALF KUCKHERMANN, Ästhetik und Soziale Arbeit, in: DIES. (Hg.), Ästhetische Praxis in der Sozialen Arbeit. Wahrnehmung, Gestaltung und Kommunikation, Weinheim 2004, 11-81, 25 f.; DIES., Ästhetische Praxis im gesellschaftlichen Kontext, in: DIES. (Hg.), Praxis, 249-280, 257-259.

[77] MICHAEL LEUPOLD, Strebensethik in der Klinischen Sozialarbeit – eine programmatische Anwendung der Philosophischen Lebenskunst, Diss. Julius-Maximilians-Universität Würzburg 2008; vgl. zum Hinweis auf Leupold ZITT, Frage, 381.

[78] TREMMEL, Gesundheit, 385.387. Tremmel bezieht sich wiederholt auf SCHMID (vgl. nur a.a.O., 34.102-118.144.243-245.258.308 f.337.373-380.385-399). TREMMEL bietet in dem umfassenden Kapitel zu biblischen Impulsen zu Gesundheit und Gesundheitsförderung (vgl. a.a.O., 63-245) nur bei den alttestamentlichen Impulsen einen eigenen Abschnitt zur Lebenskunst (vgl. a.a.O., 102-118); vgl. zur Bezugnahme auf den Begriff der Lebenskunst bei den neutestamentlichen Impulsen beispielhaft a.a.O., 144.226 f.; vgl. zum Rekurs auf die alt- und neutestamentliche Lebenskunst jenseits des Kapitels zu den biblischen Impulsen nur a.a.O., 13-23.257 f.269 f.353-358-399.

[79] ZITT, Frage, 381-392.

benskunst Konjunktur hat, hängt damit zusammen, dass sie folgende Schlüsselfrage multidisziplinär anschlussfähig in den Fokus nimmt: »Wie können wir das Leben, unser Leben, mit all seinen Facetten, Begrenzungen und Gefährdungen bewältigen?«[80] Im Kontext der Deutung von Lebenskunst aus theologischer Perspektive fragen *Zitt* zufolge Theologie, Gemeindepädagogik und Diakonik danach, »welche Impulse aus den religiösen Traditionen in den gesellschaftlichen Herausforderungen für die Frage nach einem gelingenden Leben gewonnen werden können«[81]. Hier wäre eine Auseinandersetzung mit *Gunda Schneider-Flumes* Position wünschenswert gewesen, die sie in ihrem 2002 erschienenen Buch *Leben ist kostbar. Wider die Tyrannei des gelingenden Lebens* pointiert formulierte.[82] Ihre Frage lautet: »In welcher Weise kann die Geschichte des Gedenkens Gottes die Tyrannei des gelingenden Lebens, die sich im Identitätsprozess als Forderung der Herstellung eines ganzen, einheitlichen Lebensentwurfes äußert, heilsam eingrenzen?«[83] Sie gibt u. a. folgende Antwort: »Verstrickt in Gottes Geschichte entgehen Menschen der Tyrannei des gelingenden Lebens, denn alle Schritte, die gelingen, und alle, die nicht gelingen, sind umfangen von der Bewegung des Erbarmens.«[84] *Schneider-Flume* diskreditiert Gelingen nicht an sich: »Nichts ist einzuwenden gegen Erfolg und Gelingen. Einspruch erhoben werden muss aber gegen die Instrumentalisierung Gottes für Gelingen und Erfolg und gegen die damit verbundene Absolutsetzung von Gelingen als Gesamtperspektive.«[85] Entsprechend ist für *Henning Luther*, eine von *Schneider-Flumes* Bezugsgrößen, Leben als Fragment gerade aus christlicher Perspektive das Normale:

> »In jeder Begegnung mit anderen wird unsere Identität neu herausgefordert. Das Beharren auf einer sich gleichbleibenden Identität wird durch die Erfahrung der Differenz erschüttert. [...] Das eigentümlich Christliche scheint mir nun darin zu

---

[80] A.a.O., 381.
[81] A.a.O., 384; vgl. zur mehrfachen Verbindung der Suche nach der Lebenskunst mit dem Wunsch nach gelingendem Leben a.a.O., 382 f. 387–389.
[82] GUNDA SCHNEIDER-FLUME, Leben ist kostbar. Wider die Tyrannei des gelingenden Lebens, Göttingen ³2008; vgl. auch zum Mythos vom gelingenden Leben u.a. mit Bezug auf Schneider-Flume WOLFGANG DRECHSEL, Der lange Schatten des Mythos vom gelingenden Leben. Theologische Anmerkungen zur Angst vor der eigenen Endlichkeit und zur Frage der Seelsorge, in: PTh 95 (2006), 314–328.
[83] SCHNEIDER-FLUME, Leben, 52.
[84] A.a.O., 77.
[85] A.a.O., 116.

liegen, davor zu bewahren, die prinzipielle Fragmentarität von Ich-Identität zu leugnen oder zu verdrängen. Glauben hieße dann, als Fragment zu leben und leben zu können.«[86]

Auch wenn *Zitt* die Rede vom gelingenden Leben nicht problematisiert, ist sie sich der Verletzlichkeit des Lebens bewusst. Das zeigt ihr 2008 erschienener Beitrag *Hoffnung und Verletzlichkeit und Verantwortung. Theologisch-ethische Dimensionen und Multiperspektiven in der Sozialen Arbeit:*

> »Mit Grenzen leben zu lernen und trotzdem nicht die Visionen vom erfüllten Leben zu verlieren, sondern daran zu arbeiten, dass ein individuell, sozial und gesellschaftlich und im Einsatz für Menschenwürde, Solidarität und Gerechtigkeit gelingendes Leben möglich wird, ist auch ein Thema der Theologie. [...] Der theologische Blick sieht den Menschen und die Welt realistisch mit den Facetten der Brüchigkeit des Lebens und auch seiner möglichen destruktiven Strukturen. [...] Zum christlichen Ethos gehört es, sich der Verletzlichkeit des eigenen Lebens bewusst zu bleiben und sich der Verletzlichkeit einer fremden Biographie auszusetzen. [...] Gerade die Gebrochenheit der Existenz hat bei Gott ihren Ort.«[87]

Wie *Zitt* spricht auch *Ellen Eidt*, Diakoniewissenschaftlerin und leitende Mitarbeitende Diakonie der Berliner Stadtmission, in ihrem Beitrag *Diakonie als ›Hilfe zum Leben‹ oder als ›Lebenskunst‹?* von gelingendem Leben, ohne sich mit *Gunda Schneider-Flumes* Einspruch gegen die Tyrannei des gelingenden Lebens auseinanderzusetzen.[88] Eidt bezieht sich für die Verheißung Jesu eines gelingenden Lebens auf Joh 10,10 (»Ich bin gekommen, dass sie das Leben haben und volle Genüge.«).[89] *Eidt* fragt u. a. danach, was helfendes Handeln zu diakonischem

---

[86] HENNING LUTHER, Identität und Fragment. Praktisch-theologische Überlegungen zur Unabschließbarkeit von Bildungsprozessen, in: DERS., Religion, 160-182, 170.172; vgl. zum Bezug auf LUTHER SCHNEIDER-FLUME, Leben, 58-61; vgl. auch zum Scheitern als Grunddimension des Menschseins u. a. im Anschluss an Luther BOPP, Barmherzigkeit, 261-271; vgl. zu LUTHERS wegweisender Bedeutung KRISTIAN FECHTNER/CHRISTIAN MULIA, Einleitung, in: DIES. (Hg.), Henning Luther – Impulse für eine Praktische Theologie der Spätmoderne, Praktische Theologie heute 125, Stuttgart 2013, 7-10.

[87] RENATE ZITT, Hoffnung und Verletzlichkeit und Verantwortung. Theologisch-ethische Dimensionen und Multiperspektiven in der Sozialen Arbeit, in: RALF HOBURG (Hg.), Theologie der helfenden Berufe, Stuttgart 2008, 183-194, 183.185.189.191.

[88] Vgl. ELLEN EIDT, Diakonie als »Hilfe zum Leben« oder als »Lebenskunst«? Ein Beitrag zum Diskurs über den Gegenstandsbereich der Diakoniewissenschaft, in: BERNHARD MUTSCHLER/THOMAS HÖRNIG (Hg.), Was ist Diakoniewissenschaft? Wahrnehmungen zwischen Dienst, Dialog und Diversität, Leipzig 2018, 139-161, 140 f.151-158.

[89] Vgl. a. a. O., 142.151 f.

Handeln macht, ob es also ein Proprium diakonischer Arbeit gibt und wenn ja, welches.[90] Um diese Frage zu beantworten, stellen sich u. a. folgende Fragen: »Soll sich christliche Diakonie nur oder zumindest vor allem um die besonders Notleidenden und Ausgegrenzten kümmern? Gehören auch allgemein menschliche Bedürfnisse nach Gemeinschaft, Selbstentfaltung und Anerkennung durch andere zum Aufgabenbereich diakonischen Handelns?«[91]

Das Maslowsche Modell der dynamischen Hierarchie menschlicher Bedürfnisse adaptiert *Eidt* diakoniewissenschaftlich dergestalt, dass sie in Entsprechung ein dreigliedriges Diakonieverständnis entwickelt:[92]

(1) Diakonische Nothilfe – Hilfe zur Befriedigung existenzieller Grundbedürfnisse
(2) Diakonische Lebenshilfe – Unterstützung auf dem Weg sozialer Inklusion
(3) Diakonie als christliche Lebenskunst – gemeinsame Suche nach gelingendem Leben

Dabei handelt es nicht um eine statische Unterscheidung, sondern der Vollzug in der Praxis ereignet sich in wechselseitiger Bezogenheit und Durchdringung.[93]

Diakonisches Handeln kann als Beitrag zur Entfaltung christlicher Lebenskunst in Korrelation zur Transzendenzorientierung als höchster Ebene der menschlichen Bedürfnisse aufgrund der höchst individuellen Prozesse aus diakonischer Perspektive nur in co-konstruktiven Formen erfolgen – so *Eidt* im Anschluss an *Zitts* Konzept der »Lebensbewältigungskunst«.[94] Als Gegenstandsbereich der Diakoniewissenschaft erscheint somit Diakonie als Kommunikation des Evangeliums im Medium existenzieller Nothilfe, inklusionsorientierter Lebenshilfe und christlicher Lebenskunst.[95]

Damit entspricht dieses Modell *Schibiliskys* und *Zitts* Verständnis einer lebenszugewandten Theologie als Theorie der Lebenskunst. Sie »ist diakonische Theologie, weil sie methodisch gesprochen dort anfängt, wo Menschen bedürftig sind, Not leiden, materiell, physisch, psychisch, geistlich.«[96] Wie Eidt selbst mit dem Hinweis auf die reziproke Bezogenheit und Durchdringung andeutet, sollte diese Dreigliedrigkeit nicht linear-optimierend, sondern zyklisch-egalitär aufgefasst werden. Der Transzendenzbezug ist somit auch für alle drei Gestalten geltend zu machen. Der Bezug auf den dreieinen Gott ist für das göttliche Heil und das menschliche Wohl gegeben: »Eine Bezugnahme auf den Gott, der die Welt

---

[90] Vgl. a. a. O., 147–151.
[91] A. a. O., 151.
[92] Vgl. a. a. O., 151–158.
[93] Vgl. a. a. O., 153 f.
[94] Vgl. a. a. O., 158 (im Anschluss an ZITT, Frage, 383).
[95] Vgl. EIDT, Diakonie, 159 f.
[96] SCHIBILSKY/ZITT, Einleitung, 14.

erschaffen, die Welt und den Menschen in seiner Existenz *in* der Welt bejaht hat, kann schlechterdings nicht die Abwertung der existentiell-irdischen Lebenssorge nach sich ziehen – im Gegenteil: Sie schließt sie aus.«[97] Es wäre auch vor diesem Hintergrund zu überlegen, Lebenskunst als Klammerbegriff für alle drei notwendigen Erscheinungsformen zu verwenden mit der existenziellen Nothilfe als Überlebenskunst, der inklusionsorientierten Lebenshilfe als sozialer Lebenskunst, die – ebenso wie die christliche Lebenskunst – durch ihren jeweiligen Mitweltbezug dem möglichen Missverständnis einer individualistischen Engführung des Lebenskunstbegriffs vorbeugen. Insofern könnte von einer integrativen diakonischen Lebenskunst gesprochen werden, die das Individuum und die soziale Gemeinschaft bzw. die Mitwelt in ihrer wechselseitigen Relation berücksichtigt.[98] So will Lebenskunstbildung auch helfen, »miteinander auszukommen. Es geht darum, wesentliche soziale und emotionale Schlüsselkompetenzen zu fördern, Beziehungen, Liebe, Sexualität zu gestalten und die mit ihnen verbundenen Konflikte zu meistern.«[99] Im Bewusstsein der Endlichkeit und Gefährdung menschlichen Lebens bedeutet christliche Lebenskunst als Form von Christusnachfolge daher immer auch, sich in der Kunst des Zusammenlebens zu üben.[100] Lebenskunst ist daher unabdingbar mit der Kunst der Konvivenz korreliert.[101] Entsprechend ist es auch für eine bibel- und diakoniewissenschaft-

---

[97] HASLINGER, Diakonie, 430.
[98] Vgl. zur Beachtung individual- und sozialethischer Perspektiven bei der Frage nach der Lebenskunst ZITT, Frage, 384 (Zitt bezieht sich dabei auf ARTHUR RICH, Wirtschaftsethik. Grundlagen in theologischer Perspektive, Gütersloh ⁴1991; vgl. zur Individual- und Sozialethik a.a.O., 56–67); vgl. zur lebenskunstbezogenen Berücksichtigung der zu unterscheidenden, aber nicht zu scheidenden individuellen und kollektiven Dimension bzw. der Mikro-, Meso- und Makroebene auch TREMMEL, Gesundheit, 55 f.83 f.93.108. 111.115–118.128 f.163 f.172–175.180–182.188–190.197 f.215–217.221.231–245.247. 269–271.284–286.293.298–380; vgl. zur Beachtung der individualethischen, organisationsethischen und gesellschaftsethischen Ebene in einer Ethik des Sozialen HEINZ RÜEGGER/CHRISTOPH SIGRIST, Diakonie – eine Einführung. Zur theologischen Begründung helfenden Handelns, Zürich 2011, 192–194; nach WOLFGANG HUBER, Ethik. Die Grundfragen unseres Lebens von der Geburt bis zu unserem Tod, München ²2015, 286, ist im Kontext seines Ansatzes einer integrativen Ethik bei der Unterscheidung zwischen Individual- und Sozialethik zu bedenken, dass jedes wichtige ethische Problem eine personalethische, eine professionsethische und eine institutionsethische Seite hat: »Bei jeder komplexen ethischen Herausforderung geht es um persönliche Entscheidungen, um die Verantwortung für die persönliche Lebensführung.«
[99] BUBMANN, Religion, 185.
[100] Vgl. BUBMANN/SINN, Einleitung, 15–19; BUBMANN, Gemeindepädagogik, 107.114.
[101] Vgl. dazu im Kontext der Lektüre des 1Petr unter Berücksichtigung dieser Korrelation POPP, Kunst, 25–27; vgl. zur Bedeutung von Konvivenz aus biblischer Sicht für Soziale Arbeit und Diakonie auch DERS., Konvivenz und Kooperation, in: LANCKAU et al. (Hg.),

lich profilierte Anthropologie der Lebenskunst essenziell, dass der Mensch ein soziales bzw. konviviales Wesen ist.[102] So regt *Eidts* diakoniewissenschaftliche Adaption der Maslowschen Bedürfnispyramide dazu an, eine entsprechende Korrelation mit anderen Bedürfnismodellen zu konstruieren.[103] Dass die gemeinsame Suche nach sinnerfülltem Leben nur in co-konstruktiven Formen erfolgen kann, legt eine Verbindung zum ressourcenorientierten Empowerment-Konzept nahe.[104] Es zielt darauf, Menschen bei der Bewältigung kritischer Lebensereignisse durch die Stärkung der Selbst- und Sozialkompetenz zu helfen bzw. zu unterstützen, um so in, mit und unter allem Fragmentarischen das Geschenk eines erfüllten Lebens führen und formen zu können.[105] Entsprechend kann auch Seelsorge im Anschluss an *Michel Foucault* als Empowerment zur Selbstsorge verstanden werden.[106]

Unbefriedigend ist *Eidts* Bezug auf Joh 10,10 (s. 1.2.1) für die Verheißung Jesu eines gelingenden Lebens. Er selbst verkörpert göttliches Leben und setzt es ein bis zur Kulmination der freundschaftlichen Hingabe am Kreuz. So zeigt auch die johanneische Version der Jesus-Christus-Geschichte, dass Jesus als der exemplarische Mensch verstanden werden kann und somit auch die Fragmentarität seines Lebens exemplarisch ist:

Arbeitsbuch, 197-201; vgl. ferner zum konvivialen Miteinander im Rekurs auf das Alte und Neue Testament TREMMEL, Gesundheit, 81-84.224-227.398 f.

[102] Vgl. zum biblischen Bild des Menschen als Beziehungswesen nur JÜRGEN V. OORSCHOT, Ansätze biblischer Anthropologie, in: LANCKAU et al. (Hg.), Arbeitsbuch, 74-79; THOMAS POPP, Die Netzwerkperspektive aus theologischer Sicht, in: FLORIAN STRAUS et al., Die Netzwerkperspektive in der evangelischen Gemeindearbeit, Stuttgart 2021, 44-71, 54 f.68.

[103] Vgl. zu verschiedenen Bedürfnismodellen unter Einbeziehung der Maslowschen Bedürfnispyramide nur AL WECKERT, Gewaltfreie Kommunikation für Dummies, Weinheim ²2023, 73-80; vgl. zu den menschlichen Grundbedürfnissen aus theologischer Sicht nur HUBER, Ethik, 63-75.

[104] Vgl. zu diesem Konzept nur NORBERT HERRIGER, Empowerment in der Sozialen Arbeit. Eine Einführung, Stuttgart ⁶2020; TREMMEL, Gesundheit, 42-46.50-52.276-279.297 f. 310 f.337-346.

[105] ZITT, Frage, 384, formuliert es treffend so, ohne sich explizit auf den Empowerment-Begriff zu beziehen: »Der Beratende, der Helfende, der stellvertretend Lebensdeutende, der/die Professionelle kann [...] immer nur Hilfestellungen und Angebote machen. Er/sie weiß nicht die Lösung, sondern begleitet und unterstützt einen Weg, beziehungsweise macht Mittel und Ressourcen zugänglich, auf die der Adressat/die Adressatin ein Verwirklichungsrecht für ein Leben in Würde hat.«

[106] Vgl. HERMANN STEINKAMP, Die sanfte Macht der Hirten. Die Bedeutung Michel Foucaults für die Praktische Theologie, Mainz 1999, 107-109; SCHIEDER, Seelsorge, 377-389; zum Stichwort »Empowerment« vgl. a.a.O., 387: »Nicht den Tod des Subjektes intendierte Foucault, sondern - um einen Anglizismus zu gebrauchen - sein *Empowerment*.«

> »Durch die gewaltsame Kreuzigung ist Jesu Leben konstitutiv als fragmentarisches zu sehen [...] Ostern korrigiert nicht Karfreitag, sondern bewahrt ihn, indem es die Sicht auf Karfreitag neu macht. Im Glauben an Kreuz und Auferstehung erweist sich, dass Jesus nicht insofern exemplarischer Mensch ist, als er eine gelungene Ich-Identität vorgelebt hätte [...], sondern insofern exemplarischer Mensch, als in seinem Leben und Tod das Annehmen von Fragmentarität exemplarisch verwirklicht und ermöglicht ist.«[107]

Aufs Ganze gesehen ist *Eidts* dreigliedriges Diakonieverständnis sehr anregend. Darauf bezieht sich auch *Christoph Sigrist* in seinem 2020 publizierten Buch *Diakoniewissenschaft*, um es mit seinem eigenen Ansatz einer Kunstlehre des Helfens zu verknüpfen: »Diakonie kann aus dem Eidtschen Modell heraus als Nothilfe, Lebenshilfe und christlich geprägte Lebenskunst interpretiert werden. Die Diakoniewissenschaft beschäftigt sich als Kunstlehre des Helfens also mit den Grund-, Wachstums- und Transzendenzbedürfnissen des Menschen.«[108] *Sigrists* kompaktes Kompendium elaboriert auf luzide Weise

> »Grundlagen und wichtige Entwicklungen der Diakoniewissenschaft in ihrer systematischen Begründung als Kunstlehre des Helfens. [...] Erstens ist für diese ›Kunstlehre des Helfens‹ die Natur des Helfens der Ausgangspunkt. [...] Zweitens drückt der Begriff der ›Kunstlehre des Helfens‹ aus, dass das Verhältnis zwischen Hilfesuchendem und Hilfeleistendem in seinen Grundzügen als künstlerischer Akt verstanden wird. Das schöpferische und kreative Potential dieses künstlerischen Akts des Helfens wird in der [...] Erzählung des barmherzigen Samariters [...] wunderbar zum Ausdruck gebracht (Lk 10,25-37).«[109]

2. Die Inszenierung des Doppelgebots der Liebe (Lk 10,25–42) aus bibel- und diakoniewissenschaftlicher Lebenskunstperspektive

Die theologisch-ethisch beziehungsreiche Erzählung vom barmherzig handelnden Samariter (Lk 10,25-37) ist im Konnex mit der Erzählung von Martha und Maria (Lk 10,38-42) ein Paradebeispiel für eine diakonische Bibelhermeneutik.[110] Wegweisend war *Gerd Theißens* in mehreren Publikationen erschienener

---

[107] LUTHER, Identität, 173.
[108] SIGRIST, Diakoniewissenschaft, 23; vgl. auch zum Bezug auf den Begriff der Lebenskunst a.a.O., 130.
[109] A.a.O., 11f.
[110] FRANÇOIS BOVON, Das Evangelium nach Lukas. Bd. 2: Lk 9,51-14,35, EKK 3.2, Zürich 1996, 81, weist auf die Problematik der Bezeichnung »Barmherziger Samariter« hin, weil

und vielfach zitierter Beitrag »*Die Legitimitätskrise des Helfens und der barmherzige Samariter. Ein Versuch, die Bibel diakonisch zu lesen*«.[111] Lk 10,25-42 ist zugleich ein Paradebeispiel für Diakonie auch als Lebenskunst, wie die Auslegung sowie die Korrelation mit *Ellen Eidts* dreigliedrigem Diakonieverständnis im Anschluss anzudeuten versucht.

2.1 Der barmherzig handelnde Samariter (Lk 10,25–37) – Lebenskunst der Mit-, Für- und Selbstsorge

Lk 10,25-37 ist einer der neutestamentlichen diakonischen Großtexte.[112] Diese Erzählung ist der erste Teil der kunstvollen Komposition 10,25-42. Das Doppelgebot der Liebe wird in Gestalt der Nächstenliebe in 10,25-37 sowie in Gestalt der Gottesliebe in 10,38-42 ausgelegt. Nächsten- und Gottesliebe bilden eine untrennbare Einheit.

---

so die Parabel auf eine moralische Lektion reduziert wird, wohingegen es auf die Handlung des Samariters ankommt. Deshalb spreche ich vom barmherzig handelnden Samariter – in dem Bewusstsein, dass seine Handlung mit seiner zugewandt-mitfühlenden Haltung zu tun hat.

[111] Erschienen in GERHARD RÖCKLE (Hg.), Diakonische Kirche. Sendung – Dienst – Leitung. Versuche einer theologischen Orientierung, Neukirchen-Vluyn 1990, 46-76 (vgl. dazu auch die Stellungnahmen a.a.O., 109-124); GERHARD K. SCHÄFER/THEODOR STROHM (Hg.), Diakonie – biblische Grundlagen und Orientierungen. Ein Arbeitsbuch, Veröffentlichungen des Diakoniewissenschaftlichen Instituts an der Universität Heidelberg 2, Heidelberg ³1998, 376-401; VOLKER HERRMANN/MARTIN HORSTMANN, Studienbuch Diakonik. Bd. 1: biblische, historische und theologische Zugänge zur Diakonie, Neukirchen-Vluyn ²2008, 88-116; GERD THEISSEN, Polyphones Verstehen. Entwürfe zur Bibelhermeneutik, BVB 23, Münster 2014, 295-321.

[112] Vgl. zur folgenden diakonischen Auslegung HERBERT HASLINGER, Diakonie. Grundlagen für die soziale Arbeit der Kirche, Paderborn 2009, 237-262.378-382 (vgl. zu Lk 10,25-37 als diakonischer Großerzählung a.a.O., 237.242.260); KLAUS SCHOLTISSEK, Barmherzige und hörende Liebe (Lk 10,25-42), in: LANCKAU et al. (Hg.), Arbeitsbuch, 271-274; DERS., Doppelgebot, 127-158; vgl. zur diakonischen Auslegung von Lk 10,30-35 auch MIRJAM und RUBEN ZIMMERMANN, Der barmherzige Wirt. Das ›Samariter-Gleichnis‹ (Lk 10,25-37) und die Diakonie, in: ARND GÖTZELMANN (Hg.), Diakonische Kirche – Anstöße zur Gemeindeentwicklung und Kirchenreform (FS Theodor Strohm), Veröffentlichungen des Diakoniewissenschaftlichen Instituts an der Universität Heidelberg 17, Heidelberg 2003, 44-58; RUBEN ZIMMERMANN, Berührende Liebe (Der barmherzige Samariter) – Lk 10,30-35, in: DERS. (Hg.), Kompendium der Gleichnisse Jesu, Gütersloh 2007, 538-555, 551-553; DERS., Die Etho-Poietik des Samaritergleichnisses (Lk 10,25-37). Eine Ethik des Schauens in einer Kultur des Wegschauens, in: Wort und Dienst 29 (2007), 51-69, 64-67.

Den Beginn der theologischen Einleitung bildet die Schlüsselfrage nach dem Leben. Der Rechtsgelehrte fragt, was er zu tun hat, »um das ewige Leben zu erben« (10,25).[113] Damit stellt er »die Frage nach den Wegen des Lebens, die der Schüler von seinem Lehrer in Wort und Tat zu lernen trachtet.«[114] Es geht dabei nicht nur um den Sinn des irdischen Lebens, sondern auch um dessen Vollendung in der göttlichen Ewigkeit.[115] Jesus antwortet mit einer doppelten Gegenfrage, die den Fragesteller auf die Lektüre der Tora verweist (10,26). Die von Jesus gewählte »dialogische Strategie, seinen Gesprächspartner durch didaktische Fragen zur aktuellen Einsicht in virtuell bereits Gewusstes zu führen, erinnert an die sokratische Technik der *Mäeutik*, die dialektische ›Hebammenkunst‹, die darin besteht, Erkenntnis von Wahrheit als in jedem Menschen angelegte Möglichkeit der Einsicht zu wecken.«[116] Die Rechnung geht auf: Der Toralehrer zitiert in seiner gelehrten Antwort das Gebot der Gottesliebe Dtn 6,5 und das Gebot der Nächstenliebe Lev 19,18 (Lk 10,27).[117] Jesus beurteilt diese Kombinationsarbeit der Schriftauslegung als adäquat.[118] Entsprechend weis er ihn an (10,28): »tu das, so wirst du leben.« Der Fragesteller sieht sich dadurch infrage gestellt und rechtfertigt sich, indem er auf die theoretische Ebene einer ethischen Grundfrage geht (10,29): »Wer ist denn mein Nächster?«

Auf diese Frage antwortet Jesus, indem er in Form einer erfundenen Miniaturerzählung ins Medium des Narrativen wechselt und sehr lebenspraktisch wird (10,30–35). Hier »liegt ein Musterfall lukanischer narrativer Theologie

---

[113] RAINER DILLMANN/CÉSAR MORA PAZ, Das Lukasevangelium. Ein Kommentar für die Praxis, Stuttgart 2000, 214, weisen darauf hin, dass die Frage nach dem Leben am Ende des lukanischen Reiseberichtes noch einmal aufgegriffen wird (Lk 18,18–30): »Dort mündet Jesu Antwort in die Forderung nach Verzicht auf Besitz und Reichtum und in den Ruf zur Nachfolge.«

[114] A.a.O., 215; vgl. auch a.a.O., 217: Diese Frage »ist zugleich eine zentrale Frage christlichen Lebens und Handelns.«

[115] Vgl. THOMAS SÖDING, Nächstenliebe. Gottes Gebot als Verheißung und Anspruch, Freiburg i. Br. 2015, 131 f.

[116] KARL LÖNING, Das Geschichtswerk des Lukas. Bd. 2: Der Weg Jesu, Stuttgart 2006, 45; vgl. zu diesem sokratischen Stil auch SÖDING, Nächstenliebe, 130.

[117] SCHMID, Umgang, 120, nimmt aus Lebenskunstperspektive auf die mit dem Gebot der Nächstenliebe verbundene Selbstliebe Bezug: »Gibt es nicht sogar im Christentum, der Religion der Liebe, diesen Satz, den alle kennen und doch wenige ernst nehmen: ›Liebe deinen Nächsten wie dich selbst‹ (*agapēseis ton plēsíon sou hōs seautón*, Matthäus 19,19 und 22,39; Lukas 10,27; zurückgehend auf 3. Mose 19,18)?« Vgl. zum Konnex von Nächsten- und Selbstliebe auch HASLINGER, Grundlagen, 243 f.; POPP, Selbstsorge, 246 f.

[118] Vgl. DETLEF DORMEYER, Die Parabel vom barmherzigen Samariter Lk 10,25–37 oder die Kunst, dem anderen zum Nächsten zu werden. Erzählen und interaktionales Lesen als katechetische Arbeitsweisen der Bibel, in: FRANZ-PETER TEBARTZ-VAN ELST (Hg.), Katechese im Umbruch (FS Dieter Emeis), Freiburg i. Br. 1998, 100–116, 105.

vor.«[119] Die ethische Urteilsbildung des Fragestellers bzw. der Lesenden wird somit durch eine narrative Ethik stimuliert.[120] Die Samariterparabel weist jeden Menschen, der in einer Notlage ist, als den aus, dem die Nächstenliebe sofort zu gelten hat.

Ausschlaggebend für das helfende Handeln ist allein die akute Not des Menschen (ἄνθρωπος) in all seiner Bedürftigkeit, den die Räuber überfielen und nackt und halbtot liegenließen (10,30).[121] Die Sinnlinie »Leben« (10,25.28) findet hier durch semantische Oppositionsbildung ihre Fortführung. Es geht um Leben und Tod.[122]

Besondere Beachtung verdienen die ästhetisch-leibsprachlichen Aspekte: Zwei religiös-kultische Fachleute, ein Priester und ein Levit, versagen, indem sie zwar den sich in Todessituation befindenden Hilfebedürftigen sehen (ἰδών), sich aber nicht affektiv betreffen lassen: »Sie lassen keine Mitleidsgefühle aufkommen. Sie sind vom Gefühl abgeschnittene, einsame Gestalten.«[123] Sie übersehen den Halbtoten nicht unbedacht, sondern unterlassen die Hilfe, indem sie bewusst ausweichen (10,31 f.). Im Kontrast dazu ereignet sich durch einen Samariter überraschende Hilfe.[124] In einer Kultur des Wegschauens steht er für eine Ethik des Schauens.[125] Er sieht den Halbtoten und wird von Mitleid ergriffen (καὶ ἰδὼν ἐσπλαγχνίσθη 10,33).[126] Sein Mitleiden-Können wird »zum narrativen Wende-

---

[119] A.a.O., 110; vgl. auch a.a.O., 115: »Die narrative und theologische Leistung des Lukas besteht darin, dass er die große Frage nach dem Sinn des Lebens und seiner Verlängerung zu einem ewigen Leben zu einer kleinen Geschichte mit einer kleinen, konkreten Frage transformiert.«

[120] Vgl. RUBEN ZIMMERMANN, Ansätze biblischer Ethik, in: LANCKAU et al. (Hg.), Arbeitsbuch, 86–90, 86; vgl. auch zu den Perspektiven narrativer Ethik aus der biblischen Tradition mit Bezug auf Lk 10,25–37 ZITT, Frage, 382.387 f.

[121] Vgl. ZIMMERMANN, Liebe, 551; SCHOLTISSEK, Liebe, 271 f.; DERS., Doppelgebot, 139; vgl. zu den Räubern unter dem Aspekt »der Systemcharakter von Not und Notbearbeitung« HASLINGER, Grundlagen, 255 f.

[122] Vgl. LÖNING, Geschichtswerk, 47.

[123] DORMEYER, Kunst, 113; vgl. zu Priester und Levit unter dem Aspekt der »Normalität des Ausweichens« HASLINGER, Grundlagen, 257 f.

[124] Vgl. zum Aspekt der überraschenden Hilfe WILFRIED ECKEY, Das Lukasevangelium. Unter Berücksichtigung seiner Parallelen. Teilband 1: Lk 1,1–10,42, Neukirchen-Vluyn ²2006, 489 f.

[125] Vgl. dazu ZIMMERMANN, Etho-Poietik, 51–69.

[126] Vgl. zum Mitleidsmotiv in Lk 10,33 BOVON, Lukas, 90; TREMMEL, Gesundheit, 206.225; ZIMMERMANN, Liebe, 539.549; SCHOLTISSEK, Doppelgebot, 141; SCHNELLE, Theologie, 474; BOPP, Barmherzigkeit, 118 f.228–230; MICHAEL WOLTER, Das Lukasevangelium, HNT 5, Tübingen 2008, 275.396 f.535; KLAAS HUIZING, Lukas malt Christus. Ein literarisches Porträt, Düsseldorf 1996, 87.97; DERS., Scham und Ehre. Eine theologische Ethik, Gütersloh 2016, 105 f.; vgl. zum Affiziertwerden bzw. eigenleiblichen Spüren im Anschluss

punkt der Parabel, wie auch zum entscheidenden Schlüssel im Verständnis des Nächsten und der Ethik überhaupt.«[127] »Ewiges Leben« (10,25) wird bereits anfanghaft in diesem Leben Wirklichkeit, indem der Samariter vom hilfsbedürftigen Anderen als Nächster affiziert wird und sein Mitleid durch konkretes Tun Gestalt annimmt.[128] Aus dem diakonischen Sehen und Gefühl wird absichtsloses helfendes Handeln.[129] Der Samariter unterbricht seinen Weg, leistet sofort erste Hilfe, indem er die Wunden mit Öl und Wein begießt und sie verbindet, um dann den lebensgefährlich Verwundeten in eine Herberge zu bringen, ihn dort zu pflegen und pflegen zu lassen (10,34 f.). Sein Sehsinn wird gewissermaßen durch sein Mitleiden-Können affektiv geschärft – mit unmittelbaren pragmatischen Konsequenzen: Er zeigt die Lebenskunst, mit Sensibilität klug und umsichtig zu handeln, situationsangemessen das Notwendige zu tun.[130] Ästhetik und Ethik bilden ausgerechnet bei dem kulturell und religiös ausgegrenzten Samariter eine vorbildliche Einheit.[131] Ethik erscheint im Gewand der Ästhetik.[132] Die Sinnlichkeit, Empfindsamkeit und Handlungsfähigkeit des Samariters in Gestalt einer Geste der Solidarität sind nicht gestört.[133] Er steht somit auf der Ebene der Erzählzeit für die Lesenden auch modellhaft für eine christliche Wahrnehmungs- und Lebenskunst.[134] Er ist ein Meister in der Kunst, dem Anderen zum Nächsten zu werden.[135] Im Kontrast zu Priester und Levit sieht er nicht nur die Not, er spürt sie leiblich, lässt sich von dem Anblick des Notleidenden durch leibliches Spüren affizieren, um dann wiederum leiblich-sinnlich helfend bzw. heilend zu handeln. Der Samariter ist durch den nicht geplanten, sondern kontingenten Anblick des

---

an HERMANN SCHMITZ (in Auswahl) DERS., Theologie, 6-28.94f.202-208.222f.234f. 246f.259f.284-290; DERS., Scham, 49-51.

[127] ZIMMERMANN, Liebe, 549.
[128] Vgl. DORMEYER, Kunst, 113.
[129] Vgl. zur Dimension des diakonischen Sehens ZIMMERMANN, Wirt, 54; BOPP, Barmherzigkeit, 227-230; vgl. zur absichtslosen Haltung des Samariters HASLINGER, Grundlagen, 253.
[130] Vgl. DILLMANN/MORA PAZ, Lukasevangelium, 216.
[131] Vgl. zum marginalen Status des Samariters MARTINA BÖHM, Samarien und die Samaritai bei Lukas. Eine Studie zum religionshistorischen und traditionsgeschichtlichen Hintergrund der lukanischen Samarientexte und zu deren topographischer Verhaftung, WUNT II/111, Tübingen 1999, 100.239-260; THEIßEN, Bibel (²2008), 101 f.; HASLINGER, Grundlagen, 258 f.; ZIMMERMANN, Liebe, 545.
[132] Vgl. ZIMMERMANN, Etho-Poietik, 68.
[133] Vgl. HUIZING, Theologie, 203-206.
[134] Für HUIZING, a.a.O., 16, ist das Christentum insgesamt »anfänglich eine schriftvermittelte Wahrnehmungs- und Lebenskunst.«
[135] Vgl. zu dieser Kunst eindrucksvoll DORMEYER, Parabel, 100-116.

verwundeten Menschen in seinem Innersten berührt.[136] Die Schönheit seines Helfens zeigt sich gerade darin, dass er den Menschen in seiner geschunden am Boden liegenden Existenz wahrnimmt. Durch das Bauchgefühl der Barmherzigkeit wird beim Samariter eine Reaktion ausgelöst, die diesen Menschen an die erste Stelle setzt. Indem sich der Samariter bei seinem Sehen von Mitleid ergreifen lässt, entsteht eine berührende Beziehung zwischen dem Verwundeten und ihm, von Mensch zu Mensch:

> »Der verletzliche Leib des einen weckt das aufmerksame Herz des andern. Die sichtbaren Zeichen der Not bewegen buchstäblich die Eingeweide, erfüllen den Samariter mit Fürsorglichkeit. [...] Der Samariter erkennt die Situation, er begibt sich solidarisch auf die Seite des Verwundeten, leidet mit ihm und unternimmt Schritte, die ihm Erleichterung bringen sollen.«[137]

Er verbindet, transportiert und beherbergt ihn.[138] Aus dem achtsamen sinnlichen Wahrnehmen des Geschundenen wird beherztes Hilfehandeln, das wiederum sinnlich ist, »mit Öl und Wein« (10,34) unter die Haut geht.[139] Es ist ein Handeln gefragt, das religiöse und kulturelle Barrieren überwindet und sich absichtslos ausschließlich am konkreten Wohl des Anderen orientiert.[140] Somit stehen sich Modelle unangemessenen (10,25.29.31 f.) und angemessenen (10,33–35) Verhaltens produktions- und rezeptionsästhetisch wirkungsvoll gegenüber.

Durch die Abfolge ›Sehen – von Mitleid ergriffen werden‹ stellt Lukas mit seiner kreativen Sprachkunst für die mit seinem ganzen Evangelium vertrauten Lesenden makrokontextuell eine Verbindung zu 7,13 und 15,20 her: In 7,13 ist es Jesus, der die weinende Witwe sieht und von Mitleid ergriffen wird (καὶ ἰδὼν αὐτὴν ὁ κύριος ἐσπλαγχνίσθη ἐπ' αὐτῇ). In 15,20 bezieht sich das Sehen und die empathisch-erbarmende Ergriffenheit in der Parabel vom verlorenen Sohn auf den Vater (εἶδεν αὐτὸν ὁ πατὴρ αὐτοῦ καὶ ἐσπλαγχνίσθη).[141] Wie in 10,33 ist

---

[136] Vgl. zur Unvorhersehbarkeit HUIZING, Theologie, 202; CHARLES TAYLOR, Vorwort, in: IVAN ILLICH, In den Flüssen nördlich der Zukunft. Letzte Gespräche über Religion und Gesellschaft mit David Cayley, München 2006, 9–14, 12; DERS., Ein säkulares Zeitalter, Berlin 2012, 1227 f.; vgl. dazu POPP, Netzwerkperspektive, 48 f.
[137] BOVON, Lukas, 90.
[138] Vgl. zu dieser Dreizahl a.a.O., 91.
[139] Vgl. zur Behandlung der Wunden des Überfallenen ROGER D. AUS, Weihnachtsgeschichte – Barmherziger Samariter – Verlorener Sohn. Studien zu ihrem jüdischen Hintergrund, ANTZ 2, Berlin 1988, 103–106; WOLTER, Lukasevangelium, 397.
[140] Vgl. SCHNELLE, Jahre, 489.
[141] Vgl. zu dieser Sinnlinie DORMEYER, Kunst, 108 f.; JOACHIM THEIS, Biblische Texte verstehen lernen. Eine bibeldidaktische Studie mit einer empirischen Untersuchung zum

das leibsprachliche Verb σπλαγχνίζομαι als Schlüsselvokabel anzusehen.[142] Wie in 10,33–35 resultiert auch in diesen beiden Erzählungen aus dem Wahrnehmen und Ergriffensein eine erbarmend-heilende Zuwendung (7,14 f.; 15,20–24). Im Kontext dieser beiden Erzählungen gelesen, bekommt die ethische Erzählung 10,30–35 auch eine christologische (7,13) und theologische (15,20) Dimension, die der Rahmenerzählung 10,25–29.36 f. entspricht. Theologie bzw. Christologie und Ethik bzw. Diakonie bilden so eine kompositionell brillante Einheit.[143] Diese kontextuelle theologische bzw. christologische Bedeutungsdimension der ethischen Erzählung wird dadurch grundgelegt, dass die durch das Verb σπλαγχνίζομαι konstituierte Sinnlinie ihre Wortstamm-Basisaussage in 1,77–78a hat: Das Kommen Jesu zielt darauf, dem Volk Gottes »Erkenntnis des Heils zu geben durch die Vergebung ihrer Sünden auf Grund der mitleidsvollen Barmherzigkeit unseres Gottes (διὰ σπλάγχνα ἐλέους θεοῦ ἡμῶν)«. Das Lexem σπλάγχνα bedeutet wörtlich ›Eingeweide/innere Organe/Herz‹ und steht metaphorisch für menschliche Emotionalität, herzliches Verlangen, häufig gebraucht im Sinne von Erbarmen und Mitleid.[144] Im Mikro- und Makrokontext von 10,30–35 wird helfendes menschliches Handeln als Gestaltwerdung der barmherzigen göttlichen Liebe deutbar.

Dieses Handeln ereignet sich in einem Netzwerk der Agape.[145] Es führt vor Augen: Persönliches empathisches Ergriffensein und delegierende Übergabe sind kein Widerspruch, sondern sind zusammenzudenken.[146] Auf die sofortige, mit Sorgfalt praktizierte Erste Hilfe folgt die Delegation an den professionellen Wirt, der für sein Hilfehandeln bezahlt wird. Der Samariter macht also die Rechnung nicht ohne den Wirt, sondern beauftragt ihn am nächsten Tag mit der Weiterführung der Pflege bis zu dessen Wiederkunft (10,35).[147] Ihn charakteri-

---

Gleichnis vom barmherzigen Samariter, Praktische Theologie heute 64, Stuttgart 2005, 134.

[142] Vgl. zu σπλαγχνίζομαι als Schlüsselwort Huizing, Lukas, 97.

[143] Vgl. zu dieser Einheit ohne Rekurs auf die kontextuellen Bezüge Rudolf Hoppe, Von der Grenzenlosigkeit christlichen Helfens. Überlegungen zum Gleichnis vom barmherzigen Samariter (Lk 10,25–37), in: Barbara Haslbeck/Jörn Günther (Hg.), Wer hilft, wird ein anderer. Zur Provokation christlichen Helfens (FS Isidor Baumgartner), Diakonik 4, Berlin 2006, 25–33, 33: »Das ist die Messlatte, die als Prüfstein für Theologie und Kirche auch heute zu gelten hat.«

[144] Vgl. Wolter, Lukasevangelium, 116; Nikolaus Walter, Art. σπλάγχνον, EWNT² 3, 1992, 635 f.; Bopp, Barmherzigkeit, 118 f.; Haslinger, Grundlagen, 259.378.

[145] Vgl. Popp, Netzwerkperspektive, 49.60 f.67–69; vgl. auch zu Lukas als einem Theologen der Beziehungen im Blick auf Lk 10,25–42 Bovon, Lukas, 82.

[146] Vgl. Zimmermann, Liebe, 552 f.

[147] Vgl. zur Auslegung von Lk 10,30–35 unter besonderer Berücksichtigung des Wirtes Zimmermann, Wirt, 44–58; Zimmermann, Liebe, 551–553; ders., Etho-Poietik, 64–67;

siert eine inklusorische Haltung: Er bezieht den Helfer aus dem Profitbereich bewusst in das Netzwerk des helfenden Handelns ein. Das wird semantisch signalisiert, indem das pflegende bzw. sorgende Handeln des Samariters und des Wirtes im planvollen sprachlichen Netzwerk des Lukasevangeliums mit demselben Verb ›pflegen‹ pointiert wird (ἐπιμελέομαι 10,34 f.).[148] Der Wirt ist also keineswegs nur ein Statist, sondern ihm kommt im Zusammenspiel mit dem Samariter eine tragende Rolle zu, auch wenn der Fokus auf dem Wohl des Verletzten liegt und nicht auf der helfenden Person oder der – in der hellenistisch-römischen Antike in keinem guten Ruf stehenden – Institution der gewerblichen Wirtsherberge.[149] Mit dem Modell der Salutogenese gedeutet, lebt der Samariter gesund, weil bei ihm Hingabe und Sorge für sich selbst Hand in Hand gehen.[150] Er ist ein Meister in der Kunst der Für-, Mit- und Selbstsorge: Er leidet mit, hilft, bringt in Sicherheit, sorgt, lässt los und evaluiert.[151] Durch die Kooperation mit dem Wirt liegt auf vorbildliche Weise eine Verbindung von Individual- und So-

---

vgl. zur Vernachlässigung der Herbergsszene in der exegetischen Diskussion und deren Aufnahme in Diakonie und Diakoniewissenschaft ZIMMERMANN, Wirt, 44 f.52.57 f.; ZIMMERMANN, Liebe, 551 f.; vgl. zur angemessenen Beachtung des Wirtes auch HASLINGER, Grundlagen, 261 f.; RÜEGGER/SIGRIST, Diakonie, 68; SCHOLTISSEK, Liebe, 272 f.; DERS., Doppelgebot, 142.146; ANNI HENTSCHEL, Begründungsansätze helfenden Handelns, in: LANCKAU et al. (Hg.), Arbeitsbuch, 91–96, 94; MARKUS LEHNER, Konkretion: Diakonie-Institutionen, in: HERBERT HASLINGER et al. (Hg.), Handbuch Praktische Theologie. Bd. 2, Mainz 2000, 410–421, 410 f.; BEATE HOFMANN, Grundlagen diakonischer Unternehmenskultur, in: DIES., Diakonische Unternehmenskultur. Handbuch für Führungskräfte, Diakonie 2, Stuttgart ²2010, 14–36, 22 f.; RAINER HINZEN, Was ist diakonisch an der Diakonie? Überlegungen zur Frage nach der diakonischen Identität, in: Deutsches Pfarrerblatt 113 (2013), 381–385, 382; GRÜN/WU, Buch, 17–22; POPP, Netzwerkperspektive, 60 f.; DERS., Konvivenz (siehe bereits Anm. 101), 199; TRAUGOTT ROSER, Spiritual Care: Der Wirt in seiner institutionellen und ökonomischen Herausforderung, in: ARNDT BÜSSING et al. (Hg.), Dem Gutes tun, der leidet. Hilfe kranker Menschen – interdisziplinär betrachtet, Berlin 2015, 163–165.

[148] Vgl. BOVON, Lukas, 91; HASLINGER, Grundlagen, 261; ZIMMERMANN, Wirt, 48; DERS., Liebe, 539 f.; POPP, Netzwerkperspektive, 60; SCHOLTISSEK, Liebe, 273.

[149] Vgl. ZIMMERMANN, Wirt, 48 f.52–54; ZIMMERMANN, Liebe, 539.545 f.551–553; im Anschluss POPP, Netzwerkperspektive, 60 f.; vgl. zum Wirt lediglich als Statist WOLTER, Lukasevangelium, 395; vgl. zur Unterbelichtung der Bedeutung des Wirtes exemplarisch die Auslegungen von LUISE SCHOTTROFF, Die Gleichnisse Jesu, Gütersloh 2005, 167–176; SÖDING, Nächstenliebe, 129–144.

[150] Vgl. dazu CHRISTOPH JACOBS, Mit der ganzen Person: Billiger geht es nicht! – Salutogenese für Menschen in helfenden Berufen, in: BÜSSING et al. (Hg.), Hilfe, 95–100; im Anschluss GRÜN/WU, Buch, 21 f.

[151] Nach HASLINGER, Grundlagen, 259, sind es fünf Akte: »*mitleiden, retten, in Sicherheit bringen, sorgen, loslassen.*«

zialethik, von Situationsethik und institutioneller Absicherung vor, die durch die Balance von Nähe und Distanz auch einer Selbstausbeutung der Helfenden vorbeugt:

> »So darf die Parabel nicht auf einen Appell an die individuelle Gewissensethik begrenzt werden, sondern führt von vornherein in einen sozialethischen Horizont. Indem das Hilfehandeln erst in einer delegierten, institutionell abgesicherten Hilfe zum Ziel kommt, könnte man – auf gegenwärtige Kontexte übertragen – hier zugleich einen Impuls für eine diakonische Ethik erkennen. [...] Entsprechend könnte eine diakonische Lesart des Samaritergleichnisses die Notwendigkeit der Rückbindung von Individualhilfe und Subsidiarität an kirchliche und öffentliche Einrichtungen ins Bewusstsein rufen.«[152]

Jesus verankert die universale Verpflichtung zur Nächstenliebe mit dem Vorrang auf der anerkennenden Zuwendung zu notleidenden Menschen in der im Schlussdialog der beiden Lehrer vorgenommenen Rollenumkehrung (10,36 f.).[153] In dieser »Auslegung des Gebotes der Nächstenliebe durch Jesus ist der ›Nächste‹ nicht mehr das Objekt der liebenden Fürsorge, den es näher zu klassifizieren gilt. Vielmehr ist Subjekt des Handelns, wer durch sein konkretes Tun einem anderen, genauerhin: jedem anderen Menschen zum ›Nächsten‹ werden kann (oder eben nicht).«[154]

In Entsprechung zum Auftakt in 10,25–29 stellt Jesus erneut eine Frage (10,36; vgl. 10,26), die vom Rechtskundigen wiederum mit einem wesentlichen Erkenntnisgewinn richtig beantwortet wird (10,37; vgl. 10,27). Er bringt das mitfühlende helfende Handeln des Samariters mit ›Barmherzigkeit tun‹ auf den Begriff.[155] Das Wort ›Barmherzigkeit‹ (ἔλεος) verwendet Lukas konzentriert am Anfang in den Hymnen der Kindheitsgeschichte Jesu und deren Mikrokontext (1,50.54.58.72.78).[156]

---

[152] ZIMMERMANN, Liebe, 553; vgl. auch ZIMMERMANN, Wirt, 56–58; Haslinger, Grundlagen, 261 f.380 f.; RÜEGGER/SIGRIST, Diakonie, 68; SCHOLTISSEK, Liebe, 272 f.

[153] Vgl. zur universalen Ausrichtung nur GERD THEIßEN, Universales Hilfsethos im Neuen Testament? Mt 25,31–46 und Lk 10,25–37 und das christliche Verständnis des Helfens, in: GuL 15 (2000), 22–37, 32–37; DERS., Bibel (^{2}2008), 94–116; HASLINGER, Grundlagen, 242 f.246.381 f.; SCHOLTISSEK, Diakonie, 145 f.; vgl. zur universalen Solidarität als grundlegender Zielbestimmung der Barmherzigkeit BOPP, Barmherzigkeit, 280–289.

[154] SCHOLTISSEK, Liebe, 272; vgl. zu diesem Logikwechsel auch HASLINGER, Grundlagen, 252–254.

[155] Vgl. LÖNING, Geschichtswerk, 46 f.

[156] Vgl. a. a. O., 49 f.; FERDINAND STAUDINGER, Art. ἔλεος, EWNT^2 1, 1992, 1046–1052, 1049.

Die Wendung διὰ σπλάγχνα ἐλέους θεοῦ ἡμῶν (1,78) bereitet die Korrespondenz von 10,33.37 auf feinsinnige Weise literarisch und theologisch-ethisch vor. Jesus animiert zur Nachahmung des aus Liebe barmherzig handelnden Samariters.[157] Der Text ist kunstvoll arrangiert.[158] In Entsprechung zur Handlungsanweisung am Anfang erfolgt am Ende erneut die pragmatische Aufforderung zum Handeln (10,37; vgl. 10,28), und zwar durch die Imitation des solidarischen Mitmenschen, der »die Barmherzigkeit an ihm tat« (10,37).[159] Schlüsselverb ist das viermal in 10,25–37 vorkommende ›tun‹ bzw. ›handeln‹ (ποιέω 10,25.28.37a.37b).[160] Die Quintessenz lautet: »Handle nach dem Gesetz, aber vollziehe es so wie der Samariter, nämlich mit einem Handeln und Verhalten, in dem du dich dem notleidenden Menschen bedingungslos zuwendest; dann wirst du das ewige Leben haben.«[161] Mit diesem abschließenden ethisch-diakonischen Impuls nimmt der lukanische Jesus in Entsprechung zum Perspektivwechsel vom Überfallenen zum Helfer in der Parabel einen Rollenwechsel vom ethischen Objekt zum ethischen Subjekt vor (vgl. 6,31).[162] Sie gibt damit der Grundsatzfrage nach dem Anderen den Dreh, sich von ihm her zu verstehen und zugleich als Nächster helfend zu handeln.[163]

---

[157] Nach ZIMMERMANN, Liebe, 547, interpretieren das Doppelgebot der Liebe in Lk 10,25–29.36f. und die Parabel vom barmherzigen Hilfehandeln in Lk 10,30–35 in ihrer Komposition die in der Tora geforderte Liebe als »Barmherzigkeitshandeln aus Liebe«; im Anschluss SCHOLTISSEK, Liebe, 272; DERS., Doppelgebot, 144; vgl. zum Aspekt der Nachahmung auch BOVON, Lukas, 93; TREMMEL, Gesundheit, 134.194.

[158] Vgl. zur Entsprechung der ersten und zweiten Runde zwischen den beiden Lehrern mit dem Fokus auf der helfenden Tat BOVON, Lukas, 83; ZIMMERMANN, Liebe, 541; ZITT, Frage, 387; BOPP, Barmherzigkeit, 124.215; HASLINGER, Grundlagen, 247–250.

[159] HASLINGER, Grundlagen, 382, bietet am Beispiel des solidarisch handelnden Samariters zehn Kriterien der Solidarität: »Solidarität meint das helfende, beistehende Handeln zugunsten von *Menschen in Notsituationen*. Solidarisches Handeln ist notwendig *politisches* Handeln. Solidarität hat die *Wahrnehmung von Not* zur Voraussetzung. Solidarität erfordert sensibles *Mitfühlen*. Solidarität impliziert Gemeinsamkeit in Form der *Positionierung des Helfenden an der Seite der Notleidenden*. Solidarisches Handeln hat eine *Ungleichheit der Möglichkeiten* zur Voraussetzung. Solidarität beinhaltet unausweichlich das *Risiko des Konflikts*. Solidarität ist immer *begrenzt*; dagegen muss die *Solidarisierungsbereitschaft universal* sein.« Im Anschluss ZITT, Diakonie, 248f.; vgl. ferner zur Solidarität HEINZ BUDE, Solidarität. Die Zukunft einer großen Idee, München 2019; vgl. zu Lk 10,25–37 a.a.O., 105f.

[160] Vgl. BOVON, Lukas, 85; HASLINGER, Grundlagen, 250.

[161] HASLINGER, Grundlagen, 250f.

[162] Vgl. WOLTER, Lukasevangelium, 398; SCHOLTISSEK, Liebe, 272; DERS., Doppelgebot, 145f.; RÜEGGER/SIGRIST, Diakonie, 67.

[163] Vgl. DORMEYER, Kunst, 110.

Somit besteht die Kunst des Erzählens und Handelns des lukanischen Jesus darin, das Gefühl zu sensibilisieren für die Signale des hilfebedürftigen Anderen, ihm ebenso wie sich selbst die Würde der Subjektivität zu belassen, für ihn sinnlich zu sorgen, mit den Worten der Parabel dem notleidenden Menschen Öl und Wein in die Wunden zu gießen und sie sorgsam zu verbinden, ihn auf das eigene Reittier zu heben und für ihn die Plegekosten in der Herberge bis zur Gesundung zu übernehmen.[164]

2.2 Martha und Maria (Lk 10,38–42) – Lebenskunst des hörenden Empfangens

In Lk 10,38–42 folgt die Auslegung des Gebotes der Gottesliebe. Die Martha-Maria-Geschichte ist eine Einladung zum Leben.[165] Maria ist keineswegs passiv.[166] Das Hören des Wortes Jesu ist ein aktiv-rezeptiver Akt, der auf das Tun bzw. Befolgen dieses Wortes zielt (vgl. nur 8,21; 11,28).[167] In diesem Sinn hört Maria Jesus aufmerksam zu, konzentriert sich also auf das Wesentliche (10,39). Im Unterschied zu 10,25–37 kommt die Wortfamilie διακον- in 10,38–42 vor: Im Kontrast zu Maria steht Martha mit ihrem als diakonischer Dienst aufgefassten Handeln (διακονία; διακονέω 10,40) in der Gefahr, das Gebot der Stunde zu überhören.[168] Wegen ihrer geschäftigen »Sorge und Mühe« (10,41) nimmt sie den Augenblick der Lebenslehre Jesu nicht wahr (vgl. 8,14).[169] Dabei kritisiert er nicht ihr diakonisch-gastfreundschaftliches Handeln an sich, »sondern ihre exzessive Geschäftigkeit und die Sorgen, die deren Ursprung sind«[170]. Mit dieser Kritik will Jesus Marthas Blockade auflösen, die sie daran hindert, im Kontrast zu ihrer Schwester das Wesentliche des gegenwärtigen Augenblicks zu erfassen. Sie wird also nicht abgewertet, vielmehr wird ihr auf zärtliche Weise (»Martha, Martha« 10,41) vor Augen geführt, dass ihre Diakonia nicht vom Glauben abgekoppelt

---

[164] Vgl. a.a.O., 115.
[165] Vgl. HERMANN-JOSEF VENETZ, Der Evangelist des Alltags. Streifzüge durch das Lukasevangelium, Freiburg (Schweiz) 2000, 99f.
[166] Vgl. VENETZ, Evangelist, 99; SCHOLTISSEK, Liebe, 273; DERS., Doppelgebot, 156f.
[167] Vgl. zur Verbindung von Lk 8,21; 10,39 und 11,28 WALTER SCHMITHALS, Das Evangelium nach Lukas, ZB.NT 3.1, Zürich 1980, 104.135; BOVON, Lukas, 105.190; vgl. zum Hören auf das Wort Gottes als wichtigem Thema von Lukas a.a.O., 105 Anm. 24.
[168] Vgl. zum lukanischen Gebrauch von διακονία und διακονέω in Auseinandersetzung mit ANNI HENTSCHELS Interpretation SCHOLTISSEK, Doppelgebot, 151–155.
[169] Vgl. BOVON, Lukas, 105–110.115; POPP, Selbstsorge, 248.
[170] BOVON, Lukas, 107.

»So geh hin und tu desgleichen!« (Lk 10,37) **211**

werden darf.[171] In Entsprechung zur Notwendigkeit der Nächstenliebe ist auch die Gottesliebe ein nötiges Bedürfnis (10,42): »an einem aber ist Bedarf (χρεία)«. Der nötige gute Teil, den Maria gewählt hat, das Hören auf das Wort Jesu (10,39; vgl. 8,8), ist unverlierbar, bedeutet also ewiges Leben (vgl. 10,25).[172]

Dieses eine (ἑνός 10,42), die Kunst des empfangenden Hörens des Wortes Jesu, steht im Gegensatz zu dem vielen (πολλά 10,41; vgl. πολλὴ διακονία 10,40), worum sich Martha sorgt. Jesus ermutigt sie, wie ihre Schwester in der achtsamen hörenden Zuwendung zu Jesus die geforderte Liebe zu dem Gott zu verwirklichen, der sich in der endzeitlichen Sendung Jesu seinem Volk sowie allen Menschen liebend zuwendet (10,42).[173]

Wie nach der Parabel vom barmherzig handelnden Samariter werden die Lesenden auch durch diese Erzählung animiert, der Frage nachzuspüren, ob man so weiter macht wie bisher oder den Alltag unterbricht.[174] Bestenfalls findet die Auferstehung des Textes im Leib »ihren angemessenen Ausdruck in einem neuen Lebensstil.«[175]

Lukas ist ein ausgezeichneter Schriftsteller.[176] Die kunstvoll komponierte Doppelszene 10,25–42 ist mit dem Beten Jesu (11,1), der Nachfolgenden (11,2–4) sowie dem beharrlichen (11,5–8) und vertrauenden Beten (11,9–13) planvoll korreliert.

Durch das Diptychon 10,25–37.38–42 erscheinen die Themen Nächsten- und Gottesliebe wie zwei Brennpunkte einer Ellipse. Auf diese Weise lehrt uns Lukas »die Kunst, lebendig zu leben, indem wir die Polarität unseres Daseins bewusst wahrnehmen und zulassen.«[177] Das Leben geschieht dort, wo der Samariter bei

---

[171] Vgl. a. a. O., 111 f.115 f.; vgl. dazu auch SCHNELLE, Jahre, 490: »Wenn Marta ihre allererste Aufgabe im ›Dienen‹ sieht (V. 40) und dafür kritisiert wird (V. 41 f), dann geht es um ein ausgewogenes Verhältnis von Diakonie und Lehre und eine Begrenzung unermüdlichen Liebeshandelns.«

[172] Vgl. BOVON, Lukas, 108 f.; WOLTER, Lukasevangelium, 401; ALEXANDER SAND, Art. χρεία, EWNT² 3, 1992, 1133–1135, 1134.

[173] Vgl. BOVON, Lukas, 108; WOLTER, Lukasevangelium, 401; SCHOLTISSEK, Liebe, 273.

[174] Vgl. WOLTER, Lukasevangelium, 401 f.; vgl. auch DILLMANN/MORA PAZ, Lukasevangelium, 219: »Leserinnen und Leser werden sich fragen: Was ist für mich in meinem Leben das einzig Notwendige? Bin ich bereit, mich so auf Jesu Wort einzulassen, dass alles andere zurücktritt und zweitrangig wird?«

[175] HUIZING, Theologie, 288.

[176] Nach HUIZING, a. a. O., 184, ist Lukas »der beste Schriftsteller. Behaupte ich.«

[177] ANSELM GRÜN, Jesus – das Bild des Menschen. Das Evangelium des Lukas, Stuttgart 2001, 15; vgl. zu dieser Balance im Blick auf die diakonische Praxis mit einem Plädoyer für eine zeitgemäße elementare, partizipative und sinnliche Spiritualität BEATE HOFMANN, Feministische Spiritualität. Entdeckungen bei der Begegnung zweier Frauenkulturen, in: DIES./MICHAEL SCHIBILSKY (Hg.), Spiritualität in der Diakonie. Anstöße zur

seiner Geschäftsreise sich und die ihm zugeschriebene Rolle vergisst, beim aufmerksamen Anblick des Halbtoten von Mitleid ergriffen wird und helfend handelt, wo Maria – und hoffentlich auch Martha – ihre Hausfrauenrolle sein lässt, auf das Wort Jesu hört und daraufhin lebt.[178]

2.3 Diakonie – auch als Lebenskunst

Lk 10,25–42 (mit 11,1–13) lässt sich schön mit der hermeneutisch-diakonischen Brille von *Ellen Eidts* dreigliedrigem Diakonieverständnis im Sinne von Lebenskunst lesen:

(1) Diakonische Nothilfe – Erste Hilfe durch den Samariter für den unter die Räuber Gefallenen als Lebensbewältigungskunst (10,33 f.)

(2) Diakonische Lebenshilfe – Unterstützung auf dem Weg sozialer Inklusion durch Beherbergung und Rehabilitation in einer solidarischen Praxis der Lebenskunst (10,34 f.) sowie Impuls zur Überwindung kultureller und religiöser Grenzen (10,30–35)

(3) Diakonie als christliche Lebenskunst – Suche nach erfülltem Leben mit Transzendenzbezug durch die Rahmenerzählung (10,25–29.36 f.) und den Konnex mit den Erzählungen von Martha und Maria (10,38–42) sowie vom Beten (11,1–13)

Renate Zitt sieht aus Lebenskunstsicht in der Erzählung vom barmherzig handelnden Samariter den Zusammenhang von Gottes-, Nächsten- und Selbstliebe und helfendem Handeln narrativ entfaltet. Die vier Funktionen, die Theologie hat, werden in dieser Erzählung komprimiert: »Soziales Engagement, existentielle Fragen der Lebensgestaltung, selbstkritische Funktion und sozialethische Funktion. [...] Eine theologisch begründete Gebotsethik wird verknüpft mit einer narrativen Modellethik mit folgender Pointe: die Erfüllung der höchsten Gebote erweist sich am konkreten helfenden Handeln.«[179]

3. Blick zurück nach vorn

Wie *Michael Tremmel* (s. 1.2.2) sehe auch ich in *Wilhelm Schmids* Philosophie der Lebenskunst (s. 1.1) sowie in den biblischen Lebenskunst-Impulsen (s. 1.2.1; 2.1;

Erneuerung christlicher Kernkompetenz, Diakoniewissenschaft 3, Stuttgart 2001, 27–45, 45: Die Geschichte kann so verstanden werden, »dass Maria wie Martha in uns zu ihrem Recht kommen wollen und dass es gilt, eine Balance zwischen den wirtschaftlichen Erfordernissen und den spirituellen Ansprüchen und Bedürfnissen zu finden.«

[178] Vgl. VENETZ, Evangelist, 99 f.; LÖNING, Geschichtswerk, 52 f.; HOFMANN, Spiritualität, 44.
[179] ZITT, Frage, 387 f.; vgl. DIES., Diakonie, 248.

»So geh hin und tu desgleichen!« (Lk 10,37) 213

2.2) für Soziale Arbeit und Diakonie einen aufschlussreichen Ansatz. Im Anschluss an *Ellen Eidt* (s. 1.2.2) verstehe auch ich Diakonie als Lebenskunst. Mit diesem Modell lässt sich auch die kunstvolle Inszenierung des Doppelgebots der Liebe (Lk 10,25–42) lesen (s. 2.3).

Die Erzählung vom barmherzig handelnden Samariter (Lk 10,25–37) war eine Initialzündung für Berufe der Sozialen Arbeit: Sie steht gewissermaßen »an der Wiege aller Berufe der Sozialen Arbeit im weitesten Sinne.«[180] Sie ist im Konnex mit der Erzählung von Martha und Maria (Lk 10,38–42) eine bleibende Inspiration sowohl für die Diakonie, die *Ellen Eidts* Modell zufolge als Nothilfe, Lebenshilfe und christlich geprägte Lebenskunst interpretiert werden kann, wie auch für die Diakoniewissenschaft, die sich nach *Christoph Sigrist* als Kunstlehre des Helfens mit den Grund-, Wachstums- und Transzendenzbedürfnissen des Menschen befasst.

Für Diakonie und Diakoniewissenschaft ist die Bibel insgesamt, die als Lehrbuch für die Kunst des Lebens und diakonisch gelesen werden kann, eine bleibende Quelle der Inspiration und Kraft. Die glaubwürdig in der Lebenspraxis des frühen Christentums Form annehmende diakonische Dimension des Evangeliums gehörte zu den wesentlichen Elementen der Attraktivität des frühchristlichen Gemeindelebens.[181] Diakonie war und ist wesentlich für das Christentum[182] – und wird es künftig bleiben.

Es wäre auch eine schöne Aussicht, wenn sich künftig Lebenskunst in Diakonie und Diakoniewissenschaft unter Berücksichtigung der Bibelwissenschaft als Bezugsdisziplin noch stärker etablieren könnte. Allein der Blick auf die

---

[180] C. WOLFGANG MÜLLER, Von der tätigen Nächstenliebe zum Helfen als Beruf, in: ANDREAS LOB-HÜDEPOHL/WALTER LESCH (Hg.): Ethik Sozialer Arbeit. Ein Handbuch, Paderborn 2007, 13–19, 13; vgl. dazu ZITT, Frage, 387; DIES., Diakonie und Helfen, in: MIRJAM und RUBEN ZIMMERMANN (Hg.), Handbuch Bibeldidaktik, Tübingen ²2018, 245–250, 247f.; vgl. zur Wirkungsgeschichte von Lk 10,25–37 BOVON, Lukas, 82.93–98; ZIMMERMANN, Liebe, 553f.; HUIZING, Theologie, 208–216; THEIS, Texte, 125f.; HASLINGER, Grundlagen, 247; vgl. zur Wirkungsgeschichte von Lk 10,38–42 BOVON, Lukas, 112–115; vgl. zu den vielfältigen Auslegungen dieser Erzählung in der Diakonie HOFMANN, Spiritualität, 43; vgl. zu deren Auslegung in der feministischen Exegese a.a.O., 44f.

[181] Vgl. UDO SCHNELLE, Die Attraktivität der frühchristlichen Gemeinden – ein Modell für die Zukunft?, in: MICHAEL DOMSGEN/DIRK EVERS (Hg.), Herausforderung Konfessionslosigkeit. Theologie im säkularen Kontext, Leipzig 2014, 75–94, 92f.; vgl. dazu auch SCHNELLE, Jahre, 486–494; vgl. aus der Literaturfülle zur Attraktivität des frühen Christentums exemplarisch FRANÇOIS VOUGA, Die religiöse Attraktivität des frühen Christentums, in: Theologie und Glaube 88 (1998), 26–38; EVA EBEL, Die Attraktivität früher christlicher Gemeinden. Die Gemeinde von Korinth im Spiegel griechisch-römischer Vereine, WUNT II/178, Tübingen 2004.

[182] Vgl. dazu auch HUIZING, Lebenslehre, 351.

Themen, die in dem von *Günter Gödde* und *Jörg Zirfas* herausgegebenen Buch *Kritische Lebenskunst* behandelt werden, zeigt die hohe Anschlussfähigkeit. Dazu zählen Themen wie Liebeslernkunst, Sterben und Tod, Emotions- und Bedürfnisregulierung, Anerkennung, Vulnerabilität, Heimat und Fremdheit, Bildung, Religion und Theologie, Armut, Behinderung, Ressourcenorientierung, Selbstsorge, Verteidigung der Liebe, Augenblick, Weisheit, gesellschaftliche Partizipation, Wohlfahrtsstaat und soziale Gerechtigkeit, Heimat und gutes Leben, Toleranz und Humor.

Schließlich wäre es wünschenswert, wenn das Thema der Schönheit in Diakonie und Bibel- und Diakoniewissenschaft größere Beachtung finden würde. Von der »schönen Tat« der salbenden Frau (Mk 14,6; vgl. Mt 26,10) wird in der ganzen Welt bei der Kommunikation des Evangeliums gesprochen werden (Mk 14,9; vgl. Mt 26,13) – hoffentlich auch von Martha und Maria, mit denen auch wir als Lesende zum Leben eingeladen sind (Lk 10,38–42). Marias Schönheit der empfangenden hörenden Zuwendung zu Jesus und die Schönheit des Helfens des aus Liebe barmherzig handelnden Samariters haben bleibenden Vorbildcharakter (Lk 10,36): »So geh hin und tu desgleichen!«

Von der Inter- zur Transdisziplinarität als Attribut der Diakoniewissenschaft?
Skizzen zu einem transdisziplinären Verständnis von Diakoniewissenschaft

Johannes Haeffner

In der Diakoniewissenschaft gilt der Begriff der Interdisziplinarität seit Langem als gesetzt. Weitgehend unklar ist jedoch, was damit wissenschaftstheoretisch gemeint ist, welche epistemologischen und methodologischen und welche konkreten Folgerungen sich daraus für die Diakoniewissenschaft ergeben. Der folgende Beitrag wirft in einem ersten Schritt einen aktuellen Blick auf den Begriff der Interdisziplinarität, beschreibt zweitens strukturimmanente Gründe, die zur Begründung von Interdisziplinarität in der Diakoniewissenschaft führen, stellt drittens offene und bislang noch ungelöste Fragen an ein interdisziplinäres Verständnis von Diakoniewissenschaft und möchte schließlich in einem vierten Schritt ein erweitertes, d. h. transdisziplinäres Verständnis von Diakoniewissenschaft skizzieren.

1. Interdisziplinarität: Zur Konjunktur eines Begriffs

Begriffe dienen nicht nur der Bezeichnung von Dingen, sie sind häufig auch Hoffnungsträger und Versprechen. Der Begriff der Interdisziplinarität erlebt seit vielen Jahren Konjunktur. In verschiedenen Zusammenhängen wie Studium, Praxis und Forschung wird dieses Label verwendet, in vielen Projektanträgen wird er erwartet. Manchmal erscheint das als notwendige Rhetorik, häufig aber ist Interdisziplinarität heute ein unabdingbarer Aspekt wissenschaftlicher Forschung. Fragestellungen und Themen werden immer komplexer und können entweder nur noch in kleinen spezialisierten Einheiten bearbeitet oder von einer größeren Gruppe aus unterschiedlichen wissenschaftlichen Disziplinen heraus behandelt werden (vgl. LERCH, Kompetenzen, 9). Sowohl im wissenschaftlichen als auch im arbeitsökonomischen Kontext finden sich zwei zentrale Motive für Interdisziplinarität: Der Umgang mit Komplexität und der Wunsch nach Innovation (vgl. a. a. O., 50). Beide Beweggründe liegen auf unterschiedlichen Ebenen. Während im einen Fall stärker auf die Komplexität von Lebens- und Arbeitswelt eingegangen wird und Interdisziplinarität ein individuelles Orientieren darin meinen kann oder eben auch ein interdisziplinäres Vernetzen und Sich-Öffnen von Disziplinen gegenüber anderen, um auf diese Weise wissenschaftlich, politisch und öffentlich zu reagieren, geht es im anderen Fall um Innovation. »Innovationen entstehen heute vorwiegend fachübergreifend an den Schnittstellen traditioneller Fächergrenzen. Die Probleme dieser Welt kümmern sich nämlich nicht um traditionelle Organisationsstrukturen von Disziplin und Fakultäten« (JUNGERT, Interdisziplinarität, VI). Beide Merkmale, der Umgang mit Komplexität und die Innovation, intendieren verschiedene Wirkungen von Interdisziplinarität. Beide Merkmale sind positiv konnotiert und werden affirmativ verwendet.

Bei näherem Hinsehen ergeben sich jedoch Schwierigkeiten. Der Begriff der Interdisziplinarität wird zumeist unreflektiert verwendet, als wüsste man schon längst, was sich dahinter verbirgt. *Michael Jungert* formuliert: »Es gibt nur wenige Begriffe in der aktuellen Wissenschaftsdiskussion, bei denen die Diskrepanz zwischen Verwendungshäufigkeit und theoretischer Reflexion so groß ist wie im Fall der Interdisziplinarität. Kaum ein Kontext, in dem sie nicht als förderlich erachtet, kaum ein Tag, an dem sie nicht in wissenschaftspolitischen Debatten als unverzichtbare Schlüsselkompetenz postuliert wird« (a.a.O., 1). Obwohl Interdisziplinarität seit vielen Jahren und von vielen Seiten gefordert und gefördert wird, bleibt es nach wie vor notorisch unklar, was darunter überhaupt zu verstehen ist. Neben der unklaren terminologischen Verwendung lassen sich begrenzende Faktoren von Interdisziplinarität identifizieren. Gerhard Vollmer (Interdisziplinarität, 47 ff.) nennt vier Gefahrengruppen für interdisziplinäres Arbeiten: (vgl. auch LÖFFLER, Interdisziplinarität, 157 ff.):

(1) Interdisziplinarität erfordert viel Wissen;
(2) Interdisziplinarität erfordert Vereinfachungen, diese führen zu Verfälschungen;
(3) Interdisziplinarität führt zu Verständigungsschwierigkeiten, diese zu Missverständnissen;
(4) Interdisziplinarität leidet unter Selbstüberschätzung einer oder mehrerer Parteien.

Die Erfahrungen legen insofern nahe, dass Interdisziplinarität vor allem programmatischen Charakter hat und im Alltag mit Hürden verbunden ist. Dieser Beitrag widmet sich nicht der Frage, ob eine ›Diakoniewissenschaft‹ existiert und wenn ja, in welchem Sinne sie das tut. Ebenso wenig fügt der Beitrag der Vielzahl an Begriffsdefinitionen von Diakoniewissenschaft eine weitere noch hinzu. Vielmehr gehe ich davon aus, dass beim Begriff der Interdisziplinarität in der Diakoniewissenschaft eine Diskrepanz vorhanden ist zwischen der Verwendungshäufigkeit des Begriffs einerseits und der theoretischen Reflexion von Interdisziplinarität andererseits und es zum Teil völlig ungeklärt ist, was mit Interdisziplinarität eigentlich gemeint ist und welche epistemologischen und methodologischen Schlüsse daraus für Forschung, Qualifikationsarbeiten und

Theoriebildung in der Diakoniewissenschaft gezogen werden sollen. Insofern geht es erstens darum, den Begriff Interdisziplinarität, so wie er in der Diakoniewissenschaft Verwendung findet, einer kritischen Prüfung zu unterziehen und zum anderen, den Begriff der Interdisziplinarität um den Aspekt der Transdisziplinarität skizzenhaft zu erweitern.

2. Interdisziplinarität als grundlegendes Strukturprinzip der Diakoniewissenschaft

Es ist fast schon trivial, dass Wissenschaften bei der Suche nach Begriffsbestimmungen – egal um welche Begriffe und um welche Wissenschaftsdisziplin es sich handelt – darauf hinweisen, dass ein Gegenstand nicht allgemeingültig definiert werden kann. Insofern wundert es nicht, dass *Ellen Eid* und *Johannes Eurich* formulieren: Eine klare und allgemein anerkannte Definition dessen, was unter Diakoniewissenschaft zu verstehen ist, gibt es nicht (vgl. EIDT/EURICH, Diakoniewissenschaft, 118). Vor dem Hintergrund, dass diakonisches Handeln das Christentum von Anfang an prägte, wird »eine systematische und methodengeleitete Beschäftigung mit den theologischen Begründungen diakonischer Praxis, der Geschichte ihrer verschiedenen Formen und den sich ihr aktuell stellenden Herausforderungen notwendig« (EID/EURICH, Grundlagen, 347f.). Entsprechend wird Diakoniewissenschaft von den Autor:innen zunächst als »theologisch orientierte Praxiswissenschaft« (a.a.O., 348) verstanden. Überhaupt wird der Begriff der ›Diakoniewissenschaft‹ erst 1954 mit der Gründung des Diakoniewissenschaftlichen Instituts (DWI) an der Universität Heidelberg etabliert (vgl. a.a.O., 349).[1]

---

[1] Ellen Eid und Johannes Eurich konstatieren, dass sich parallel zur Entwicklung der Praktischen Theologie im 19. Jahrhundert auch eine ›Wissenschaft von der Inneren Mission‹ – als Diakonik bezeichnet – zu entwickeln begann. »Der neue Zweig am Baum der theologischen Wissenschaft war klein, umstritten und nicht eindeutig zu verorten. Zwischen Praktischer und Systematischer Theologie bewegte sich die ›Wissenschaft von der Inneren Mission‹; sie wurde einmal mehr der Seelsorge und dann doch wieder der Sozialethik zugeordnet« (EID/EURICH, Grundlagen, 348f.). Mit der Gründung des DWI an der Universität Heidelberg 1954 und der Etablierung des Instituts für Diakoniewissenschaft und Diakoniemanagement (IDM) 2008/2009 an der Kirchlichen Hochschule Wuppertal, seit 2022 Institut für Diakoniewissenschaft und Diakoniemanagement (IDWM) an der Universität Bielefeld entstehen erstmals dauerhafte diakoniewissenschaftliche Lehr- und Forschungsinstitutionen. Hinzu kommen die in den 1970er Jahren entstehenden Evangelischen Fachhochschulen, die vielfach zunächst an die Tradition der Diakonenschulen der Inneren Mission anknüpfen und sich seit den 1990er Jahren

Die Charakterisierung der Diakoniewissenschaft als interdisziplinäre Wissenschaft setzt sich erst mit Beginn des 21. Jahrhunderts durch. *Joachim Walter* und *Albert Mühlum* verorten 1998 Diakoniewissenschaft zwischen »Theologie und Sozialarbeit« (MÜHLUM/WALTER, Sozialarbeit, 277). Gegenüber einer disziplinären Auffassung, die die Diakoniewissenschaft unter theologischer Leitdisziplin als eine Zusatzausbildung für Theolog:innen definiert, fordern *Mühlum* und *Walter* eine »Neuverortung [...], die als eigenständig reflexive Instanz für diakonische Praxis konzipiert und mehr oder etwas anderes ist, als wissenschaftliche Theologie oder genuine Sozialarbeitswissenschaft« (a. a. O., 279; vgl. auch NOLLER, Verbunddisziplin, 383). 2004 beschreibt *Renate Zitt* Diakoniewissenschaft dann als eine »wahrnehmende, reflektierende und erinnernde, erfahrungs- und sachbezogene, interdisziplinäre, handlungsorientierte Theorie diakonisch-sozialer Praxis in der Gesellschaft«, die einen Forschungs-, Bildungs- und Ausbildungsauftrag beinhaltet (ZITT, Perspektiven, 200). Ähnlich dann auch *Christoph Sigrist:* »Sachlich notwendig scheint uns, Diakoniewissenschaft als interdisziplinäres Forschungsgebiet zu verstehen, auf dem sich unterschiedliche Disziplinen (Sozialarbeit, Pflege, Medizin, Pädagogik, Ökonomie, Psychologie, Theologie etc.) begegnen können, um je ihre Erkenntnisperspektive und fachliche Kompetenz einzubringen« (SIGRIST, Diakonik, 371). Und *Annette Noller* spricht gar von Diakoniewissenschaft als »Disziplin sui generis« (NOLLER, Verbunddisziplin, 386):

> »Diakoniewissenschaft ist eine eigene Disziplin, die interdisziplinär vernetzt aufgestellt ist und auf intermediäre Handlungsfelder in Kirche und Diakonie hin forscht und lehrt. [...] Sie ist handlungs- und anwendungsorientiert und integriert Methoden der Sozial- und Gesundheitswissenschaften. Theologische und empirische Theoriebildung geschieht in diesem wissenschaftlichen Kontext als Diakoniewissenschaft« (ebd.).

In folgenden Elementen stimmen alle Definitionsversuche von Diakoniewissenschaft überein: Diakoniewissenschaft ist eine eigene Disziplin, die interdisziplinär arbeitet, handlungs- und anwendungsorientiert ist und hierbei kirchliche und diakonische Handlungsfelder reflektierend in den Blick nimmt. Damit ist die interdisziplinäre Ausrichtung strukturbildend für die Diakoniewissenschaft.

Fragt man nach den Gründen, lassen sich drei Begründungsmuster für die Notwendigkeit ihrer interdisziplinären Ausrichtung finden: Der Ort der Diakonie (1), ihr Gegenstand (2) und notwendige professionstheoretische Kompetenzen (3).

---

vor allem in Lehre und Forschung an diakoniewissenschaftlichen Fragestellungen beteiligen (vgl. HÖRNIG, Schwester; HERRMANN, Forderung).

(1) Der spezifische Ort der Diakonie: Diakonie als »Dritter Sektor«

Diakonie ist zum einen Lebens- und Wesensäußerung der Kirche. »Die Evangelische Kirche in Deutschland und die Gliedkirchen sind gerufen, Christi Liebe in Wort und Tat zu verkündigen. Diese Liebe verpflichtet alle Glieder der Kirche zum Dienst und gewinnt in besonderer Weise Gestalt im Diakonat der Kirche; demgemäß sind diakonisch-missionarischen Werke Lebens- und Wesensäußerung der Kirche« (Art. 15 Grundordnung der EKD). Zum anderen ist Diakonie als Spitzenverband der Freien Wohlfahrtspflege zugleich auch zentraler Bestandteil des bundesdeutschen Sozialstaates und somit Akteur in den Arbeitsfeldern des Sozial- und Gesundheitswesens. »Die Vermischung staatlicher und marktlicher Elemente sowie die stärkere Einbeziehung zivilgesellschaftlichen Engagements führen dazu, dass sich auf der Ebene der einzelnen Organisationen bei der Entwicklung und Trägerschaft sozialer Dienstleistungen die Bereiche Staat/Kommune, Markt und Zivilgesellschaft, obwohl sie unterschiedlich ausgerichtet sind, miteinander verschränken« (EURICH, Diakonie, 202 f.). Damit ist Diakonie als »Dritter Sektor« ein gesellschaftlicher Bestandteil, der durch ein Neben- und Miteinander von Marktmechanismus, staatlicher Steuerung und Leistungen und gemeinschaftlicher Arbeit geprägt ist, in dem jedoch keine dieser Mechanismen vorherrscht. Das bedeutet, dass es zur Charakteristik diakonischer Einrichtungen gehört, Kennzeichen zu kombinieren, die normalerweise den einzelnen Sektoren des Staates, des Marktes, oder der Gemeinschaft/Zivilgesellschaft voneinander abgegrenzt zugeordnet werden. Als Kennzeichen von Organisationen des Dritten Sektors nennt *Johanes Eurich:* »Sie bewegen sich in einem öffentlichen Raum, der dadurch charakterisiert ist, dass viele verschiedene Werte und Orientierungen nebeneinander bestehen mit entsprechend vielfältigen organisatorischen Formen: sie stehen in wechselseitigen Beziehungen und Einflussnahmen mit den Basisinstitutionen, Staat, Markt und Gemeinschaft, aus denen allen sich Impulse in ihnen finden und in die hinein sie auch Impulse senden; sie unterliegen den gegensätzlichen Einflüssen der anderen Sektoren und sind vielfachen Dynamiken und Wandlungsprozessen unterworfen, was sich in ihrer Geschichte ablesen lässt, die meist nicht linear verläuft, sondern von Veränderungen und Einschnitten gekennzeichnet ist« (a. a. O., 204). Vor dem besonderen Ort der Diakonie als Element des Dritten Sektors sind diakonische Organisationen organisationssoziologisch im Kern als multirationale, hybride Organisationen (vgl. EVERES/EWERT, Organisationen, 103 ff.) zu verstehen, deren verschiedene Handlungslogiken sich nicht nur in Harmonie miteinander befinden, sondern vielmehr in dauerhafter Spannung zueinander stehen und von diakonischen Akteuren interdisziplinär im Alltag in Balance gebracht werden müssen.

(2) Gegenstand: Diakonische Praxis

Wissenschaftliche Forschung und Reflexion geschieht mit Hilfe von geeigneten Methoden, die sich in angemessener Weise an ihrem Gegenstandsbereich orientieren müssen. Forschung ist stets abhängig von Forschungsfragen und ihren Gegenständen. Diakoniewissenschaft versteht sich unmissverständlich als Reflexion und Theorie diakonischer Praxis. Unklar bleibt jedoch, wie diakonische Praxis definitorisch zu fassen ist und was damit zum potentiellen Gegenstand diakoniewissenschaftlicher Reflexion gehört. Eine Konsensdefinition des Diakoniebegriffs hat sich in der Scientific Community der Diakoniewissenschaft noch nicht herausgebildet (vgl. EID/EURICH, Grundlagen, 350). Macht man sich jedoch bewusst, dass bei der Diakonie Deutschland knapp 600.000 hauptamtlich arbeitende Menschen in Voll- und Teilzeit in ca. 5.000 diakonischen Unternehmen beschäftigt sind, zur Diakonie in Deutschland ca. 33.000 stationäre und ambulante Dienste wie Krankenhäuser, Altenpflegeheim, Sozialstationen, Wohngruppen oder Werkstätten für Menschen mit Behinderungen, Einrichtungen der Kinder- und Jugendhilfe, Angebote für Suchtkranke und Obdachlose oder Beratungsstellen gehören (vgl. diakonie.de/die-diakonie-in-zahlen), dann kann vor dem Hintergrund dieser heterogenen Dienstleistungen Diakoniewissenschaft nur als eine interdisziplinäre Wissenschaft konzipiert werden.

(3) Berufsspezifische Kompetenzanforderungen

Vor dem Hintergrund des Ortes und des Gegenstandes von Diakonie haben sich vor allem für zwei Mitarbeiter:innengruppen spezifische, d. h. vor allem interdisziplinär angelegte Kompetenzanforderungen herausgebildet: Für Führungskräfte diakonischer Unternehmen und für die Berufsgruppe der Diakon:innen. Für Führungskräfte gilt, dass sie mit der Steuerung hybrider Organisationen vor der Herausforderung stehen, unterschiedliche Logiken und Rationalitäten zusammenführen zu müssen. »Ein diakonisches Unternehmen muss einerseits kirchlichen Ansprüchen im Blick auf seine religiöse und ethische Konturierung genügen, andererseits sozialpolitische Anforderungen an seine fachliche Qualität erfüllen und drittens ökonomisch verantwortlich und strategisch klug mit seinen Ressourcen umgehen« (HOFMANN, Miteinander, 209). Für Führungskräfte bedeutet dies, eine Vielzahl von Logiken wie Ökonomie, Theologie sowie einschlägiger Fachwissenschaften (Pädagogik, Sozialarbeitswissenschaft, Medizin, Pflegewissenschaft) in der Balance halten zu können und je nach Situation zu entscheiden. Das erfordert komplexe Aushandlungsprozesse sowie hohe interdisziplinäre und multirationale Reflexions- und Sprachfähigkeit der beteiligten Führungskräfte.

In den diakoniewissenschaftlichen Studiengängen der Evangelischen Hochschulen wird die Berufsgruppe der Diakon:innen für kirchliche und diakonische Handlungsfelder auf der Basis einer »doppelten Qualifikation« ausgebildet (vgl. KIRCHENAMT DER EKD, Perspektiven, 83 ff.). Als doppelte Qualifikation wird ein Studium bezeichnet, das fachwissenschaftliche Kompetenzen der Berufe im Sozial-, Bildungs- und Gesundheitswesen verbindet mit theologischen, ethischen und diakoniewissenschaftlichen Kompetenzen. Die EKD hat den Ausbildungsstandard bereits 1996 als doppelten Bachelorabschluss bezeichnet (vgl. KIRCHENAMT DER EKD, Grundsätze, 21). In seiner Studie hat *Rainer Merz* 2007 mit dem Begriff des »diakonischen Kongruierens« das Selbstkonzept von Diakon:innen herausgearbeitet (vgl. MERZ, Professionalität, 71; vgl. auch MERZ/SCHINDLER/SCHMIDT, Dienst; HAEFFNER, BASAD, 22 f.). Es beschreibt die Fähigkeit, unterschiedliche Perspektiven auf eine diakonische Praxis in diversen Handlungsfeldern hin zu reflektieren.[2] Damit ist die kirchliche Berufsgruppe der Diakon:innen durch ihre spezifische Ausbildung hin zu einer doppelten Qualifikation und mit ihrem diakonisch-sozialen Blick prädestiniert, eine Brückenfunktion für Gesellschaft und Kirche einzunehmen. Potentiellen Anstellungsträgern bietet diese Berufsgruppe eine Doppelqualifikation aus theologisch-fachlichen und sozial-fachlichen Ausbildungsteilen. Im Zentrum steht das spannungsvolle ›Und‹: Kirche *und* Gesellschaft, Geistliches *und* Weltliches, (diakonische) Gemeinschaft *und* Gesellschaft, Wort *und* Tat und eben auch die doppelte Qualifikation mit einer sozialfachlichen und einer fachtheologischen Seite. Dieser Mix ist nicht einfach und auch nicht immer harmonisch, er enthält vielmehr einen Spannungscharakter, der für die Professionalität von Diakoninnen und Diakonie nahezu konstitutiv ist (vgl. HAEFFNER, Perspektiven, 6 f.)

3. Formen disziplinärer Kooperationen in der Diakoniewissenschaft: Kritische Anmerkungen

Die Uneindeutigkeit des Interdisziplinaritätsbegriffs beginnt bereits damit, dass neben ihm weitere zahlreiche konkurrierende Begriffe existieren, die zwar alle in irgendeiner Weise mit dem Verhältnis wissenschaftlicher Disziplinen zu tun haben, sich in ihrer Bedeutung gegenüberstehen, sich ergänzen, parallel verlaufen, aber zum Teil sehr unterschiedlich gebraucht werden. Ohne Anspruch auf Vollständigkeit, werden in Anlehnung an *Jungert* (Interdisziplinarität, 2 ff.; vgl. auch HOFMANN, Diakoniewissenschaft, 364 f.; BRINK, Diakoniemanagement,

---

[2] Der Begriff des »diakonischen Kongruierens« wurde auch vom Verband evangelischer Diakonen-, Diakoninnen- und Diakonatsgemeinschaften (VEDD) in die »Kompetenzmatrix 2.0 Kriterien für die Ausbildung von Diakoninnen und Diakonen im Rahmen der doppelten Qualifikation 2019« aufgenommen.

51 ff.) einige Begriffe aufgeführt, welche in wissenschaftlichen Auseinandersetzungen vorherrschen und vermutlich auch alle in der Diakoniewissenschaft anzutreffen sind. Sie unterscheiden sich im Blick auf die Kooperationsdauer und die gegenseitige theoretische und methodische Durchdringung.

Im Konzept der *Multidisziplinarität* wird versucht, ein oder mehrere Probleme auf verschiedene Probleme hin zu untersuchen. Es erfolgt jedoch keine disziplinäre Verzahnung methodischer oder konzeptioneller Art. Vielmehr werden lediglich »mehrere Teilansichten, die allerdings zueinander in bestimmten Zuordnungen und Ergänzungen stehen« (HECKHAUSEN, Discipline, 138), zusammengebracht. Multidisziplinarität beschreibt ein Nebeneinander von Disziplinen in einem Themengebiet ohne strukturierte Zusammenarbeit oder fachübergreifende Synthesebemühungen der Einzelwissenschaften. Jede Disziplin widmet sich nur den sie selbst betreffenden Teilaspekten des Themas. »Was sich für den Ökonomen dann als Knappheitsproblem darstellt, ist für den Philosophen ein Gerechtigkeits-, für den Psychologen ein Framingproblem« (BRINK, Diakoniemanagement, 55). Der Sammelband wird zu einer typischen Darstellungsform multidisziplinär angegangener Themen- und Problemstellungen.

In einer inhaltlichen Nähe zur Multidisziplinarität steht auch das Konzept der *Crossdisziplinarität* oder *Pluridisziplinarität. Heckhausen* schreibt: »Sie [die Crossdisziplinarität; JH] vermag einen Gegenstand gemeinsamen Interesses [...] unter den fachwissenschaftlichen Aspekten der einen oder der anderen Disziplinarität zu beleuchten und in Beziehung zu setzen. Sie vermag nicht, die verschiedenen Perspektiven ineinanderzuführen oder zu vereinigen« (a. a. O., 137). Der Unterschied zur Multidisziplinarität besteht darin, dass hier bereits Methoden und Forschungsprogramme einer anderen Disziplin für das eigene Fach übernommen werden. »Die Verschmelzung bestehender oder die Ausformung neuer Disziplinen ist dabei jedoch kein Ziel« (JUNGERT, Interdisziplinarität, 3). Vielmehr nutzt die eine Disziplin disziplinfremde Ansätze und Erkenntnisse für den eigenen disziplinären Forschungsbereich.

Mit dem Begriff der *Interdisziplinarität* verbinden sich nun unzweifelhaft eine verwirrende Vielfalt von Interdisziplinaritätskonzepten (vgl. BALSIGER, Transdisziplinarität, 157). Allen gemeinsam ist ihnen die Vorstellung, dass zwischen Disziplinen ein Dialog auf Zeit etabliert wird, um durch den Austausch von Wissen neue Erkenntnisse zu generieren. Ein Ineinandergreifen der verschiedenen Perspektiven zeigt, dass die Disziplinen durchaus bereit sind, sich an einer übergeordneten Fragestellung zu orientieren. Im Anschluss an *Heinz Heckhausen* entwirft *Michael Jungert* eine Typologie der Binnendifferenzierung von Interdisziplinarität. Er unterscheidet dabei folgende Formen (vgl. JUNGERT, Interdisziplinarität, 5 f.; HECKHAUSEN, Discipline, 89; BALSIGER, Transdisziplinarität, 159 f.):

1) Unterschiedslose Interdisziplinarität: Das Nebeneinander von verschiedenen Einführungen (z. B. Krankheitsbildern aus soziologischer, medizinischer

oder statistischer Sicht). Diese Form der Interdisziplinarität zeigt sich häufig bei Vortragsreihen (z. B. Ringvorlesungen), bei denen die einzelnen Beiträge eher unverbunden nebeneinanderstehen.

2) Pseudo-Interdisziplinarität: Die irrige Auffassung, dass bereits die Nutzung derselben Modelle durch verschiedene Disziplinen zur Interdisziplinarität führen würde.
3) Hilfsinterdisziplinarität: Der Gebrauch ›fremder‹ Methoden für die eigene Disziplin.
4) Zusammengesetzte Interdisziplinarität: Zusammenarbeit verschiedener Disziplinen zur Lösung eines allgemeinen Problems.
5) Ergänzende Interdisziplinarität: Sie »entwickelt sich [...] in den Grenzgebieten einer Disziplin, beispielsweise der Psycholinguistik, Psychobiologie oder Psychophysiologie« (a. a. O., 6). Hier bestünden ernsthafte Bemühungen, Strukturbeziehungen zwischen Disziplinen herzustellen.
6) Vereinigende Interdisziplinarität: »Annäherung [...] der theoretischen Integrationsniveaus und Methoden verschiedener Disziplinen« (a. a. O., 6).

Nach *Heckhausen* (1972) rücken vor allem die letzten beiden Typen von Interdisziplinarität nahe an den Begriff der *Transdisziplinarität* heran, der als die stärkste Form der Kooperation zwischen Disziplinen gilt (vgl. JUNGERT, Interdisziplinarität, 6). Wesentliche Unterscheidungsmerkmale gegenüber der Interdisziplinarität sind
a) die *Dauerhaftigkeit* der Kooperation,
b) die *Transformation disziplinärer Orientierungen*, die mit der Kooperation einhergeht und
c) die Beschäftigung mit *außerwissenschaftlichen Problemen* (a. a. O., 7).

Erst durch die Transdisziplinarität können disziplinäre Ordnungen verändert und Grenzen zwischen ihnen verschoben oder aufgelöst werden. Transdisziplinäre Projekte sind in der Regel durch einen starken Praxisbezug charakterisiert. Durch die Vielfalt wissenschaftlicher Perspektiven können zudem Grundlagenfragen und anwendungsorientierte Forschung miteinander verknüpft werden.

Für die Diakoniewissenschaft zeigt sich hier ein Forschungsdesiderat: Bisher bestehen nur vereinzelt transdisziplinäre Zugänge in Forschungsprojekten. »Eine eigene wissenschaftstheoretische und methodologische Grundlegung steht noch aus« (HOFMANN, Formen, 365). Aus wissenschaftstheoretischer Perspektive beschreibt *Jungert* gleichsam die Voraussetzung für disziplinäre Kooperationen:

»Immer wenn Disziplinen sich im Dialog befinden, wenn sie wechselseitig ihre Theorien und Modelle diskutieren, wenn Wissenschaftler unterschiedlicher Disziplinen kooperieren möchten, dann ist das Nachdenken über die Kooperationsbedingungen als Voraussetzungen für interdisziplinäre Zusammenarbeit essentiell.

Dabei geht es um grundlegende Aspekte: etwa um die Frage, wo sich Theorie- und Modellbildungen innerhalb der Disziplinen unterscheiden, wie Begriffe möglichst verlustfrei übersetzt werden können und ob die Beteiligten jeweils über gleiche oder mindestens ähnliche Gegenstände sprechen« (JUNGERT u. a., Interdisziplinarität, X).

Unter dem Aspekt der von *Jungert* formulierten Kooperationsbedingungen taucht für die Diakoniewissenschaft an dieser Stelle die entscheidende Frage auf, wie das Verhältnis der beteiligten Wissenschaften zueinander zu relationieren ist und welche Rolle die Theologie hierbei einnehmen kann. Drei theoretische Positionen lassen sich aufzeigen:

Position 1: Theologie beansprucht im interdisziplinären Dialog die Rolle einer Leitdisziplin.

Formuliert wurde diese Position von *Arnd Götzelmann* und *Volker Herrmann:* »Diakonik führt als interdisziplinäre Wissenschaft verschiedene für die diakonisch-soziale Praxis relevante Methoden und Erkenntnisse der Sozial- und Humanwissenschaften, wie etwa Soziologie, Psychologie, Sozialpädagogik, Ökonomie, Rechtswissenschaft und Ethik zusammen unter der Leitwissenschaft Theologie« (Grundlagen, 495). Elaboriert vertreten wurde dieser Ansatz bereits in den 1980er Jahren von *Alfred Jäger* in seinem Buch »Diakonie als christliches Unternehmen« (1986), in der die Theologie als »theologische Achse« in diakonischen Unternehmen ihre innere Mitte vorgibt (vgl. JÄGER, Unternehmen; Unternehmenspolitik; Diakonie-Management). Dass dieser Ansatz gegenwärtig etwas antiquiert erscheint, liegt weniger daran, dass diakonische Unternehmen oder Diakonische Werke heute nicht mehr selbstverständlich von Theolog:innen geleitet werden (vgl. SIGRIST, Diakonik, 371), sondern hat seine Ursache eher darin, dass Theologie im Konzert der Wissenschaften schlicht nicht mehr in der Position ist, für irgendeine andere Wissenschaft eine Art Leitfunktion beanspruchen zu können.

Position 2: Theologie ist eine Bezugswissenschaft unter vielen.

Diese Position nimmt aktuelle organisationssoziologische Erkenntnisse von multirationalen Organisationen auf und verarbeitet sie produktiv für die Diakoniewissenschaft. Die Einsicht ist, dass diakonische Unternehmen als hybride Organisationen unterschiedliche Handlungslogiken in unterschiedlichen sozialen, politischen und wirtschaftlichen Feldern unterliegen. Vertreten wird diese Position jüngst von *Christoph Sigrist:* »Sachlich notwendig scheint uns, Diakoniewissenschaft als interdisziplinäres Forschungsgebiet zu verstehen, auf dem sich unterschiedliche Disziplinen (Sozialarbeit, Pflege, Medizin, Pädagogik, Ökonomie, Psychologie, Theologie etc.) begegnen können, um je ihre Erkenntnisperspektive und fachliche Kompetenz einzubringen. [...] Theologie wird zu einer ›Bezugswissenschaft‹ unter vielen anderen für die Diakonik, nicht weniger, jedoch auch nicht mehr« (SIGRIST, Diakonik, 371 f.). Mit dieser Position verliert Theologie ihre steuernde und normierende Funktion. Problematisch an dieser Position ist, dass Theologie als reflexiver Bezug für andere Wissenschaften im Kontext diakoniewissenschaftlicher Forschung nicht mehr verbindlich mitgedacht wird. Diakonische Praxis könnte vor diesem Hintergrund also nur aus ökonomischer oder soziologischer Sicht reflektiert werden.[3]

Position 3: Theologie wird zur Basiswissenschaft im interdisziplinären Dialog.
In der in diesem Beitrag favorisierten Position beansprucht Theologie einerseits nicht mehr, Leitwissenschaft für andere Wissenschaften zu sein, sie ist andererseits aber auch nicht nur eine unter vielen Bezugswissenschaften innerhalb der Diakoniewissenschaft. Vielmehr wird – um diakoniewissenschaftlich zu arbeiten – Theologie im Dialog mit anderen Wissenschaften zur Basiswissenschaft, zu der stets hin korreliert werden muss. Durch die Setzung der Theologie als zentraler Dialogpartner verliert die Diakoniewissenschaft in ihrer Reflexion der diakonischen Praxis dadurch nicht ihre Diakonizität. Theologie bewegt sich zwischen Position eins und zwei, indem sie einerseits nicht mehr beansprucht, Leitdisziplin zu sein, andererseits aber als Basisdisziplin mehr ist als eine unter vielen egalitären Bezugsdisziplinen.

Allerdings tun sich auch in der dritten, hier favorisierten Position Probleme auf.

Wenn Theologie in der Diakoniewissenschaft zur Basiswissenschaft für andere Disziplinen wird, dann setzt dies voraus, dass Theologie potentiell in der Lage ist, sich zu allen Themen, Problemlagen und Fragestellungen diakonischer Praxis substantiell auch äußern zu können, d. h. auch weiterführende Erkenntnisse einbringen zu können. Theologische Theorien würden damit eine große Reichweite für sich beanspruchen. Ob sich Theologie mit diesem Anspruch einen Gefallen tut und diesem Anspruch gerecht werden kann, muss zumindest in Frage gestellt werden.

Ein zweites Problem an dieser Position besteht darin, dass Theologie – anders als Sozial- und Naturwissenschaften – keinen oder keinen klaren Theoriebegriff besitzt. Fragt man Theolog:innen, was denn am Ende raus kommt, wenn sie ›Theologie treiben‹, dann bekommt man in der Regel die selbstreferentielle

---

[3] Exemplarisch hierfür können die (diakoniewissenschaftlichen) Dissertationen von Kathrin Sundermeier und Joerg Schneider angeführt werden: SUNDERMEIER, KATHRIN (2022), »Einarbeitung, Onboarding oder mehr? Eine Studie mit Gesundheits- und Krankenpfleger*innen in konfessionellen und kommunalen Krankenhäusern«. SCHNEIDER, JOERG (2012), »Was Leitung gut macht: Qualifikation und Qualifizierung diakonischer Führungskräfte«. In beiden Dissertationen ist die Theologie als Bezugswissenschaft kaum noch verortet.

Antwort: »Theologie!« In den Sozial- und Naturwissenschaften hingegen ist der Theoriebegriff zentralthematisch. Theorien sind Systeme, die wissenschaftliche Aussagen nach einem gemeinsamen Ordnungssystem strukturieren und in einen mehr oder weniger geschlossenen Zusammenhang bringen. Sie müssen wissenschaftlichen Anforderungen genügen, wie beispielsweise der Widerspruchsfreiheit, der Kompatibilität mit bewährten Wissensbeständen, der Überprüfbarkeit und der intersubjektiven Nachvollziehbarkeit (vgl. BRENDEL, Wissenschaft, 2588). Theorien als Aussagesysteme modellieren lediglich Gegenstände bzw. Zusammenhänge zwischen den Gegenständen, geben aber nicht vor, die Gegenstände an sich zu sein. Epistemologisch ist hingegen ungeklärt, um welche Aussageformen es sich bei theologischen Aussagen handelt. Im Vergleich der Theologie mit anderen Disziplinen fällt beispielsweise auf, dass der EKD-Text 104 aus dem Jahr 2009 zum Thema »Die Bedeutung der wissenschaftlichen Theologie in Gesellschaft, Universität und Kirche« komplett ohne einen Theoriebegriff auskommt. Vielmehr erfährt man: »Als Glaube an die Wahrheit des Evangeliums gewinnt er den Charakter einer umfassenden Orientierung. Er trägt und prägt nicht nur persönliche Gewissheiten, sondern vertritt in allen Dimensionen des menschlichen Lebens und Wirkens öffentlich kommunizierbare und diskussionsfähige Wahrheitsansprüche« (KIRCHENAMT DER EKD, Bedeutung, 9). Dabei weist auch der EKD-Text darauf hin, dass man bei allen Wahrheitsansprüchen nicht ausschließen könne, »dass einzelne Theologien in allen Arten von Verengungen, ideologischen Verbohrtheiten und Verblendungen hineingeraten und verkommen können« (a. a. O., 25).

Eine Diakoniewissenschaft, die Sozial- und Naturwissenschaften zum Dialog mit der Theologie als Basiswissenschaft einladen möchte, steht damit auch in der hier von mir beschriebenen dritten Position vor zwei Barrieren: Zum einen stellt wissenschaftstheoretisch die noch ungeklärte Bedeutung theologischer Theorie-Aussagen in der ›community of science‹ ein noch ungelöstes Problem dar, zum anderen entpuppt sich auch psychologisch die Haltung, im Besitz zeitlos gültiger Wahrheitsansprüche zu sein, als Hindernis für eine offene und unvoreingenommene interdisziplinäre Zusammenarbeit zwischen Theologie und anderen Wissenschaften unter dem Dach der Diakoniewissenschaft.

4. Diakoniewissenschaft als Transmissionsriemen im Sinne einer transdisziplinär arbeitenden Wissenschaft

In diesem letzten Abschnitt findet nun eine Verschiebung von der Inter- zur Transdisziplinarität statt. Beim Präfix ›trans‹ denkt man unwillkürlich an ein Überwinden oder Hinausgreifen über Bestehendes. Damit scheint es, dass es sich

bei der Transdisziplinarität um eine Steigerungsform von Interdisziplinarität handelt. Doch worin besteht erkenntnistheoretisch dieses ›Mehr‹?
Der Ursprung des Begriffes der Transdisziplinarität liegt in der Wissenschaftsphilosophie. Zwei Bedeutungsnuancen lassen sich erkennen:
1) *Erich Jantsch*, der diesen Terminus bereits 1970 als einer der Ersten nutzte, bezeichnet damit einen bildungspolitischen Weg, der das Ziel hatte, den Einfluss und die Effektivität von Wissenschaft auf die gezielte Reformierung der Gesellschaft zu steigern. Wissenschaft öffnet sich stärker für gesellschaftliche Relevanzen. Sie ist darauf angewiesen, gesellschaftliche Präferenzen in ihren Forschungsprogrammen stärker zu berücksichtigen.
2) Auf der anderen Seite kann Transdisziplinarität auch als ein genuin wissenschaftsinternes Prinzip bezeichnet werden. Diese Richtung wird vor allem von *Jürgen Mittelstraß* vertreten: Transdisziplinarität wird hier begriffen als Reparaturprinzip der Wissenschaft. Im Gegensatz zu Interdisziplinarität impliziert Transdisziplinarität die Ausbildung flexibler Forschungsstrukturen, die eine disziplinübergreifende Zusammenarbeit im Forschungsprozess ermöglichen (vgl. MITTELSTRAß, Grenzen, 97 und 171).

Nimmt man beide Bedeutungszuschreibungen von Transdisziplinarität in den Blick, dann impliziert das Präfix ›trans‹ zum einen die Überwindung der strikten Trennung von gesellschaftlicher und wissenschaftlicher Sphäre, zum anderen die Korrektur bestehender organisatorischer Forschungshindernisse in bzw. durch die Kooperation unterschiedlicher Disziplinen.

Für die Diakoniewissenschaft scheinen beide Bedeutungszuschreibungen auf den ersten Blick nichts zur Identitätsfindung beitragen zu können. Diakoniewissenschaft war und ist bis heute nicht losgekoppelt von kirchlicher, diakonischer und gesellschaftlicher Praxis. Insofern ist sie bereits in ihren Fragestellungen offen für Probleme diakonischer und kirchlicher Praxis. Ferner teilt Diakoniewissenschaft nicht das Problem einer disziplinären Engführung, wie es Mittelstraß für andere Disziplinen konstatiert. Im Gegenteil: Der Dialog mit den Bezugswissenschaften aus Ökonomie, Gesundheits- und Sozialwissenschaften ist der Diakoniewissenschaft inhärent.

Was also könnte der Begriff der Transdisziplinarität im Diskurs der Diakoniewissenschaft bezeichnen, worin der erkenntnistheoretische Mehrwert gegenüber einer interdisziplinär grundierten Diakoniewissenschaft liegen, worin könnten die Chancen und der Nutzen bestehen? Anders als in den beiden wissenschaftsphilosophischen Konzepten könnte Transdisziplinarität als Attribut eines präferierten Wissenschaftsverständnisses von Diakoniewissenschaft dienen, das vor allem die *Relationierung multidisziplinärer Theorien* innerhalb der Disziplin in den Vordergrund rückt. *Jürgen Mittelstraß* hat 2003 Transdisziplinarität wie folgt zu fassen versucht:

»Während wissenschaftliche Zusammenarbeit allgemein die Bereitschaft zur Kooperation in der Wissenschaft und Interdisziplinarität in der Regel in diesem Sinne eine konkrete Zusammenarbeit auf Zeit bedeutet, ist mit *Transdisziplinarität* gemeint, daß Kooperation zu einer andauernden, die fachlichen und disziplinären Orientierungen selbst verändernden wissenschaftssystematischen Ordnung führt. Dabei stellt sich Transdisziplinarität sowohl als eine Forschungs- und Arbeitsform der Wissenschaft dar, wo es darum geht, außerwissenschaftliche Probleme, z. B. [...] Umwelt-, Energie- und Gesundheitsprobleme zu lösen, als auch ein innerwissenschaftliches, die Ordnung des wissenschaftlichen Wissens und der wissenschaftlichen Forschung selbst betreffendes Prinzip. In beiden Fällen ist Transdisziplinarität ein Forschungs- und Wissenschaftsprinzip, das dort wirksam wird, wo eine allein fachliche oder disziplinäre Definition von Problemlagen und Problemlösungen nicht möglich ist bzw. über derartige Definitionen hinausgeführt wird« (MITTELSTRAß, Transdisziplinarität, 9 f.).

Damit rücken die bereits erwähnten Unterscheidungskriterien zur Interdisziplinarität in den Mittelpunkt: Dauerhaftigkeit der Kooperation, Transformation disziplinärer Orientierungen und die Beschäftigung mit außerdisziplinären Problemlagen. Die Relationierung multidisziplinärer Theorien kann für die Diakoniewissenschaft als Modifikation und Verknüpfung von heterogenen Theorien gedacht werden. Diakoniewissenschaft leistet als *Transmissionsriemen* den Wissenstransfer zwischen der Basiswissenschaft Theologie und den Bezugsdisziplinen mit beispielsweise Ökonomie, Sozial- und Gesundheitswissenschaften. Geht man mit Heiko Kleve davon aus, dass Disziplinen nicht durch einen ›Kern‹ konstituiert sind, sondern durch netzartige Knoten (vgl. KLEVE, Sozialarbeitswissenschaft, 115), dann läge die besondere Aufgabe einer Diakoniewissenschaft darin, die Stränge und die Verbindungslinien der relevanten Disziplinen herauszuarbeiten und zu verfolgen.

Abschließend soll eine transdisziplinäre Arbeitsweise in der Diakoniewissenschaft anhand eines mehrstufigen Modells exemplarisch vorgestellt werden.

Nach *Rico Defila* und *Antonietta Di Giulio* benötigen wissenschaftliche Disziplinen u. a. folgende identitätsstiftende Merkmale (vgl. DEFILA/DI GIULIO, Disziplinarität, 112 f.). Dazu zählen
(1) ein relativ homogener Kommunikationszusammenhang von Forscher:innen, die sog. scientific community,
(2) ein Bestand an Wissen, d. h. Aussagen, Erkenntnissen und Theorien,
(3) für eine Disziplin relevante Forschungsprobleme,
(4) disziplinspezifische Methoden zur Bearbeitung des Problems und
(5) einer »spezifischen Karrierestruktur mit institutionalisierten Sozialisationsprozessen [...]«.

Untersucht man nun einige dieser Kriterien auf ihre ›Inter- bzw. Trans-Relation‹ hin, dann ergibt sich exemplarisch ein mehrstufiges Vorgehen:

Erster Schritt: Teilen eines gemeinsamen Untersuchungsgegenstandes

Mit Beginn der »Ökonomisierung der Sozialen Arbeit« in den 1990er Jahren (vgl. ORAVETZ, Ökonomisierung; LINK, Kritik; MÜLLER u.a., Ökonomisierungsfalle; SCHÖNIG u.a., Ökonomie) änderten sich auch in der Diakonie die Formen der Finanzierung sozialer Dienstleistungen, und es wuchs zugleich der finanzielle Druck in den Einrichtungen. Themen wie Budgetierung, Effizienz, Erfolgsmessung, Lean Management und Qualitätsmanagement sind bis heute u.a. Ausdruck dafür, dass in diakonischen Einrichtungen über die Ressourcen, d.h. über die Finanzierung und die Wirtschaftlichkeit diakonischer Dienstleistungen kontinuierlich nachgedacht werden muss. Der Untersuchungsgegenstand wäre daher die zunehmende *Ressourcenknappheit in der Diakonie*.

Zweiter Schritt: Suche nach gemeinsamen Problem- und Fragestellungen

Bei der Suche nach gemeinsamen Problem- und Fragestellungen formulierte *Karl Raimund Popper* mit Blick auf wissenschaftliche Problemstellungen: »Wir studieren ja nicht Fächer, sondern Probleme« (POPPER, Vermutungen, 97). Diese Probleme machen allerdings an den Grenzen wissenschaftlicher Disziplinen nicht halt, sondern greifen oft weit über die Grenzen eines bestimmten Gegenstandsbereichs hinaus. Transdisziplinarität bestünde hier im disziplinübergreifenden Angehen (und evtl. Lösen) des Problems, das sich aufgrund seiner Beschaffenheit und Komplexität nicht ausschließlich von Einzeldisziplinen bearbeiten lässt.[4] Für das Problem der Ressourcenknappheit in der Diakonie könnten als Problem- und Fragestellungen in Frage kommen:
- Welche disziplinspezifischen Sichtweisen auf das Thema ›Ressourcen‹ und ›Knappheit von Ressourcen‹ bringen die beteiligten Disziplinen auf den Gegenstand ein?
- Welche Handlungsimplikationen leiten die Disziplinen generell und für diakonische und kirchliche Einrichtungen im Besonderen daraus ab?

Dritter Schritt: Auswahl der Disziplinen

Bei der Auswahl möglicher wissenschaftlicher Perspektiven auf den Untersuchungsgegenstand sollte für eine transdisziplinäre Arbeitsweise zunächst das theoretische Integrationsniveau nicht außer Acht gelassen werden. Nach *Heckhausen* (Forschung; vgl. auch JUNGERT, Interdisziplinarität) zeichnen sich Disziplinen durch unterschiedliche Integrationsniveaus aus. *Heckhausen* versteht

---

[4] Vergleiche die verheerenden Folgen der Corona-Pandemie, in der von der Politik nahezu ausschließlich virologisch und medizinisch versucht wurde, das Problem zu fassen und zu lösen, die psychologischen und sozialen Gefahren hingegen für viele Jahre zunächst völlig bedeutungslos und unberücksichtigt blieben.

darunter den spezifischen Umgang einer Disziplin mit einem Gegenstandsbereich in Form von Betrachtungsebene inklusive Methoden, Modellen und Theorien. Der Abstand zwischen verschiedenen Integrationsniveaus verschiedener Disziplinen ist nun auch ein entscheidender Faktor bezüglich der Möglichkeit von Inter- bzw. Transdisziplinarität. Je näher sie beieinanderliegen, desto leichter fällt die Zusammenarbeit. Und je weiter sie auseinanderfallen, umso schwieriger wird es, den für Inter- und Transdisziplinarität (die ernsthaft über Multidisziplinarität hinausgelangen möchte) wichtigen gemeinsamen Nenner zu finden, da neben den üblichen Unterschieden in den jeweiligen Wissenschaftssprachen und -kulturen grundsätzliche Differenzen in der Art des theoretischen Zugangs und der Integrationsebene auf den Plan treten.

Für das Problem der Ressourcenknappheit in der Diakonie könnten als wissenschaftliche Blickrichtungen die Ökonomie, die Psychologie und die Theologie als Basiswissenschaft wichtige Perspektiven zutage fördern. Als spezifische Fragestellungen wären dann zu formulieren:
- Welche disziplinspezifischen Sichtweisen auf das Thema ›Ressourcen‹ und ›Knappheit von Ressourcen‹ bringen Ökonomie, Psychologie und Theologie auf den Gegenstand ein? Welche dieser Erkenntnisse sind relevant für Gegenwart und Zukunft?
- Welche Folgerungen und Handlungsimplikationen leiten diese drei Disziplinen generell und für diakonische und kirchliche Einrichtungen im Besonderen daraus ab?

Vierter Schritt: Diakoniewissenschaftliches Kongruieren

Mit dem vierten Schritt beginnt die eigentliche Arbeit einer sich als transdisziplinär verstehenden Diakoniewissenschaft. Würde der Untersuchungsgegenstand lediglich multidisziplinär bearbeitet werden, könnte keine disziplinäre Verzahnung methodischer und konzeptioneller Art erfolgen. Es würden lediglich mehrere Teilansichten im Blick auf den Untersuchungsgegenstand zusammengebracht werden. Das diakoniewissenschaftliche Proprium, Theologie als Basiswissenschaft mit anderen Fachwissenschaften in Beziehung zu setzen, wird in Anlehnung an *Rainer Merz* als »diakonisches Kongruieren« bezeichnet (MERZ 2007, 71). Diakonisches Kongruieren meint ein In-Übereinstimmung-Bringen von unterschiedlichen Handlungslogiken, Zugängen und Perspektiven zu einem Thema. Im Sinne des diakonischen Kongruierens werden nun zusätzlich die Strukturbeziehungen der ökonomischen, psychologischen und theologischen Theorien zur Ressourcenknappheit überprüft. Zu fragen wäre in diesem Schritt u. a., welche Voraussetzungen, Prämissen, anthropologische Grundannahmen und Handlungsimplikationen in den Theorien zu finden sind und wo es hier zu Übereinstimmungen, aber auch zu Differenzen kommt.

Wie auch Einrichtungen der Diakonie multirationale Organisationen sind, ermöglicht auch Diakoniewissenschaft als Wissenschaft einen multiperspektivischen Blick und Zugang auf ihren Untersuchungsgegenstand. Wahrnehmen, Urteilen und Handeln im Kongruieren multiperspektivischer Betrachtungsweisen wird damit zur Kernkompetenz diakoniewissenschaftlichen und diakonisch-professionellen Handelns. Die Art und Weise, wie Mitarbeitende und Leitende in Diakonie und Kirche soziale Wirklichkeit wahrnehmen und beurteilen, entscheidet maßgeblich über ihr professionelles Handeln.

Fünfter Schritt: Anbahnung transdisziplinärer Rückkopplungsschleifen

Diakonisches Kongruieren stellt keine Einbahnstraße dar. Es geht um einen transdisziplinären Dialog zwischen Theologie und anderen relevanten Fachwissenschaften für Kirche und Diakonie. In diesem Schritt ist nun zu fragen, welche neuen Erkenntnisinteressen und Fragestellungen sich aus den jeweiligen disziplinären Perspektiven für die anderen Disziplinen ergeben. Genauer:
- Welche neuen Erkenntnisinteressen und Fragestellungen ergeben sich unter Umständen aus der Theologie für die Ökonomie und die Psychologie?
- Welche neuen Erkenntnisinteressen und Fragestellungen ergeben sich unter Umständen aus der Ökonomie für die Theologie und die Psychologie?
- Welche neuen Erkenntnisinteressen und Fragestellungen ergeben sich unter Umständen aus der Psychologie für die Theologie und die Ökonomie?

Sechster Schritt: Theorieverknüpfung und Theoriemodifikation

In diesem letzten Schritt wäre nun zu fragen, was die neuen Erkenntnisse wiederum für die Theoriebildung in Theologie, Ökonomie und Psychologie bedeuten, wo können Theorieaspekte miteinander verknüpft und wo modifiziert werden und was bedeuten diese neuen theoretischen Perspektiven wiederum für die zwei Ausgangsfragestellungen des Forschungsprojektes.

Die hier exemplarisch skizzierten mehrstufigen Schritte einer sich als transdisziplinär verstehenden diakoniewissenschaftlichen Forschung sind nicht voraussetzungslos. In Anlehnung an *Thomas Sukopp* (Transdisziplinarität, 25 f.; vgl. auch MITTELSTRAß, Transdisziplinarität, 22 f.) wären auch für die Diakoniewissenschaft vier Voraussetzungen zentral für Transdisziplinarität:
(1) Die beteiligten Personen und Institutionen benötigen den Willen zu lernen und die eigenen disziplinären Vorstellungen zur Disposition zu stellen;
(2) Nötig ist die Erarbeitung einer eigenen inter- bzw. transdisziplinären Kompetenz in »produktiver Auseinandersetzung mit anderen Disziplinen«;
(3) »Die Fähigkeit zur Reformulierung eigener Ansätze im Lichte der gewonnenen inter- bzw. transdisziplinären Kompetenz« und schließlich
(4) die »Erstellung eines gemeinsamen Textes, in dem die Einheit der Argumentation (›transdisziplinäre Einheit‹) an die Stelle eines Aggregats disziplinärer Teile tritt«.

Nach diesem Verständnis wäre Diakoniewissenschaft ein Transmissionsriemen im Sinne einer transdisziplinär arbeitenden Wissenschaft. Es käme so zu einer relativ dauerhaften Kooperation unterschiedlicher und relevanter Disziplinen zu einem ausgewählten Forschungsgegenstand sowie zu thematisch bedingten und partiellen Transformationen in den beteiligten Disziplinen durch die Beschäftigung disziplinär geteilter Forschungsthemen und -fragestellungen. Insofern würde sich die Komplexität des Untersuchungsgegenstandes, nämlich kirchlich-diakonische Wirklichkeit in all ihren Facetten zu erforschen, auch im komplexen Programm einer diakoniewissenschaftlichen Forschung widerspiegeln.

Literatur

BALSIGER, PHILIPP W. (2005): Transdisziplinarität. Systematisch-vergleichende Untersuchung disziplinübergreifender Wissenschaftspraxis. München.

BRENDEL, ELKE (2011): Wissenschaft. In: PETRA KOLMER/ARMIN WILDFEUER (Hg.): Neues Handbuch philosophischer Grundbegriffe. Freiburg i. Br./München, 2588–2601.

BRINK, ALEXANDER (2015): Interdisziplinarität im Diakoniemanagement als Wissenschaft – ein Systematisierungsversuch. In: MATTHIAS BENAD/MARTIN BÜSCHER/UDO KROLZIK (Hg.): Diakoniewissenschaft und Diakoniemanagement an der Kirchlichen Hochschule Wuppertal/Bethel. Interdisziplinarität, Normativität, Theorie-Praxis-Verbindung. Baden-Baden, 51–62.

DIAKONIE DEUTSCHLAND – Evangelisches Werk für Diakonie und Entwicklung e.V. (Hg.): Die Diakonie in Zahlen: https://www.diakonie.de/die-diakonie-in-zahlen (Stand: 20.08.23).

DEFILA, RICO/DI GIULIO, ANTONIETTA (1998): »Interdisziplinarität und Disziplinarität«, in: JAN H. OLBERTZ (Hg.): Zwischen den Fächern – über den Dingen? Universalisierung versus Spezialisierung akademischer Bildung. Opladen, 111–137.

EID, ELLEN/EURICH, JOHANNES (2016): Diakoniewissenschaft. In: NORBERT FRIEDRICH et. al (Hg.): Diakonie-Lexikon. Göttingen, 118–119.

EID, ELLEN/EURICH, JOHANNES (2016): Theoretische Grundlagen und aktuelle Entwicklungen der Diakoniewissenschaft. In: JOHANNES EURICH/HEINZ SCHMIDT (Hg.): Diakonik: Grundlagen – Konzeptionen – Diskurse, 347–362.

EURICH, JOHANNES (2016): Unternehmerische Diakonie. In: JOHANNES EURICH/HEINZ SCHMIDT (Hg.): Diakonik: Grundlagen – Konzeptionen – Diskurse. Göttingen, 188–219.

EVERS, ADALBERT/EWERT, BENJAMIN (2010): Hybride Organisationsformen im Bereich sozialer Dienste. Ein Konzept, sein Hintergrund und seine Implikationen. In: THOMAS KLATETZKI (Hg.): Soziale personenbezogene Dienstleistungsorganisationen. Soziologische Perspektive. Wiesbaden, 103–128.

GÖTZELMANN, ARND/HERRMANN, VOLKER (2004): Zu den Grundlagen und Entwicklungen der wissenschaftlichen Reflexion diakonischen Handelns. In: MICHAEL SCHIBILSKY/ RENATE ZITT (Hg.): Theologie und Diakonie. Gütersloh, 483–500.

HAEFFNER, JOHANNES (2021): Wie Sie mit BASAD arbeiten können. In: JÖRG LANCKAU u. a. (Hg.): Biblisches Arbeitsbuch für Soziale Arbeit und Diakonie. Tübingen, 20-24.

HAEFFNER, JOHANNES (2023): Perspektiven kirchlicher Arbeit aus Sicht der Ausbildung von Diakoninnen und Diakonen in einer Kirche der Zukunft. In: Praxis Gemeindepädagogik. Zeitschrift für Evangelische Bildungsarbeit. 76. Jg./H.1, 6-7.

HECKHAUSEN, HEINZ (1972): Discipline and Interdisziplinarity. In: LEO APOSTEL u. a. (Hg.): Interdisciplinarity. Problems of teaching and research in universities. Paris: OECD, 83-89.

HECKHAUSEN, HEINZ (1987): Interdisziplinäre Forschung zwischen Intra-, Multi- und Chimären-Disziplinarität. In: JÜRGEN KOCKA (Hg.): Interdisziplinarität. Praxis - Herausforderung - Ideologie. Frankfurt a. M., 129-145.

HERRMANN, VOLKER (2008): »[...] die Forderung einer eigenen Disziplin ›Diakonik‹ ist erst wenige Jahre alt«. Eine kleine Skizze der Geschichte der Diakoniewissenschaft im 19. und 20. Jahrhundert. In: JOHANNES EURICH/CHRISTIAN OELSCHLÄGEL (Hg.): Diakonie und Bildung. Heinz Schmidt zum 65. Geburtstag. Stuttgart, 85-108.

HOFMANN, BEATE (2016): Das Miteinander unterschiedlicher Rationalitäten als Führungsaufgabe. In: JOHANNES EURICH/HEINZ SCHMIDT (Hg.): Diakonik: Grundlagen - Konzeptionen - Diskurse. Göttingen, 209-210.

HOFMANN, BEATE (2016): Formen der Interdisziplinarität in der Diakoniewissenschaft. In: JOHANNES EURICH/HEINZ SCHMIDT (Hg.): Diakonik: Grundlagen - Konzeptionen - Diskurse. Göttingen, 363-365.

HÖRNIG, THOMAS (2014): »Aschenbrödels« kleine Schwester. Die Lehre von der Inneren Mission, Diakonik und Diakoniewissenschaft zwischen Praktischer Theologie und Sozialer Arbeit. In: MONIKA BARZ/CHRISTIANE SCHMIEDER (Hg.): Spielräume gestalten. Soziale Arbeit im Rampenlicht. Stuttgart, 98-127.

JÄGER, ALFRED (1986): Diakonie als christliches Unternehmen. Theologische Wirtschaftsethik im Kontext diakonischer Unternehmenspolitik. Gütersloh.

JÄGER, ALFRED (1992): Diakonische Unternehmenspolitik. Analysen und Konzepte kirchlicher Wirtschaftsethik. Gütersloh.

JÄGER, ALFRED (2006): Diakonie-Management ist an der Zeit. In: CHRISTOPH SIGRIST (Hg.): Diakonie und Ökonomie. Orientierungen im Europa des Wandels. Zürich, 169-184.

JANTSCH, ERICH (1970): »Inter- and Transdisciplinarity University: A Systems Approach to Education and Innovation«. In: Policy Sciences 1 (1), 403-428.

JUNGERT, MICHAEL (²2013): Was zwischen wem und warum eigentlich? Grundsätzliche Fragen zur Interdisziplinarität. In: MICHAEL JUNGERT u. a. (Hg.): Interdisziplinarität: Theorie, Praxis, Probleme. Darmstadt, 1-12.

KIRCHENAMT DER EKD (Hg.) (1996): Grundsätze einer kirchlichen Bildungsordnung für gemeindebezogene Dienste (EKD Informationen). Hannover.

KIRCHENAMT DER EKD (Hg.) (2009): Die Bedeutung der wissenschaftlichen Theologie in Gesellschaft, Universität und Kirche (EKD.T.104). Hannover.

KIRCHENAMT DER EKD (Hg.) (2014): Perspektiven für diakonisch-gemeindepädagogische Ausbildungs- und Berufsprofile. Tätigkeiten - Kompetenzprofil - Studium (EKD.T 118). Hannover.

KLEVE, HEIKO (2003): Sozialarbeitswissenschaft, Systemtheorie und Postmoderne. Grundlegungen und Anwendungen eines Theorien- und Methodenprogramms. Freiburg i. Br.
LERCH, SEBASTIAN (2017): Interdisziplinäre Kompetenzen. Eine Einführung. Münster.
LINK, OLAF (2013): Kritik der Ökonomisierung der Sozialen Arbeit. Plädoyer für eine freudvolle Soziale Arbeit. Würzburg.
LÖFFLER, WINFRIED (^{2}2013): Vom Schlechten des Guten: Gibt es schlechte Interdisziplinarität? In: MICHAEL JUNGERT u.a. (Hg.): Interdisziplinarität: Theorie, Praxis, Probleme. Darmstadt, 157–172.
MERZ, RAINER (2007): Diakonische Professionalität. Zur wissenschaftlichen Rekonstruktion des beruflichen Selbstkonzeptes von Diakoninnen und Diakonen. Eine berufsbiographische Studie. Heidelberg.
MERZ, RAINER/SCHINDLER, ULRICH/SCHMIDT, HEINZ (Hg.) (2008): Dienst und Profession. Diakoninnen und Diakone zwischen Anspruch und Wirklichkeit. Heidelberg.
MITTELSTRAß, JÜRGEN (2001): Wissen und Grenzen. Philosophische Studien. Frankfurt a. M.
MITTELSTRAß, JÜRGEN (2003): Transdisziplinarität – wissenschaftliche Zukunft und institutionelle Wirklichkeit. Konstanz.
MÜHLUM, ALBERT/WALTER, JOACHIM (1998): Diakoniewissenschaft zwischen Theologie und Sozialarbeit. In: ARND GÖTZELMANN/VOLKER HERRMANN/JÜRGEN STEIN (Hg.): Diakonie der Versöhnung. Ethische Reflexion und soziale Arbeit in ökumenischer Verantwortung (FS Theodor Strohm), Stuttgart, 277–289.
MÜLLER, CARSTEN u.a. (2016): Soziale Arbeit in der Ökonomisierungsfalle? Wiesbaden.
NOLLER, ANNETTE (2016): Diakoniewissenschaft als interdisziplinäre, doppelte qualifizierende Verbunddisziplin. In: JOHANNES EURICH/HEINZ SCHMIDT (Hg.): Diakonik: Grundlagen – Konzeptionen – Diskurse. Göttingen, 379–387.
ORAVETZ, BIANCA (2013): Ökonomisierung der Sozialen Arbeit: Auswirkungen und Folgen. Saarbrücken.
POPPER, KARL R. (2000; 1963): Vermutungen und Widerlegungen. Das Wachstum der wissenschaftlichen Erkenntnis. Tübingen.
SCHNEIDER, JOERG (2012): Was Leitung gut macht: Qualifikation und Qualifizierung diakonischer Führungskräfte. Marburg.
SCHÖNIG, WERNER u.a. (2018): Lehrbuch Ökonomie in der Sozialen Arbeit. Weinheim/Basel.
SIGRIST, CHRISTOPH (2016): Diakonik im entkonfessionalisierten Kontext. In: JOHANNES EURICH/HEINZ SCHMIDT (Hg.): Diakonik: Grundlagen – Konzeptionen – Diskurse. Göttingen, 366–378.
SUKOPP, THOMAS (^{2}2013): Interdisziplinarität und Transdisziplinarität. Definitionen und Konzepte. In: MICHAEL JUNGERT u.a. (Hg.): Interdisziplinarität: Theorie, Praxis, Probleme. Darmstadt, 13–29.
SUNDERMEIER, KATHRIN (2022): Einarbeitung, Onboarding oder mehr? Eine Studie mit Gesundheits- und Krankenpfleger*innen in konfessionellen und kommunalen Krankenhäusern. Göttingen.
VEDD (Verband Evangelischer Diakonen-, Diakoninnen- und Diakonatsgemeinschaften) (2019): Kompetenzmatrix 2.0. Kriterien für die Ausbildung von Diakoninnen und

Diakonen im Rahmen der doppelten Qualifikation. https://www.vedd.de/wp-content/uploads/2019/07/Impuls-4-Kompetenzmatrix-2019.pdf (Stand: 20.08.2023).

VOLLMER, GERHARD (^{2}2013): Interdisziplinarität – unerlässlich, aber leider unmöglich? In: MICHAEL JUNGERT u.a. (Hg.): Interdisziplinarität: Theorie, Praxis, Probleme. Darmstadt, 47–75.

ZITT, RENATE (2004): Diakonische Perspektiven für theologische Bildung und Ausbildung. In: HELMUT HANISCH/HEINZ SCHMIDT (Hg.): Diakonische Bildung. Heidelberg, 194–218.

Lebensschutz und Selbstbestimmung klug ausbalancieren
Fallbeispiel Suizidassistenz
Sigurd Rink

Im diakonischen Handeln der evangelischen Kirche werden derzeit drei normative Themenkomplexe diskutiert, die zunächst weit voneinander weg zu sein scheinen, bei näherer Betrachtung jedoch einige Analogien aufweisen: Die Frage einer Assistenz bei einem geplanten Suizid; die Frage des Schwangerschaftsabbruchs (rund um § 218 StGB); und die Konzeptionen rund um das Themenfeld Prostitution und Sexkaufverbot.

Beim Thema Schwangerschaftsabbruch geht es um den Beginn eines werdenden Lebens. Bei der Assistenz eines Suizids um dessen Beendigung. Und beim Thema Prostitution um die Frage, ob eine Bereitstellung des eigenen Körpers zu Zwecken des Gelderwerbs ethisch legitim ist.

Sind also die Anlässe dieser Debatten im ethischen Raum durchaus sehr verschieden, so geht es doch bei allen gemeinsam um eine grundlegende Bestimmung von konkurrierenden Werten und Rechtsgütern.

Reduziert auf den wesentlichen Wertekonflikt könnte man sagen: In jedem der drei Fälle geraten die für unsere Gesellschaft konstitutiven Werte von Lebensschutz und Selbstbestimmung auf je eigene Weise in Konflikt zueinander.

Kaum jemand würde ernsthaft bestreiten wollen, dass der Wert und die Würde menschlichen Lebens ein hohes, wenn nicht gar das höchste Gut darstellt, das unsere Gesellschaft eint. Wenn die Verfassung der Bundesrepublik Deutschland, das Grundgesetz, nach den entgrenzten Verheerungen des Nationalsozialismus bereits in Artikel 1 eröffnet mit den Kernsätzen:

> »Die Würde des Menschen ist unantastbar.
> Sie zu achten und zu schützen ist Verpflichtung aller staatlichen Gewalt.«

So sind diese Sätze Motto, Überschrift, Kernbotschaft der ganzen Verfassung und des bundesrepublikanischen Rechtswesens.

Gleichzeitig kommt dem Wert der Selbstbestimmung, manchmal auch Autonomie genannt, ein hoher und stetig wachsender Stellenwert zu.

Verfolgt man die gesellschaftlichen Debatten der vergangenen Jahrzehnte, so wird man festhalten müssen, dass national wie international, etwa bei den Vereinten Nationen, die Verwirklichung der Selbstbestimmung eines einzelnen, stets in Sozialität lebenden Menschen eine Art Leitmotiv und zugleich einen cantus firmus darstellt.

Das kann man in der zunehmenden Gleichstellung von Menschen gleich welchen Geschlechts, in der Bedeutung von Anti-Diskriminierung, in den zunehmenden Rechten von beeinträchtigten Menschen und vielem mehr festmachen.

Ethisch interessant wird es nun, wenn man es wie hier mit zwei sehr grundlegenden Werten zu tun hat, die in Konflikt miteinander geraten können.

Ja, die teilweise überhaupt nur konfliktethisch zu behandeln sind.

Das ist evident am Beispiel des umstrittenen Schwangerschaftsabbruchs, wo der Lebensschutz eines werdenden Kindes in Konflikt treten kann mit den Selbstbestimmungsrechten einer schwangeren Frau. Kaum jemand wird bestreiten, dass es allerspätestens ab der 22. Woche der Schwangerschaft, also nach derzeitigem Forschungsstand der sog. »extrauterinen« Lebensfähigkeit eben immer auch um den Schutz des ungeborenen Lebens geht, das die Eltern nicht gleichsam willkürlich beenden können. Diesem Lebensschutz dienen derzeit die Strafrechtsnormen.

Das Fallbeispiel Suizidassistenz, dem wir uns hier verstärkt zuwenden wollen, zeigt diese grundlegende Spannung zwischen Schutz des Lebens und Selbstbestimmung der handelnden Personen in anderer Weise auf.

1. Die Werte hinter den Normen

Wenn die Gesetze, die wir uns in unserer Gesellschaft geben und die sich in stetem Wandel befinden, so etwas darstellen wie »geronnene Ethik« (REINER ANSELM), dann stellt sich ja unmittelbar die Frage, wie es zu diesen Konsensen kommen konnte, die – im Falle des Grundgesetzes – den Parlamentarischen Rat oder eben ansonsten den Deutschen Bundestag passierten.

Und obgleich man den Eindruck hat, dass das Gesellschaftssystem der Religion in der spätmodernen, »westlichen« Gesellschaft in einem lange andauernden Rückzugsprozess begriffen ist, wird man doch nicht umhinkommen, die gesellschaftlichen Grundwerte viel tiefer zu verankern, als das die letzten 75 Jahre – dies wird in diesem Jahr 2024 gefeiert – darstellen könnten.

Die »Longue durée«, die lange Dauer, die schon ein *Fernand Braudel* aus der Annales-Schule der französischen Geschichtswissenschaft für Mentalitäten festgemacht hat, gilt eben auch für grundlegende Werte und Rechtsgüter, die sich nicht selten bis in antike Zeiten zurückführen lassen.

So resultiert der grundlegende Wert und die unverlierbare Würde und damit der Schutz menschlichen Lebens schon aus einer so prominenten Stelle der hebräischen Bibel wie Genesis/1. Mose 1. Eröffnet das Grundgesetz mit der unverlierbaren Würde des Menschen, so hat es seinen Maßstab im jüdisch-christlichen Kulturkreis. Und dies ist alles andere als zufällig. Nach der »Umwertung aller Werte« im Nationalsozialismus, der eine Entwürdigung menschlichen Lebens in die Tat umsetzte, die in ihrer Form beispiellos war in der Geschichte der Menschheit und dem jüngst cineastisch noch einmal in »Zone of Interest« ein ebenso großartiges wie bedrückendes Dokument gesetzt wurde, war es naheliegend, sich auf Grundwerte zu besinnen, die sowohl in anderen Landesverfassungen, etwa denen der Vereinigten Staaten von Amerika (USA) als auch der Weimarer Reichsverfassung als auch im jüdisch-christlichen Kulturkreis wurzelten.

Und so wie GG Art. 1 das Grundgesetz eröffnet, so eröffnet der erste Schöpfungsbericht eben den biblischen Kanon. Dabei ist hier nebensächlich, zu welcher Datierung dieses Schöpfungsberichts in Genesis 1 man neigt. Mag er ruhig in seinem Kern erst nachexilisch sein, das heißt erst nach dem 6. Jahrhundert vor Christus entstammen. Die Kernaussage steht:

»Gott schuf den Menschen zu seinem Bilde, zum Bilde Gottes schuf er ihn.«
Genesis 1,27

Die Gottesebenbildlichkeit des Menschen, lateinisch imago dei, führt zu seiner unverlierbaren Würde. Und in der Bekräftigung der jeweiligen Sentenz:

»Gott sah an alles, was er gemacht hatte, und siehe, es war sehr gut.«

wird diese Bestimmung zusätzlich affirmiert.

Dieser Wert und die Würde menschlichen Lebens eignen dabei natürlich zunächst dem lebenden Menschen zwischen Geburt und Tod. Der Wert erschöpft sich aber darin nicht. Er beginnt mit der Zeugung, also dem potentiellen und noch vollständig mit der Mutter verbundenen Leben und hört auch nicht mit dem Tod plötzlich auf.

Wert und Würde eines individuellen menschlichen Lebens reichen über die Schwelle des Todes, was sich in mannigfachen Riten, Erinnerungen und Bräuchen zeigt. Ob es die Aussegnung ist, die Bestattung, die Beerdigung, der Grabstein: stets wird dem verstorbenen Menschen in einer Haltung von Ehrerbietung und Respekt gedacht.

Wo dies nicht so ist – und ginge es um die schlimmsten Verbrecher wie etwa im Falle eines Benito Mussolini – läuft etwas grundlegend schief. Das hoch angesehene Handeln eines »Volksbunds deutscher Kriegsgräberfürsorge«, der noch nach 80 Jahren des Endes des Zweiten Weltkriegs Soldaten im russischen Kaukasus birgt – waren sie nun Opfer oder Täter oder beides zugleich – trägt dem auf beeindruckende Weise Rechnung. Eine Million von Gräbern wurden so neu geschaffen, um Wert und Würde dieses 25-jährigen Gefreiten, nennen wir ihn Max Hofmann, zu erhalten.

Die unverlierbare Würde und der unschätzbare Wert menschlichen Lebens ist dabei meines Erachtens sowohl in der Weite ökumenischen Denkens als auch interkulturell ein »common sense«, eine Grundüberzeugung.

Stellt also der Schutz menschlichen Lebens ein unbestreitbar hohes Gut dar, so ist der in diesem Falle konkurrierende Wert der Selbstbestimmung und der Autonomie nicht in gleicher Weise kulturell, religiös und ökumenisch konnotiert. In meiner historischen Rekonstruktion würde ich das Erstarken des Gedankens/ des Konzeptes der Selbstbestimmung frühestens mit dem ausgehenden Mittelalter und der beginnenden Neuzeit ansetzen, also mit Bewegungen wie dem Humanismus oder den Reformationen des 16. Jahrhunderts und dann sicherlich noch mal ganz anders qualifiziert in all den denkerischen Bemühungen der Aufklärung, die in diesem Jahr 2024 und im deutschsprachigen Raum sicherlich zuvörderst mit Immanuel Kant verbunden sind.

Obwohl also der grundlegende Wert der Selbstbestimmung erst seit jüngerer Zeit Konjunktur hat und sich nach und nach jedenfalls im Einzugsbereich »westlicher« Demokratien und deren Rechtssetzungen stärker und stärker durchsetzt, muss man aus religiöser und theologischer Sicht doch konstatieren, dass mit der Reformation eines Martin Luther und vieler anderer ein gewisser, zaghafter und doch erkennbarer Paradigmenwechsel begann.

Dieser macht sich daran fest, dass die Institution der römisch-katholischen Kirche nach protestantischem Verständnis zwar hoffentlich für den einzelnen Gläubigen hilfreich sein mag, dass aber die Kirche als Institution nicht mehr heilsnotwendig ist.

Der einzelne Christ – und da ist dann eben eine evangelische Kirche auch Teil einer beginnenden Neuzeit – steht in einer singulären, direkten Gottesbeziehung. Er braucht weder die Heerscharen akkreditierter Heiliger noch der Jungfrau Maria noch eines zentralen römischen Lehramtes, um vor seinem »forum internum«, seinem Gewissen zu bestehen. Was er dagegen braucht, ist das Zeugnis der Heiligen Schrift und eben sein eigenes Gewissen, was hoffentlich durch eine zureichende Bildung gut geschult ist. Wo beides in Kongruenz zueinander tritt, »matcht«, wie man »neudeutsch« sagen würde, darf der einzelne Christ – bei aller Fehlerhaftigkeit – gewiss sein, auf der rechten Spur zu sein.

Dies führt letztlich dazu, wie die Existentialisten besonders nach dem Zweiten Weltkrieg sagen werden, dass der Mensch »in die Freiheit geworfen ist«. Zur Entscheidungsfindung in komplexen ethischen Konfliktlagen mag die Lektüre eines Katechismus hilfreich und gut sein – sie entlastet aber eben nicht von der eigenen Urteilsbildung und den eigenen Handlungsnotwendigkeiten – in aller Vorläufigkeit menschlichen Tuns.

Der Unterschied zu vielen Formen römisch-katholischer Kirchlichkeit wie Lehrbildung ist in dieser Hinsicht nach wie vor offensichtlich.

Werte wie Selbstbestimmung oder Autonomie werden im römischen Katholizismus bis heute häufig skeptisch betrachtet.

Immer wieder finden sich in römischen Verlautbarungen bis in die 2020er Jahre hinein Äußerungen, die konnotieren, dass die wachsende Selbstbestimmung des einzelnen Menschen kritisch zu betrachten ist.

Und das ist aus Sicht einer römischen Kurie, die versucht, in diesen spätmodernen Zeiten die Einheit der Lehrbildung und eines zentralen römischen Lehramtes einer Weltkirche zu halten, ja nur zu verständlich.

Deshalb also auch die massiven Unterschiede in der Beurteilung moralischer und ethischer Konfliktsituationen im römisch-katholischen und protestantischen Bereich. Wenn menschliches Leben uneingeschränkt mit der Zeugung beginnt und unbedingt zu erhalten ist, dann wäre jede Form der Schwangerschaftskonfliktberatung mit der inhärent gegebenen Möglichkeit eines Schwangerschaftsabbruchs die potentielle Beteiligung an einem Unrecht. Und wenn eine Selbsttötung, ein »Selbstmord«, schon für sich genommen eine Sünde darstellt, dann kann es niemals aus sich heraus eine Rechtfertigung zur Assistenz einer solchen, verwerflichen Handlung geben.

Dies ist in sich schlüssig und konsequent.

Damit ist aber zugleich gegeben, dass sich der römische Katholizismus in moralischen und ethischen Fragen mit der Gedankenwelt und den Schlussfolgerungen einer Kirche der Reformation, die sich womöglich in diesen Dingen einem »Pluralismus aus Prinzip« verpflichtet weiß, schwertut.

Herrscht in Rom das zentrale römische Lehramt, so gibt es in ethisch kniffligen Fragen wie etwa einer adäquaten Friedensethik oder eben einer Assistenz eines Suizids im Raum einer Evangelischen Kirche in Deutschland bislang Kammern, die interdisziplinär Denkschriften verfassen und mühsam nach Konsensen ringen oder – seit jüngster Zeit – ein Kammernetzwerk, welches ad hoc, agil zusammentritt, um besonders virulente Fragen zu beraten.

Und selbst dessen Ergebnisse sind naturgemäß nichts anderes als Handreichungen, um persönliche oder politische Entscheidungsfindungen zu erleichtern.

2. Die Genese des Konflikts um eine Suizidassistenz

Es ist schon interessant und bezeichnend, dass alle drei oben genannten Normkonflikte (Schwangerschaftsabbruch, Sterbehilfe und Prostitution) in Deutschland und international seit mindestens 55 Jahren virulent diskutiert werden. Immer stärker zeigt sich ja etwa in der Zeitgeschichtsforschung, dass zwar ereignisgeschichtlich das Jahr 1945, die viel beschworene »Stunde Null«, einen Epochenbruch darstellte, mentalitätsgeschichtlich aber vermutlich die 1960er Jahre viel einschneidender waren.

Waren die unmittelbaren Nachkriegsjahre noch viel stärker als gedacht von den »alten Eliten« geprägt, sei es im politischen Raum, der in Gründung befindlichen Bundeswehr, der Ärzteschaft, der Jurisdiktion, den Kirchen und ihren geistlich Leitenden, allen voran ein Otto Dibelius oder ein Hermann Kunst, so veränderte sich dieses »mind-set« erst sehr allmählich und musste – besonders in den 1960er Jahren – mühsam gegen die »Generation der Väter« errungen werden. Die Emanzipationsbewegungen im pop-musikalischen Bereich oder der darstellenden Kunst, die neuen Wohnformen etwa in Wohngemeinschaften und »Wilder Ehe«, die zivilgesellschaftlichen Proteste etwa in Berlin, Bremen oder im Frankfurter Westend, die Radikalisierung von dann gewalttätigem Protest in der »R.A.F«, die neue Ostpolitik eines Egon Bahr und eines Willy Brandt: all das waren konstitutive Elemente dieser Zeit.

Zu diesen Ereignissen und Mentalitäten gesellte sich gleichsam Hand-in-Hand die Selbstbestimmung und Selbstverwirklichung der einzelnen Akteure. Im Grunde nahm eine »Gesellschaft der Singularitäten« (ANDREAS RECKWITZ) schon in dieser Zeit ihren Ausgangspunkt. Das Schlagwort »Mein Bauch gehört mir« war nicht zufällig ein bestechender Slogan jener Zeit. Oder der legendäre »Stern«-Titel: »Ich habe abgetrieben«.

Der Paternalismus früherer Zeiten, wörtlich genommen der »Pater-nalismus« hatte ausgedient. Die Generation der Väter hatte in ihren Werten verwirkt. Mochten auch die bahnbrechenden Ausstellungen über die »Verbrechen der Wehrmacht« erst später kommen: Die junge Generation ahnte, wie es um ihre Väter und in Teilen auch um ihre Mütter bestellt war. Die »Unfähigkeit zu trauern« (MITSCHERLICH) kam nicht von ungefähr, sondern resultierte aus einer zutiefst traumatisierten und zugleich – man muss theologisch sagen – verstockten Generation der Väter.

Da war es nur selbstverständlich und weitestgehend auch heilsam, dass diese heranwachsende Generation zunehmend lernte und lernen musste, dass es nicht mehr die alten Personen, auch nicht mehr die alten Institutionen waren, die Halt und Orientierung gaben, sondern, dass dies je und je individuell neu zu bearbeiten war.

In diesen Kontext rückte sexuelle Befreiung. In Marburg an der Lahn als Uni-Stadt einer Hochburg der Reformbewegungen sprach man in Anlehnung an eine Supermarktkette von »HaWeGe«, gemeint war »Häufig wechselnder Geschlechtsverkehr« als Motto sexueller Orientierung.

Schwangerschaftsabbruch und Abtreibung – bis dahin und in Teilen bis heute streng tabuisiert – galten nicht mehr als moralisch verwerflich und katholisch gesprochen als »Todsünde«, sondern wurden Teil eines sicherlich nicht erstrebten, aber doch gegebenenfalls auszuhaltenden Lebensentwurfs.

Auch die Kirchen mit ihrem strengen moralischen »Korsett« verloren ja zunehmend an Relevanz in Fragen dieser persönlichen Lebensführung.

Deshalb die massiven gesellschaftlichen Debatten etwa um die Abtreibung, die *Simone Mantei* in ihrer umfassenden Monographie: »Nein und Ja zur Abtreibung. Die evangelische Kirche in der Reformdebatte um § 218 StGB (1970–1976)« minutiös und akribisch nachgezeichnet hat. Nahezu sämtliche Argumente, die heute wieder in der Debatte sind, wurden damals durchdacht.

Und deshalb die Debatte um die sogenannte Sterbehilfe, aktiv, passiv, in welcher Spielart auch immer, die schon in den 1970er Jahren virulent geführt wurde und schon damals Eingang fand etwa in den Religionsunterricht einer gymnasialen Oberstufe einer katholischen Stiftsschule.

Die systematisch-theologische Reflexion, die *Lukas Ohly*, Universität Frankfurt am Main, dazu 2002 in einer umfassenden Monographie vorgelegt hat: »Sterbehilfe: Menschenwürde zwischen Himmel und Erde« rekonstruiert die Argumente messerscharf.

Immer wieder, in zahllosen öffentlichen Debatten, Podiumsdiskussionen, Beiträgen machten zahlreiche Akteure, allen voran die sog. »Sterbehilfevereine«, deutlich, was ihr zentrales Argument war und bis heute ist:

> In Analogie zur Sentenz: »Mein Bauch gehört mir.« Könnte man zusammenfassen: »Mein Leben und Sterben gehört mir.«

Niemand hat nach dieser Auffassung das Recht, einem anderen, frei verantwortlichen, erwachsenen Menschen vorzuschreiben, wann und wie sein Leben zu enden hat. Alles andere sei purer Paternalismus.

Dabei bewegten sich gewisse Teile einer Assistenz zum Suizid in einem klaren gesetzlichen Rahmen, andere über lange Jahrzehnte hinweg in einer Art undefinierter Grauzone. Klar war über Jahrzehnte hinweg und ist es bis heute, dass das, was man früher als sogenannte »aktive Sterbehilfe« bezeichnete, also die »Tötung auf Verlangen« nach Paragraf 216 des Strafgesetzbuchs (StGB), verboten war. Dies hatte einen historischen Ursprung in den oben bereits erwähnten völlig entgrenzten sogenannten »Euthanasie«-Bewegungen in der Zeit des Nationalsozialismus, gipfelnd in einer sogenannten T4-Aktion, in denen unzählig viele, oftmals beeinträchtigte Menschen, getötet und ermordet wurden. Orte wie das hessische Hadamar, die dafür missbraucht wurden, sind bis heute traumatisiert von diesen kollektiven Tötungsaktionen.

Eine »Tötung auf Verlangen«, in der die Tatherrschaft bei einer dritten Person liegt, sollte es also nicht mehr geben, allein schon, um in diesem Kontext jedwede Form des Missbrauchs auszuschließen.

Anders verhielt es sich in dem Bereich, der früher »passive Sterbehilfe« genannt wurde und in den auch die Situationen fallen, in denen ein Mensch um die Bereitstellung eines Giftes bittet, welches sein Leben beenden wird.

Dieser Bereich war bis 2015 nicht klar gesetzlich definiert, was immer wieder zu Handlungsunsicherheiten der betroffenen Personen, aber auch etwa von Ärztinnen und Ärzten führte. Wie sollten sich die beteiligten Personen verhalten, wenn etwa ein final erkrankter Mensch darum bäte, ihm ein Mittel zur Verfügung zu stellen, welches zuverlässig den Tod herbeiführt?

Über diese Frage wurde jahrzehntelang leidenschaftlich gestritten.

3. Die gesetzlichen Regelungen und Urteile

Das Jahr 2015 stellte einen Paradigmenwechsel in den Regelungen des Assistierten Suizides dar. Am Ende des Jahres, genauer am 10. Dezember, trat ein Gesetz in Kraft, das die geschäftsmäßige Förderung der Selbsttötung unter Strafe stellte.

Der neue Passus des § 217 StGB lautete:

»Geschäftsmäßige Förderung der Selbsttötung

(1) Wer in der Absicht, die Selbsttötung eines anderen zu fördern, diesem hierzu geschäftsmäßig die Gelegenheit gewährt, verschafft oder vermittelt, wird mit Freiheitsstrafe bis zu drei Jahren oder mit Geldstrafe bestraft.

(2) Als Teilnehmer bleibt straffrei, wer selbst nicht geschäftsmäßig handelt und entweder Angehöriger des in Absatz 1 genannten anderen ist oder dem nahesteht.«

Diesem Gesetz voran gingen ausführliche Beratungen im parlamentarischen Raum und im Deutschen Bundestag, die viele Beteiligte im Nachhinein als eine »Sternstunde des Deutschen Bundestags« bezeichneten.

Denn damals wie heute war das Thema persönlich berührend, es wurde aus dem »Parteiengezänk« herausgenommen und man suchte auf einer großen Flughöhe der Debattenkultur die für alle beste Lösung in dieser Sache.

Und dabei kam man eben zu dem Kompromiss der »Geschäftsmäßigkeit«. Immer noch sollte es einzelnen Personen, Verwandten, Nahestehenden, Suizidwilligen, Ärztinnen und Ärzten im Einzelfall möglich sein, ein entsprechendes Gift zur Verfügung zu stellen.

Aber dies sollte eben nicht »geschäftsmäßig« geschehen, das heißt so viel wie: regelmäßig und auf Wiederholung angelegt. Bei dem Terminus der Geschäftsmäßigkeit ging es also – entgegen der Umgangssprache – nicht um eine Gewinnerzielungsabsicht, die sich in diesem Feld ohnehin moralisch verbot, sondern um z. B. Sterbehilfevereine im Sinne des Schweizer Modells, die erkennbar, öffentlich, vielleicht sogar werbend klar erkennbar auf eine Wiederholbarkeit hinstrebten. Oder auch z. B. um Ärztinnen und Ärzte, die Ähnliches für sich anstrebten.

Dem war ein Riegel vorgeschoben. Insofern schuf der neue § 217 Klarheit. Und mit der Klarheit, dass er die diesbezügliche Grauzone aufhob, schuf er allerdings naturgemäß auch Widerständigkeit.

Es war klar und absehbar, dass sich vor dem Hintergrund dieses neuen Paragrafen eine Welle von Klagen einfinden würde, die durch alle Instanzen hindurch die Gerichte beschäftigen würden.

Die politische (und kirchliche) Freude über den gefundenen Kompromiss, man muss fast sagen: über den gefundenen Konsens, währte allerdings nicht allzu lange: Es dauerte nur gut vier Jahre, bis zum 26. Februar 2020, als das Bundesverfassungsgericht entschied, dass der neu eingeführte Paragraf 217 verfassungswidrig und somit nichtig sei.

4. Das Urteil des Bundesverfassungsgerichts (BVerfG) vom 26. Februar 2020 und die Folgen

Das Urteil des obersten deutschen Gerichts löste eine Schockwelle aus. Und dies sowohl in der politischen wie auch in der kirchlichen Rezeption. Denn selten hatte sich das BVerfG in einer normativ-ethischen Frage so klar gegen eine jüngst gefundene Beschluss- und Gesetzeslage des Deutschen Bundestages gewandt, wie es hier der Fall war. Ein vier Jahre zuvor gründlich erarbeitetes Gesetz als »verfassungswidrig« und somit als »nichtig« zu erachten konnte man schon als Frontalangriff auf den parlamentarischen Raum und somit als eine »Klatsche« für den Deutschen Bundestag begreifen. Denn dass das deutsche Parlament ein neues Gesetz erlässt, welches als verfassungswidrig eingestuft wird, entbehrt ja nicht einer gewissen Pikanterie.

Was war geschehen?

In der feinen Ausbalancierung von Lebensschutz und Selbstbestimmung, dem dieser Aufsatz ja seinen Namen gibt, könnte man es in kurzen Worten so zusammenfassen: Das BVerfG legte in dem Urteil selbst wie auch in seiner 100-seitigen Begründung das volle Gewicht auf den Themenkomplex Selbstbestimmung und Autonomie.

Kritiker würden sagen: Das BVerfG fiel auf der einen Seite vom Pferd.

Da man voraussetzen kann, dass das BVerfG höchstens Ansehen genießt, ohnehin die höchstrichterliche Instanz in Deutschland darstellt und seine Urteile gründlich durcharbeitet, musste der Befund stutzig machen. Wie kam es zu dieser dezidierten und fast provokativen Urteilsfindung?

Liest man nicht nur das (kurze) Urteil, sondern zugleich dessen 100-seitige Begründung (was sich ab etwa Seite 50 sehr lohnt), so wird deutlich, dass das Gericht für sich genommen ausgesprochen schlüssig argumentiert.

Demzufolge umfasse das allgemeine Persönlichkeitsrecht in Verbindung mit der Menschenwürde »als Ausdruck persönlicher Autonomie ein Recht auf selbstbestimmtes Sterben.« Paragraf 217 mache es »Suizidwilligen faktisch unmöglich, die von ihnen gewählte, geschäftsmäßig angebotene Suizidhilfe in Anspruch zu nehmen«, so »dass dem Einzelnen faktisch kein Raum zur Wahrnehmung seiner verfassungsrechtlich geschützten Freiheit verbleibt.«

Interessant sind in diesem Kontext nicht nur die Kernsentenzen des Urteils, sondern zugleich dessen punktgenaue Ausbuchstabierung im Begründungsteil. Demnach ist jeder erwachsene, volljährige Mensch, der seinen freien Willen ausdauernd bekundet, zu befähigen, Suizidbeihilfe in Anspruch zu nehmen.

Es geht also in dieser Urteilsbegründung nicht nur etwa um einen final erkrankten und/oder hochaltrigen Menschen, der nun seinem Leben ein Ende setzen will, sondern ein Anrecht darauf hat zugleich ein kerngesunder, sagen wir 25 Jahre alter Mensch, der aus freien Stücken beschließt, dass er seinem Leben ein Ende setzen will.

Für sich genommen ist dies aus den Persönlichkeitsrechten heraus entwickelt absolut schlüssig; und ist doch meilenweit von all dem entfernt, was in der ethischen Diskussion, auch im Raum der Kirchen diskutiert wurde und wird.

Ging es dort immer um absolute Grenzfälle des Lebens (unheilbare Erkrankung, Querschnittslähmung, MS im fortgeschrittenen Stadium usw.), sollte es nun Teil der allgemeinen Persönlichkeitsrechte sein.

Ein führender Parlamentarier aus dem hessischen Raum brachte es einmal mit folgendem Beispiel auf dem Punkt:

Was ist, wenn ein Straftäter für lange Jahre in die Justizvollzugsanstalt Butzbach einzieht und angesichts dieser Perspektive beschließt, seinem Leben ein Ende bereiten zu wollen? Sind wir verpflichtet, ihm Beihilfe dazu zu gewähren?

Zugegeben: Das Beispiel ist vielleicht nicht ohne Polemik und zudem überspitzt. Aber in dieser Überzeichnung zeigen sich eben auch die Aporien des Urteils des BVerfG.

Kein Wunder, dass das Urteil den öffentlichen Raum schockartig und mit großer Resonanz erfüllte. Und wäre nicht kurze Zeit später die COVID-Pandemie ausgebrochen und hätte medial sämtliche Kanäle besetzt, so wäre die Resonanz sicherlich noch größer ausgefallen.

In unserem Zusammenhang von besonderem Interesse ist die »Gemeinsame Erklärung der Vorsitzenden der EKD und der Deutschen Bischofskonferenz zum Verbot der geschäftsmäßigen Förderung der Selbsttötung« die sich naturgemäß bis heute etwa auf der Website der EKD findet vom Tage der Urteilsverkündung, also dem 26. Februar 2020.

Wie so oft in der produktiven, fast freundschaftlichen Verbundenheit zwischen den in München ansässigen Leitenden Geistlichen Reinhard Marx und Heinrich Bedford-Strohm war es also auch hier möglich geworden, innerhalb weniger Stunden einen kritischen Konsens über das Urteil des BVerfG herzustellen.

Da aber die erwünschten Geschwindigkeiten eines medialen Zeitalters (Redaktionsschluss der Tageszeitungen und der Tagesschau) oft diametral zu einer gründlichen Prüfung eines Vorgangs liegen, mussten zweierlei Dinge kritisch stimmen:
- zum einen lag zwar am 26. Februar 2020 das (kurze) Urteil vor; die alles entscheidende Urteilsbegründung mit ihren 100 Seiten war aber noch gar nicht veröffentlicht, geschweige denn gründlich ausgewertet;
- zum Zweiten blieb in dieser ersten Stellungnahme kein Platz für die Herstellung eines Konsenses in den Gremien, also etwa im Rat der EKD; gleichwohl wurde ein Ton gesetzt, den man nur mit großer Mühe hätte revidieren können.

Der Tenor der Stellungnahme der Leitenden Geistlichen von DBK und EKD wird schon in den ersten drei Worten erkennbar: »Mit großer Sorge«. Wer die Verlautbarungen und Enzykliken Roms kennt, wird darin mühelos das legendäre »Cum magna cura« wiederentdecken, was römische Stellungnahmen wieder und wieder bemühen. Vielleicht könnte man das etwas verklausulierte »Mit großer Sorge« so übersetzen: Die Ampelzeichen der beiden großen Kirchen stehen in Bezug auf das Urteil des BVerfG auf Rot.

Alle weiteren Ausführungen des einseitigen Textes explizieren diese Kernaussage:

> »Dieses Urteil stellt einen Einschnitt in unsere auf Bejahung und Förderung des Lebens ausgerichtete Kultur dar.«

Mehr Kritik ist kaum denkbar; ein steiler Satz, ohne die Urteilsbegründung gelesen zu haben.

Und weiter:

> »Wir befürchten, dass die Zulassung organisierter Angebote der Selbsttötung alte und kranke Menschen auf subtile Weise unter Druck setzen kann, von derartigen Angeboten Gebrauch zu machen.«

Was hier anklingt, ist das in der Folge immer wieder bemühte sog. »Dammbruchargument«: Durch die Ermöglichung von assistiertem Suizid wird der Druck auf handelnde Personen noch verschärft und führt dann ggf. sogar zu einer Steigerung der Zahl der Suizidwilligen.

Aus Sicht der römisch-katholischen Kirche und ihres Lehramts war diese Stellungnahme nur zu verständlich. Musste schon der Suizid als solcher als Sünde eingestuft werden, so war es die Suizidassistenz ebenso.

Die Stellungnahme setzte also eindeutig auf Lebensschutz. Das Themenfeld der Selbstbestimmung/Autonomie einer handelnden Person wird nicht einmal gestreift.

Aus den oben bereits angeführten Gründen musste sowohl das Urteil selbst, als auch seine Begründung und die gemeinsame Stellungnahme der leitenden Geistlichen Kritik hervorrufen. Denn ganz so einlinig, wie hier spontan zum Ausdruck gebracht, konnten die Argumente vor dem Hintergrund einer evangelischen Ethik nicht liegen.

5. Die Debatte in der Frankfurter Allgemeinen Zeitung (FAZ) vom 10. Januar 2021 und die Folgen

Elf Monate nach der Urteilsverkündung des BVerfG und der Stellungnahme der leitenden Geistlichen von DBK und EKD war es soweit. Unter dem Titel »Evangelische Theologen für assistierten Suizid« publizierte die FAZ am 10. Januar 2021 exklusiv einen umfangreichen Namensbeitrag, der bis heute die Debatten in Kirche, Diakonie und weit darüber hinaus prägen sollte. Jenseits des Titels – der für sich genommen schon eine ungeheure Provokation, ja eine Art Tabubruch darstellte – war schon an den äußeren Rahmenbedingungen des Beitrags vieles bemerkenswert.

Das begann mit der Wahl dieses national wie international bedeutenden Leitmediums, setzte sich fort in der Platzierung auf der Seite »Die Gegenwart«, welches einen Umfang von bis zu 24.000 Zeichen, also eine Aufsatzlänge, ermöglichte bis hin durch die bekannt sorgfältige Kuratierung durch *Daniel Deckers*, einem exzellenten Kenner der kirchlichen wie philosophischen Szene. Zudem war durch den Namensbeitrag gewährleistet, dass so gut wie keine redaktionellen Eingriffe erfolgen konnten.

Genauso wichtig war die sorgsame Zusammenstellung der Gruppe von Autorinnen und Autoren, die diesen Beitrag verfassten und verantworteten.

In der Kopfzeile waren dies *Reiner Anselm*, führender Sozialethiker in der evangelischen Theologie und zudem eng mit der EKD verbunden, *Isolde Karle*, prominente Hochschullehrerin für Praktische Theologie sowie *Ulrich Lilie*, Präsident der Diakonie Deutschlands, also des Bundesverbandes, der die etwa 6.500 Trägerinstitutionen der Diakonie vertritt. Diese drei wurden flankiert von drei Ko-Autoren: Jacob Joussen, Ratsmitglied der EKD, für die juristische Wissenschaft, *Friedemann Nauck*, führender Palliativmediziner und *Ralf Meister*, Landesbischof der größten evangelischen Landeskirche.

Sechs prominente und ausgewiesene, interdisziplinär agierende und institutionell bedeutende Persönlichkeiten hatten sich also gemeinsam auf den Weg zu dieser Stellungnahme gemacht.

Jenseits der provozierenden Überschrift wies schon die Hinleitung zum Text auf einen Fokus hin: »Kirchliche Einrichtungen sollten bestmögliche Palliativversorgung gewährleisten, sich aber dem Suizid nicht verweigern. Einem Sterbewilligen sollen sie in Respekt vor der Selbstbestimmung Beratung, Unterstützung und Begleitung anbieten.«

Hatten die leitenden Geistlichen von DBK und EKD noch elf Monate vorher auf den Lebensschutz rekurriert, so betonten die Autorin und die Autoren hier nun in Würdigung der Urteilsbegründung des BVerfG die Selbstbestimmungsrechte des Individuums. Bezogen auf die Kritik durch Marx und Bedford-Strohm betonen sie:

> »Dennoch verfängt diese Kritik letztlich nicht. Denn sie verkennt die Sonderstellung einer solchen höchstpersönlichen Entscheidung am Lebensende. Hier kann, so auch der Urteilstenor, eine liberale Rechtsordnung gar nicht anders, als dem oder der Einzelnen im Fall dieser zudem noch weltanschaulich aufgeladenen Fragestellung das Letztentscheidungsrecht zuzubilligen. Alles andere liefe auf einen Bevormundungsstaat hinaus, dessen Konsequenzen auch die Urteilskritiker nicht wollen – oder zumindest bei genauerer Betrachtung nicht wollen können: Alle berechtigten Einwände, alle Hinweise auf die soziale Einbettung des Menschen und auf die Folgewirkungen individuellen Handelns kommen an dem Sachverhalt nicht vorbei, dass die Selbstbestimmung auch im Sterben gelten muss.«

Was hieße dies nun für die kirchlichen und diakonischen Einrichtungen?

> »Dies vor Augen, könnte es auch eine Aufgabe kirchlich-diakonischer Einrichtungen sein, neben einer bestmöglichen medizinischen und pflegerischen Versorgung auch bestmögliche Rahmenbedingungen für eine Wahrung der Selbstbestimmung bereitzustellen. Angesichts der Tatsache, dass das Bundesverfassungsgericht die Selbstbestimmung am Lebensende nachdrücklich betont hat, erscheint es in der hier vorgestellten Perspektive möglich, auch die über eine Beratungspraxis ebenso wie durch eine umfassende Bereitstellung pflegerischer und palliativmedizinischer Angebote, einschließlich der palliativen Sedierung und der Begleitung bei einem wohlüberlegten Verzicht auf Nahrung und Flüssigkeit als Alternativen, abgesicherte Möglichkeiten eines assistierten Suizids in den eigenen Häusern anzubieten oder zumindest zuzulassen und zu begleiten.«

Dieser Debattenbeitrag in der FAZ erlangte in der Folge eine ungeheure, für kirchliche und diakonische Verhältnisse fast beispiellose Wirkung. Und dies auf mehreren Ebenen.

Zum Ersten handelte es sich publizistisch gesehen um einen enormen Erfolg. Denn die Reaktionen auf diesen Artikel waren so zahlreich und zugleich so fundiert, dass die FAZ ein eigenes Online-Forum einrichtete, um die Beiträge zu kanalisieren. *Daniel Deckers* konzipierte aus diesen Beiträgen ein Buch, welches bei C. H. Beck in München erscheinen sollte.

Zum Zweiten löste der Debattenbeitrag in der akademischen Diskussion sofort Reaktionen aus. Sei es in der FAZ selbst in einem postwendenden Beitrag von *Peter Dabrock* und *Wolfgang Huber*, sei es in zahlreichen Fachorganen wie etwa der Zeitschrift »Gesundheit und Pflege«.

Zum Dritten entfaltete der Beitrag eine breite und tiefe Debatte in der kirchlichen, diakonischen und karitativen Landschaft. Wenige, aber sehr bedeutende diakonische Träger wie die Bodelschwingh'schen Stiftungen in Bethel distanzierten sich sofort von den Kernaussagen des Artikels. Viele andere bedankten sich für die Öffnung des Debattenraums und traten ihrerseits in sehr intensive Prozesse bei den Trägern und in den Einrichtungen ein.

Der Bundesverband der Diakonie Deutschland flankierte all diese Bemühungen mit einer hohen Frequenz und bis heute andauernden Anzahl von Online-Veranstaltungen, die großen Zuspruch im dreistelligen Bereich fanden und finden. Selten wurde ein normativ-ethisches Thema in einer solchen Intensität und Breite diskutiert, wie es hier der Fall war.

Mochte auch der Artikel zunächst wie ein Schock auf viele Beteiligte gewirkt haben, so darf man im Nachhinein vielleicht von einem »heilsamen Schock« sprechen. Denn er stellte eine enorme Motivation dar, sich mit diesem so wichtigen ethischen Thema eingehend zu beschäftigen.

6. Inhaltliche Konsequenzen der Debatten

Aus der Fülle der Prozesse, Debatten und Bemühungen, die in den Jahren 2021 bis 2023 folgten und bis heute (Mai 2024) anhalten, möchte ich folgende Punkte besonders erwähnen:

6.1 Lebensschutz und Selbstbestimmung klug ausbalancieren

Je länger die Debatte voranschreitet, desto deutlicher wurde, dass so wie in anderen ethischen Konfliktfeldern (s. etwa das Thema des Schwangerschaftsabbruchs rund um § 218) beides, Lebensschutz und Selbstbestimmung, klug miteinander verknüpft werden müssen. Konnte man am Anfang der Debatte noch Stimmen vernehmen, die sinngemäß behaupteten, dass bei einer klug angewandten Palliativmedizin diese Konflikte gar nicht auftreten müssten, so ist inzwischen durch viele Fallbeispiele etwa aus dem Raum der Krankenhausseelsorge belegt, dass selbst bei bester medizinischer, psychologischer und seelsorgerlicher Betreuung Fälle auftreten können, wo ein Mensch angesichts seiner gesundheitlichen Lage über lange Zeit hinweg und freiverantwortlich den Wunsch äußert, sein Leben beenden zu wollen. Eine Verhinderung dieses Wunsches wird dann nicht selten als Paternalismus oder sogar als gewalttätig subjektiv erlebt. Im Kontext christlichen Glaubens konnte die Aussage dann lauten: »Ich möchte mein Leben in Gottes Hand zurücklegen.«

6.2 Konsequenzen für die diakonischen und karitativen Träger

Befindet sich ein Mensch, der nachhaltig und freiverantwortlich diesen Wunsch äußert, dauerhaft in einer diakonischen Einrichtung, zum Beispiel in einem Seniorenheim, womöglich sogar mit ersten Wohnsitz, so stellt sich natürlich für den Träger die Frage, wie er mit diesem Wunsch umgeht. Dazu gibt es in der Trägerlandschaft der Diakonie Deutschland mit ihren etwa 6.500 Rechtsträgern und über 30.000 Einrichtungen naturgemäß sehr unterschiedliche Überlegungen und Konzepte. Dies reicht von einem Konzept des »safe space«, welches häufig meint, dass ein assistierter Suizid nicht in der Einrichtung vollzogen werden kann, bis hin zu Konzepten, die die Vornahme eines assistierten Suizides in den Räumen der Einrichtung zwar dulden, nicht aber durch die Mitarbeitenden der Einrichtung assistieren lassen.

Einen diesbezüglich vorbildlichen Prozess inklusive der Einbeziehung der Mitarbeitenden und entsprechenden Fortbildungen und offenen Foren hat etwa der große und bedeutende diakonische Träger »Niederramstädter Diakonie« im südhessischen und rheinhessischen Raum durchlaufen.

Der »Pluralismus aus Prinzip«, den man als ein protestantisches Merkmal sehen kann, durchzieht hier eben auch ein solch bedeutendes ethisches Konfliktfeld.

6.3 Der Fokus auf die Suizidprävention

Je länger je mehr wurde in dieser Debatte deutlich, dass es natürlich nicht nur um die Bewältigung der hoch konfliktuösen »heißen« Konfliktphase geht, in der der Betroffene womöglich schon den Entschluss felsenfest für sich gefällt hat, sondern dass eine möglichst wirksame Prävention von Suiziden mindestens genauso wichtig ist. Bei derzeit über 10.000 vollzogenen, aber etwa 100.000 versuchten Suiziden in Deutschland ist das evident. Deshalb ist es eine der essentiellen Ergebnisse der Debatten, dass eine wirksame und das heißt natürlich auch entsprechend finanziell hinterlegte Prävention in Deutschland ganz anders greifen muss als es bisher der Fall ist.

Obwohl eine nötige und vom BVerfG ja auch angeregte Neufassung des Gesetzes zu einer Assistenz eines Suizides ja im Sommer 2023 im Bundestag gescheitert ist, war immerhin ein wichtiger Nebeneffekt, dass angeregt wurde, die Bemühungen um eine wirksame Suizidprävention zu verstärken und dies in ein entsprechendes Gesetz münden zu lassen. Obwohl dies eigentlich bereits zum Jahresanfang 2024 vorgelegt werden sollte, ist dies doch immerhin am 2. Mai 2024 durch den Bundesgesundheitsminister geschehen. Die dort vorgelegten Vorschläge weisen jedenfalls in Richtung einer Intensivierung der Prävention und müssen nun sorgfältig ausgewertet, beraten und dann auch hoffentlich zügig beschlossen werden.

6.4 Das Desiderat einer neuen Gesetzgebung zum Assistierten Suizid

Wie gerade angedeutet steht darüber hinaus eine grundlegende Gesetzgebung zum Thema Assistierter Suizid noch aus. Dies ist meines Erachtens kein Zufall, sondern erklärt sich daraus, dass das BVerfG in seinem Grundsatzurteil von 2020 und insbesondere in dessen Begründung die Hürden für eine Gesetzgebung, die den Assistierten Suizid sinnvoll regelt, sehr hoch gehängt hat. Denn jedwede Einschränkungen, sei es in Sachen Hochaltrigkeit oder finaler Erkrankung, dürften ja gar nicht Teil eines Gesetzes werden, wenn es nicht Gefahr laufen soll, sofort wieder vor dem BVerfG beklagt zu werden.

An dieser Stelle darf man also gespannt sein, wie der »Stein der Weisen« mehrheitsfähig gefunden wird.

Was habe ich mit dir zu schaffen?
Das schwierige Verhältnis systematisch-theologischer Ethik zur Exegese[1]

Thorsten Moos

»Ich möchte den Ausgangspunkt der Ethik […] unabhängig machen von historischen Urteilen der heutigen neutestamentlichen Theologie. […] Anders ausgedrückt muß die Ethik aus dem Evangelium vom Anbeginn ihres Weges an frei sein von aller Gesetzlichkeit und von allen Formeln, welche die Fragestellung an historische und dogmatische Urteile binden, welche sich d[er] unmittelbaren Einsichtigkeit entziehen.«[2] Eine Ethik aus dem Evangelium muss einfach und auch für theologisch Ungelehrte einsehbar sowie als »eigene Lebens- und Glaubensfrage« (4) erkennbar sein. Daher darf sie sich nicht mit dem Ballast exegetischer Gelehrsamkeit behängen. So einer der einflussreichsten deutschsprachigen theologischen Ethiker des 20. Jahrhunderts, *Wolfgang Trillhaas*.

Das Verhältnis von Exegese und Ethik ist notorisch schwierig. Was habe ich mit dir zu schaffen? Diese Frage will ich im Folgenden aus der Perspektive der Ethik als eines Teilfachs der Systematischen Theologie diskutieren. Es geht also um ein Thema der theologischen Enzyklopädie, bei der es sich um eine unterentwickelte und wiederum notorisch problematische Disziplin handelt.[3] Innerhalb der Enzyklopädie hat unsere Fragestellung drei miteinander zusammenhängende Kontexte:

Der erste Kontext ist die kirchliche Praxis als gemeinsamer Referenzpunkt der Theologie. Wie hängen hier Bibelgebrauch und Moralproduktion zusammen, und welches Verhältnis haben von hier aus gesehen die theologischen Fächer Exegese und Ethik? Hier ist zunächst an die Praxis der Predigt zu denken. In ihrer Dissertation »Ethos und Predigt« hat *Regina Fritz* gezeigt, dass die ethischen Motive in Predigten weniger dem Bibeltext entnommen sind als der von einem

---

[1] Der Beitrag basiert auf einem Vortrag vor der Sektion Neues Testament der Wissenschaftlichen Gesellschaft für Theologie am 02.06.2023. Der Vortragsstil ist weitgehend beibehalten. Für Literaturrecherchen danke ich Herrn Raphael Keiner.

[2] TRILLHAAS, Ethik, 4.

[3] Dazu siehe ALBRECHT/GEMEINHARDT, Themen und Probleme Theologischer Enzyklopädie.

christlich geprägten *common sense* aus wahrgenommenen gesellschaftspolitischen Situationen. Die Bibeltexte prägen demgegenüber eher die ästhetische Gestalt und Bildhaftigkeit der ethischen Predigt als deren Inhalt. Diese Erkenntnis lässt sich positiv lesen,[4] aber auch als Krisensymptom, weil die Bibel und die an sie anschließende exegetische Arbeit in der Predigtvorbereitung offenkundig auf den normativen Gehalt der Predigt keinen, oder zumindest einen stark nachrangigen Einfluss hat.[5]

Ein zweiter enzyklopädischer Kontext ist die wissenschaftliche Beziehung der theologischen Teilfächer selbst.[6] *Ulrich Körtner* konstatiert hier eine Verschiebung, die er auf ein »Wiederaufleben des Historismus« zurückführt: »Wenn ich recht sehe, rücken auf diese Weise Systematische Theologie, also auch theologische Ethik und Praktische Theologie näher aneinander, während die Distanz zwischen Systematischer Theologie und Exegese wächst.«[7] Das scheint mir auch für das akademische Theologiestudium der Fall zu sein.[8] Allzu viele Berührungspunkte gibt es nicht. Es handelt sich gleichsam um die enzyklopädische Variante der vielzitierten »Krise des Schriftprinzips«.

Schließlich soll drittens noch auf den Elefanten im Raum hingewiesen werden: Angesichts knapper werdender Ressourcen in der akademischen Theologie und dem weiter anstehenden Reformbedarf des Theologiestudiums dürften die politischen Konkurrenzen in Zukunft deutlich zunehmen; und eine mögliche Linie, diese Konkurrenzen zu inszenieren, ist die Unterscheidung von historisch orientierten (und insbesondere durch Sprachenausbildung ressourcenaufwendigen) Fächern auf der einen Seite und gegenwartsorientierten Fächern auf der anderen Seite. Die Frage nach dem Verhältnis von Ethik und Exegese steht also in einem wissenschaftspolitischen Kontext, in dem es um die Verteilung von Macht und Ressourcen geht. Derlei Konflikte lassen sich durch theologische Reflexion, wie sie

---

[4] STETTER, Rezension, 146.

[5] Blickt man auf andere Bibelgebräuche in der kirchlichen Praxis, so fällt zum einen eine hochselektive Rezeption biblischer Schriften auf. Die Erzählung vom barmherzigen Samariter ist fraglos »zu einem der wirkmächtigsten ethischen Text[e] des Neuen Testaments« geworden (ZIMMERMANN, Was ist eine Theologische Ethik?, 235); diese Wirkungsmacht entfaltet der Text aber weithin an exegetischen Einsichten vorbei. Hier wäre der Gebrauch exegetischer Einsichten in kirchlichen Dokumenten, etwa in Synodenpapieren, zu untersuchen.

[6] Zur Stellung der Exegese im Kontext der theologischen Disziplinen vgl. auch KONRADT, Ethik im Neuen Testament, 11.

[7] KÖRTNER, Das Neue Testament als Quelle theologischer Ethik, 288.

[8] Im Modus anekdotischer Evidenz scheinen mir gemeinsame Lehrveranstaltungen zwischen Exegese und Ethik deutlich seltener zu sein als diejenigen zwischen Ethik und PT. Allerdings gibt es, etwa in Marburg, Experimente in Masterstudiengängen, die hier möglicherweise etwas in Bewegung bringen.

hier angestellt werden soll, selbstredend nicht lösen. Sie sollen aber wenigstens einmal genannt sein.

In diesem Beitrag will ich nun nicht allgemein nach dem Schriftbezug der Ethik fragen, sondern speziell das Verhältnis der beiden theologischen Teildisziplinen Exegese und Ethik in den Blick nehmen. Selbstverständlich hängen beide Themen eng zusammen, sind aber doch zu unterscheiden. Dabei werde ich vornehmlich deutschsprachige Theologieproduktion berücksichtigen – nicht deswegen, weil ich diese global für maßgeblich hielte, sondern weil ich voraussetzen möchte, dass es »Kulturen des Schriftgebrauchs« gibt, die sehr unterschiedlich geprägt sind. Damit sei zu einer Selbstprovinzialisierung der europäischen Theologie, wie sie im postkolonialen Kontext gefordert wird, beigetragen.

Mit begrifflichen Vorklärungen will ich mich nicht lange aufhalten; nur soviel: Unter Ethik verstehe ich in Übereinstimmung mit vielen die theoretische Reflexion der Moral (also der abrufbaren Überzeugungen hinsichtlich des Guten und Richtigen) und des Ethos (also der gelebten moralisch relevanten Haltungen und Verhaltensweisen). Dabei setze ich ein Kontinuum voraus zwischen hochstufigen Formen praktisch-philosophischer Theoriebildung einerseits und Formen innerer Reflexivität moralischer Geltungsansprüche (»Man kann das auch anders sehen, aber ich bin der Meinung dass [...]«) sowie anderen Formen moralisch engagierten, aber nicht unbedingt präskriptiven Sprechens und Schreibens (zum Beispiel moralisch imprägnierte Erzählungen) andererseits. Auf diese Weise kann auch in nicht im engeren Sinne moraltheoretischen Texten »Ethik« identifiziert werden – zum Beispiel im Neuen Testament.[9] Eine weitere Eingrenzung des Ethikbegriffs scheint weder möglich noch wünschenswert, insofern eine Bestimmung des Verhältnisses von Ethik und Exegese und eine Bestimmung des Ethikbegriffs wechselseitig aufeinander verweisen. Ich will die gestellte Frage also nicht schon heimlich durch die Definition von Ethik entscheiden.

Ich gehe in fünf Schritten vor. Nach einigen sehr knappen historischen Eingangsbemerkungen (I.) will ich das Diskursfeld, auf dem diese Frage im Kontext der deutschsprachigen (vornehmlich: evangelischen) Theologie diskutiert wird, in zweierlei Weise abstecken. Zum einen will ich Ihnen eine Typologie der Exegese-Rezeption in der theologischen Ethik vorführen (II.), und zum andern umgekehrt die exegetischen Angebote zu einer Verhältnisbestimmung, so wie ich sie wahrnehme, kartieren (III.). Aus der Zusammenschau dieser beiden Karten will ich dann eine Topographie möglicher gemeinsamer Themen von Ethik und Exegese entfalten (IV.). Diese stellt meinen eigentlichen systematischen Ertrag dar. Ich schließe mit einem kurzen Fazit (V.).

---

[9] Vgl. Schrage, Konradt u. v. a.

I. Historische Eingangsbemerkungen

Eine gehaltvolle Problemgeschichte des Themas würde den Rahmen dieses Beitrages sprengen. Daher erlauben Sie mir eine grobe und in Teilen überpointierte Skizze, die doch wesentliche Aspekte des Problems von Exegese und Ethik aufzeigt.

1. In der Reformationszeit ist das Verhältnis von Exegese und Ethik im Wesentlichen unproblematisch: formal schon deswegen, weil Ethik sich noch gar nicht als eigene theologische Denkbewegung und literarische Gattung ausdifferenziert hat, sachlich aber vor allem deswegen, weil später der Ethik zugerechnete Bestände selbstverständlich im Modus der Schriftauslegung entfaltet werden (wirkmächtig insbesondere mithilfe des Dekalogs).
2. In der Aufklärungszeit tritt jede Form theologischer Ethik eben aufgrund ihrer Bindung an historisch kontingente Grundlagen und deren Auslegung unter Partikularitätsverdacht (einschlägig ist hier *Immanuel Kant:* Die Religion innerhalb der Grenzen der bloßen Vernunft). Die Aufklärung säkularisiert mithin den christlichen Naturrechtsgedanken: Universalität in der Ethik entsteht durch Entkopplung von religiösen Grundlagen.
3. Der Historismus des 19. Jahrhunderts stellt wiederum das Problem von Geltung und Geschichte in den Vordergrund. Wie kann das historisch Tatsächliche überhaupt normative Geltung beanspruchen (einschlägig hier *Ernst Troeltsch:* Über historische und dogmatische Methode in der Theologie)?
4. Das 20. Jahrhundert sieht dann eine beschleunigte Ausdifferenzierung der theologischen Fächer. Der Knoten der Geschichte geht in Altorientalistik und Altphilologie einerseits und praktische Philosophie und Bereichsethiken andererseits auseinander.
5. In der Gegenwart kommen, wie bereits angesprochen, verschärfte Wahrnehmungen von Säkularisierung, insbesondere einer fundamental veränderten Rolle der Kirche hinzu, vor deren Hintergrund enzyklopädische Fragen und Verteilungskämpfe neu aufbrechen.

Vor diesem Hintergrund sind in den letzten zwei Jahrzehnten eine Reihe von Publikationen spezifisch zum Verhältnis von Ethik und Exegese erschienen: so mehrere Sammelbände,[10] ein Sonderheft der Zeitschrift für Evangelische Ethik[11]

---

[10] HOFHEINZ/MATHWIG/ZEINDLER, Wie kommt die Bibel in die Ethik?; BREITSAMETER/GOERTZ, Bibel und Moral – ethische und exegetische Zugänge.

[11] Themenheft der ZEE 2011. Hier besonders die Beiträge: FISCHER, Die Bedeutung der Bibel für die theologische Ethik; KÖRTNER, Das Neue Testament als Quelle theologischer Ethik; KONRADT, Neutestamentliche Wissenschaft und Theologische Ethik.

und weitere Publikationen.¹² Jüngst ist zudem mit *Matthias Konradts* Ethik im Neuen Testament nach längerer Zeit wieder einmal eine Gesamtdarstellung erschienen. Im Folgenden werde ich weniger auf einzelne Debattenbeiträge eingehen können, sondern versuchen, einige Schneisen in das Dickicht der Debatte zu schlagen.

II. Die Rolle der Exegese aus der Perspektive der Ethik

Welche Rolle spielt nun die Rezeption exegetischer Einsichten im Kontext der Ethik? Hier lassen sich idealtypisch sieben verschiedene Positionen unterscheiden, die jeweils mit einem spezifischen Verständnis theologischer Ethik verbunden sind.

1. Geltungsimport durch Sonderrationalität

Durch den exegetisch vermittelten Bezug auf die Schrift erhalten Aussagen der normativen theologischen Ethik erst ihre Begründung und damit ihre Geltung.

Als paradigmatischer Vertreter dieser Position sei *Wilfried Härle* benannt. Für ihn ist die Schrift vermittelt über das Schriftprinzip Quelle der Dogmatik, insofern sie die Selbstoffenbarung Gottes bezeugt. Ethik wird dann aus der Dogmatik, näherhin: aus dem »christlichen Wirklichkeitsverständnis« abgeleitet, erhebt zugleich aber einen universellen Anspruch, Wahres und Richtiges zu sagen.¹³

Diese Position ist mit der Schwierigkeit behaftet, dass die Verbindung aus partikularer Begründung und universellem Anspruch keine am Ort der behaupteten Geltung diskursfähige Ethik produziert. Dieses Problem umgeht die folgende Position.

---

[12] Das Feld erstreckt sich von bereichsethischen (vgl. EISEN/GERBER/STANDHARTINGER, Doing Gender – Doing Religion) über fundamentalethische (vgl. OHLY, Ethische Begriffe in biblischer Perspektive) bis hin zu methodologischen Studien, die die Zuordnung von Ethik und Exegese (vgl. RABENS/GREY/KOVALISHYN, Key approaches to biblical ethics) thematisieren. Hinzu treten gesamtbiblisch-theologische Studien, die das Verhältnis zwischen den theologischen Fachdisziplinen und ihrem jeweiligen Schriftgebrauch zu klären suchen (vgl. KRAUS/KREUZER/RÖSEL, Biblische Theologie – multiperspektivisch, interdisziplinär und interreligiös). Auch im katholischen Bereich sind in den letzten Jahren einige Publikationen zu diesem Thema erschienen; hingewiesen sei auf FRALING, Vom Ethos der Bibel zu biblischer Ethik; HEIMBACH-STEINS/STEINS, Bibelhermeneutik und Christliche Sozialethik.

[13] HÄRLE, Ethik. Vgl. hierzu kritisch auch FISCHER, Rezension zu Wilfried Härle, Ethik.

2. Formulierung einer Sondergruppenethik

Theologische Ethik formuliert und begründet moralisch Geltendes nicht mit einem allgemeinen Anspruch, sondern lediglich für diejenigen, die sich selbst zur Kirche rechnen und sich damit der Autorität der Schrift auch in moralischer Hinsicht unterstellen.

Paradigmatisch für diese Position sind kommunitaristische Ethiken, wie sie in den USA insbesondere *Stanley Hauerwas* vertreten hat.[14] Im deutschsprachigen Kontext ist es etwa *Marco Hofheinz*, der mit dieser Position sympathisiert.[15]

Dieser Ansatz hat sein Recht darin, die Geltungsfrage (für wen ist ein Bezug theologischer Ethik auf exegetische Einsichten zustimmungsfähig?) explizit zu stellen. Er setzt allerdings voraus, dass es gehaltvolle ethische Probleme der Gegenwart gäbe, die sich allein in einem Diskurs unter Kirchenangehörigen *als* Kirchenangehörige klären ließen. Das scheint mir für den deutschen Kontext aber gänzlich kontrafaktisch zu sein (vielleicht, wenn man bestimmte Sektenstrukturen ausnimmt, die wiederum aber keine exegetisch-wissenschaftlichen Zugänge zur Schrift akzeptieren).

Das hiermit aufgeworfene Geltungsproblem theologischer Ethik wird von den folgenden Ansätzen auf unterschiedliche Weise adressiert.

3. Ablehnung der Möglichkeit einer theologischen Ethik

Aus theologischen Gründen kann es keine theologische Ethik, ja: nicht einmal eine christliche Ethik geben. Das Handeln aus Glauben ist ein Handeln aus Liebe; was das heißt, lässt sich nicht im Modus der Formulierung allgemeingültiger oder wenigstens für eine spezifische Gruppe gültiger ethischer Prinzipien formulieren, sondern ergibt sich allein aus der konkreten Situation.

Ein solcher radikaler ethischer Situationismus ist insbesondere von *Rudolf Bultmann* vertreten worden – mit biblischer Begründung: Die Liebe im Sinne des Neuen Testaments ist »nicht ein einsichtiges ethisches Prinzip, aus dem einzelne Forderungen für eine ideale persönliche Lebensführung oder einen idealen Zustand der Menschheit abgeleitet werden könnten, wie beim humanistischen Liebesgebot, das auf der Vorstellung von einem Ideal des Menschen und der Menschheit beruht. Das Liebesgebot traut dem Menschen zu und mutet ihm zu, dass er in der konkreten Situation des Lebens seinen Nächsten sehe und wisse, was er zu tun hat.«[16] Auch *Karl Barth* hatte deklariert, theologische Ethik habe es mit dem Handeln Gottes und nicht mit dem des Menschen zu tun; All-

---

[14] Vgl. HAUERWAS, The peaceable kingdom.
[15] Vgl. HOFHEINZ, Ethik – reformiert!, bes. 16–37.
[16] BULTMANN, Das Gebot der Nächstenliebe, 239.

gemeine Ethik, in der der Mensch fälschlicherweise die Frage nach Gut und Böse selbst zu beantworten versucht, stehe »in der Folge und Verlängerung des Sündenfalls«.[17]

Insbesondere an *Karl Barth* ist allerdings offenkundig, dass eine solche radikale ethische Enthaltsamkeit schwer durchzuhalten ist. Der spätere *Barth* hat eine Vielzahl von allgemeinen ethischen Aussagen mit autoritativem Gestus vertreten. Die ethische Nulldiät Systematischer Theologie hat *Eberhard Jüngel* mit seinem Verweis auf die »Wertlose Wahrheit« noch eher durchgehalten.[18] Doch auch das bröckelt im Schülerkreis, wie im nächsten Ansatz deutlich wird.

4. Anregung durch biblische Ethik und biblisches Ethos

Hierbei handelt es sich um ein Bündel von Positionen, die von der Geltungsfrage absehen (das heißt darauf verweisen, dass die Frage nach Geltung im Modus der subjektiven bzw. diskursiven Aneignung moralischer Propositionen bzw. ethischer Argumente entschieden wird). *Exegetische Einsichten können* dann *in verschiedener Weise ethische Reflexion anregen:*

Zum einen können sie als Zeugnisse materialer Normen und Normreflexionen bzw. eines gelebten Ethos verstanden und in die ethische Reflexion aufgenommen werden. In diesem Fall hat die Exegese insbesondere die historisch-deskriptive Aufgabe, normative Gehalte und Argumente bzw. gelebtes Ethos im historischen Kontext verständlich zu machen; eine Aufgabe, die mit der Suche nach einem Spezifikum oder Proprium christlicher Ethik verbunden werden kann, aber nicht muss. Diese Position ist in der deutschsprachigen theologischen Ethik insbesondere von *Martin Honecker* vertreten worden.[19]

Zum anderen können exegetische Einsichten *im Hinblick auf die Interpretation der moralischen Grundsituation* des Menschen herangezogen werden. Insbesondere *Johannes Fischer* verweist auf die moralische Wahrnehmungsschulung durch biblische Erzählstrategien. Diese moralische Wahrnehmung bzw. Sensibilisierung, die Schulung des Blicks, kann dann für normativ-ethische Reflexion relevant werden, liegt dieser aber voraus (und leistet insbesondere keine biblische Begründung ethischer Urteile). Im Hintergrund steht die Überzeugung, dass moralisch relevante Verhaltensorientierung gerade nicht durch normative Sätze, sondern durch Prägung der Wahrnehmung geschieht.[20] Damit erweitert sich der Umfang des ethisch relevanten Materials biblischer Texte über explizit normative

---

[17] BARTH, Die Lehre von Gott, 573.
[18] Vgl. JÜNGEL, Wertlose Wahrheit, 67–69.
[19] HONECKER, Grundriß der Sozialethik.
[20] Vgl. FISCHER, Theologische Ethik, 122; FISCHER, Rezension, 303.

Gattungen hinaus, insbesondere – im Sinne einer narrativen Ethik[21] – auf erzählende Texte, aber auch auf andere Textgattungen.

Für unser Thema haben diese Ansätze das Problem, dass sie einer gewissen Zufälligkeit nicht entgehen können. Johannes Fischer etwa ist, mit milder Übertreibung gesprochen, eigentlich nur an einer einzigen Perikope, nämlich der Erzählung vom barmherzigen Samariter, interessiert. *Klaas Huizing* erweitert diese Textbasis mit der Hypothese, dass die Bibel insgesamt ein Weisheitsbuch der Wahrnehmungsschulung ist, vertraut dann allerdings vor allem seiner eigenen Exegese. Zum anderen nimmt er mit gleicher Leidenschaft auch außerbiblische literarische Texte hinzu.[22] Die Frage, warum die Bibel (und mit ihr die biblische Exegese) eine herausgehobene Stellung hat, lässt sich von hier aus nicht zufriedenstellend beantworten. Darauf reagiert der nächste Ansatz.

5. Sicherstellung der Theologizität

An der Beziehung auf exegetische Einsichten hängt die Theologizität der theologischen Ethik selbst, da sie nur auf diese Weise ihre »Schrifttreue« gewährleisten kann.

Diese Einsicht wird, durchweg in hohem Ton, insbesondere von Exegetinnen und Exegeten vertreten. So klagt *Matthias Konradt* die »grundlegende Schriftbezogenheit der christlichen Theologie« (501) ein, die nicht der Gefahr erliegen dürfe, »zur hohlen Phrase zu degenerieren« (501; vgl. 7).[23] *Ruben Zimmermann* betont: Die »Negation des Neuen Testaments führt zum Wesensverlust theologischer Ethik«.[24] Dieses Argument weist auf das allgemeine Problem einer Übertragung des Schriftprinzips in die Ethik hin. Schon der Umstand aber, dass hier in theologisch-moralisch hohem Ton gesprochen wird, lässt den Verdacht aufkommen, dass es sich eher um ein politisches als um ein sachliches Argument handelt. Und so scheint mir dieses Argument mindestens unvollständig. Dass aus dem Exklusivpartikel »sola scriptura«, der sich auf das Heil des Einzelnen bezieht, auch etwas für eine theologische Ethik folgen soll, wenn wir doch gut reformatorisch Heil und Werk unterschieden wissen, versteht sich nicht von selbst. In der Regel werden in theologisch-ethischen Argumentationen hochstufig ver-

---

[21] Vgl. HOFHEINZ, Narrative Ethik als »Typfrage«; RAHMSDORF, Zeit und Ethik im Johannesevangelium, 72 f.

[22] Vgl. HUIZING, Scham und Ehre.

[23] »Die Schriftbindung christlicher Theologie im Bereich der Ethik und damit verbunden die Bedeutung der Schrift für die Lebenspraxis von Christen kommen vielmehr darin adäquat zum Ausdruck, dass die biblischen Schriften als grundlegende Bezugstexte bzw. als ›primärer Intertext‹ [...] im Nachdenken über ethische Fragen herangezogen und gehört werden [...].« (KONRADT, Ethik im Neuen Testament, 5.)

[24] ZIMMERMANN, Was ist eine Theologische Ethik?, 251.

dichtete theologische Lehrbegriffe wie etwa Gottesebenbildlichkeit gebraucht, die neben biblischen Anklängen vor allem eine komplexe neuzeitliche Theoriegeschichte aufweisen. Dieses Problem wird im nächsten idealtypischen Ansatz scharfgestellt.

6. Christentumsgeschichtliche Rekonstruktion

Die Exegese rekonstruiert frühe Stationen der Christentumsgeschichte hinsichtlich ihres Ethos und ihrer ethischen Reflexionen. Diese sind nicht nur im Sinne einer historischen deskriptiven Ethik relevant, sondern deswegen, weil sie am Beginn des historischen Kommunikationszusammenhangs christlich-theologischer Ethik stehen. Diesen Zusammenhang gilt es für die heutige Ethik in seiner Gänze zu verstehen, um die darin sich entfaltende ethische Rationalität des Christentums explizieren zu können.

Dieses Argument ist im Anschluss an Schleiermacher und andere historisch von *Ernst Troeltsch* auf den Punkt gebracht worden.[25] Es wird in unterschiedlicher Form von Vertreter:innen einer liberalen theologischen Ethik vertreten. Wiederum ist nicht nur die Christentumsgeschichte expliziter Normen oder auch die eines gelebten Ethos (bei aller Schwierigkeit, ein solches aus normativ interessierten Texten zu erheben) zu berücksichtigen, sondern auch eine Christentumsgeschichte metaethischer Themen: Wie wird etwa das Verhältnis von Glaube und Ethos, wie das Verhältnis von Ethik und Schrift im Verlauf der Christentumsgeschichte reflektiert und weiter entfaltet?

Diese Ansätze weisen auf das allgemeine Problem hin, dass das Verhältnis von Ethik und Exegese auf bestimmten geschichtsphilosophischen Annahmen über die Charakteristik des Überlieferungszusammenhangs beruht, die bei *Troeltsch* explizit gemacht sind, ansonsten aber in der Regel im Verborgenen bleiben. Mindestens als problematisch für das Verhältnis der Fächer ist dabei zu notieren, dass der Schwerpunkt der Aufmerksamkeit auf der Neuzeit und insbesondere auf der Moderne liegt. Das faktische Interesse für die *frühen* christentumsgeschichtlichen Stationen ethischer Reflexivität hält sich stark in Grenzen. Wenn *Trutz Rendtorff* etwa feststellt, der ethische Gesamtsinn des NT sei auf die Formel einer Freiheit der Lebensführung zu bringen,[26] dann ist hier nicht viel Bedarf an exegetischer Differenzierung. (Umgekehrt betrachtet bräuchte diese Ethik eine andere Exegese, die ihren Schwerpunkt nicht allein auf der historischen Ursprungssituation der Texte, sondern in viel größerem Umfang als bisher in der Rekonstruktion der Wirkungsgeschichte von Texten hätte.) Das ändert sich in der letzten Gruppe der Ansätze, die ich berücksichtigen will.

---

[25] TROELTSCH, Historische und Dogmatische Methode in der Theologie.
[26] RENDTORFF, Ethik, 60–66.

7. Dialogische Konstruktion

Ethik und Exegese sind beide, unbenommen ihrer Schwerpunkte, systematisch-konstruktive theologische Fächer, die in eigener Verantwortung Ethik treiben (also konstruktiv unterwegs sind) und darin dialogisch zusammenarbeiten (und sich darin wechselseitig korrigieren) sollten.

Diese Position ist etwa von *Ulrich Körtner* vertreten worden. »Das Ziel sollte zum einen darin bestehen, zu einem besseren Verständnis der wechselseitigen Beeinflussung von systematisch-theologischen und exegetischen Konstruktionen zu gelangen und zugleich im Sinne der regulativen Idee der *intentio operis* zwischen den eigenen theologischen Konstruktionen und denen der biblischen Texte zu unterscheiden.«[27] Radikaler optieren Ansätze, die die ethische Standpunktbezogenheit der Exegese selbst in den Vordergrund stellen, also mit einem spezifischen und expliziten ethischen Interesse sich auf die Bibel beziehen. Hierzu gehören Stränge der feministisch-theologischen, befreiungstheologischen und intersektionalen Exegese und Ethik.[28] Hiermit tritt die Frage, wer eigentlich exegetisch und ethisch spricht (und für wen und in welchem Interesse), in den Vordergrund. Damit weisen diese Ansätze auf eine implizite Voraussetzung aller anderen, nämlich die einer Neutralitätsprätention der Exegese. Diese wird, wie *Frederike van Oorschot* für die Dogmatik festgestellt hat, als neutrale Hüterin des Textsinnes verstanden, während die eigenen theologischen Interessen der Ausleger:innen nicht in den Blick kommen.[29] Dem wird noch nachzugehen sein.

Kritisch ist an dieser Stelle wiederum zu fragen, auf welche Weise in diesen Dialog die christentumsgeschichtlichen Aspekte von Ethos, Moral und Ethik einbezogen werden.

Die genannten Ansätze sind nicht vollständig distinkt, sondern überlappen sich zum Teil und treten auch in Kombination miteinander auf. Das typisierende Verfahren sollte nur dazu dienen, bestimmte Ansätze gegeneinander zu profilieren und ihre Schwierigkeiten deutlich zu machen.

Es wäre nun interessant, die verschiedenen Ansätze in einer konkreten ethischen Auseinandersetzung zu identifizieren. Anbieten dafür würden sich die

---

[27] KÖRTNER, Das Neue Testament als Quelle theologischer Ethik, 290.
[28] Vgl. etwa PRAETORIUS, Handeln aus der Fülle; JANSSEN, Intersektionale Bibelanalyse und Gegenwart.
[29] »Der exegetischen Forschung wird vielmehr die Objektivität zugeschrieben, die den dogmatischen Zugängen verwehrt zu sein scheint – und [sic!] scheint damit im Blick sowohl auf die Wissenschaftlichkeit als auch auf die Methodik der Schriftauslegung eine nicht unproblematische Stellvertretungs- und Entlastungsfunktion für die Dogmatik einzunehmen.« (VAN OORSCHOT, Schriftlehre, Schriftauslegung und Schriftgebrauch, 353)

Debatten um Reproduktionsmedizin und Stammzellforschung um das Jahr 2000, die von einer Kontroverse um den Schriftgebrauch in der ev. Ethik begleitet waren. Das muss hier allerdings aus Zeitgründen unterbleiben.[30] Stattdessen will ich die Perspektive wechseln und fragen, welche Angebote für ein konstruktives Verhältnis von Exegese und Ethik auf exegetischer Seite vorliegen.

III. Auseinandersetzung mit exegetischen Angeboten

Liest man als Systematiker exegetische Beiträge zur neutestamentlichen Ethik *von ihren Ergebnissen her*, so fallen – wenn diese grobe wissenschaftstheoretische Analogie erlaubt ist – eher ideographische und eher nomothetische Zugänge auf. Eher ideographisch, also an einzelnen historischen Konstellationen und damit an einer Ethik der Schriften und Schriftengruppen interessiert, sind die Ethiken von *Wolfgang Schrage* oder jüngst *Matthias Konradt*; eher nomothetisch, also an synthetisierenden und verallgemeinerbaren Aussagen zu einer Ethik des Neuen Testaments insgesamt sind *Eduard Lohse*[31] oder auch *Richard Hays* interessiert.[32] Dabei handelt es sich aber nicht um eine kategoriale Differenz, sondern eher um unterschiedliche Schwerpunktsetzungen. Denn auch die Identifikation der Ethik einer Schrift oder Schriftengruppe bedarf ja des synthetisierenden Zugriffs, auch wenn dieser zurückhaltender ausfällt und diese Zurückhaltung auch durch semantische Feinheiten der Titelgebung markiert wird: von einer »Theologische[n] Ethik des Neuen Testaments« bei *Lohse* über eine »Ethik des Neuen Testaments« bei Schrage hin zu einer »Ethik im Neuen Testament« bei *Konradt*.

Durchaus unterschiedlich ist aber die Hermeneutik dessen, was als »Ethik« jeweils herauspräpariert wird. Das will ich im Vergleich zwischen *Matthias Konradt* und *Ruben Zimmermann* aufzeigen, deren Zugänge mir für einen systematisch-theologischen Anschluss besonders fruchtbar zu sein scheinen. Denn beide stellen ihre Überlegungen zur neutestamentlichen Ethik in Überbrückung des garstigen Grabens der Geschichte dezidiert in den Horizont gegenwärtiger ethischer Urteilsbildung. Das tun sie allerdings in unterschiedlicher Weise.

---

[30] Vgl. LEONHARDT, Ethik, 75–81; KÖRTNER, Das Neue Testament als Quelle theologischer Ethik, 295 sowie die Beiträge in ANSELM/KÖRTNER, Streitfall Biomedizin.
[31] LOHSE, Theologische Ethik des Neuen Testaments.
[32] HAYS, The moral vision of the New Testament. Vgl. insgesamt KÖRTNER, Das Neue Testament als Quelle theologischer Ethik, 291.

Matthias Konradt

Was ist das Baumaterial für diese Brücke? *Matthias Konradt* notiert angesichts des grundlegenden Wandels der gesellschaftlichen Kontexte: »Die sozialen Bezugspunkte ethischer Aussagen im NT sind [...] vielfach obsolet. Dieses Faktum bedeutet aber nicht, dass die ethischen Motive, die in den frühchristlichen Aushandlungsprozessen zum Tragen kommen, obsolet sind; nur bedarf es einer hermeneutisch anspruchsvollen Übersetzungsarbeit.« (K 7)[33] Diese Übersetzungsarbeit ist, wenn ich recht sehe, an folgenden Prinzipien orientiert:

1. Das zugrunde gelegte Verständnis von Ethik ist das einer »*kriteriengeleitete[n]* Auseinandersetzung mit und Kommunikation zu Fragen der Lebensführung« (K 4).[34] Gesucht wird also eine *kriteriologische*, also an allgemeinen Gesichtspunkten der Beurteilung und Bewertung orientierte, *materiale*, also inhaltlich bestimmte, *Individualethik*.[35]

2. Voraussetzung der Übersetzung ist die ordentliche Historisierung des solcherart identifizierten ethischen Materials. »Es gilt, ethisch relevante Aussagen aufzuspüren, sie thematisch zu ordnen, sie in übergreifende theologische Zusammenhänge einzubetten und sie traditions- und sozialgeschichtlich zu konturieren, um sie im Horizont der damaligen Lebenswelt historisch adäquat verstehen zu können [...].« (K 7) Diese Historisierung ist nicht nur die Standespflicht des Exegeten, sondern erfüllt im Horizont des Übersetzungsinteresses eine mehrfache Aufgabe, wie sich in den folgenden Punkten zeigen wird.

3. Denn interessant für die Übersetzung ist nicht das gesamte ethische Material – das ja schlicht moralische Koine sein könnte –, sondern nur dasjenige, das sich als »originärer Ausdruck einer christlichen Sicht der Wirklichkeit« (K 5), schärfer noch: einer »Gesamtsicht christlicher Existenz« (K 9) verstehen lässt. Denn anderenfalls »könnte theologische Ethik heute sich durchaus begründet darauf konzentrieren, aus dem Wirklichkeitsverständnis heutiger christlicher Theologie ethische Perspektiven abzuleiten, statt sich an ethischen Positionen neutestamentlicher Texte abzuarbeiten und diese für die Gegenwart erschließen zu wollen« (K 5). Damit ist kein christliches Spezifikum oder Proprium ethischen Materials gefordert, wohl aber dessen theologische Kontextualisierbarkeit.[36]

---

[33] Die folgenden Belege beziehen sich auf: KONRADT, Ethik im Neuen Testament. Sie sind durch »K« und Belegseite gekennzeichnet.

[34] Der Begriff der Lebensführung ist dabei nicht, wie etwa bei Trutz Rendtorff, systematisch zu pressen. Wechselbegriffe sind die der »Verhaltensorientierung« oder des »ethischen Handelns« (K 1).

[35] Vgl. auch K 8.

[36] Die Spezifikumsfrage ist nicht entscheidend, aber auch nicht einfach mit »nein« zu beantworten (K 5f.). I.d.R. werde ethisches Gut »im Lichte der ›Christusbotschaft‹

4. Mit dem als ethisch identifizierten, historisierten und theologisch eingebetteten Material ist allerdings erst der Ausgangspunkt der Übersetzung präpariert. Für die Übersetzung selbst gilt es dann, weniger den unmittelbaren moralischen Gehalt, sondern die »ethischen Richtungsimpulse der Texte« (K 500, vgl. 11) in die Gegenwart zu übertragen. Der moralische Gehalt kann auch relevant sein, wenn es sich um gleichsam anthropologische langreichweitige, wenig kulturbedingte Grundprobleme handelt.[37] Je stärker aber seine kulturelle Imprägnierung, desto mehr ist nach »Richtungsimpulse[n]« (K 11; 88; 198; 500), »Grundhaltungen« (K 297; 501), »Weichenstellungen« (K 54; 371) oder »ethische[n] Perspektiven« (K 4 f.; 11; 502) zu fragen, die in den Texten zum Ausdruck kommen und heute ethische Wahrnehmungsfähigkeit schulen und eigene kriteriologische Reflexion stimulieren können.

5. Eine wesentliche hermeneutische Figur, die dabei zur Geltung kommt, ist die in historischer Kontextualisierung sichtbar werdende *intentio auctoris*. »Denn bei der Frage nach der Bedeutung neutestamentlicher Texte für heutige theologische Ethik dürfte sich der Grundsatz bewähren, dass der Intention einer Weisung größeres Gewicht beizumessen ist als der Weisung selbst [...].« (K 11) Damit ist eine personale Kategorie aufgerufen, die die geforderte Übersetzungsarbeit wesentlich als ein interpersonales Geschehen begreifen lässt: »Vielmehr sind im Sinne eines echten Dialogs zwischen den Texten und Fragen gegenwärtiger Lebensorientierung eben auch die Texte selbst in ihren eigenen Anliegen und Fragestellungen ins Gespräch und zur Geltung zu bringen.« (K 501)

Insgesamt sind mit diesem Übersetzungsvorgang eine Reihe von hochstufigen Syntheseleistungen verbunden: die Analyse der historischen Konstellation (in ihren wesentlichen Momenten), die Einbettung in ein theologisches Ganzes, die Frage nach den wesentlichen ethischen Richtungsimpulsen sowie (in eins damit) das dialogische, in beide Richtungen kritische Verhältnis zum Text.[38] Damit fällt eine kategoriale Grenze zwischen Exegese einerseits und Systematischer Theologie andererseits dahin.[39] Konradts Ansatz der Übersetzung lässt

---

übernommen und geformt« (K 6). »Die Frage nach Ethik im NT ist insofern konsequent als Teilgebiet der Theologie des Neuen Testaments anzugehen.« (K 9)

[37] Vgl. K 7; 501.

[38] Ziel ist die Entselbstverständlichung gegenwärtiger Prämissen (K 502), aber auch die Sachkritik an den Texten, die am besten bibelintern erfolgt (K 502). Das wird u. a. an dem Beispiel des Ehescheidungs-/Wiederverheiratungsverbot Jesu (K 49 f.) wie auch an der Haustafelethik (IV.1.2.2/7; IV.2.2.3/5) durchgeführt.

[39] »Das in diesem Buch verfolgte Anliegen geht andererseits nicht darin auf, sich in allein musealer Absicht dem historischen Wissensarchiv zu widmen. Ohnehin heißt Arbeitsteilung nicht Kommunikationsverweigerung, im Gegenteil. Mit dem hier vorgelegten Versuch, das ethische Gedankengut neutestamentlicher Schriften zu erschließen, verbindet sich die Hoffnung, dass er als eine Stimme im Gesamtgebäude der Theologie das

sich einerseits als Programm, etwa auf die Gewagtheit mancher dieser Synthesen hin, befragen; umgekehrt lässt es sich analytisch lesen als Explikation derjenigen Syntheseleistungen, die unverzichtbar sind, wenn eine biblisch orientierte theologische Ethik in diesem Sinne betrieben werden soll.

Ruben Zimmermann

Ruben Zimmermann legt mit seinem Grundbegriff der impliziten Ethik ein alternatives Programm neutestamentlicher Ethik vor.

1. *Zimmermann* geht aus von der Beobachtung, dass – mit der monumentalen Ausnahme Aristoteles' – die Antike in der Regel nicht theoretisch argumentierende, gebotenes Handeln begründende Ethik, sondern Beratung zur Lebenskunst betreibe (Z 236 f.).[40] Mit einem weiten Begriff von Ethik »als reflexive Durchdringung von Lebensweisen hinsichtlich ihrer leitenden Normen mit dem Ziel der Bewertung« (Z 238) lasse sich Ethik auch im NT finden, auch wenn diese nicht in einem theoretischen Sinne expliziert ist.[41]

2. Ethik als reflexive Durchdringung von Lebensweisen hat ihren textlichen Ort damit in unterschiedlichen Sprachformen, die längst nicht nur argumentierenden Charakter haben. In theoretischer Weise wird sie erst im Modus der Exegese entfaltet. Die wesentliche hermeneutische Aufgabe ist also die der Explikation einer impliziten Ethik. Hierfür hat Zimmermann ein »Organon« vorgeschlagen, das aus acht verschiedenen Perspektiven blickend ethisch relevante Aspekte des Textes identifiziert. Gefragt wird etwa nach Sprachformen, nach Normen, deren Traditionsgeschichte und Hierarchisierung, nach ethischen Reflexionsformen, nach dem urteilenden Subjekt der Ethik, nach dem gelebten Ethos sowie nach dem Umgang mit der Frage nach Partikularität und Universalität im Text selbst (Z 243).

3. Diese Explikation ist zugleich eine hochstufige Syntheseleistung, insofern sie das textlich nur fragmentarisch Gegebene zu einem neuen Sinnganzen zu-

---

Gespräch zwischen Exegese und Systematischer Theologie wie auch Praktischer Theologie zu befruchten vermag. Im Sinne dieses Anliegens werden insbesondere da, wo dies aufgrund von gesellschaftlichen Differenzen zwischen Antike und Gegenwart besonders dringlich erscheint, auch hermeneutische Überlegungen angestellt, doch ist auch hier zu betonen, dass solche Überlegungen die Arbeit der anderen Disziplinen zwar in den Blick nehmen, aber natürlich in keiner Weise ersetzen.« (K 12)

[40] Die folgenden Belege beziehen sich auf: ZIMMERMANN, Was ist eine Theologische Ethik?. Sie sind durch »Z« und Belegseite gekennzeichnet.

[41] Wichtig ist hierbei der Begriff der Norm, der längst nicht nur präskriptive Handlungsanweisungen, sondern jegliche »Indikatoren moralischer Signifikanz« (Z 244) mit Blick auf das Verhalten Einzelner und ganzer Gruppen umfasst.

sammenführt. »Die Ethik kann nur *ex post* in der Deskription durch einen Exegeten und Ethiker expliziert werden, denn sie ist begrifflich, hermeneutisch, literarisch und historisch nur fragmentarisch und indirekt zugänglich.« (Z 239, im Original z. T. kursiv)[42]

4. Der Horizont, in dem das geschieht, ist das Interesse der Exegetin/Ethikerin an »überzeitliche[r] Verallgemeinerung« (Z 251) des historisch-kulturell Gebundenen. Zwischen dem Text und der zu explizierenden Ethik vermitteln also nicht nur die Verhältnisse implizit/explizit und fragmentarisch/ganz, sondern auch das Verhältnis partikular/universell. Zwischen der Skylla der Historisierung und der Charybdis der Dogmatisierung begreift Zimmermann seinen Ansatz als »Mittelposition, die die kulturell-zeitliche Gebundenheit ebenso wie die überzeitliche Verallgemeinerung des literarischen Artefakt[s] in eine konstruktive Spannung bringt« (Z 251).

5. Anders als Konradt ist dabei nicht die *intentio auctoris* der wesentliche hermeneutische Schlüssel. Vielmehr geht es *Zimmermann* um die Ethik »einer neutestamentlichen Schrift und nicht primär eines Autors«[43], und in zweiter Linie um eine (in sich diverse) Ethik des neutestamentlichen Kanons. Entsprechend sind die Einzelperspektiven des »Organon« auch dezidiert textbezogen und verzichten auf die Konstruktion eines Autorsubjekts. Das starke Subjekt der Ethik ist nicht der Autor, sondern die Rezipientin, deren »ethische [...] Kompetenz« (Z 250) und »ethische [...] Identität« (Z 252) sich aufgrund der »Kommunikation dichter Lebenserfahrungen« (Z 250) im Modus der biblischen Ethik herausbildet.[44]

Im Vergleich der beiden ethischen Hermeneutiken wird klar, dass die Formulierung einer neutestamentlichen Ethik stark von der unterliegenden Texttheorie und den damit korrespondierenden exegetischen Methoden abhängt. Von hier aus wäre nach einer Ethik der Exegese selbst zu fragen.[45] Es ist, wie bereits

---

[42] Konradt stellt entsprechend »die Frage, ob nicht im Blick auf einige argumentativ-diskursive ethische Passagen in den Paulusbriefen eher von Fragmenten expliziter ethischer Reflexion zu sprechen ist, die in einer Gesamtschau konstruktiv miteinander verbunden werden können« (K 4, Fn. 3, im Original z. T. kursiv).

[43] ZIMMERMANN, Die Logik der Liebe, 16, zitiert nach K 4, Fn. 3.

[44] Im Anschluss an Ricœur geht es Zimmermann meiner Wahrnehmung nach insbesondere darum, auch Praktiken eines historisch unvermittelten Bibelgebrauchs zu legitimieren, zugleich aber die Exegese wiederum an diesen anschlussfähig zu machen.

[45] »Die Diskussion über die Alternative zwischen Theologie des Alten oder Neuen Testamentes versus Religionsgeschichte Israels oder des frühen Christentums wirkt sich auch auf das Gespräch zwischen theologischer Ethik und Exegese aus.« (KÖRTNER, Einleitung, 241) So »hat sich die neutestamentliche Exegese ihre erkenntnistheoretischen Prämissen bewusst zu machen, die immer auch systematisch-theologisch beeinflusst sind«

angesprochen, das Verdienst insbesondere der feministischen und befreiungstheologischen Exegese, die normativen Implikationen des Auslegungsvorgangs selbst explizit gemacht zu haben. Mit dieser Einsicht verändert sich der Blick auf das enzyklopädische Verhältnis von Exegese und Ethik weg von einem Stufenmodell (erst Schriftauslegung als Fundament, dann darauf aufbauend ethische Interpretation) hin zu einem Modell wechselseitiger Reflexion und Kommunikation.

IV. Ausgangspunkte eines konstruktiven Verhältnisses von Exegese und Ethik

Nach dieser Auffächerung des Optionenraumes könnte ich Ihnen jetzt meine eigene Position als das anempfehlen, das es auch für Sie fürderhin zu denken gilt. Da ich aber mit Ihrer konstitutiven Unbelehrbarkeit rechne, will ich zurückhaltender verfahren und aus dem Bisherigen eine Reihe von Fragen herausdestillieren, hinsichtlich derer – auch bei texttheoretischen und ethischen Differenzen – die Zusammenarbeit von Exegese und Ethik neue Einsichten erwarten lässt. Jede Frage bietet einen spezifischen Fokus auf ethische Themen, zu denen Exegese und Ethik in unterschiedlicher Weise beitragen. Dabei gilt es, jeweils den konstruktiven Bezug, aber auch mögliche Brüche zwischen exegetischen und ethischen Zugängen deutlich zu machen.

1. Die Subjektfrage

Das Christentum ist keine Buchreligion, sondern eine Religion des Wortes Gottes. Was am geschriebenen bzw. gesprochenen Text der und dem Einzelnen zum Wort Gottes oder auch zum Evangelium (bzw. zum Gesetz) wird, liegt nicht allein am oder im Text.[46] Jede Form der normativen Bindung benötigt ein gebundenes Subjekt.

Ethisch lassen sich zwei unterschiedliche Perspektiven auf dieses Subjekt einnehmen: zum einen die in der Transzendentalphilosophie *Immanuel Kants* epochemachend formulierte Frage nach dem in der Erfahrung der Bindung vorausgesetzten Subjekt und seiner apriorischen Struktur. Die Einsicht in diese Form moralischer Subjektivität ist eine moderne Errungenschaft und eng mit dem Begriff der Autonomie verbunden. Die andere Perspektive ist die der Subjektivierung, das heißt die Frage nach den situativen Kontexten und sozialen

---

(KÖRTNER, Das Neue Testament als Quelle theologischer Ethik, 287, mit Verweis auf KÖRTNER, Hermeneutische Theologie, 97 ff.).

[46] Siehe Moos, Gewissensvorbehalt und Bekenntnisbindung im Kirchenrecht.

Praktiken, vermöge derer ein Individuum überhaupt als Subjekt adressiert wird und hervortreten kann. Hier geht es nicht um die Bedingungen der Möglichkeit normativer Bindung, sondern um die Faktoren ihrer sozialen Wirklichkeit. Wie werden Individuen als Subjekte von Verantwortung angesprochen, gebildet oder auch entmündigt und zum Schweigen gebracht? Mit der katholischen Sozialethikerin *Marianne Heimbach-Steins* halte ich die Aufmerksamkeit für die historisch-situativen Formierungen von Subjektivität für eine der fruchtbaren gemeinsamen Fragestellungen von Exegese und Ethik. *Heimbach-Steins* zeigt die Erschließungskraft theologischer Reflexion von Formierungen verantwortlicher Subjektivität am Beispiel der Geschichte von Kain und Abel.[47] Ethikgeschichtlich ist es insbesondere der Gewissensbegriff, der hier eine Fülle einschlägiger Reflexivität aufgespeichert hat.[48]

Die Aufgabe ist näherhin eine doppelte: die der historisch-kulturwissenschaftlichen Deskription einerseits und die der theologischen Interpretation, wie sie etwa in der genannten Geschichte vorliegt, andererseits. Damit ist die oben angesprochene Frage nach dem Subjekt, das Exegese und Ethik treibt, unauflöslich verbunden; bis dahin, dass Ethik und Exegese selbst als Teile von Subjektivierungspraktiken zu verstehen sind.

2. Die Wesensfrage

Die Subjektfrage ist bereits normativ grundiert, aber nicht explizit durch bestimmte materiale Normen, Ideale, Tugendvorstellungen etc. untersetzt. Wenn eine Ethik im Neuen Testament gesucht wird, die sich nicht in der kleinteilig-positivistischen Deskription präskriptiver Aussagegehalte erschöpfen, sondern Fragen ethischer Geltung als solche adressieren will, kommt man um hermeneutisch hochstufige Operationen vom Typ der Wesensfrage nicht herum. Was sind – zunächst einmal nur historisch – *wesentliche* Momente paulinischer Ethik? Lassen sich Grundzüge einer Ethik des Neuen Testaments aufzeigen, wie sie *Wolfgang Trillhaas* mit seiner Betonung der Einfachheit einer Ethik aus dem Evangelium im Blick hat?

Dem Geschichtstheoretiker *Ernst Troeltsch* verdanken wir die Einsicht, dass solche Wesensfragen immer eine individuelle Stellungnahme enthalten, auch dann, wenn es rein um eine historische Urteilsbildung geht.[49] Von hier aus fällt Licht auf die Debatte innerhalb der Exegese zwischen einer religionsgeschichtlichen und einer biblisch-theologischen Ausrichtung. Auch die religi-

---

[47] HEIMBACH-STEINS, Ornament, Fundament, Argument oder was sonst?.
[48] Vgl. KITTSTEINER, Die Entstehung des modernen Gewissens; BUTLER, Psyche der Macht; Moos, Sünde, Tod, Teufel und Gesetz.
[49] TROELTSCH, Was heißt »Wesen des Christentums«?.

onsgeschichtliche Erhebung ethischer Bestände im Neuen Testament enthält Fragen vom Typ der Wesensfrage und damit individuelle Stellungnahmen. Die Unterscheidung verliert damit ihre kategoriale und erhält eine allenfalls regulative Charakteristik.[50]

Dass die Wesensfrage dem Neuen Testament nicht äußerlich ist, zeigt bereits die Frage nach dem höchsten Gebot, aber auch andere Hierarchisierungen normativen Materials in den Texten selbst[51] – die der heutigen Leserin selbstverständlich nicht die Arbeit an der Wesensfrage abnehmen, aber sie ihr nahelegen.

Hiermit sind dem Dialogmodell *Ulrich Körtners* Tor und Tür geöffnet. Allerdings scheint mir die christentumsgeschichtliche Einsicht unverzichtbar, dass auch die anderen historischen Formierungen christlichen Ethos' und christlicher Ethik von Belang sind, um Ethik in einer historischen Tiefe zu betreiben. So tritt die Kirchen- und Theologiegeschichte bzw. die Kulturgeschichte des Christentums als dritte in das Gespräch ein.

3. Die Formfrage

Ein weiterer Gegenstand der Beziehung von Exegese und Ethik, von dem insbesondere die Ethik besonders profitieren kann, ist die Frage nach den Formen ethischer Reflexivität. Johannes Fischer ist zuzustimmen, dass das christliche Ethos sich nicht primär im Modus der argumentativen Begründung präskriptiver Gehalte herausbildet, sondern dass hier vielmehr andere Textgestalten und Praktiken des Textgebrauchs von Bedeutung sind. Hier ist das Feld der narrativen Ethik bzw. der von *Ruben Zimmermann* vorgeschlagenen Erweiterung um die implizite Ethik biblischer Schriften insgesamt betreten. Unter den formsensiblen gegenwärtigen Ethikern ist insbesondere *Klaas Huizing* zu nennen, für den amerikanischen Kontext *James Gustafson*, der in der Analyse der Formen eine wesentliche Aufgabe neutestamentlicher Ethik sah.[52]

Als jemand, der seit Längerem theologische Ethik auch im Kontext der Diakoniewissenschaft betreibt, halte ich den Bibelgebrauch moderner Diakonie für ein hochgradig instruktives Beispiel. Denn anders als es die Herkunft aus der Erweckungsbewegung vermuten lässt, wird hier mitnichten biblizistisch agiert; vielmehr sind hochstufige Vermittlungsgestalten zwischen historischer Textform und gegenwärtig wahrgenommener Erfahrung am Werk, die sich wiederum in einer Vielzahl von an biblischen Formen angelehnten Textgattungen niederschlagen. Hierzu gehören Lieder, Gebete, Andachten, heilsgeschichtliche Erzählungen etc. Auch hierbei handelt es sich meines Erachtens um hochinter-

---

[50] Dazu siehe Ulrich Körtner zum konstruktiven Charakter von Exegese und Ethik (s. o.).
[51] Vgl. ZIMMERMANN, Was ist eine Theologische Ethik?, 246.
[52] Vgl. GUSTAFSON, Theology and ethics.

essante gemeinsame Gegenstände für eine wirkungsgeschichtlich verfahrende Exegese und eine historisch orientierte Ethik.[53]

4. Die Kontextfrage

Die moderne Ethik ist einerseits stark prinzipienorientiert angelegt[54] und enthält andererseits eine Fülle von prinzipienkritischen Ansätzen. Der bereits angesprochene radikale Situationismus gehört dazu, der aber ethisch-reflexiv unfruchtbar ist. Anders ist es bei kontextualistischen Ansätzen, die (zunächst oder für immer) skeptisch sind gegenüber der Formulierung letzter oder auch nur mittelstufiger allgemeiner Normen und von der grundlegenden Kontextbezogenheit ethischer Einsichten ausgehen. Hierzu gehören die viel (aber nicht immer zu Recht) gescholtene Kasuistik wie auch Klugheitsethiken in aristotelischer Tradition. Die zentrale Forderung kontextualistischer Ethiken ist die sorgfältige Würdigung des Kontextes nach seinen (Wesensfrage!) wesentlichen Aspekten. Hierfür bietet die historisch-kritische Exegese mit ihrer Berücksichtigung von kulturellen, politischen, institutionellen und situativen Konstellationen einen hervorragenden Ausgangspunkt, um präskriptive Gehalte (etwa die paulinische Paränese) als kontextuelle Ethik zu rekonstruieren.

Anders als unter kasuistischen Voraussetzungen ist dabei selbstverständlich nicht impliziert, dass die historisch-situativen Paränesen als Fälle für heute bindende Wirkung haben. Aber, dem Vorschlag *Matthias Konradts* folgend, kann nach dem Richtungssinn der situativen Lösungsvorschläge gefragt werden. Dieser Richtungssinn (und weniger das konkrete normative Material) wäre dann im Sinne des oben geschilderten Anregungsansatzes der diskursiven und individuellen Aneignung zu übergeben.

In der Rekonstruktion der Kontexte können auch die verschiedenen historiographischen Ansätze der Exegese (Institutionengeschichte, Sozial- und Wirtschaftsgeschichte, Netzwerkanalyse etc.) in ihrer Korrespondenz zu ethischen Ansätzen betrachtet werden. Denn sie liefern unterschiedliche mögliche Antworten auf die Frage, was denn am jeweiligen Kontext ethisch wesentlich ist: das kulturelle Sinngewebe, die politischen Machtverhältnisse, die Verteilung der Produktionsmittel, die Formen sozialer Interaktion etc. (Auch das wäre ein Beitrag zur Rekonstruktion einer Ethik der Exegese.)

---

[53] Vgl. Moos, Religiöse Rationalität des Helfens.
[54] Hierbei sei nicht weiter zwischen Fundamentismus und Prinziplismus unterschieden.

5. Die Moralregulationsfrage

Nicht erst in der Moderne ist eine wesentliche Frage des sozialen Umgangs mit Moral deren Begrenzung. Die christliche Religion ist von ihren moralischen Gehalten nicht zu trennen. Insofern allerdings die Verbindung von religiösem Glauben und Moral nicht nur starke »positive« moralische Energien freisetzen, sondern hoch problematische bis hin zu gewalttätigen Konsequenzen zeitigen kann, ist mit einer religiösen Moral immer die Frage nach ihrer Begrenzung verbunden. Ein erheblicher Teil des ethisch-reflexiven Materials des Neuen Testamentes ist insofern mit dem Verhältnis von Moral und Moralbegrenzung befasst. Dazu gehören etwa der paulinische Begriff des Gesetzes, der Umgang mit den Starken und den Schwachen; dazu gehören aber auch die Moralverschärfungen in der Jesusüberlieferung, insbesondere hinsichtlich der Feindesliebe, der Ehescheidung und der Abgabe von Besitz, deren Schwierigkeit narrativ reflektiert wird (»Um eures Herzens Härte willen hat er euch dieses Gebot geschrieben«, Mk 10,5).

In der Moderne hat sich diese Frage, wie insbesondere am Werk *Niklas Luhmanns* ersichtlich ist,[55] stark verschärft. Nichtsdestotrotz ist sie eine, die sich wiederum über die gesamte Christentumsgeschichte hinweg fruchtbar reflektieren lässt. Dies zumal, als antike, mittelalterliche wie neuzeitliche Figuren der Moralregulation bis heute präsent sind, wie sich am Beispiel der Zwei-Reiche/Zwei-Regimenter-Lehre zeigen lässt.[56] Wiederum handelt es sich um eine Wesensfrage, wenn ermittelt werden soll, was das Christentum zur Moralregulation beiträgt; aber es ist eine andere als die, die nach wesentlichen normativen (also: moralischen) Gehalten in historischen Textkorpora fragt.

Bei den genannten Fragen handelt es sich um eine offene Liste, die möglicherweise in verschiedene Richtungen noch zu ergänzen ist. Jedenfalls aber handelt es sich meiner Überzeugung nach bei den genannten fünf Fragen um jeweils instruktiv von Exegese und Ethik zu behandelnde Gegenstände.

V. Fazit

Insgesamt sollte deutlich geworden sein, dass eine Gegenüberstellung von Exegese und Ethik im Sinne von historischer versus theologischer Reflexion unzutreffend ist. Ein ahistorischer Bibelgebrauch in der Ethik ist ebenso unstatthaft wie eine systematisch unreflektierte »neutestamentliche Ethik«. Beide Fächer kombinieren historisch-alterisierende und systematisch-appropriierende Logiken und können mithin an den Überlapppunkten ihrer Rationalitäten fruchtbar ins Gespräch kommen.

---

[55] Vgl. LUHMANN, Die Moral der Gesellschaft.
[56] Vgl. MOOS, Praktiken der Moralisierung und Entmoralisierung.

Allerdings wäre das pazifizierende Modell eines Kontinuums zwischen einem historischen und einem systematischen Pol, in dem die Exegese näher am historischen und die Ethik näher am systematischen Pol angesiedelt wäre, irreführend. Denn ein solches Modell würde einen kontinuierlichen Übergang in der Behandlung ethischer Fragen von der Exegese in die Ethik nahelegen und damit insinuieren, dass alle theologisch-ethische Reflexion von der Bibel ihren Ausgangspunkt zu nehmen hätte. In Übereinstimmung mit Vertretern der christentumsgeschichtlichen Position würde ich entgegenhalten, dass das mitnichten der Fall ist. Eine theologische Ethik, die stattdessen ihren Ausgangspunkt bei der Selbstdeutung des frommen Subjekts oder bei bestimmten historisch später elaborierten theologischen Figuren nimmt, ist mitnichten weniger »theologisch«. Das wissenschaftliche Gespräch von Exegese und Ethik wird sich nicht durch schrifttheologische Moralisierung, sondern durch seine Fruchtbarkeit im Bezug auf die Erschließung seiner Gegenstände bewähren.

Literaturverzeichnis

ALBRECHT, CHRISTIAN/GEMEINHARDT, PETER (Hrsg.): Themen und Probleme Theologischer Enzyklopädie. Perspektiven von innen und von außen, Tübingen 2021.

ANSELM, REINER/KÖRTNER, ULRICH (Hrsg.): Streitfall Biomedizin. Urteilsfindung in christlicher Verantwortung, Göttingen 2003.

BARTH, KARL: Die Lehre von Gott. Zweiter Halbband (Kirchliche Dogmatik II/2), Zürich 1946.

BREITSAMETER, CHRISTOF/GOERTZ, STEPHAN: Bibel und Moral – ethische und exegetische Zugänge, Freiburg i. Br. 2018.

BULTMANN, RUDOLF: Das Gebot der Nächstenliebe, in: DERS. (Hrsg.), Glauben und Verstehen I, Tübingen 1933, 229–244.

BUTLER, JUDITH: Psyche der Macht. Das Subjekt der Unterwerfung, Frankfurt a. M. 2001.

EISEN, UTE E./GERBER, CHRISTINE/STANDHARTINGER, ANGELA (Hrsg.): Doing Gender – Doing Religion. Case Studies on Intersectionality in Early Judaism, Christianity and Islam // Fallstudien zur Intersektionalität im frühen Judentum, Christentum und Islam (Wissenschaftliche Untersuchungen zum Neuen Testament 302), Tübingen 2013.

FISCHER, JOHANNES: Theologische Ethik. Grundwissen und Orientierung (Forum Systematik 11), Stuttgart 2002.

FISCHER, JOHANNES: Die Bedeutung der Bibel für die theologische Ethik, in: ZEE 55 (2011), 4, 262–273.

FISCHER, JOHANNES: Rezension zu Wilfried Härle, Ethik, in: ZEE 55 (2011), 4, 305–310.

FISCHER, JOHANNES: Rezension. Marco Hofheinz/Frank Mathwig/Matthias Zeindler (Hg.), Wie kommt die Bibel in die Ethik? Beiträge zu einer Grundfrage theologischer Ethik, in: ZEE 57 (2013), 4, 301–304.

FRALING, BERNHARD: Vom Ethos der Bibel zu biblischer Ethik. Versuche zur biblischen Grundlegung der Moraltheologie; 4 (Beiträge zur Ethik 4), Wien/München 1999.

GUSTAFSON, JAMES M.: Theology and ethics, Oxford 1981.
HÄRLE, WILFRIED: Ethik, Berlin/New York 2011.
HAUERWAS, STANLEY: The peaceable kingdom. A primer in Christian ethics, London 1983.
HAYS, RICHARD B.: The moral vision of the New Testament. Community, cross, new creation; a contemporary introduction to New Testament ethics, San Francisco 1996.
HEIMBACH-STEINS, MARIANNE: Ornament, Fundament, Argument oder was sonst? Zur Rolle der Bibel als Kanon in theologischer Ethik und in gemeinsamen katholisch-evangelischen Texten, in: ZEE 45 (2001), 1, 95–108.
HEIMBACH-STEINS, MARIANNE/STEINS, GEORG (Hrsg.): Bibelhermeneutik und Christliche Sozialethik, Stuttgart 2012.
HOFHEINZ, MARCO: Narrative Ethik als »Typfrage«. Entwicklungen und Probleme eines konturierungsbedürftigen Programmbegriffs, in: DERS./FRANK MATHWIG/MATTHIAS ZEINDLER (Hrsg.), Ethik und Erzählung. Theologische und philosophische Beiträge zur narrativen Ethik, Zürich 2009, 11–66.
HOFHEINZ, MARCO: Ethik – reformiert! Studien zur reformierten Reformation und ihrer Rezeption im 20. Jahrhundert (Forschungen zur Reformierten Theologie 8), Göttingen 2017.
HOFHEINZ, MARCO/MATHWIG, FRANK/ZEINDLER, MATTHIAS (Hrsg.): Wie kommt die Bibel in die Ethik? Beiträge zu einer Grundfrage theologischer Ethik, Zürich 2011.
HONECKER, MARTIN: Grundriß der Sozialethik, Berlin/New York 1995.
HUIZING, KLAAS: Scham und Ehre. Eine theologische Ethik, Gütersloh ²2020.
JANSSEN, CLAUDIA: Intersektionale Bibelanalyse und Gegenwart, in: ZNT 49 (2022), 107–121.
JÜNGEL, EBERHARD: Wertlose Wahrheit. Christliche Wahrheitserfahrung im Streit gegen die »Tyrannei der Werte«, in: SEPP SCHELZ (Hrsg.), Die Tyrannei der Werte, Hamburg 1979, 45–75.
KITTSTEINER, HEINZ: Die Entstehung des modernen Gewissens, Frankfurt a. M./Leipzig 1991.
KÖRTNER, ULRICH H. J.: Hermeneutische Theologie. Zugänge zur Interpretation des christlichen Glaubens und seiner Lebenspraxis, Neukirchen-Vluyn 2008.
KÖRTNER, ULRICH H. J.: Das Neue Testament als Quelle theologischer Ethik. Anmerkungen zum Verhältnis von theologischer Ethik und neutestamentlicher Wissenschaft aus systematisch-theologischer Sicht, in: ZEE 55 (2011), 4, 287–300.
KÖRTNER, ULRICH H. J.: Einleitung, in: ZEE 55 (2011), 241–242.
KONRADT, MATTHIAS: Neutestamentliche Wissenschaft und Theologische Ethik, in: ZEE 55 (2011), 4, 274–286.
KONRADT, MATTHIAS: Ethik im Neuen Testament (Grundrisse zum Neuen Testament), Göttingen 2022.
KRAUS, WOLFGANG/KREUZER, SIEGFRIED/RÖSEL, MARTIN (Hrsg.): Biblische Theologie – multiperspektivisch, interdisziplinär und interreligiös. Eine Standortbestimmung: Beiträge der Tagung in Saarbrücken, 14.–16.3.2022 (Biblisch-theologische Studien Band 195), Göttingen 2024.
LEONHARDT, ROCHUS: Ethik, Leipzig 2019.
LOHSE, EDUARD: Theologische Ethik des Neuen Testaments, Stuttgart 1988.
LUHMANN, NIKLAS: Die Moral der Gesellschaft, Frankfurt a. M. ⁴2016.

Moos, Thorsten: Gewissensvorbehalt und Bekenntnisbindung im Kirchenrecht, in: Johannes Greifenstein (Hrsg.), Tagungsband Kirchenrecht, i. E.

Moos, Thorsten: Sünde, Tod, Teufel und Gesetz. Zur theologischen Bestimmung von Gewissensfreiheit, in: Stephan Schaede/Thorsten Moos (Hrsg.), Das Gewissen, Tübingen 2015, 179–206.

Moos, Thorsten: Religiöse Rationalität des Helfens. Zu einer Theorie diakonischer Praxis, in: Ders. (Hrsg.), Diakonische Ethik. Systematisch-theologische Beiträge (Diakonie 26), Stuttgart 2023, 21–36.

Moos, Thorsten: Praktiken der Moralisierung und Entmoralisierung. Vorschlag einer theologischen Analytik des Verhältnisses von Politik und Moral, in: Ekkehard Felder/Friederike Nüssel/Jale Tosun (Hrsg.), Moral und Moralisierung. Neue Zugänge (Sprache und Wissen Band 57), Berlin/Boston 2024, 231–256.

Ohly, Lukas: Ethische Begriffe in biblischer Perspektive, Tübingen 2022.

van Oorschot, Frederike: Schriftlehre, Schriftauslegung und Schriftgebrauch. Eine Untersuchung zum Status der Schrift in der und für die Dogmatik (Dogmatik in der Moderne), Tübingen 2022.

Praetorius, Ina: Handeln aus der Fülle. Postpatriarchale Ethik in biblischer Tradition, Gütersloh 2005.

Rabens, Volker/Grey, Jacqueline/Kovalishyn, Mariam Kamell (Hrsg.): Key approaches to biblical ethics. An interdisciplinary dialogue (Biblical interpretation series 189), Leiden/Boston 2021.

Rahmsdorf, Olivia L.: Zeit und Ethik im Johannesevangelium. Theoretische, methodische und exegetische Annäherungen an die Gunst der Stunde. Kontexte und Normen neutestamentlicher Ethik / Contexts and Norms of New Testament Ethics. Band X (Wissenschaftliche Untersuchungen zum Neuen Testament II/488), Tübingen 2019.

Rendtorff, Trutz: Ethik. Grundelemente, Methodologie und Konkretionen einer ethischen Theologie, Tübingen ³2011.

Stetter, Manuel: Rezension. Regina Fritz, Ethos und Predigt. Eine ethisch-homiletische Studie zu Konstitution und Kommunikation sittlichen Handelns; Siegfried G. Hirschmann, Das evangelische Gesetz. Ethik in der Predigt, in: ZEE 57 (2013), 2, 145–148.

Trillhaas, Wolfgang: Ethik (De Gruyter Lehrbuch), Berlin ³1986.

Troeltsch, Ernst: Historische und Dogmatische Methode in der Theologie, in: Ders. (Hrsg.), Zur religiösen Lage, Religionsphilosophie und Ethik (1913) (Gesammelte Schriften 2), Darmstadt 2016, 729–753.

Troeltsch, Ernst: Was heißt »Wesen des Christentums«?, in: Ders. (Hrsg.), Zur religiösen Lage, Religionsphilosophie und Ethik (1913) (Gesammelte Schriften 2), Darmstadt 2016, 386–451.

Zimmermann, Ruben: Die Logik der Liebe. Die »implizite Ethik« der Paulusbriefe am Beispiel des 1. Korintherbriefs, Neukirchen-Vluyn 2016.

Zimmermann, Ruben: Was ist eine Theologische Ethik? – Aus der Perspektive des Neuen Testaments, in: Michael Roth/Marcus Held (Hrsg.), Was ist theologische Ethik? Grundbestimmungen und Grundvorstellungen (De Gruyter Studium), Berlin/Boston 2018, 235–254.

Autorenverzeichnis

Haeffner, Johannes, Professor für Diakoniewissenschaft und Pädagogik, Studiengangsleiter Diakonik an der Evangelischen Hochschule Nürnberg

Lanckau, Jörg, Professor für Biblische Theologie und Kirchengeschichte, Studiengangsleiter Religionspädagogik und Kirchliche Bildungsarbeit an der Evangelischen Hochschule Nürnberg

Moos, Thorsten, Professor für Systematische Theologie (Ethik) an der Universität Heidelberg

Oeming, Manfred, Professor für alttestamentliche Theologie an der Universität Heidelberg

Popp, Thomas, Professor für Praktische Theologie (Schwerpunkt Diakonik) und Biblische Theologie (Schwerpunkt Neues Testament; Hermeneutik unter besonderer Berücksichtigung der diakonischen Perspektive) an der Evangelischen Hochschule Nürnberg

Quenstedt, Jan, Pfarrer in Riesa und Dozent im Kirchlichen Fernunterricht (KFU)

Rink, Sigurd, Leitung Theologie und Ethik im Präsidialbereich der Diakonie Deutschland in Berlin

Scholtissek, Klaus, Geschäftsführer der Diakoniestiftung Weimar Bad Lobenstein und außerplanmäßiger Professor für Neues Testament an der Universität Jena

Wirbatz, Hannah Susanne, Wissenschaftliche Angestellte am Lehrstuhl von Prof. Dr. Konradt – Neues Testament an der Universität Heidelberg

Volker Herrmann (†)
Innere Mission – Volksmission – Diakoniewissenschaft
Studien zur Diakoniegeschichte

Veröffentlichungen des Diakoniewissenschaftlichen Instituts an der Universität Heidelberg (VDWI) | 66

388 Seiten | 15,5 x 23 cm | Paperback
ISBN 978-3-374-07364-1
EUR 58,00 [D]
eISBN (PDF) ISBN 978-3-374-07365-8
EUR 54,99 [D]

Worin besteht die Verbindungslinie zwischen Innerer Mission, Volksmission und Diakoniewissenschaft? Der Autor zeigt Impulse und Wirkungen Johann Hinrich Wicherns in diesen drei Bereichen auf und schlägt somit eine Brücke zwischen der Diakoniegeschichte im 19. und 20. Jahrhundert und der Wissenschaftsdisziplin Diakonik. Ergänzt wird dies um biblische Perspektiven, historische Einordnungen und konzeptionelle Überlegungen zu einer Theologie der Diakonie. Schließlich werden praktische Konsequenzen für die wissenschaftliche Reflexion diakonischen Handelns und zur Gestaltung einer diakonischen Kirche unter sich wandelnden gesellschaftlichen Bedingungen gezogen.

Volker Herrmann verstarb am 22.11.2021 im Alter von 55 Jahren. Dieses Buch ist Andenken und Vermächtnis zugleich.

EVANGELISCHE VERLAGSANSTALT
Leipzig   www.eva-leipzig.de

Tel +49 (0) 341/ 7 11 41 -44   shop@eva-leipzig.de

Evangelische Sozialethik
Traditionen und Perspektiven

*Jahrbuch Sozialer Protestantismus –
Band 15 (2023/2024)*

216 Seiten | 15,5 x 23 cm | Paperback
ISBN 978-3-374-07551-5
EUR 48,00 [D]
ISBN 978-3-374-07552-2
EUR 47,99 [D]

Die evangelische Sozialethik befindet sich in einer Umbruchsituation: Eine Vielzahl alter und neuer Themen fordert zur Urteilsbildung heraus, der Bedarf an ethisch unterrichteter Beratung in der Öffentlichkeit ist hoch, in Universitäten wird Wissenstransfer zu einer Kernkompetenz neben Lehre und Forschung. Auch in den Medien ist ethische Expertise gefragt, wobei seltener auf die Stimmen theologischer Ethik gehört wird, nicht zuletzt weil der Einfluss der Kirchen zurückgeht. Vor diesem Hintergrund unternimmt der vorliegende Band den Versuch einer Standortbestimmung, indem ausgehend von historischen Traditionslinien nach Bedeutung und Rolle evangelischer Sozialethik gefragt wird und exemplarisch inhaltliche Themen erörtert werden.

EVANGELISCHE VERLAGSANSTALT
Leipzig   www.eva-leipzig.de

Tel +49 (0) 341/ 7 11 41 -44   shop@eva-leipzig.de